Lawrie and Deirdre Thompson
The Retreat, Great Wolford
Shipston-on-Stour
Warwickshire CV36 5NQ
Tel: 0608 74 200

N.B A Haustchon of Wolford culture

u ~ VPP/1279 HURL

# THE WARWICKSHIRE
# HUNDRED ROLLS
## OF 1279–80

Stoneleigh and Kineton
Hundreds

RECORDS OF SOCIAL AND ECONOMIC HISTORY
NEW SERIES XIX

# THE WARWICKSHIRE HUNDRED ROLLS OF 1279–80

## Stoneleigh and Kineton Hundreds

EDITED BY

TREVOR JOHN

Published *for* THE BRITISH ACADEMY
*by* OXFORD UNIVERSITY PRESS

*Oxford University Press, Walton Street, Oxford OX2 6DP*
*Oxford New York Toronto*
*Delhi Bombay Calcutta Madras Karachi*
*Kuala Lumpur Singapore Hong Kong Tokyo*
*Nairobi Dar es Salaam Cape Town*
*Melbourne Auckland Madrid*
*and associated companies in*
*Berlin Ibadan*

*Published in the United States*
*by Oxford University Press Inc., New York*

*British Library Cataloguing in Publication Data*
*Data available*

*ISBN 0-19-726122-1*

*Typeset by J&L Composition Ltd, Filey, North Yorkshire*
*Printed in Great Britain by*
*The Cromwell Press Limited*
*Melksham, Wiltshire*

# Foreword

This volume – the nineteenth in the new series since its re-launch in 1972 – returns to the original remit at the inception of the series by concentrating upon documents of prime importance for the understanding of Medieval England. For the thirteenth century no records can be of greater significance than the Hundred Rolls, stemming from the great visitation instituted by Edward I in 1279 to re-establish wherever possible royal rights which had lapsed in earlier years of weak monarchs. This was the greatest enquiry of its kind since the Domesday survey, and the returns relating to this region are among the most complete.

The Hundred Rolls have provided the essential data for the systematic analysis of the land-holding and social structure of Midland England – since 1945 notably by E. A. Kosminsky and R. H. Hilton. Yet all scholars to date have had to rely upon corrupt and incomplete texts. This edition, by Dr Trevor John, reconstructs the documents for Warwickshire by an expert critical comparative analysis of all the surviving texts to provide, in the words of the editor, 'the most accurate and complete possible text'. Thanks to his labours, all economic and social historians using these Hundred Rolls now have – at last – the great advantage of a secure documentary basis for their research.

July 1992

Peter Mathias
*Chairman, Records of Social and Economic History Committee*

# Acknowledgements

This work, originally undertaken as a thesis for the degree of Doctor of Philosophy in the University of Birmingham, was begun more years ago than I care to remember. Over such a long period of time I have had cause to feel gratitude to many librarians, archivists, scholars and friends. The Library staff of the Universities of Birmingham, Nottingham, and Warwick have been consistently tolerant and helpful; so too have the archivists of the Warwick, Coventry and Public Record Offices, and the Shakespeare Birthplace Trust, Stratford-on-Avon, and the British Library. My persistence in the project owes most to Professor Rodney Hilton who has always been encouraging, helpfully critical and never seems to have lost faith in me.

Those two fine local historians of Warwickshire and Coventry, Dr. Arthur and Mrs. Eileen Gooder, first called my attention to the Hundred Rolls, and suggested that I undertake the task of editing them. I am indeed sorry that Arthur did not live to see them in print. To Eileen's 'Latin for Local History' I owe what facility I have with medieval Latin, though she is in no way to blame for any mistakes in Latin grammar which I, through stubborn ignorance, have doubtlessly failed to eliminate from the text. Dr. Peter Coss and Dr. R. N. Swanson both closely read the transcription and saved me from manifold errors. Those that remain are solely my responsibility.

Mrs. Joan Lancaster Lewis was most generous in sending me photocopies and transcripts of the relevant pages of the earliest Coventry Priory Cartulary together with her comments on them. I am grateful to the Arts Education Department of the University of Warwick for two terms of study leave and financial assistance with the typing, and to my colleagues in the Department for their sympathetic, if sometimes puzzled, inquiries as to my work's progress. The map of Stoneleigh and Kineton Hundreds originated with Mr. David Bragg of the Department of Science Education who responded to my urgent request for help. I can only admire the courage and persistence of the typists, Mrs. Beryl Morris and Mrs. Jill Perry, who grappled with my handwriting and the vast quantity of medieval Latin. Through the last years of the work Mrs. Janice Fielden has introduced this reluctant learner to the skills of word processing, and has been a tower of strength to me in many other ways. Much of my survival to complete the project is due to her kindness.

# Contents

## Kineton Hundred 165

# Introduction

## The context

Edward I returned to England for the first time as king on 2nd August 1274.[1] He returned to a country which less than a decade previously had been torn by civil war as the balance of power between crown and aristocracy had been challenged by some of the greater baronage and lesser nobility. His peaceful succession 'in absentia' on the death of his father in November 1272 was less the expression of the unity of the realm than of its exhaustion. Whatever view is taken of Edward I, two things are clear: he was determined to re-assert the authority of the monarchy, though this does not mean that he was in any way anti-feudal; and he was a man of his age, particularly in his craving for definition, definition of the rights and duties of kingship and the rights and duties of subjects.[2]

What followed can perhaps best be regarded as a policy of royal stock-taking: a series of inquiries were launched on whose findings legislation was to be based and legal action taken to recover usurped or neglected royal rights.[3] The policy was not original: there were precedents during Henry III's reign,[4] and of course the Conqueror's great survey had never been forgotten. In October 1274 writs were issued to commissioners in each county to enquire into the usurpation of royal liberties and the abuses of local administration perpetrated by the king's officials.[5] The result was the 'Ragman rolls', so called because many of the returns survive with the seals of the jurors of hundreds, boroughs and franchises still attached to them.[6] No attempt apparently was made to turn them into a systematic record. The abuses of local administrators were dealt with in the Statute

---

[1] M. Powicke: *The Thirteenth Century 1216–1307*, Oxford 1953, p 226.
[2] For views of Edward I see W. Stubbs: *Constitutional History of England* (4th ed.) Vol. II, Oxford 1896, p 111; Powicke: op. cit. p 228–230; K.B. McFarlane: *The Nobility of Later Medieval England*, Oxford 1973, pp 248, 267; M. Prestwich: *Edward I*, London 1988, especially ch 20.
[3] D.W. Sutherland: *Quo Warranto Proceedings in the Reign of Edward I 1278–1294*, Oxford 1963, p 166.
[4] H. Hall: *A Formula Book of English Historical Documents Part II-Ministerial and Judicial Records*, Cambridge 1909, p 135 for the writ of an inquiry in 1255.    [5] ibid p 138.
[6] Powicke: op. cit. p 358; Sutherland: op. cit. p 17. The Warwickshire returns have been printed in *Rotuli Hundredorum*, Record Commission, Vol II 1818, and there is another version of them in British Library Lansdowne MS 564.

1

of Westminster in the Easter parliament of 1275. On the question of franchises the jurors had frequently added 'nesciunt quo warranto' a particular liberty had passed into private hands.[7] The implication was that royal rights had been annexed, many of them during the 'tempus guerrae' of the early sixties. A decision on how to proceed on the matter was delayed by the pressure of other business, particularly the first Welsh war. Finally in the Gloucester parliament of 1278 it was decreed that all holders of liberties were to appear before the King's Bench as it moved with the king from county to county or before the justices in eyre to state what rights they claimed and to justify their title to them. If they pleaded inheritance and could prove this, they were to continue to exercise their franchises until a writ of 'quo warranto' was sued out.[8] The justices in eyre set off immediately following the Statute of Gloucester, probably taking the 'Ragman rolls' with them. So began a campaign of proceedings at a county level which was not to be called off until 1294. For example, the justices in eyre on the northern circuit visited Warwickshire and held sessions in the county town from 14th January to 9th February 1285.[9] Their record for this shire contains 45 actions upon claims to liberties. In 1290 by the Statute of 'Quo Warranto' entitlement to a franchise was to be defined, if no royal charter could be produced, as continuous possession from 1189.[10] Meanwhile the most ambitious of all the inquiries had been launched.

In 1279 Edward I and his council decided to appoint twenty–five groups of commissioners to undertake what has been described as 'the most intensive investigation . . . that had been attempted since the Domesday Survey'.[11] The inquiry was to be more thorough than that of 1274: it was not only to list the franchises in private hands more fully, but also to embrace all landholders, free and unfree, from baron to serf and cottager, recording their tenancies and their dues and services.[12] It could have been the definitive summation of the rights and obligations of the English people to each other and to their king. Of all the Edwardian surveys it seems to have been the most abortive in terms of consequent action, and it has left only a fragmentary body of records.

The intensity of the activity of the new royal administration during the seventies and eighties is also witnessed by the collection of a tax of one fifteenth of the value of temporal moveables agreed to in the October parliament of 1275, and a distraint of knighthood in 1278 compelling all freeholders of estate worth £20 p.a. to receive knighthood or in effect to pay a fine not to do so.[13] In 1285 came 'Kirby's Quest' (named after the

[7] Sutherland: op. cit. p 19.    [8] ibid: pp 19–26.    [9] ibid: p 26.    [10] ibid: p 29.
[11] Powicke: p 358.    [12] ibid: p 359.    [13] Stubbs: op. cit. pp 114–116.

treasurer, John Kirby), an inquiry into knights' fees held of the crown, and also intended to gather information about outstanding debts owed by local officials to the Exchequer.[14] The last great inquiry was in 1289 when Edward invited complaints against his officials on his return to England from Gascony.[15]

Much of the surviving records of these inquests and legal proceedings has been printed by the Record Commission: the inquests of 1274 and 1279 in the 'Rotuli Hundredorum' (1812–1818); the 'quo warranto' proceedings in 'Placita de quo warranto' (1818); 'Kirby's Quest' in ' Inquisitions and Assessments relating to Feudal Aids 1284–1431' (1899). The trials resulting from the complaints of 1289 were published in 'State Trials of the Reign of Edward I', edited by T.F. Tout and Hilda Johnstone in 1906.[16] Not all the records survive as original returns to the inquest or copies of them. Some survive only as 'Extracts', that is a selection from the returns summarized and entered on rolls to be sent to the appropriate central government office for action, as for example the 'Extracts' from the returns of the inquest of 1274 which were sent to the Court of the Exchequer.[17]

## The making of the survey of 1279–80

The royal commissioners almost certainly followed the practices of the justices in eyre: that is in a full assembly of the county court the bailiffs of the hundreds chose four knights from every hundred who in turn chose a jury of twelve for their hundred.[18] The jurors were then sworn and the articles of the inquiry put to them. Presumably they were given copies of the questions or at least their headings. A day was fixed for their answers. Between the two days there must have been energetic activity as the jurors collected in their respective hundreds the information required of them. The survey was carried out with considerable speed though it was not finished by the end of 1279 as was once thought.[19] The Coventry inquest was not completed until 31st January 1280, and the jury for Northstow Hundred, Cambridgeshire, reported on 7th April 1280.[20] At some stage use may well have been made of manorial surveys, extents or rentals as

[14] Powicke: p 359.
[15] ibid p 361. No formal articles of inquiry were issued for these proceedings.
[16] Published by the Camden Society.
[17] *Rotuli Hundredorum*, Record Commission, Vol. I 1812, p 10.
[18] E.A. Kosminsky: *Studies in the Agrarian History of England in the Thirteenth Century*, Oxford 1956, pp 15–22 on which this paragraph is based.      [19] ibid p 22.
[20] Leigh MS, Shakespeare Birthplace Trust, Stratford-on-Avon; E. Stone (ed.): *The Oxfordshire Hundred Rolls of 1279*, Oxfordshire Record Society Vol. 46, p 8.

well as interviews or cross–examination of individual property owners or smaller juries, perhaps in manorial courts. The importance of this is that the voice of manorial custom is to be found in the Hundred Rolls even though it is a document of royal origin. The royal provenance may also account for some variation in terminology between it and manorial surveys.[21] The information was assembled hundred by hundred, village by village, and within the village manor by manor (unless part of a settlement belonged to a manor in another village).

It is not certain that the survey was fully carried through. The returns of only a handful of counties survive, and these are not complete. Those for Bedfordshire, Buckinghamshire, Cambridgeshire, Huntingdonshire and Oxfordshire were printed by the Record Commission in 'Rotuli Hundredorum' Volume II (1818). Other fragments of the survey have been found from time to time: a copy of the survey made for the Abbey of Bury St. Edmunds dealing with its interests in eight Suffolk hundreds; a fragment of the survey of the Leicestershire hundreds of Guthlaxton and Gartree transcribed by William Burton in the seventeenth century from a now lost document; a manuscript book containing the survey of the Warwickshire hundreds of Kineton and Stoneleigh, known to Dugdale when he compiled his 'Antiquities of Warwickshire', and re-discovered by Sir Paul Vinogradoff among the Miscellaneous Books of the Exchequer; and a Coventry Priory document, a copy of the survey in the same two Warwickshire hundreds, but dealing only with villages in which the priory had lordships, together with the survey for Coventry itself which is absent from the Exchequer document. This last document was recognized by Professor R.H. Hilton among the Leigh Collection deposited in the Shakespeare Birthplace Trust at Stratford on Avon. The surveys for Shrewsbury and eight settlements in Gallow Hundred (Norfolk) have recently come to light.[22]

As Professor Powicke pointed out the returns were classified by the commissioners themselves, and not left in their original form as the returns of 1274–75 had been with the seals of the jurors still hanging from them. Powicke also commented on the variety of the returns, those for some shires and hundreds being much more detailed than those of others.[23]

---

[21] R.H. Hilton: *A Medieval Society–The West Midlands at the end of the Thirteenth Century*, 2nd ed. Cambridge 1983, p 128.

[22] Kosminsky: op. cit. pp 8–9. Burton's transcript is partially printed in J. Nichols: *The History and Antiquities of the County of Leicester* (1795–reprinted 1971) Vol. I, Part I pp cx–cxxi. Information on Shrewsbury supplied by Miss Diane Hutton. For Gallow Hundred see Diana Greenway: A newly discovered fragment of the Hundred Rolls of 1279–80, *Journal of the Society of Archivists* vii (2) 1982, pp 73–77.     [23] Powicke: op. et loc. cit.

Kosminsky attributed much of this variety to the way the various commissioners briefed and examined the juries and recorded their findings.[24] Professor Galbraith implied that this was the reason for the abortive outcome of the survey: it was unable to achieve the uniformity and therefore permanent administrative utility of the Domesday Inquest.[25] Also its sheer bulk, had it been completed, would have rendered it impossible as well as futile. It is equally plausible, however, that the variety of the returns could be a result of the documents being from various stages of abstraction as the royal clerks strove to reduce the original returns to a standard form for the practical purposes of administration. Professor Stone has shown that the surviving rolls belong to at least two distinct stages of compilation.[26] The Northstow Hundred roll, from a late date in the inquiry, is close to the initial collection of information. It is made up of membranes of varying width sewn together at the head, and several clerks were involved in its writing. Each township has a membrane to itself, or more than one, and for each township the heads of the questions put to the jury are written out, and their answer recorded question by question even when the answers are distinctly unhelpful, such as, 'Don't know' and ' We have already answered this question'. The Bampton Hundred roll, based on a jury's report at least six months earlier than Northstow's is physically and in content much tidier. The membranes are of the same width, sewn head to tail, and the handwriting is the same throughout. The information is entered up without regard for the divisions between membranes, the answers rationalized, no longer corresponding with the order of the questions, duplication is eliminated and only positive answers retained. The Warwickshire Hundred Rolls belong to this second phase, though the book in which they survive is by no means a fine finished product, and there is some duplication.[27]

There seems, however, to be a third stage to which some of the Oxfordshire Hundred Rolls belong. a comparison between the entries for the hundred of Banbury and the neighbouring Warwickshire hundred of Kineton will demonstrate this. For a given manor the former gives the name of the lord, the service by which it is held, the extent of the demesne, the extent of villein holdings, and the value of money rents and services from each virgate held in villeinage. Then follows the number of cottagers, the extent and value of their holdings, the names of the free tenants, their holdings and value. Liability to suit of court, scutage and tallage are all

[24] Kosminsky: op. cit. pp 19–21. Diana Greenway also argues that different commissioners had different styles (op. cit. pp 76–77).
[25] V.H. Galbraith: *The Making of Domesday Book*, Oxford 1961, p 192; and *Domesday Book–Its Place in Administrative History*, Oxford 1974, p 173.
[26] E. Stone: op. cit. pp 8–9, and for what follows.      [27] See below.

carefully recorded; so too are manorial appurtenances, such as mills, and the liberties claimed by the lord of the manor.[28] All this is true of the Kineton hundred manors, though the overall value of lands held in villeinage is not calculated, but there is much more. Each tenant free or servile, cottager and villein, is named, and the conditions and extent of each individual tenure detailed. The Warwickshire survey is indeed a 'rural census of tenants'.[29] The labour services of each category of tenant are given, and there appears to be no holding too small to be listed and the rent recorded. So it would appear that the Warwickshire rolls are from an earlier stage of reduction and elimination of useless information from the point of view of the royal administration than those of Banbury hundred.

Kosminsky suggested that the Leicestershire fragment 'was probably made at the Exchequer from the 1279 survey.'[30] It is likely that a survey more full even than the Domesday Inquest was subject to a process of reduction similar to that described by Professor Galbraith in 'The Making of Domesday Book', though in the thirteenth century survey the hundredal form was retained throughout. (See Fig. 1.)[31]

The value of the Warwickshire Hundred Rolls has been appreciated for some time. The two historians who have most fully exploited them, have both commented on the illegibility of some of the folios in the Exchequer book.[32] The purpose of this volume is to reconstruct as fully as possible this manuscript from the second stage of the survey of the hundreds of Kineton and Stoneleigh. First the sources for this enterprise and their relationship to each other must be considered.

## The manuscripts

The text of the Hundred Rolls for Kineton and Stoneleigh hundreds must be based on the manuscript preserved among the Exchequer records in the Public Record Office (P.R.O. E.164/15). It is generally agreed that this

[28] *Rotuli Hundredorum* (Record Commission 1818) p 705 et seq.

[29] Powicke: op. et loc. cit.     [30] Kosminsky: op. cit. p 9.

[31] Galbraith's views both as to the making and purpose of Domesday Book have been modified by the work of S.P.J. Harvey. See, for example, her articles 'Domesday Book and Anglo–Norman Governance', *TRHS* 5th series Vol 25 1975, pp 175–193, and 'Taxation and the Ploughland in Domesday Book' in P. Sawyer: *Domesday Book: A Re-assessment*, London 1985. They do not, however, affect the view in the above paragraph.

[32] Kosminsky: op. cit. p 162 n. 2; R.H. Hilton: *Social Structure of Rural Warwickshire in the Middle Ages*–Dugdale Society Occasional Paper No. 9 1950–Reprinted in *The English Peasantry in the Later Middle Ages*, Oxford 1975, p 114

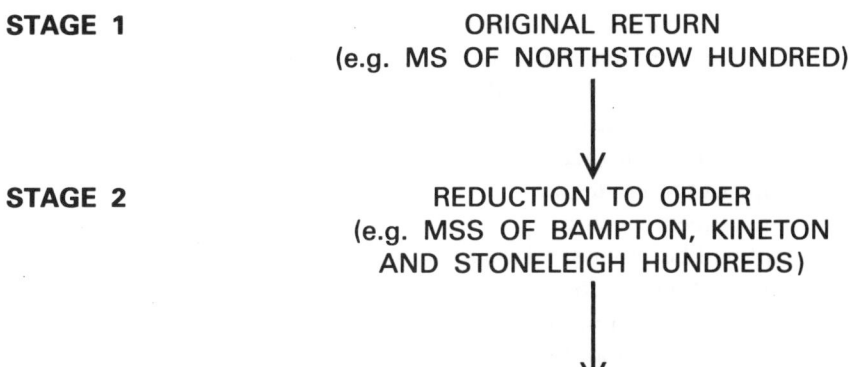

FIG. 1. Stages in the Hundred Rolls survey

document is contemporary with the period of the inquest of 1279–80.[33] The manuscript consists of 124 folios approximately 17cm x 25cm. Some of these are damaged and others almost illegible. The book does not seem to have been intended even as a fair copy of the returns of 1279: the membranes have not been selected with care; the writing sometimes follows their irregular edges;[34] the ink on one membrane (48) has penetrated the page and made the verso unusable; some of the entries on the villages are confused, being either split up or repeated at various points in the manuscript. The folios originally had Roman numerals, but later Arabic numerals were added. However, by the time this was done folios xxxv, lxxxvii and lxxxviii had been lost. Hence folio xxxvi received the number 35, and folio lxxxix the number 86. Thus for the first thirty four folios Roman and Arabic numbers agree; from the 35th folio the Roman numeral is one in advance of the Arabic; and from the 86th folio three in advance until the end of the book. In this introduction the Arabic numeral only will be used, though in the transcript of the text both will be given when they no longer coincide. The book rather than roll form is a puzzle: it is the original form and presumably was done for convenience of use. The writ of the inquisition refers to books given to the commissioners in which every single vill, hamlet and tenure was to be listed, and it may be that this is in origin one of them. The present binding, like the Arabic numeration, is much later than the manuscript. The loss of folios suggests

---

[33] Hilton: *The English Peasantry* . . . loc. cit. Diana Greenway attributes it to the early fourteenth century (op. cit. p 74).

[34] Examples of irregular membranes are folios 97, 106, 113.

that by the time that this was done it had become just a pile of loose leaves. An attempt has been made to make good the deficiencies in the Exchequer text by using two other later and well-preserved documents.

Among the Middleton Manuscripts in the University of Nottingham Library is a document (MiO 14) which superficially at least would appear to be a copy of the Exchequer book.[35] The style of the handwriting is that of the late fifteenth century.[36] The possible origin and purpose of this manuscript will be discussed later. It too is a book, though now unbound of 153 folios, 19cm x 26.5cm, plus a front cover and an index.[37] It is carefully and well written though its purpose is obviously functional: there is nothing decorative about its production but each page is carefully headed indicating the settlement surveyed in the text below. What is the exact relationship between the thirteenth and the fifteenth century document?

The two manuscripts follow the same order. Both begin with a recital of the articles of the inquisition implemented in Warwickshire and Leicestershire by Henry of Nottingham, Henry of Seldon, both knights, and John of Arundel, clerk. Then follows the description of the borough of Warwick, and then the villages of Stoneleigh hundred. There is no variation in the order of villages until the entry on Harbury (E.164/15 fol. 32; MiO 14 fol. 40). In E.164/15 the account of Harbury is interrupted by a blank folio, and then the description of Willenhall begins (fol. 36), but with the first few lines naming the lords of the village absent.

In MiO 14 Harbury is followed by Ryton (fol. 44v) and five other vills (Cubbington, Ufton, Lillington, Weston under Wetherley and Stivichall) before Willenhall (fol. 52), and then the order of the Exchequer manuscript is resumed. How, if one is a copy of the other, can this variation be accounted for?

In E. 164/15 the entry on Harbury is completed on folio 52v, and then is immediately followed by Ryton and the five other vills mentioned above which complete the description of Stoneleigh hundred. Before this. however, the entries which follow the beginning of Harbury in this manuscript, namely Willenhall, Horwell, Whoberley, Coundon, Binley ,

---

[35] Mrs. Eileen Gooder called my attention to this document.

[36] Cf. K.C. Newton: *Medieval Local Records–A Reading Aid*, Historical Association 1971, plate XI and L.C. Hector: *The Handwriting of English Documents*, London 1958, plates XII ( b) and XIV (b). It may be slightly later, but certainly not beyond the early sixteenth century. The front cover bears a reference to the taxation of Burton Dassett in 29 Henry VIII (1537–1538) but it is in a different hand to that of the main body of the text.

[37] The manuscript now consists of 8 loose quires (19cm x 26.5 cm) of between 9–12 folded sheets plus the index on a separately folded sheet. Quire 4 now consists of folios 48 and 49 and 68 and 69 (2 folded sheets) which were somehow separated from their original place in the manuscript. The final folio number is 154, but there is no, and probably never was, a folio 140.

Ernsford, Radford, Stoke, Biggin and Harnall (fols. 36–40) are repeated between folios 45 and 51, and the second entry on Willenhall begins with the lords of the village omitted on folio 36.

That MiO 14 has not the duplicated entries and varies in order from E. 164/15 may be accounted for thus: the fifteenth century scribe using the list of vills in the Exchequer manuscript (fol. 113) when making his copy of the Harbury entry turned on to folio 52 in order to complete this village in one entry. He then copied on from there, continuing with Ryton and reaching the end of Stoneleigh hundred with Stivichall (MiO 14 folios 51–52). He then turned back to folio 36 in the Exchequer manuscript and copied the entries he had jumped beginning with Willenhall. He was alert enough not to copy the second set of entries on Willenhall and the other nine vills beginning after the entry on Whitley of folio 45, but presumably checking them against the earlier entries he found that he had omitted the names of the Willenhall manorial lords. These he entered under the heading 'Ad huc Wylenhale de hundredo de Stoneley' on a separate folio (MiO 14 folio 65), together with informa tion he had at first omitted from his Binley entry. With this he completed his copy of the Stoneleigh hundred roll.

It can be proved that the fifteenth century scribe did not copy from the entries on folios 45–51: there are items which do not appear in the section from folios 36–40, nor in the corresponding place in MiO 14. For example the tenancy of Emma la Veve in Willenhall is found on folio 45v but not on folio 36, nor in MiO 14 folio 52v. Similarly two entries on folio 47v are omitted from folio 38 and do not appear in MiO 14.[38] This shows firstly that the MiO 14 scribe made only a cursory check of the double entries in the Exchequer manuscript against each other; and, more importantly, that the thirteenth century scribe was copying from another manuscript now lost.

The transcription in this volume has followed the example of the MiO 14 scribe in bringing the Harbury entries together in one section and in not repeating the duplicated entries in the Exchequer manuscript. They have, however, been carefully collated, and variations are recorded in the footnotes.

The order of villages in Kineton hundred is the same in both manu-scripts, except the order of Idlicote and Compton Wyniates in E. 164/15 (folios 70,70v) is reversed in MiO 14 (folios 80v, 79v). Why the fifteenth century scribe should have done this is not clear; the Exchequer manu-script is confused and in poor condition at this point. The entry for Brailes

---

[38] The entries name the second lordship which the abbot of Coombe had in Binley and give the extent of its demesne.

is not split in the later document: the scribe has brought the survey of this village into one place in his manuscript as he had done for Harbury (E 164/15 folios 79–81 and 90–90; MiO 14 folios 92–96v) . The omission of the Kingston entry (E 164/15 folio 89v) from MiO 14 may be because it was already largely illegible, though John Rous and later Dugdale were able to make something of it, or that the scribe intended to insert it at what he considered to be a more appropriate place (with Chesterton?) and forgot. One split entry which the fifteenth century scribe failed to pull together was that for Little Kineton (E. 164/15 folios 69 and 102; MiO 14 folios 78v–79 and 139v). The transcription below follows the scribe of MiO 14 in trying to rationalize his source, but like him leaves the Little Kineton entry split.

One great advantage is that MiO 14 was made before the folios with the Roman numerals xxxv, lxxxvii and lxxxviii in E. 164/15 had been lost, and therefore these folios can be recovered from the later manuscript. Dugdale did not know of the Chesterton Hundred Rolls entry (folios lxxxvii and lxxxviii), and hence it would appear that these folios had been lost by the mid-seventeenth century. After the entry on Wimpstone and Crimscote MiO 14 ends with its own table of contents. It does not have the four badly damaged entries of the Exchequer manuscript: Bruton (in Whitchurch), Shotteswell, Arlescote and Warmington. Their very intermittent legibility even by the late fifteenth century is presumably the reason for this: they have been omitted from this transcription.

A close comparison of the texts confirms the dependence of MiO 14 on E. 164/15. The evidence for this is given in the footnotes to the transcription and only a few examples need be given here. There are variations in the texts: there are minor differnces in the word order (these have been noted); one text will give a Roman numeral where the other has the number in words (this variation after the first folios has not been noted as it appears to be of no significance); the spelling of personal names and place names also varies: 'e's are added or subtracted by one scribe or the other here and there; one scribe uses 'i' where the other 'y', etc. These last variations have been noted, but they do not appear to be important. Only on rare occasions are personal names different in the two manuscripts: for example MiO 14 has 'Goremounde' for 'Beremound' (folio 6) and 'Codram' for 'Bodin ' (folio 10). Both could be the result of simple clerical misreading, or perhaps two people were involved in the transcription: a reader and a scribe who sometimes misheard the reader and who spelt proper names according to his own conventions. Generally there is no doubt that it is the same names with which the scribes are dealing.

Of more importance is the correspondence of blanks and/or illegibilities in E. 164/15 with simple blanks in MiO 14: numerous examples occur between folios 65v–71 and 117v–121 where the Exchequer manuscript is in particularly poor condition. Sometimes the MiO 14 scribe takes notice of a deletion of the E. 164/15 scribe: on folio 96 E. 164/15 has 'Willelmus Mile tenet unum cotagium et i virgatam (deleted) acram terre'; MiO 14 merely has 'et i acram terre'.

Sometimes the mistakes made by the scribe of E. 164/15 are slavishly repeated in the later manuscipt. Two outstanding ones are the erroneous abbreviaton of Lent to 'lxª' on folio 42v and Richard de Loges calling to warrant 'le Comesday' on folio 43v.[39] There are many examples of rents omitted in both manuscripts, mistakes over tenants' forenames, etc. All of them have been noted.

Another example of slavish copying occurs on folio 10. At the bottom of this folio in E. 164/15 there is the heading ' Villa de Blakewell membrum de Kenyll' after the final tenancy on that page, the cottage of Richard le Roper. The scribe of MiO 14 also wrote this heading after Roper's cottage, but then went on to write another seven lines of the Blackwell entry underneath it to fill up his page.[40] He had forgotten to adapt the text before him to the membrane on which he was writing.

Above all, MiO 14 adds nothing to the text of E.164/15 where both can be fully compared. Yet MiO 14 does on occasions omit entries in the older manuscript. Virtually all the examples of this can be attributed to simple clerical error. The tenancy of ' Philipus filius Elene', at Pillerton Priors recorded in one single line on folio 87v of the Exchequer manuscript is absent from MiO 14 on folio 108. The line preceding the record of Philip's tenancy present in both manuscripts is identical except for the forename of the tenant, 'Jordanus filius Elene'. It is therefore easy to see how the eye of the copier jumped a line and thus omitted an entry. There are other examples of this, and they have been noted. Considering the quantity of copying involved in the reproduction of the Exchequer manuscript the number of such errors is not great.

Both manuscripts have considerable marginalia, some contemporary with the writing of the documents, others later additions. These consist mainly of the word 'Nota', crosses and pointing hands. They do not always correspond in the manuscripts, presumably because the interests of the clerks in the information they were transcribing were different. Examples can be found in folios 12, 13v, 15, 15v, 17v, 18. There is some under-lining in the Exchequer manuscript, though it is difficult to tell if it is contemporary with the writing of the document. Some of the marginalia in E. 164/15 may indicate the purpose to which the manuscript was put in the royal administration in the thirteenth century. Like the 'Ragman rolls'

---

[39] MiO 14 fols. 60 and 62.     [40] MiO 14 fol. 12v.

it may have been the source for writs of 'Quo Warranto' proceedings in Warwickshire.[41] The marginalia where significant and legible are included in the text; those belonging to the later document are inclosed in brackets.

Both the variations and similarities in the texts are explicable if MiO 14 is regarded as a copy of E. 164/15 made by a scribe in the later part of the fifteenth century whose concentration sometimes faltered, and whose interests in the information he was transcribing were different from those of the original scribe. He seems to have regarded his work as something of a penance. He finished off his final folio of text by listing, 'The xii Golden Frydayes fastyd by St. Bernard–bred and water'.[42] These do not appear in the original thirteenth century manuscript.

MiO 14 is a copy of E. 164/15 made before the Exchequer document had deteriorated to its present condition and before some of its folios were lost. The later manuscript can therefore be used to fill in the gaps which now exist in the older document.

The third manuscript to be used in the reconstruction of the Warwickshire Hundred Rolls is to be found among the Leigh collection deposited in the Shakespeare Birthplace Trust, Stratford on Avon.[43] The document is a neat, careful copy in a late fourteenth century hand of the return made to the royal commission on 31st January 1280. The original, or indeed any official copy, has apparently been lost. The manuscript almost certainly belonged to the Benedictine priory of Coventry: it begins with the survey of the city of which the prior was lord and is followed by that of some 22 vills in the hundreds of Kineton and Stoneleigh in which the priory had estates.[44] This latter section of the manuscript is similar to, though not quite identical with, the corresponding sections of the Exchequer book.

By the second half of the sixteenth century the manuscript was in the possession of the Leigh family of Stoneleigh Abbey when it was consulted and annotated by Arthur Gregory of Stivichall.[45] Presumably by the Leighs it was bound into a volume (19cm x 35cm) along with other fourteenth century manuscripts: a copy of the Tripartite Indenture of 1355–like the 1280 survey of Coventry a vital document in the history of the city's development, the Taxation of Pope Nicholas of 1291 for the diocese of Coventry and Lichfield, the prophesy of Merlin, a chronicle of

---

[41] Sutherland: op. cit. pp 60, 63.       [42] MiO 14 fol. 154v.
[43] Shakespeare Birthplace Trust, Stoneleigh Manuscripts, DR 18/31/3 fols. 100–133 for convenience referred to as Leigh MS.
[44] Wasperton, Packwood, Honington with Broad Moor, Priors Hardwick, Priors Marston, Walsgrave on Sowe, Wyken, Ufton, Offchurch, Whitley, Cubbington, Stivichall, Willenhall, Horwell, Whoberley, Coundon, Binley, Ernsford, Radford, Stoke, Biggin, Harnall–fols. 114v–132v.
[45] R. Bearman: *The Gregorys of Stivichall in the Sixteenth Century*, Coventry & Warwickshire History Pamphlets No. 8, Coventry 1972, pp 33–34.

English kings to 1387, and other minor pieces. The whole book consists of 134 folios of which the copy of the Hundred Rolls occupies folios 100 to 132v.[46]

The most important feature of the Leigh manuscript when compared with E.164/15 and MiO 14 is that it has information not given in the other two documents. Above all it has the survey of Coventry for which it is the sole source.[47] But comparing the survey of the 22 villages with their corresponding entries in the other two manuscripts additional information is revealed there too as well as a number of textual variations. For example, only the Leigh manuscript admits the presence of a mill at Wasperton and gives a 'per cartam' justification for the rights of free warren at Packwood (E. 164/15 folio 64; MiO 14 folios 72v–73; Leigh Ms folio 115). Only the Leigh manuscript records the extent of the prior's demesne at Honington (E. 164/15 folio 104v; MiO 14 folio 130; Leigh Ms folio 115) and adds two serf tenancies to the list in the same manor (E. 164/15 folio 106; MiO 14 folio 130 v; Leigh Ms folio 115v).[48] Occasionally the fourteenth century document can supply the details of rents inadvertently omitted from the Exchequer manuscript and thus also from MiO 14, as for the tenancies of Simon Erneys and Richard le Clerc at Walsgrave on Sowe (E. 164/15 folio 43v; MiO 14 folios 61v–62; Leigh Ms folio 121v).

Two glaring errors made by the scribe of the Exchequer book and slavishly followed by the MiO 14 scribe are not present in the Leigh manuscript: Richard de Loges asserts his right to a view of frankpledge 'ad warantiam de Domesday' (Leigh Ms folio 121v); and the correct Roman numeral is given for the abbreviation for Lent (Leigh Ms folio 120v).

The Leigh manuscript has its variations in the spelling of proper names, words and expression; it also has its omissions. All these have been noted in the course of the transcription along with the additional information. Overall the differences between the Leigh manuscript and the other two documents are much greater than the variations between E. 164/15 and MiO 14 themselves.

---

[46] Fols 100–100v and the Tripartite Indenture, fols. 68v–72v, have been printed by Professor R.H.C. Davis as an appendix to his *The Early History of Coventry*, Dugdale Society Occasional Papers No. 24, Oxford 1976, pp 21–30. The Leigh MS ends with a list of tenants of the manor and grange of Helenhull written in a sixteenth century hand (Arthur Gregory's?), fols. 132v–133, and a copy of an entry from 'The Register of the manor of Stoneley', fols 133v and 134, also in a sixteenth century hand.

[47] Trevor John: 'The Coventry Hundred Rolls' in P.R. Coss: *The Early Records of Medieval Coventry*, British Academy, Records of Social and Economic History, New Series XI, London 1986, pp 365–394.

[48] The tenancies of Henry Kaym and Thomas le Wenche between those of Simon le Wenche and Simon Horne again the result of an understandable eye-slip from one Wenche to the other.

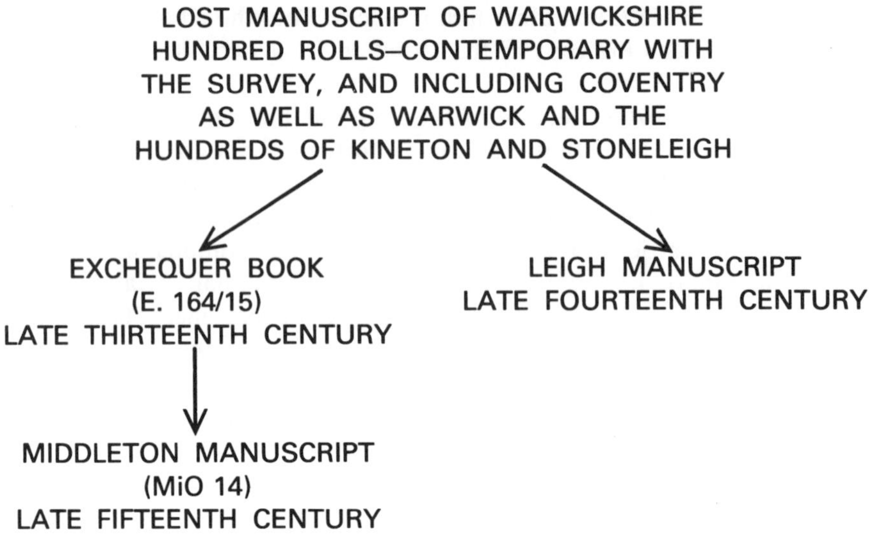

LOST MANUSCRIPT OF WARWICKSHIRE
HUNDRED ROLLS—CONTEMPORARY WITH
THE SURVEY, AND INCLUDING COVENTRY
AS WELL AS WARWICK AND THE
HUNDREDS OF KINETON AND STONELEIGH

EXCHEQUER BOOK
(E. 164/15)
LATE THIRTEENTH CENTURY

LEIGH MANUSCRIPT
LATE FOURTEENTH CENTURY

MIDDLETON MANUSCRIPT
(MiO 14)
LATE FIFTEENTH CENTURY

FIG. 2. Relationship between MiO 14 and the Leigh manuscript

The conclusion must be that the Leigh manuscript is independent of the Exchequer document: it is not a copy of E. 164/15. But both may well be drawn from another document, possibly the original return to the inquiry of 1279 similar in form to the roll for Northstow Hundred in Cambridgeshire or Bampton in Oxfordshire. The relationship of the documents to each other may be expressed diagramatically as in Fig. 2.

It would seem therefore that E. 164/15 is a rough book, nearly contemporary with the survey of 1279–80, made for the practical purposes of royal administration. The Leigh manuscript is a later fair copy of a document, either the original return to the survey or close to it, made for the muniment chest of the Benedictine priory of Coventry. The reason for the production of MiO 14 two centuries after Edward I launched the inquiry might be puzzling. It may, however, be the result of a piece of antiquarian research, possibly done for or by the Warwickshire chantry priest, John Rous.[49]

Two other manuscripts have been found which contain Warwickshire

[49] An error common to E.164/15 and MiO 14 is suggestive. Stourton in Whichford is incorrectly transcribed 'Norton' in E.164/15 fol 109 and this is copied by MiO 14 fol 136. E.164/15 has the name correct in its index (fol 113); the index of MiO 14 omits it altogether. Among Rous's list of depopulated villages in his *Historia Regum Angliae* (ed. T. Hearne, 2 ed. Oxford 1745) p 122, is an unidentified Norton. However MiO 14 does not appear to be in Rous's handwriting: see B. L. Cot Vesp. A XII, and M. Beresford: *The Lost Villages of England*, London 1954, plate 9.

Hundred Rolls material. The earliest known Coventry priory cartulary has the surveys of Stivichall, Chadshunt and Gaydon, Bishops Itchington and Bishops Tachbrook, in all of which the Bishop of Coventry had an interest.[50] The condition of the manuscript makes a detailed textual comparison with the other sources impossible, but the entries appear to correspond quite closely with their equivalents in E.164/15. It could be, as Mrs Joan Lancaster Lewis has suggested, that the cartulary entries are copies of 'the local documents on which the jurors could take their oaths and from which the Hundred Rolls entries would be compiled.'[51] However, the poor condition of the manuscript means that it cannot be used to add anything to the reconstruction of the Warwickshire Hundred Rolls.

There is also a late sixteenth century transcript of the Hundred Rolls entries for Priors Hardwick and Priors Marston in a book in the British Library entitled 'Transcripts of Monastic Evidences'.[52] This document gives the date of the Coventry Inquest and the names of the jurors which are found elsewhere only in the Leigh manuscript. A close study of the texts for the two villages shows conclusively that these are copies of the entries in the Leigh manuscript too, and so have nothing to add to the reconstruction of the original survey.

The pedigree of historians using the Warwickshire Hundred Rolls is a long one. It begins with Thomas Pype, a fourteenth century abbot of Stoneleigh, continues through the chantry priest of Guy's Cliff, John Rous to the great antiquarian, Sir William Dugdale, and on to the legal and social historian Sir Paul Vinogradoff.[53] A truly analytical approach began with the Russian historian E. A. Kosminsky, and was continued by R. H. Hilton and J. B. Harley.[54] All these, however, were using the defective

[50] Shakespeare Birthplace Trust: DR 10/1406 fols 48–56 Mrs. Joan Lancaster Lewis called my attention to this document and generously supplied photocopies of the relvant folios and her transcriptions of them.
[51] Mrs Lancaster Lewis's report to Dr. Levi Fox on DR 10/1406, dated 22nd November 1982, a copy of which she kindly sent me.
[52] B. L. Ad. Mss. 32100 fol 13–17. Dr R.N. Swanson of the University of Birmingham called my attention to this document.
[53] For Pype and the Hundred Rolls see R.H. Hilton: *The Stoneleigh Leger Book*, Dugdale Society, 1960, pp xvii–xxi, 44, 102. For Rous see T.D. Kendrick: *British Antiquity*, London 1950, pp 18–29; Antonia Cransden: *Historical Writing in England c 1307 to Early Sixteenth Century*, London 1982, pp 308–327; T. Hearne (ed.): *Historia Regum Angliae*, pp 122–123. For Dugdale see W. Dugdale: *The Antiquities of Warwickshire*, London 1656, Knightlow and Kineton hundreds passim. He gives his reference as 'Inq. per Hund. 7 Ed I per H. Nott & C fo——'. P. Vinogradoff: *Villainage in England*, Oxford 1892, p 431.
[54] R.H. Hilton: *Social Structure of Rural Warwickshire in the Middle Ages*, reprinted in *The English Peasantry in the Middle Ages*, pp 113–138; *A Medieval Society* . . . Chs 4, 5 and 7; J.B. Harley: 'Population Trends and Agricultural Developments from the Warwickshire Hundred Rolls of 1279', *Economic History Review*, Second Series XI 1 1958, reprinted with a 'Supplementary Note' in A.R.H.Baker, J.D. Hamshere and J. Langton: *Geographical Interpretations of Historical Sources–Readings in Historical Geography*, Newton Abbot 1970, pp 55–68; 'The Settlement Geography of Early Medieval Warwickshire', *Transactions of the Institute of British Geographers*, No. 34 1964, pp 115–130.

Exchequer manuscript (P.R.O. E.164/15), and the questions to be asked
of the evidence of the Hundred Rolls and the methods of analysis have
moved on. Particularly a computer assisted analysis is possible.[55] But it is
no good rushing into this until the most accurate and complete possible
text has been established: this is the aim of this volume. Once this has been
achieved the conclusions of previous scholars can be tested and perhaps
new insights achieved into the social and economic development of the
peasant society of medieval Warwickshire.

---

[55] The candidacy of the Hundred Rolls for computer assisted analysis has already been
recognized: see J. Palmer: 'Domesday Book and the Computer' in P. Sawyer (ed.):
*Domesday Book: a Reassessment*, London 1985, p 172.

# Editorial principles

The text presented here is a composite one. Its basis is the Exchequer manuscript PRO E.164/15. Throughout the deficiencies of this manuscript have, where possible, been made good from the later manuscript in the Middleton collection in the University of Nottingham library, MiO 14, and the Leigh manuscript in the Shakespeare Birthplace Trust, DR 18/31/3, fols 114b–132b. Additions from these manuscipts are indicated by inclosure in simple brackets (——).

Also throughout a comparison of the manuscripts has been maintained and significant variations recorded in the footnotes.

Insignificant variations are considered to be:-

a) 'unus' for 'i', 'duo' for 'ii', 'tres' for 'iii', etc. or vice-versa. My policy has been after folio 6 to use the Roman numeral throughout.
b) variations in the spelling of certain common Latin words, e.g. MiO 14 generally has 'elimosinam' for 'elemosinam' in E.164/15, 'famulia' for 'familia', 'demaunda' for demanda', 'bideripam' for 'bederipam', 'tolloneto' for tolneto', 'frauunciplegii' for 'franciplegii' 'vasto' for 'wasto', 'warentum' for 'warantum', 'arans' for 'arrans', 'gildabilis' for 'geldabilis', 'metebyne' for 'metebene', etc.
c) trivial variations in word order, e.g. 'de eodem per idem servicium' instead of 'per idem servicium de eodem'. I have followed the order of E.164/15.
d) trivial variations in the choice of words, e.g. 'per predictum servicium' instead of 'per idem servicium', 'predictum servicium' for 'predicta servicia', 'metens' for 'et metet', 'ad festum Natalis Domini' for 'ad Natale Domini', 'le' for 'la', 'eodem' for 'dicto', etc. Again, I have followed E.164/15.

On the other hand the variations in the spelling of proper names have all been noted—Christian, surname and place name.
I have also tried to give a consistency to the text

– by standardizing the use of capital letters throughout;
– by using Roman numerals rather than words where appropriate (see above);
– by using consistently after folio 2b the abbreviated forms : 's' for

17

'solidus', 'd' for 'denarius', 'ob' for 'obolus', 'q$^a$' for 'quadrans', 'lb' for 'libra';

– by introducing the minimum of punctuation into the text (in addition to that which is there already) in order to clarify the sense.

Marginal headings—generally vill names and indications of the legal status of the peasantry—have been placed in the body of the text. Other marginalia, unless significant, have been ignored.

Where E.164/15 on occasions gives just the initial of the Christian name of an individual who has already appeared in the text I, like MiO 14, have extended it.

I have also extended surnames where the extension is obvious, e.g. 'Carpenter' for 'Carpent''.

Where the terminal extension, especially of place-names and personal names, is uncertain the word has been ended with an apostrophe.

Interlined words are enclosed in acute angle brackets <——>.

†indicates a signum in the left hand margin of E.164/15.

* indicates a signum in the left hand margin of MiO 14.

On occasions in E.164/15 there is an apparent mixture of plural subjects and singular verbs, or vice versa, slavishly copied by the scribe of MiO 14, e.g. fols 12b, 34, 66. These have not been corrected. Where, however, the manuscripts do not give the verb endings, these have been extended in the appropriate form.

The Coventry Hundred Rolls are found in a unique source, Leigh manuscript folios 100–114. This has already been edited by me and printed in P.R. Coss (ed.): *The Early Records of Medieval Coventry*, British Academy, Records of Social and Economic History New Series *XI* London 1986, pp 370–394.

# Warwickshire

Map of the County of Warwick showing the location of Stoneleigh and Kineton Hundreds.

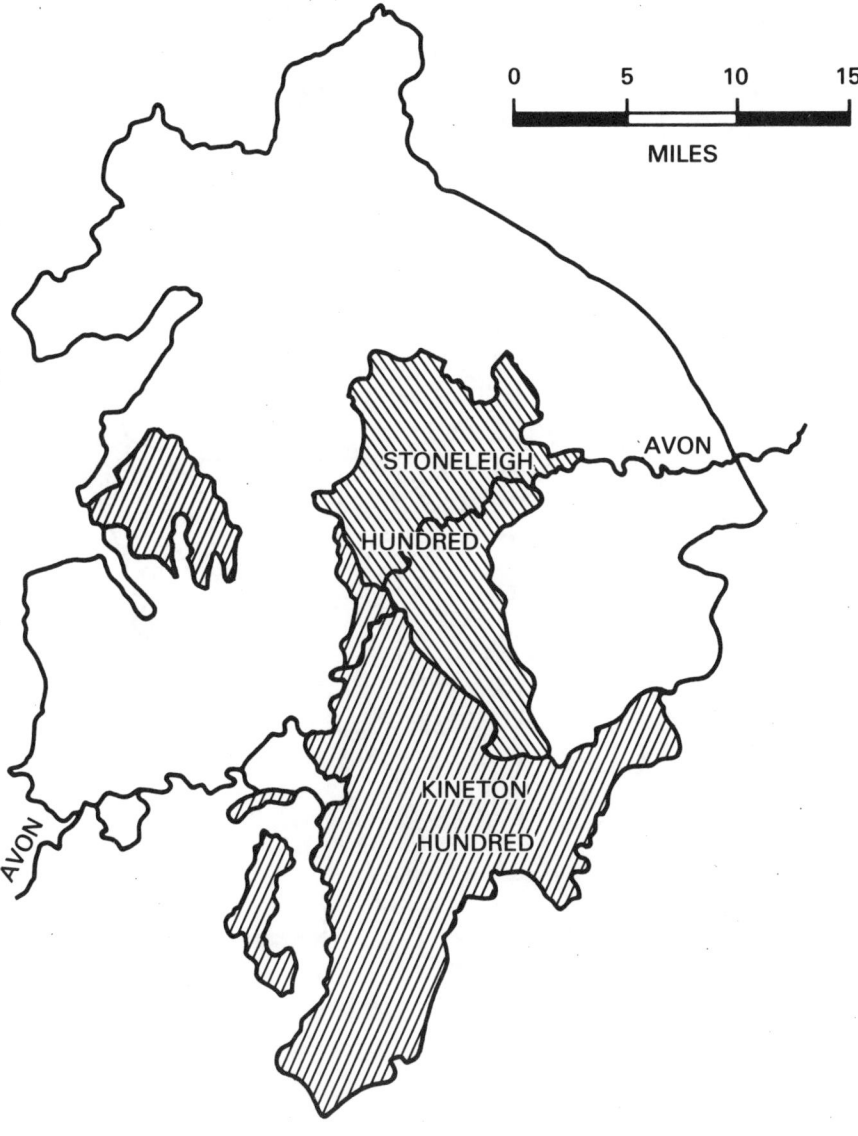

# Parishes of Stoneleigh and Kineton Hundreds

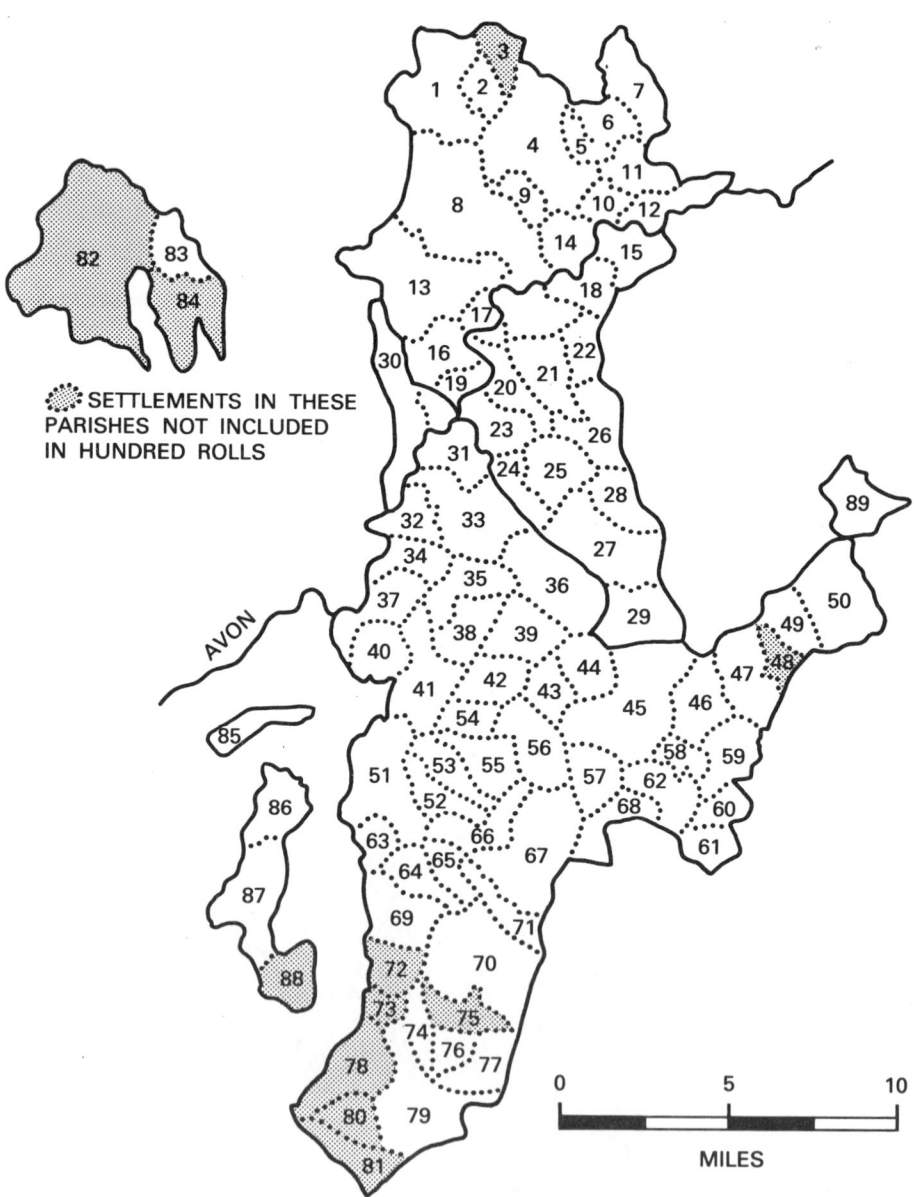

SETTLEMENTS IN THESE
PARISHES NOT INCLUDED
IN HUNDRED ROLLS

AVON

MILES

0          5          10

# Key to map of parishes of Stoneleigh and Kineton Hundreds

## STONELEIGH PARISHES

1 Allesley
2 Coundon
3 Keresley
4 Coventry
5 Stoke and Biggin
6 Wyken
7 Walsgrave on Sowe
8 Stoneleigh
9 Stivichall
10 Willenhall
11 Binley
12 Brandon and Bretford
13 Kenilworth
14 Baginton
15 Ryton
16 Leek Wootton
17 Ashow
18 Bubbenhall
19 Milverton
20 Lillington
21 Cubbington
22 Weston under Wetherley
23 Leamington
24 Whitnash
25 Radford Semele
26 Offchurch
27 Harbury
28 Ufton
29 Bishops Itchington

## KINETON PARISHES

30 Warwick St. Mary
31 Warwick St. Nicholas
32 Barford
33 Bishops Tachbrook
34 Wasperton
35 Newbold Pacey
36 Chesterton and Kingston
37 Charlecote
38 Moreton Morrell
39 Lighthorne
40 Wellesbourne Mountford
41 Wellesbourne Hastings
42 Compton Verney
43 Chadshunt

44 Gaydon
45 Burton Dassett
46 Fenny Compton
47 Wormleighton
48 Stoneton
49 Priors Hardwick
50 Priors Marston
51 Over and Nether Eatington
52 Pillerton Priors
53 Pillerton Hersey
54 Combrook
55 Butlers Marston
56 Kineton
57 Radway
58 Avon Dassett
59 Farnborough
60 Mollington
61 Shotteswell[1]
62 Warmington[1]
63 Halford
64 Idlicote
65 Whatcote
66 Oxhill
67 Tysoe
68 Ratley and Upton
69 Honington
70 Brailes
71 Compton Wyniates
72 Barcheston[2]
73 Burmington
74 Cherrington
75 Sutton under Brailes[3]
76 Stourton
77 Whichford
78 Wolford[4]
79 Long Compton
80 Barton on the Heath
81 Little Compton[3]
82 Tanworth
83 Packwood
84 Lapworth
85 Atherstone on Stour
86 Whitchurch
87 Ilmington
88 Stretton on Fosse
89 Shuckburgh (in Marton Hundred)

[1] Entries for these parishes largely illegible in the MS.
[2] Willington, part of this parish, included in the MS.
[3] Until nineteenth century part of Gloucestershire.
[4] Little Wolford but not Great Wolford included in the MS.

# THE WARWICKSHIRE
# HUNDRED ROLLS
## OF 1279–80

## Stoneleigh and Kineton
## Hundreds

Fol 1 (MiO 14 fols 1–1b)

Anno regni regis Edwardi filii regis Henrici septimo facte sunt inquisitiones in singulis villis et singulis locis per comitatus Warr' et Leyc' per Henricum de Notyngham[1] Henricum de Seldon et Johannem de Arundell clericum super articulos subscriptos modo subscripto. Quia per diversas occupationes super ipsem regem Edwardum et super alios tam divites quam pauperes in regno Anglie tam in dominicis feodis feodalibus et libertatibus quam rebus aliis diversimode factas idem rex et alii homines in dicto regno iacturam sustinent et sustinerunt ut eidem regi ad hoc quod suum est et suum esse debet et aliis quod suum est et suum esse debet constare valeat infuturo assignavit predictum Henricum Henricum et Johannem una cum hiis quos sibi associatis ad videndum omnes civitates burgos villas mercatorias in comitatibus predictis tam infra libertates quam extra quorumcumque virorum fuerit sive fuerint divitum sive pauperum et ad inquirendum tam de dominicis quibus ipsius regis feodis feodalibus eschaetis libertatibus ac rebus cunctis feoda et tenementa congentibus quam aliorum quorumcumque et qui ea tenent scilicet in dominico ut in dominico in villanis ut in villanis in servis ut in servis in cotariis ut in cotariis et postmodo in liberis tenentibus ut in liberis tenentibus et in boscis in parcis in chaciis in warennis in (aquis)[2] ripariis libertatibus feriis mercatis ac aliis tenuris quibuscumque et quocumque modo et de quibus sive de mediis sive de aliis et de quibus feodis et aliis tenuris scutagium dari consuevit et dari debet et quantum de feodis honorum quorumcumque et qui feodalia illa tenent et qualiter et quomodo. Ita quod singule ville hamlette et alie tenure quocumque nomine censeantur distincte et aperte conscribantur in libris quos sibi regi per predictum Henricum Henricum et Johannem super hoc liberari et ita quod nemini in aliquo parcatur etc.

### Villa Warr'

Duodecim jurati de villa Warr' scilicet Thomas Payn Johannes de Porta Galfridus de Gelyneresend Johannes Norisun[3] Johannes le May[4] Willelmus de Wellesburn (?) Thomas Thoyt Henricus Scarlet Petrus de Porta Willelmus le Mazun Thomas Pess' (?) et Ricardus Kuond
Qui dicunt per sacramentum suum quod[5]
Comes Warr' tenet burgum Warr' in capite de domino rege (per quod

---

[1] MiO 14 'Notingham'.
[2] Added from the full commission printed in *Rot. Hun. II* p ix. Absent from both MSS.
[3] MiO 14 'Noryson'.
[4] MiO 14 follows 'le May' with 'etc' and does not give names of other jurors.
[5] Gap in MiO 14; illegible E.164/15.

servicium ——)[6] habet unam feriam per annum durantem per octo dies
ante festum (Sancti Petri ad vincula) per octo dies post. Item habet ibidem
unum forum per septimanam scilicet (die Mercurii et ——)[7] et valet
per annum xxiiii libras. Dicunt etiam quod (habet in eodem Burgo ——
——)[8] Dicunt etiam quod idem comes habet curiam suam (in eodem burgo
semel per) septimanam et hoc per diem Luna. Dicunt etiam quod omnes
(burgenses tenentes viii)

### Fol lb (MiO 14 fols 1b–2)

virgatas terre in predicto burgo habent terram suam de se et de omnibus
liberis tenentibus (suis. Dicunt etiam) quod duellum felonie potest vadiari
in predicta curia et quod (placita et perquisitiones) euisdem (curie valent
per annum) x marcas quo servicio et quo waranto predictus comes tenet
omniam predictam —— quo waranto predicti burgenses utuntur libertate
sua predicta a tempore (quo non existat) memoria.

#### Villa Warr' Thomas Payn

Dicunt etiam quod Thomas Payn tunc maior Warr' tenet vi burgagia de
predicto comite reddendo sibi pro uno vi d pro alio iiii d pro tercio xxi d
pro quarto iiii d pro quinto vi d (et pro vi[to] vi d.)

Dicunt etiam quod idem Thomas tenet unum burgagium in eodem burgo
de abbate de (Bordesley) reddendo sibi inde per annum xii d.

Idem Thomas tenet ibidem unum burgagium de abbate de Osney reddendo
sibi inde per annum iiii s.

Idem Thomas tenet ibidem unum burgagium de priore de Kenelworth
reddendo sibi per annum iii s.

Idem Thomas tenet ibidem duo burgagia de canonis Beate Marie Warr'
reddendo sibi pro uno xii d et pro alio vii d.

Idem Thomas tenet unum burgagium de heredibus Radulphi de Lodynton
reddendo sibi inde per annum unam libram cimini.

Idem Thomas tenet unum toftum de Galfrido de Langley[1] reddendo sibi
inde per annum unam libram (cimini.)

#### Villa Warr' Johannes de Porta

Dicunt etiam quod Johannes de Porta tenet duo burgagia scilicet unum de
Thoma Payn pro viii s (vi d) et aliud de canonicis Beate Marie Warr'
reddendo inde sibi per annum x d

---

[6] Gap in MiO 14; later blanks in MiO 14 where the scribe had difficulty in reading his source
are indicated similarly.     [7] Presumably Saturday: see V.C.H. Warks VIII p 481.
[8] Presumably the seven day fair at Michaelmas: see V.C.H. loc. cit.

---

[1]  MiO 14 'Langlay'.

Idem Johannes (tenet ibidem medietatem) unius burgagii de predicto comite pro redditu unius ob et i quadrantem[2] per annum.

Idem Johannes tenet ibidem medietatem unius burgagii de Philippo de Norton reddendo inde sibi per annum iii s.

Idem tenet ibidem unum burgagium de priore de Kenyll'[3] reddendo sibi inde[4] ii s vi d.

Dicunt[5] etiam quod Henricus de Kyngton tenet duo burgagia scilicet unum de priore Sancti Sepulchri Warr' reddendo inde sibi per annum iiii s et aliud de Ricardo (Awnrey) reddendo inde sibi (per annum) xviii d et ecclesie Beate Marie Warr' iii d.[6]

Idem Ricardus[7] tenet de priore Sancti Sepulchri Warr' unum burgagium reddendo inde sibi per annum vi d et Willelmo Basset pro eodem vi d.

Dicunt etiam quod Robertus Scot tenet unum burgagium de Willelmo Berford reddendo inde sibi per (annum xviii d et) Nicholao filio Ricardi Aunray pro eodem xviii d.

Dicunt etiam quod Willelmus Basset tenet iiii burgagia quorum unum de Thoma Payn (per servicium vii s xi d) et aliud de Ricardo Cobbe reddendo sibi inde annuatim i —— ob.

Idem (Willelmus tenet ibidem) unum toftum de priore de (Teveleford Cecilia de Porta)

## Fol 2 (MiO 14 fols 2–3)

reddendo inde dicto priori per annum duos s et dicte Cecilie xviii d (et ecclesie Beate Marie Warr' v d.)

Dicunt etiam quod Johannes Eyton tenet unum burgagium ibidem de canonicis Beate Marie Warr' reddendo sibi per annum iii s.

Dicunt etiam (quod —— filius Gundr' tenet unum) cotagium de Ricardo (Aunray)[1] reddendo sibi per annum ii s.

Dicunt etiam quod Felicia (la Garlecmon)gestr' tenet unum cotagium reddendo inde per annum Thome Payn (vi s.

Dicunt etiam quod ——) le Plomer tenet medietatem unius burgagii de abbate de Stoneley reddendo (inde sibi per) annum unum ob et tenet ad terminum vite sue et abbas tenet in puram et perpetuam (elemosinam.)

---

[2] So in full in both MSS.  [3] MiO 14 'Kenelworth'.
[4] MiO 14 has the more usual order 'inde sibi'.
[5] Above 'Dicunt . . .' there is a short line, perhaps a heading, in E.164/15.
[6] MiO 14 'iiii d'.  [7] A mistake for 'Henricus' in both MSS?

---

[1] The spelling in MiO 14; in E.164/15 looks like 'Aneray'.

Dicunt etiam quod Henricus Thoyt tenet medietatem predicti burgagii de comite Warr' reddendo (sibi per annum vi d.)

Dicunt etiam quod Henricus Poped tenet unum burgagium de Thoma Payn reddendo inde[2] sibi per annum vii s viii d.

Dicunt etiam[3] Gerardus Thoyt tenet unum burgagium de magistro Rogero Juge[4] (reddendo sibi per annum) iii s.

Dicunt etiam quod idem Gerardus tenet medietatem unius burgagii de comite Warr' reddendo inde sibi per annum xii d.

Cristina filia Willelmi de Tywe tenet unum burgagium de Thoma Payn reddendo (inde sibi per annum ii s.)

Willelmus de Tywe tenet ibidem unum burgagium de Johanne (Nortun pro xii d et dimidia libra piperis.)

Henricus Hamonde tenet unum burgagium reddendo inde per annum Thome Payn (xiiii d.)

Robertus Busard tenet unum burgagium reddendo inde priore de Kenell' per annum xviii d (et domui hospitalis) Sancti Johannis (Baptiste Warr' ii s.)

Ricardus canonicus ecclesie Beate Marie Warr' tenet (unum burgagium) ibidem reddendo eidem ecclesie per annum vi s.

(Rogerus Botte tenet i burgagium ibidem reddendo) predicte[5] ecclesie per annum ii s.

(Edmundus) Taylur[6] tenet unum burgagium ibidem · (reddendo eidem ecclesie per annum xii d.)

Ricardus le Parmentur tenet i burgagium ibidem reddendo inde per annum (Simoni de Cooses vii s et preceptori de) Basehale iii s.

Thomas Thoyt tenet ii burgagia scilicet unum de Galfrido (de Langele per servicium ii ——) per annum et aliud de Ricardo de Wotton per servicium unius (radicis gyngiberis per annum.

Idem) Thomas tenet ibidem unum toftum reddendo inde per annum (Roberto de Wellesbourne xii d et) Thome le[7] Marshall unam rosam.

Ricardus le Mercer (tenet medietatem i burgagii ibidem) reddendo inde comite Warr' per annum iii d et i qᵃ.

Henricus at[8] (Pulcrend) tenet medietatem i burgagii ibidem reddendo inde Ricardo le Mercer per annum vi d.

Idem Henricus tenet ibidem unum burgagium reddendo inde per annum Thome Pessun unum ob et heredibus Galfridi le Fourbur[9] i rosam.

Idem Henricus tenet ibidem ii burgagia (reddendo inde per annum) Johanni Lycoryt ii s.

---

[2] MiO 14 no 'inde'.   [3] No 'quod' in both MSS.   [4] Or 'Inge'.   [5] MiO 14 'prefate'.
[6] MiO 14 'Taillour'.   [7] MiO 14 'de'.   [8] As n7.   [9] MiO 14 'Fourbour'.

Nicholaus Coleman[10] tenet medietatem i burgagii reddendo (inde per annum solvendo) Ricardo Aunray xii d.

Nicholaus le Somener tenet ibidem medietatem i burgagii[11] (reddendo inde per annum Ricardo Aunray).[12]

Johannes de Norizun tenet medietatem i burgagii reddendo inde per annum (comiti Warr' i libram) cimini.

Idem Johannes tenet ibidem aliam medietatem i burgagii reddendo (inde per annum Roberto Kuonde vi d et Roberto) Curnasale ii s vi d.

Idem Johannes tenet (i burgagium reddendo inde per annum Roberto


Fol 2b (MiO 14 fols 3–3b)


Curnassale iis.)

Idem Johannes tenet ibidem i burgagium reddendo inde per annum Johanni de Porta (xii d.

Idem) Johannes tenet unum burgagium reddendo per annum Alano de (sic) Spycer[1] xii d.

(Idem Johannes tenet ibidem i) toftum et dimidium reddendo inde per annum Johanni de Porta i d et (Roberto Sterr) ob.

(Idem Johannes tenet ibidem i) burgagium reddendo inde per annum Henrico Caupeyne[2] iii d.

Idem Johannes tenet (ibidem medietatem i) burgagii reddendo inde per annum xii d.

Idem Johannes tenet ibidem i burgagium reddendo inde (per annum) Galfrido le Langele xii d.

(Magister Rogerus Juge) tenet unum burgagium reddendo per annum domino de Wodelowe v s.

(Robertus Christofer) tenet ibidem i burgagium reddendo inde per annum Philipo Norizun v s.

(Idem Robertus tenet ibidem) i burgagium reddendo inde annuatim[3] Ricardo filio Nicholai iii s vi d.

(Agnes) Basset tenet ibidem i burgagium reddendo inde per annum Ricardo filio Nicholai v s.

Ricardus filius Nicholai tenet ibidem ii burgagia reddendo inde per annum Agneti Juge[4] scilicet pro uno iiii s (et comiti) Warr' pro alio xii d.

Idem Ricardus tenet ibidem i burgagium reddendo inde per annum

---

[10] MiO 14 'Colman'.　　[11] MiO 14 omits 'i burgagii'.

[12] A line left blank in both MSS after this incomplete entry.

---

[1] MiO 14 'Spicer'.　　[2] MiO 14 'Campeyn'.　　[3] MiO 14 'per annum'

[4] Difficult in both MSS. The J appears to be followed by three minims.

(Johanni de Porta dimidiam marcam et) Roberto de Wellesbourne iii s et iiii d.

(Ricardus le Mersshall tenet) ii burgagia reddendo inde per annum Johanni le Norizun iiii s (et Willelmo Godewyne pro alio viii s et) priori de Kenylleworth[5] ii solidos.[6]

(Robertus filius Gerardi tenet) ibidem i shoppam[7] reddendo inde per annum Agneti Basset i d.

(Willelmus le Blake tenet) i burgagium de Thoma Payn reddendo inde per annum xii d.

(Robertus de Wotton tenet i) burgagium de Willelmo Godewyn reddendo inde sibi per annum i d.

(Idem Robertus tenet) medietatem i burgagii de ecclesia Beate Marie Warr' reddendo inde sibi per annum xii d (et medietatem alterius) burgagii de hospitale Sancti Johannis Warr' reddendo inde sibi per annum xii d.

(Et medietatem ii) burgagiorum de priore Sancti Sepulchri pro xii d.

Idem Robertus tenet unum (burgagium reddendo inde) per annum episcopo Wygorn' vi d.

(Willelmus Pygun tenet unum burgagium) reddendo inde per annum[8] priori Sancti Johannis Jerlm' in Anglie per annum (iiii d.)

(Philipus le) Norizun tenet unum burgagium ibidem reddendo inde per annum Willelmo Pygun iiii d.

(Alanus de) Melvertun[9] tenet ibidem unum burgagium reddendo inde Johanni Heryng unum ob.

(Petrus de Porta tenet unum) burgagium reddendo inde per annum Rogero Cheles ii s.

Idem Petrus (tenet ibidem ii) burgagia reddendo inde per annum ecclesie Beato Jacobi Warr' ii s scilicet pro uno et pro alio (ecclesie Beate Marie) Warr' iii s.

Idem Petrus tenet ibidem medietatem i burgagii reddendo inde per annum (Willelmo) Godewyne i d.

(Willelmus le Jenyn) tenet ibidem medietatem i burgagii reddendo inde per annum Nicholao filio Ricardi iiii s.

Idem (Willelmus tenet) ibidem ii burgagia reddendo inde per annum comiti Warr' ix d scilicet pro uno et priori (Sancti Sepulchri Warr' xvi d.

Leo Judeus tenuit i) burgagium de Petro de Porta et nunc est in manu (domini regis) reddendo inde per annum eidem Petro iiii s.

---

[5] MiO 14 'Kenelworth'.
[6] Written in full in E.164/15. Henceforth this variation not noted, and solidos and denarios transcribed 's' and 'd'.     [7] MiO 14 'shopam'.     [8] MiO 14 omits 'per annum'.
[9] MiO 14 'Mylverton'.

Fol 3 (MiO 14 fols 3b–4b)

Baselia le Blodetestr'[1] tenet unum burgagium reddendo inde per annum ecclesie Beate Marie Warr' xii d et (Agneti) Juge xii d.

Johannes le Boteler[2] tenet ibidem unum burgagium reddendo inde per annum priori de Coventr' vi d.

Idem Johannes tenet ibidem unum toftum reddendo inde per annum comiti Warr' vii d.

Johannes le Mouner tenet ibidem i burgagium reddendo inde per annum Willelmo filio Johannis le Jenyne iiii s.

Johannes le Jenene[3] tenet ibidem ii burgagia reddendo inde per annum priori de Coventr' unum ob.

Richardus de[4] Kenyll' tenet unum burgagium reddendo inde per annum Ricardo le Blake (xviii d.)

Henricus Scarlet[5] tenet ibidem i burgagium reddendo inde per annum Roberto Clouton (iiii s iiii d) et priori de Coventr' pro eodem burgagio xii d.

Idem Henricus tenet ibidem (i burgagium) reddendo inde per annum Thome Payn ii s.

Idem Henricus tenet ibidem i burgagium (reddendo inde per annum) Johanni Ly(coriz)[6] ii s iiii d.

Idem Henricus tenet (ibidem) medietatem i (burgagii reddendo inde per annum) comiti Warr' xii d.

Idem Henricus tenet medietatem unius burgagii (reddendo inde per annum Ricardo le) Thanar xii d.

Idem Henricus tenet ibidem i burgagium reddendo inde per annum Thome de la Leye viii d.

Henricus Handren[7] tenet ibidem i burgagium reddendo inde per annum comiti Warr' ii s ix d

Avicia Corewrene tenet ibidem medietatem i burgagii reddendo inde per annum Johanni de Porta xx d.

Persona ecclesie de Wytnasshe[8] tenet medietatem i burgagii reddendo inde (per annum Johanni Norizun ii s.)

Ricardus de Baddele tenet i burgagium reddendo inde per annum Johanni (Licoriz xxiii d.

Idem Ricardus) tenet i burgagium reddendo inde (per annum Ricardo Snell unam rosam.)

Walterus le Hore tenet unum burgagium (reddendo inde per annum Johanni Licoriz xii d.)

---

[1] Mio 14 'Blodeletestr''.    [2] MiO 14 'Botiller'.    [3] MiO 14 'Jenyn'.    [4] MiO 14 'le'.
[5] MiO 14 'Skarlet'.    [6] MiO 14 'Licoriz'.    [7] Or 'Haudren'.    [8] MiO 14 'Whitnasshe'.

Robertus Cave tenet medietatem i burgagii reddendo inde per annum comiti Warr' (vi d.)

Gundreda filia Ricardi Basset tenet i burgagium reddendo inde (per annum comiti Warr' iiii s.)

Willelmus de Wellesbourn[9] tenet i burgagium reddendo inde (per annum Thome Payn xviii d et Margarete Cryst i rosam.)

Willelmus de Colebourn[10] tenet i burgagium reddendo inde (per annum iii perdrices.)

Robertus Tholerd tenet i burgagium reddendo inde (per annum Ricardo filio Nicholai dimidiam marcam.

Idem) Robertus tenet i burgagium reddendo inde per annum (ecclesie Beate Marie Warr' xii d.)

Richardus Kuonde tenet medietatem i burgagii reddendo inde per (annum Alano le Spicer ix d ob.)

Idem Alanus tenet medietatem i burgagii reddendo (inde per annum comiti Warr' ix d.)

Margareta le Norizun tenet ibidem i burgagium (reddendo inde per annum Simoni de Cotes dimidiam marcam.)

Mosseus Judeus tenuit i burgagium quod nunc est (in manu domini regis reddendo inde per annum) eidem Simoni (xii s et regi i d et priori de Kenelworth xii d.)

Robertus Somer tenet i burgagium (reddendo inde per annum Roberto de Warr' ii s.

Idem Robertus) tenet ibidem i burgagium reddendo (inde per annum ecclesie Sancti Petri Warr' xii d et Ricardo Aunray xviii d.)

Walterus le Mercer tenet (unum shopam reddendo inde per annum Thome Payn iii s.)

Robertus Noteleyn (tenet i burgagium reddendo inde per annum comiti Warr' v d et Henrico —— ob pro eodem.)


Fol 3b (MiO 14 fols 4b–5)


Idem Robertus tenet unum toftum de eisdem pro eodem servicio.

(Nicholaus le Spicer) tenet i burgagium reddendo inde per annum Henrico Hamonde xviii d.

(Johannes Licoriz) tenet unum burgagium reddendo inde per annum comiti Warr' xii d.

Idem Johannes tenet i burgagium reddendo inde per annum ecclesie Beate Marie Warr' vi d.

---

[9] MiO 14 'Wellesburn'.    [10] MiO 14 'Coleburn'.

(Johannes le Carpent)er tenet ibidem medietatem i burgagii reddendo inde per annum Radulpho filio Gunnore i radicum gyngiberis.

(Ricardus) Gundy tenet medietatem i burgagii reddendo inde per annum domui lepresorum Warr' xxd.

Willelmus de Wotton tenet i burgagium reddendo inde per annum ecclesie Beate Marie Warr' xii d.

Ricardus de Cobynton tenet i burgagium reddendo inde per annum ecclesie Beate Marie Warr'[1] xii d.

Johannes le ——[2] tenet i burgagium reddendo inde per annum predicte ecclesie[3] ii s.

Idem Johannes tenet i burgagium reddendo (inde per annum) comiti Warr' xviii d.

Johannes de[4] Norton tenet medietatem i burgagii reddendo inde per annum ecclesie Beate Marie Warr'[5] iiii d.

Ricardus le ——[6] tenet medietatem i burgagii reddendo inde per annum Ricardo le Mazun xii d.

Rosa le Mareschal[7] tenet ibidem i toftum reddendo inde per annum ecclesie Beate Marie Warr' vi d ob.

Eadem Rosa tenet i burgagium reddendo inde per annum Willelmo Godewyne[8] xx d.

Walterus le Mercer tenet i burgagium reddendo inde per annum Willelmo Basset xii d et Thome Payn ii d ob pro (eodem.)

Thomas Pessun tenet i cotagium reddendo inde per annum Thome Payn xviii d.

Idem Thomas Pessun[9] tenet ibidem ii burgagia et dimidium reddendo pro uno priori de Chacumbe[10] per annum (vi d) et pro alio et dimidio eidem priori et magistro Sancti Johannis Warr' xviii d et (Radulpho Taute) pro eisdem ii s.

Idem Thomas tenet ii cotagia reddendo inde per annum comiti (Warr' vi d) et Petro le Forbessur[11] ob.

(Robertus Kuond tenet) medietatem i tofti reddendo inde per annum Thome Payn x d.

Willelmus de Coventr' tenet i burgagium reddendo inde per annum Ricardo Gundy ii d.

Edytha[12] filia Rogeri Basset tenet medietatem i burgagii reddendo inde per annum Johanni Coterel[13] ob.

---

[1] MiO 14 'eidem ecclesie'.    [2] So in MiO 14, illegible E.164/15.    [3] As n 1.
[4] MiO 14 'le'.    [5] MiO 14 'predicte ecclesie'.    [6] So in MiO 14; illegible E.164/15.
[7] MiO 14 'Mersshall'.    [8] MiO 14 'Godewyn'.    [9] 'Pessun' omitted in MiO 14.
[10] MiO 14 'Chacombe'.    [11] MiO 14 'de Furbesser'.    [12] MiO 14 'Editha'.
[13] MiO 14 'Coterell'.

(Willelmus le Taylor) tenet i burgagium reddendo inde per annum comiti Warr' ii s et Roberto filio Willelmi de Wotton unam rosam pro eodem burgagio.

Willelmus de Bello Campo tenet i toftum quod Hanbaligun tenuit et videlicet per annum iiii s.

(Thomas Flaumberose tenet) i burgagium reddendo (inde per annum Thome Toyht iii d.)

(Radulphus le Engleys tenet medietatem i) burgagii reddendo inde per annum (heredibus Thederset ob.

Hugo le Bedell tenet medietatem i burgagii) reddendo inde per annum (heredibus Haull' i rosam.

Idem Hugo tenet i burgagium reddendo inde) per annum Roberto de Wellesborn[14]4 (iiii s.

Alicia filia Willelmi de) Wellesborne tenet i burgagium reddendo per annum Marie filie (Simonis Albod i rosam.

Ricardus canonicus Sancte Marie Warr' tenet i toftum) reddendo inde per annum eidem vi d.

(Nicholaus de) London tenet i burgagium reddendo inde Thome Toyt viii d.

(Idem Nicholaus) tenet ibidem medietatem i burgagii reddendo inde per annum Johanni de Porta (xii d.)


Fol 4 (MiO 14 fols 5–5b)

(Most of first five lines torn away.)[1]

Nycholaus[2] de Porta tenet i burgagium reddendo inde per annum predicto hospitali (Sancti Johannis iiii s.)

Galfridus de Pype tenet i burgagium et dimidium de eodem hospitale (reddendo inde sibi per annum) viii s et Thome Thoyt xii d.

Thomas de Wodelowe tenet ii burgagia de comite Warr' reddendo inde sibi per annum nihil set reddit pro illis et pro tota terra in surburbio i d.

Galfridus de Chelmereford et Henricus Handr' tenent i burgagium reddendo comiti Warr' (xii d.)

Ricardus Norman tenet i burgagium reddendo inde ecclesie Beate Marie Warr' iiii s.

---

[14] MiO 14 'Wellesborne'.

---

[1] MiO 14 has a marginal note in same hand as MS to this effect, though it is difficult to decipher exactly. Looks like 'o' qz c'rz ibm' v lin'.', i.e. 'quod caret ibidem v lineas'.
[2] MiO 14 'Nicholaus'.

Colemanus le Coureur tenet i burgagium reddendo inde per annum Thome Payn (iii s.)

Matilda le Lavender[3] tenet medietatem i burgagii reddendo inde per annum hospitali Sancti Johannis (ii s.)

Willelmus de Caumpedene[4] tenet i burgagium reddendo inde per annum ecclesie Beate Marie Warr'[5] (iiii d.)

Symon[6] Mallebolle tenet dimidium burgagium reddendo inde per annum hospitali Sancti Johannis Warr'[7] (iii s.)

Johannes de Say[8] tenet ibidem ii burgagia reddendo inde per annum Roberto de Wellesburn (iii s) et Rogero Botte ob et Ade Dunston ob pro eisdem.

Willelmus de Stodle [9] tenet i burgagium reddendo inde per annum comiti Warr' viii d.

Galfridus de Pype tenet ibidem i toftum reddendo inde per annum Roberto de Wellesbourn[10] ii s.

Idem Galfridus tenet i burgagium in quo scole Judeorum fuerunt reddendo inde per annum iiii s ii d domino regi eo quod est in manu domini regi hac vice (et comiti Warr' x d.)

Ricardus Torald tenet ibidem i burgagium reddendo inde per annum Thome Payn (x s.)

Reginaldus le Breclese tenet i burgagium reddendo inde domui Sancti Michaelis Warr' xii d.

Persona ecclesie de Cobynton tenet i burgagium reddendo inde per annum Thome Payn iiii s.

Rogerus le Whyte[11] tenet medietatem i burgagii reddendo inde per annum Ricardo le Tannur [12] (xii d.)

Robertus Crystofre[13] tenet i burgagium reddendo inde per annum Johanni Lycoriz vii d.

Robertus de Wellesbourn[14] tenet ii burgagii reddendo inde per annum scilicet Thome Payn pro uno xvi d et Henrico Hamund[15] pro alio xii d.

Robertus filius Willelmi de Galewey tenet i burgagium reddendo inde per annum Henrico Hamond (x d.)

Henricus le Batter tenet i burgagium reddendo inde per annum Thome (Shepefote xvi d.)

Magister hospitalis Sancti Johannis Warr' tenet i toftum reddendo inde per annum episcopo Cestr' (iii d.)

Willelmus Lynn' tenet ibidem ii tofta reddendo inde per annum episcopo Cestr' (iiii d scilicet pro uno et pro alio) Roberto Aurement viii d.

---

[3] MiO 14 'Lavendr''.    [4] MiO 14 'Caumpdene'.    [5] MiO 14 'ecclesie predicte'.
[6] MiO 14 'Simon'.    [7] Omitted MiO 14.    [8] MiO 14 'Saye'.    [9] MiO 14 'Stodeley'.
[10] MiO 14 'Wellesborne'.    [11] MiO 14 'White'.    [12] MiO 14 'Tannour'.
[13] MiO 14 'Christofer'.    [14] MiO 14 As n10.    [15] MiO 14 'Hamonde'.

Fol 4b (MiO 14 fols 5b–6)

(Most of first five lines torn away.)[1]

Cecilia de Porta tenet unum burgagium reddendo inde per annum Willelmo Basset x d.

Willelmus le Neyr tenet i furnum reddendo inde per annum prefate ecclesie[2] viii d.

Idem Willelmus tenet ibidem i burgagium reddendo inde per annum eidem ecclesie iiii d.

Rogerus de Wotton tenet i burgagium reddendo inde per annum eidem ecclesie xiiii d.

Johannes Heryng tenet i burgagium reddendo inde per annum Thome de Wodelowe iii s.

Rogerus le Moner tenet i burgagium reddendo inde per annum Thome de Wodelowe ii s et Roberto Gylberd[3] i rosam pro eodem.

Isak[4] le Waterman tenet i burgagium reddendo inde per annum ecclesie Beate Marie Warr' xiii d.

Johannes le Watte tenet dimidium burgagium reddendo inde per annum Johanni le Jenene ii s.

Johannes le Prior tenet dimidium burgagium reddendo inde per annum Waltero le Fournur[5] ob.

Gerardus Toyht tenet dimidium burgagium reddendo inde per annum Johanni Lycoryz ix d.

Ricardus Suddel[6] tenet i toftum reddendo inde per annum comiti Warr' iiii s.

Robertus Gylberd[7] tenet ibidem i burgagium reddendo inde per annum Ricardo filio Nycholai[8] iiii s.

Ricardus filius Johannis le Monner tenet i burgagium reddendo inde per annum Johanni Licoriz[9] ii s x d et Johanni Norton iiii d.

Juliana le Wayte tenet i burgagium reddendo inde per annum Johanni de Shyrburn[10] viii d pro (eodem.)

Johannes le Mercer tenet i burgagium reddendo inde per annum priori Wygorn' (iiii d.)

Eustacius Brounyng tenet i burgagium reddendo inde per annum eidem priori (iiii d.)

Felicia de Pillardinton[11] tenet i burgagium reddendo inde per annum priorisse de Pynle[12] v s.

---

[1] Similiar marginal note as fol 4 n 1.      [2] MiO 14 'ecclesie Beate Marie Warr''.
[3] MiO 14 'Gilberd'.      [4] ? MiO 14 has 'Isab(ella)'.      [5] MiO 14 'Furnour'.
[6] MiO 14 'Suddell'.      [7] As n3.      [8] MiO 14 'Nicholai'.      [9] MiO 14 'Licorize'.
[10] MiO 14 'Shereborne'.      [11] MiO 14 'Pillardynton'.      [12] MiO 14 'Pynley'.

Willelmus le Mazun de Kenyll' tenet i burgagium reddendo inde per annum Thome Payn vi d.

Idem Willelmus tenet aliud burgagium reddendo inde per annum episcopo Wigorn' vi d et episcopo Cestr' vi d et priori de Kenylleworth[13] iii s vi d pro eodem.

Henricus de Campenden tenet i burgagium reddendo inde per annum Emme Heryng i rosam.

Johannes de Suham tenet i burgagium reddendo inde per annum priori Warr' xii d.

Ricardus filius Galfridi tenet i burgagium reddendo inde per annum domui leprosorum Sancti Michaelis[14] Warr' (vi s.)

Ricardus de Coleworth tenet i burgagium reddendo inde per annum Thome Payn xii d.

Johannes de Offecherd tenet i burgagium reddendo inde per annum episcopo Wigorn' iiii d ob


Fol 5 (MiO 14 fols 6–6b)


et Matilde Rousely[1] ob et heredibus Emme Heryng ob (pro eodem burgagio.)

Matilda Rousseleye[2] tenet i burgagium reddendo inde per annum episcopo Wigorn' ii s.

Walterus le Tyneker tenet i burgagium reddendo inde per annum ii s vi d Willelmo Basse.[3]

Robertus le Feur'[4] tenet i burgagium reddendo inde per annum Petro de Porta v s.

Idem Robertus (tenet aliud) burgagium ibidem reddendo inde per annum Thome Toyht[5] iii s.

Johannes de Claverdon tenet i burgagium reddendo per annum ecclesie Sancti Johannis in alto foro Warr' vi d.

Idem Johannes tenet i burgagium reddendo inde per annum Thome Payn ii s vi d.

Robertus de Longo Ponto tenet dimidium burgagium reddendo inde per annum Willelmo Godewyne[6] xii d.

Ricardus le Mazun tenet i burgagium reddendo inde per annum Thome Toyht[7] ii s (et domui) hospitalis Sancti Johannis Warr' xviii d.

---

[13] MiO 14 'Kenylworth'.    [14] MiO 14 omits 'Sancti Michaelis'.    [15] MiO 14 'Offtherd'.

[1] MiO 14 'Rouseley'.    [2] As nl.    [3] MiO 14 'Willelmo Basse' precedes the rent.
[4] MiO 14 'Foure'.    [5] MiO 14 'Thoyt'.    [6] MiO 14 'Godewyn'.    [7] As n5.

Robertus Hamund[8] tenet i toftum reddendo inde per annum ecclesie Beate Marie Warr' xii d.

Willelmus de Folebrok[9] tenet i burgagium reddendo inde per annum eidem ecclesie xii d (et Thome) Toyht[10] iiii d pro eodem burgagio.

Rogerus Ode tenet i burgagium reddendo inde per annum Thome de la Leye[11] xii d.

Gerardus Coleman tenet i burgagium reddendo inde per annum Thome Payn (viii d.)

Petrus Koc[12] tenet i burgagium reddendo inde per annum hospitali Sancti Johanni Warr'[13] xvi d.

Idem Petrus tenet i burgagium reddendo inde per annum Roberto Crystofre[14] iiii s.

Idem Petrus tenet i burgagium reddendo inde per annum comiti Warr' ii s.

Thomas Byel[15] tenet i burgagium reddendo inde per annum Johanni la[16] Porta iiii s.

Johannes Bawyng tenet i burgagium reddendo inde per annum priori Sancti Sepulchri ii s (viii d.)

Robertus de Arderne[17] tenet i burgagium reddendo inde eidem priori[18] ii s.

Johannes le Plomer tenet i burgagium reddendo per annum[19] Johanni de (Morebote ii s et Thome Payn xii d pro eodem.)[20]

Agnes le Blake tenet i burgagium reddendo inde per annum domui lepresorum Sancti (Michaelis) Warr' (ii s et) i d et hospitali Sancti Johannis Warr' xii d (pro eodem.)

Matilda de Merton[21] tenet i burgagium reddendo inde per annum ecclesie Beate Marie Warr' (iiii d.)

Thomas de Folebrok[22] tenet i burgagium reddendo inde per annum Willelmo de Bereford iiii s.

Willelmus Basset tenet i toftum reddendo inde per annum Ricardo Aneray[23] vi d et (pro medietate) i burgagii Willelmo Godewyn i d.

Willelmus de Wellesbourn[24] tenet i burgagium ad inveniendum regi quotienscumque venerit apud Stanle quartam partem i plumbi et unius tripodis.

Johannes le Norizun tenet i burgagium reddendo per idem servicium.

Henricus Scarlet[25] tenet i burgagium reddendo inde per idem servicium.

Willelmus le M[26] tenet i burgagium reddendo inde per idem servicium.

Villa Warr' finis.[27]

---

[8] MiO 14 'Hamonde'.    [9] MiO 14 'Folebroke'.    [10] As n5    [11] MiO 14 'Hey'.
[12] MiO 14 'Kok'.    [13] MiO 14 omits 'Warr'!    [14] MiO 14 'Christofer'.    [15] MiO 14 'Byell'.
[16] MiO 14 'de'.    [17] MiO 14 'Ardern'.    [18] MiO 14 'priori predicti'.
[19] MiO 14 'inde' but no 'per annum'.
[20] 'Thome Payn etc.' appears to be missing from E.164/15.    [21] MiO 14 'Martoner'.
[22] MiO 14 'Fulbroke'.    [23] MiO 14 'Anray'.    [24] MiO 14 'Wellesborne'.
[25] MiO 14 'Skarlet'.    [26] So in both MSS.
[27] Written to the right of last two entries, and 'Villa de Kenyll' in hundredo de Stanle' written below. Fol 5b is blank.

Fol 6 (MiO 14 fol 7–7b)

### Comitatus Warr'
### Ville in hundredo de Stonleya[1] villa de Ken(elworth)

Inquisitio facta per preceptum domini regis in crastino Sancte Lucie virginis anno (regni) regis Edwardi filii regis Henrici viii° coram Henrico de (Notingham) Henrico de (Seldon et) Johanne de Arundel inquisitores (sic) ipsius regis per sacramentum Radulphi de Wyte(ley Ade) de Wythel[2] Henrici Craft[3] Roberti Lodbrok[4] Galfridi Bonham (Nicholai) de Fynnchcrewe[5] Henrici de la Brewer' Henrici Martin[6] Radulphi B(lundell) Henrici de la Mor' Willelmi de Les(teton)[7] et Roberti Bagod[8] (juratorum)[9]. Qui dicunt per sacramentum suum quod Edmundus frater Edwardi regis habet et tenet castellum de Kenyl' cum pertinentiis suis de dominico de ipso rege et illud habet de dono (quondam) regis (Anglie) patris sui et habet in dominico duo[10] molendina aquatica currentia per aquam vivarii de Kenyll' et habet viii acras prati in dominico. Quod servicium (inde) fac(ere debet) domino regi ad huc nescitur.

Idem Edmundus habet ibidem libere tenentes subscriptos

* Richardus de Hulle tenet i messuagium et viii acras terre pro xiiii s et secta ad curiam suam ibidem de tribus septimanis in tres septimanas.

(Nicholaus) Sewale[11] tenet i messuagium et viii acras terre pro ix s iii d ob faciendo eandem sectam.

Rogerus de Wyndesore tenet i messuagium et x acras terre pro xvi s iii d fac(iendo eandem sectam).

Galfridus le Taylor tenet ii messuagia et dimidium pro xvii d ob q$^a$ fac(iendo eandem sectam).

Walterus de Bayes tenet i messuagium et x acras terre pro xvi s i d ob fac(iendo sectam).

Thomas le Reur[12] tenet i messuagium pro v d q$^a$ et faciendo eandem sectam.

Robertus Walt(er) tenet v acras terre pro xxiii d faciendo eandem sectam.

Ricardus Beremound[13] tenet iii messuagia pro xii d faciendo sectam.

Thomas filius Regenaldi[14] tenet unam ——[15] terre et dimidiam pro xxii[16] d faciendo sectam.

John le Seynturer[17] tenet iii messuagia pro xi ——[18] q$^a$ faciendo eandem sectam.

---

* MiO 14 Signum in left hand margin.   [1] MiO 14 'Stoneley'.   [2] MiO 14 'Wythell'.
[3] MiO 14 'Crafe'.   [4] MiO 14 'Lodebroke'.   [5] MiO 14 'Fynneberewe'.
[6] MiO 14 'Martyn'.   [7] Uncertain reading.   [8] MiO 14 'Bagot'.   [9] Omitted in E.164/15.
[10] MiO 14 'suo'.   [11] MiO 14 'Sewalle'.   [12] MiO 14 'de Reure'.
[13] MiO 14 'Goremounde' cf fol 7.   [14] MiO 14 'Reginaldi'.   [15] MiO 14 has similar blank.
[16] MiO 14 'xxiii d'.   [17] MiO 14 'Senturer'.   [18] MiO 14 has similar blank.

Ricardus de Mul(verton) tenet vi acras terre pro vi s ii d ob faciendo eandem sectam.

Walterus le Noble tenet i messuagium pro ix d faciendo sectam predictam.

Willelmus Scot tenet iiii acras terre pro xxi d faciendo eandem sectam.

Isabella Bertram tenet i messuagium pro vi d ob faciendo sectam.

Johannes Fouke tenet medietatem i messuagii pro ii d q$^a$ cum secta predicta.

Willelmus de Percy tenet i messuagium pro vi d ob faciendo sectam predictam.

Gregorius Bosse tenet v acras terre et dimidiam pro iiii s iii d ob faciendo sectam (predictam).

Gylbertus de Gaunt tenet i messuagium et i acram terre pro ii s v d q$^a$ (faciendo sectam predictam).


Fol 6b (MiO 14 7b–8)


### Villa de Kenylleworth[1]

(Remigius de) la Batayle[2] tenet i messuagium et v acras terre pro vi (s) ob q$^a$.

(Idem Remigius) tenet i acram terre et dimidiam et medietatem i messuagii de Gregorio Bosse pro viii d ob.

Idem R(emigius) tenet dimidiam acram terre de Thoma filio Regenaldi pro i rosa et Waltero Bays[3] vi d pro illa terra.

Walterus Pope tenet i messuagium de domino Edmundo et vi acras terre et dimidiam pro xi s v d.

Idem Walterus tenet ii acras terre de Johanne Wauter pro viii d.

(Rogerus) de Hale tenet vii acras terre et i acram prati de domino Edmundo pro iii s ii d (ob) et Rogero de Cellar' unum clavum equi.

Thomas Pa(te) tenet de eodem Edmundo i messuagium et i acram terre pro ii s iii d ob q$^a$.

Robertus le Pesthur[4] tenet i messuagium et dimidiam de eodem pro ix d ob.

Thomas le Bacar'[5] tenet dimidiam messuagium de eodem pro iii d ob.

Thomas Russell tenet i partem i acre terre de eodem pro i d ob.

Willelmus Belvych[6] tenet i messuagium de eodem pro iiii (d) ob.

Henricus de Rotewell tenet ii messuagia de dicto Edmundo[7] pro viii d ob.

Robertus le Keu tenet i messuagium de dicto Edmundo pro viii d q$^a$.

---

[1] Title occurs also at botton of fol. 6.    [2] MiO 14 'Batayll'.    [3] MiO 14 'Bayff'
[4] MiO 14 'Pechur'.    [5] MiO 14 'Baker'    [6] MiO 14 'Bolvych'.
[7] MiO 14 'de eodem', and in two subsequent lines.

Robertus le Warner tenet dimidiam acram terre de dicto Edmundo pro vi d.

Henricus de la Tur[8] tenet i messuagium de eodem pro ii d q$^a$.

(Rogerus de Ce)ler' tenet dimidiam acram terre pro xiii d ob.

(Henricus de) Homle tenet i acram terre et ii seliones reddendo inde dicto Edmundo ii s ii d.

(Willelmus le Ulewre) tenet i messuagium de eodem pro vi d.

(Ricardus Martyn) tenet i messuagium de eodem pro iiii d ob.

(Ricardus) le (Colyer') tenet i messuagium et dimidiam acram terre pro xvii d ob de eodem.

(Willelmus Alwy) tenet ii acras terre et dimidiam pro ii s x d ob de eodem.

(Willelmus) Cok tenet i acram terre et dimidium messuagium de eodem pro ii s ii d.

(Petronilla de) Homle tenet dimidiam acram terre pro iiii d q$^a$ de eodem.

(Willelmus de) Blacwell[9] tenet vii acras terre de eodem pro iiii s ix (d).

(Andreas de la) Chaumbr'[10] tenet i messuagium et xiiii acras terre de eodem pro v s ii d

(Johannes de Chorale) tenet i messuagium de domino[11] pro iiii d ob

(Thomas de la Lunge) tenet i messuagium de eodem pro iiii d ob.

(Ada Salewy) tenet iii messuagia pro xxi d.

(Robertus Brokes) tenet v messuagia de eodem pro ii s vi d.

(Ricardus Viell' tenet iii) acras terre de eodem pro vi s i d.

(Alanus) le (Cowper) tenet ii messuagia de eodem pro ix d ob.

(Robertus Bertram) tenet iii acras terre pro xxi d ob q$^a$.

(Ricardus Scot tenet) i messuagium et i acram terre de eodem pro ii s iii d ob.


Fol 7 (MiO 14 fol 8–8b)


### Comitatus Warr'

Thomas Bryd tenet medietatem i messuagii et i acram terre pro xv d ob.[1]

Bernardus a la Merce'[2] tenet i messuagium de eodem pro vii d ob q$^a$.

Willelmus filius Roberti tenet medietatem i messuagii de eodem pro ii d ob.

Thomas filius Willelmi Bosse tenet iii$^{am}$ partem i messuagii pro ii d q$^a$ de eodem.

---

[8] MiO 14 'Ture'     [9] MiO 14 'Blakwell'.     [10] MiO 14 'Chaumb''.
[11] MiO 14 has 'de eodem' instead of 'de domino'.

---

[1] MiO 14 has 'de eodem' after 'terre'.     [2] MiO 14 'de la Merc'.

Johannes le Vanner tenet i messuagium et dimidium et i acram terre de eodem pro ii s x d q[a].

Petrus de la Hale tenet v acras terre et medietatem i messuagii de eodem pro x s iiii d.

Matilda de Homle tenet medietatem i messuagii pro iii d ob de eodem.

Emma Peke tenet medietatem i messuagii de eodem pro iii d ob.

Rogerus le Whyte[3] tenet i messuagium et i acram terre pro ii s vii d ob de eodem Edmundo.

Rogerus le Pyper' tenet i messuagium de eodem pro viii d.

Jordanus Balle tenet i messuagium et vi acras terre pro ix s vi d de eodem Edmundo (et Ricardo le Peke i d).

Rogerus le Leche tenet i acram terre et medietatem i messuagii pro ii s vii d ob de eodem.

Ricardus Scharp[4] tenet i acram terre et dimidiam de eodem pro ii s viii d.

Hugo Balle tenet i acram terre de eodem pro ii s ob.

Symon Russel[5] tenet i acram terre de eodem pro xii d.

Johannes Blondel[6] tenet i acram terre et dimidiam pro ii s v d ob de eodem.

Johannes de Tredynton' tenet i messuagium et dimidium pro iiii ob de eodem.

Johannes Walt(er) tenet vii acras terre pro iii s vi d ob de eodem et Ricardo (Goremonde[7] pro medietate i messuagii ii d).

Henricus Starel[8] tenet ii messuagia et iii acras terre de eodem pro xxiii d[9]. (Et Rogero) de Celer' unum clavum ferri pro i acra terre. Et Nicholao Sewale[10] (i par cirotecarum pretii) ob pro alia acra terre.

Alicia la Charatt(er)e tenet i messuagium pro v d ob q[a] de eodem.

Alicia filia Hugonis tenet ii messuagia pro xiii d de eodem.

Willelmus Chichely[11] tenet i messuagium de eodem (pro vi d ob q[a]).

Thomas le Porter tenet i messuagium de eodem pro iiii d ob.

Ricardus de Pavenham tenet iii messuagia de eodem (pro xiii d ob).

Idem Ricardus tenet de Willelmo Bolefynch[12] iii[am] partem (i messuagii pro ob predictus Willelmus de Edmundo).

Felicia Waynard[13] tenet i messuagium de eodem[14] pro iiii (d ob).

Johannes Bolefynch tenet ii messuagia de eodem pro x d (ob).

Hugo le Taylour[15] tenet i ——[16] pro vii d ob de eodem.

Nicholaus le Chapelayn[17] tenet i messuagium et i acram terre[18] pro ii s(vi d).

---

[3] MiO 14 'White'.  [4] MiO 14 'Sharpe'  [5] MiO 14 'Simon Russell'.
[6] MiO 14 'Blondell'.  [7] Rectius 'Beremound' cf fol. 6.  [8] MiO 14 'Starell'
[9] MiO 14 has 'xxii d'.  [10] MiO 14 'Sewalle'.  [11] MiO 14 'Checheley'.
[12] MiO 14 'Bulfunch'.  [13] MiO 14 'Waynerd'.  [14] MiO 14 'de predicto Edmundo'.
[15] MiO 14 'Tayllour'.  [16] MiO 14 similar gap followed by 'de eodem'.
[17] MiO 14 'Chapelyn'.  [18] MiO 14 'terre' followed by 'de eodem'.

Rogerus de Oxhulle tenet i messuagium de eodem pro iiii d.

Ricardus de Sonewerche tenet i messuagium pro iiii d ob de eodem.

Johannes le Bundyse tenet i messuagium et i acram terre et dimidiam pro xi d (de eodem).

Villa de Ken'


Fol 7b (MiO 14 fol 8b–9)


(Johannes Osburn tenet iii acras terre et dimidiam de eodem pro iii s ii d.

Rogerus le Messynger tenet ii messuagia de eodem pro ix d.

Ricardus Vivyen tenet i messuagium de eodem pro iiii d ob.

Agnes le Styker tenet i messuagium de eodem pro iiii d ob).[1]

Beatrix de Gonynton tenet (i ——)[2] de eodem pro iiii d.

Robertus Raven tenet i messuagium de eodem pro iiii d ob.

Henricus Swyft tenet ii acras terre et dimidiam pro iii s x d ob de eodem.

Gilbertus le Fannar[3] tenet dimidiam acram terre et i messuagium pro vii d de eodem.

Sara Randulf[4] tenet medietatem i messuagii pro iii d ob q$^a$ de eodem.

(Robertus) le Pestur tenet iii acras terre et i rodam de eodem pro ii s et Thome filio Rogeri ob pro eadem terra. Et Gregorio Bosse ob pro eadem terra.

Nicholaus le Farur tenet iii messuagia de eodem pro vi d.

Agneta S(kari)gad tenet (medietatem) i messuagii pro vi d de eodem.

(Alicia) Ke tenet dimidiam acram terre de eodem pro ii d.

Willelmus le Sawyer tenet medietatem i messuagii de eodem pro ii d q$^a$

Emma Jordain tenet medietatem i messuagii de eodem pro i d ob.

Stephanus Colworm[5] tenet medietatem i messuagii de eodem pro iiii d ob.

Johannes Faukner tenet medietatem i messuagii et v acras terre de eodem pro iiii s viii d q$^a$.

(Willelmus) Martin[6] tenet i messuagium et iiii acras terre pro viii s v d de eodem.

(Se)well Ket tenet i acram terre de eodem pro xiiii d ob.

(Magr' le Keu) tenet iiii acras terre de eodem pro iii s.

(Robertus) le Feur' tenet i messuagium et dimidiam acram terre pro xii d de eodem.

(Willelmus) Wodekok tenet iii acras terre de eodem per cartam pro xii d et dimidiam acram terre (de eodem) sine carta pro xii d.// Et sciendum[7]

---

[1] Top four lines of E.164/15 are illegible and are here replaced by MiO 14 fol. 8b lines 21–24.
[2] Illegible E.164/15. Blank left in MiO 14.    [3] MiO 14 'Fanner'.    [4] MiO 14 'Randulff'.
[5] MiO 14 'Colworme'.    [6] MiO 14 'Martyn'.    [7] MiO 14 'sciendum est'.

quod omnes predicti debent sectam (predictam) et tenent per fidelitatem et nullum faciunt homagium.

(Idem Edmundus) habet ibidem ii boscos unum vocatur le Fryth et alium vocatur (le Parke et) sunt communes in quibus continentur large ccc[xx8] acras bosci.

(Idem Edmundus) habet ibidem quoddam parcum qualiter et quomodo et quo waranto ad huc (nescitur et continet) in se xl acras bosci.

(Idem Edmundus) habet liberam chaciam[9] in boscis predictis.

(Idem Edmundus habet) vivarium ibidem continens in se in longitudine dimidiam leucam (et in latitudine) quartam partem i leuce et visum franciplegii, furcas, assisam panis (et cervisie et unam marcatam) habet ibidem per diem Martis quo waranto nescitur.


Fol 8 (MiO 14 fol 9b)

(Top quarter of folio is blank.)

Tenimenta[1] Prioris de Kenill' Comitatu Warr' in eadem villa.

Jurati dicunt quod prior de Kenill' est alius (dominus)[2] eiusdem ville et tenet partem suam de rege in capite in puram et perpetuam elemosinam et habet prioratum ibidem et viii carucatas terre apud Wridefen et Blacwell[3] et quoddam molendinum aquaticum in dominico et habet xxii servos tenentes xxxv[4] acras terre ad voluntatem domini in servagio unde Radulphus Surgys tenet i messuagium et iii acras terre cum pertinentiis de dicto priore pro xx d per annum. Et colliget fenum per ii dies metens blada per iii[5] dies cum i homine colligens nuces per iii dies cum i homine et prior pastet eum in omni (opere suo).

Alicia Lovekyn tenet i croftum per idem servicium de eodem priore.

Robertus de Prestwell tenet i messuagium et vi acras terre pro iii s iiii d de eodem faciens servicium.

Willelmus de Hale tenet ix acras terre de dicto priore pro vii[6]s vi d faciens servicium.

Willelmus Fuke tenet i messuagium de priore cum pertinentiis pro xiiii s faciens predicta servicia.

Willelmus Ferkeday tenet i messuagium cum pertinentiis de priore pro xii d faciens predictum servicium.

---

[8] MiO 14 'ccc'. Dugdale interpreted this figure as '300 acres according to the large measure' i.e. 360 acres. It is unlikely to mean 300 × 20 as it appears to do. (Dugdale: *Antiquities* . . . p300)   [9] MiO 14 'chaceam'.

---

[1] MiO 14 'Tenementa'.   [2] Omitted E.164/15. MiO has a blank.   [3] MiO 14 'Blakwell'.
[4] MiO 14 'xxx'.   [5] MiO 14 'iiii'.   [6] ? MiO 14 'iiii'.

Mylicentia Kembehived[7] tenet tantum per idem servicium.

Emma Kulne tenet dimidiam acram terre de eodem per idem servicium.

Petronilla Spirel[8] tantum tenet per idem servicium.

Alicia atte Byrch[9] tenet i messuagium cum pertinentiis pro xiii d de eodem.

Johannes le Pestur tenet tantum de eodem per idem servicium.

Hugo le Seyturer[10] tenet tantum de eodem priore per idem servicium.

Johannes le Sponere[11] tenet i messuagium cum pertinentiis de eodem pro xiiii d per idem servicium.

Johannes Corbyn tenet tantum pro xiii d faciens predictum servicium.

Cecilia Chese tenet tantum per idem servicium pro xii d.

Hugo le Bole tenet tantum de eodem priore pro eodem (per idem servicium).

Johannes filius Jordani tenet tantum pro eodem.

Robertus le Mazun tenet i acram terre cum pertinentiis (per idem servicium).

Vincentius de Kenill' tenet tantum pro eodem (servicio).


## Fol. 8b (MiO 14 fol 10–10b)

(Juliana Cokkes) tenet tantum de eodem pro eodem.

(Simon le) minur'[1] tenet tantum de eodem pro eodem.

(Robertus) Coltyng tenet tantum pro xviii d faciens sectam predictam.

(Alicia le) Mazun tenet tantum pro iii s faciens sectam predictam.

(Idem prior) habet xviii cotarios tenentes xv cotarias et dimidiam in servagio <ad> voluntatem domini.

(Unde) Robertus Mose tenet i cotagium pro xii d et colliget fenum per ii dies metens blada prioris (pro iiii dies) colliget nuces per iii dies cum i homine et prior pastet eum in omni opere suo.

(Petrus Everard) tenet tantum per idem servicium.

(Adam) le Turnur[2] tenet tantum per predictum servicium.

(Alicia) Wendewall tenet tantum pro xviii d faciens predictam sectam.

(Willelmus) Wodekoc[3] tenet tantum pro xii d faciens predictum servicium.

(Sibilla) le Pestheresse tenet tantum pro x d faciens predictum servicium.

(Ricardus) le Monwer[4] tenet i cotagium pro xviii d faciens predictum servicium.

(Radulphus de Sartrye) tenet tantum pro eodem.

---

[7] MiO 14 'Milicentia Kymeheved'.    [8] MiO 14 'Spirell'.    [9] MiO 14 'At Birch'.
[10] MiO 14 'Senturer'.    [11] MiO 14 'Sponer'.

---

[1] Eight minims + r.    [2] MiO 14 'Turnour'    [3] MiO 14 'Wodekok'.
[4] MiO 14 'Monwere'.

(Robertus) le Feur' tenet ii cotagia pro ii s faciens predictum servicium.

(Simon) Tappyng tenet tantum per idem servicium.

Robertus Coltyng tenet i cotagium pro vi d faciens predictum servicium.

(Willelmus) de Grafton' tenet medietatem i cotagii pro vi d et colliget fenum per i diem (metens per ii) dies et dominus pastet eum in illis operibus.

(Johannes le Bochier tantum tenet) pro viii d ad voluntatem domini quia adventicius faciens opera predicta.

Emma Gundrey tenet tantum pro vi d ob faciens predictum servicium.

(Robertus) Kyng tenet tantum pro eodem.

(Alicia Wodekok tenet) tantum pro viii d et medietate operum predictorum.

(Pretronilla Spryng) tenet i cotagium pro xx d faciens servicium predictum.

(Thomas Cherye tenet tantum pro) xii d faciens predictum (servicium).

(Alicia de Deresberghe tenet tantum) pro vi d et operibus ii$^{orum}$ dierum.

(Omnes predicti possunt removeri) et talliari per annum ad voluntatem prioris preter adventicium.

(Idem prior habet i liberum tenentem) i messuagium et v acras terre libere ad terminum vite sue et (i heredem unde Isabella Raulyn tenet) i messuagium et v acras terre libere ad terminum vite sue (et i heredem reddendo inde) per annum priori v s faciens ii adventus ad curiam suam.

(Matilda Katebelle) tenet i messuagium sicut predicta Isabella pro ii s vi d faciens ii adventus ad curiam.

(Idem prior habet) similiter vi alios liberos tenentes vi messuagia vii crofta et (iiii) acras terre et dimidiam ad (terminum vite sue).

(Unde Ricardus le Ropere tenet iii acras terre) pro iiii s et ii adventibus.

(Sibilla et Margeria) de Hulle[5] tenent i messuagium et ii crofta pro v s et ii adventibus.

(Alicia de (sic) Veve tenet i messuagium cum) pertinentiis pro xii d et ii adventibus.

(Willelmus Lud tenet i messuagium et dimidiam acram) terre pro iiii s et secta ad curiam suam.

(Ricardus le Coverer tenet i messuagium cum pertinentiis pro iii)s faciens sectam ad curiam suam.

Fol. 9 (MiO 14 fol 10b–11)

Ricardus le Pypere tenet tantum pro xviii d cum secta.

Petronilla Beatrix tenet tantum pro v s cum secta.

---

[5] MiO 14 'Hull'.

Idem prior habet ibidem xxiii[1] tenentes xxiii cotagia libere ad terminum vite sue.

Unde Walterus Gesty tenet i cotagium pro xii d.

Editha le Mower' tenet tantum pro eodem.

Ranulphus le Ung tenet tantum pro ii s.

Mariota le Tayleresse tenet tantum pro xii d.

Henricus ate Brigende[2] tenet tantum pro eodem.

Thomas le Taylour tenet tantum pro iii s.

Rogerus le Stabeler[3] tenet tantum pro eodem.

Agnes ate Cherche[4] tenet tantum pro eodem.

Johannes Galewey tenet tantum pro eodem ad voluntatem prioris quia servus est.

Dulcia le Scryveyn tenet tantum pro eodem.

Rogerus le Ferur tenet i cotagium pro iiii s.

Galfridus le Palmere[5] tenet tantum pro eodem.

Avicia le Porter tenet tantum pro eodem.

Johannes de Kyrkeby tenet tantum pro eodem.

Henricus Syleby tenet tantum pro eodem faciens iiii opera.

Simon Gundey tenet i cotagium pro ii s.

Margareta le Porter tenet tantum pro ii s (vi d).

Radulphus de Curtil[6] tenet tantum pro ii s.

Agnes Santemareys[7] tenet tantum pro eodem.

Galfridus de Holdenhale tenet tantum pro eodem per cartam.

Henricus de Bakcheketon tenet tantum pro xv s.

Isabella le Mercer tenet tantum de ipso priore pro viii d.

Thomas Tapping' tenet tantum de eodem pro iiii s.

Felicia Jaudes tenet tantum de eodem pro iii s.

Radulphus le Feur' tenet i cotagium de eodem pro xii d.

Nicholaus Pette tenet tantum de eodem pro xii d.

Walterus Gothesty tenet tantum pro eodem.

Ricardus Mazun[8] tenet i cotagium cum pertinentiis pro iiii s et faciet priori (opus suum) per i septimanam ad comestum ipsius prioris.

Idem prior habet ibidem vi alios liberos tenentes (dimidiam carucatam) iii acras et dimidiam (rodam) terre libere.

Radulphus Blundel[9] tenet dimidiam carucatam terre de priore de Kenil' (pro vii s) faciens homagium et ii adventus ad curiam suam.

Idem Radulphus habet iii liberos tenentes iii messuagia et i acram terre unde[10]

---

[1] 'Cotarios' omitted in both MSS?    [2] MiO 14 'at Brugende'.    [3] MiO 14 'Skaveler'.
[4] MiO 14 'at Chirch'    [5] MiO 14 'Palmer'.    [6] MiO 14 'Kyrtell'.
[7] MiO 14 'Seyntmaryes'.    [8] MiO 14 'Mason'.    [9] MiO 14 'Blundell'.
[10] MiO 14 'unde et s'.

Fol 9b (MiO 14 fol 11–12)

Comitatus Warr'

(Willelmus Martyn) tenet i messuagium et dimidiam acram terre de dicto Radulpho pro vi d.

(Alicia Martyn) tenet i messuagium de Radulpho pro ii s.

(Agnes filia) Laurencii tenet i messuagium et i acram terre cum pertinentiis reddendo ad luminarium[1] Beate (Marie in) prioratu de Kenill' i libram cere.

(Walterus le) Brenettour tenet de dicta Agnete i messuagium et i acram terre pro dimidia libra cere.

(Robertus) le Mouner tenet i messuagium de priore pro xviii d faciens fidelitatem et ii adventus.

Idem Robertus habet iii cotarios tenentes iii cotarias[2] libere.

Unde Henricus Swyft[3] tenet i cotagium de dicto Roberto pro vi d.

Henricus Martin[4] tenet i cotagium de eodem Roberto pro ob.

Robertus le Pestur tenet tantum de eodem pro i clavo sar'.[5]

Nicholaus le Chapelayn[6] tenet i messuagium dimidiam acram et i rodam terre libere[7] pro iii s vi d faciens ii adventus.

Robertus le Pestur tenet ii acras terre et medietatem i messuagii de priore pro iiii s iii d faciens adventus.

Ricardus le Mazun[8] tenet i messuagium cum pertinentiis de priore pro iiii s.

Alanus Goltfot[9] tenet i messuagium et vi acras terre de priore pro xii d ob faciens fidelitatem et adventus.

Willelmus Blundel[10] tenet i messuagium et vi acras terre de priore pro i d.

Willelmus le Jenene[11] tenet i messuagium de priore pro xviii d.

Henricus Martin[12] tenet i messuagium et ii acras terre de priore pro vii s[13] faciens homagium.

Idem Henricus tenet de predicto Willelmo le Jenene [14] i acram terre pro i d.

Willelmus Saut'[15] tenet i messuagium de priore pro iiii s.

Sacrista de Kenill' habet ii liberos tenentes ii messuagia libere.

Unde Robertus le Messer tenet i messuagium de sacrista pro ii s vi d.

Ricardus le Mazun[16] tenet tantum pro eodem.

Predictus prior habet quendam boscum continentem in se viii[xx] acras bosci et habet visum franciplegii, furcas,[17] et assisam panis et cervisie per cartam regis Henrici patris regis nunc et habet (ecclesiam) eiusdem ville in proprios usus in puram et perpetuam elemosinam de rege.

---

[1] MiO 14 'ad luminationem'.    [2] MiO 14 'cotagia'.    [3] MiO 14 'Swyfft'.
[4] MiO 14 'Martyn'.    [5] So in both MSS. Mistake for 'gar(iophili')?    [6] MiO 14 'Chapelyn'.
[7] MiO 14 adds 'de eodem' here.    [8] MiO 14 'Mason'.    [9] MiO 14 'Goltfote'.
[10] MiO 14 'Blundell'.    [11] MiO 14 'Jenyn'.    [12] MiO 14 'Martyn'.    [13] MiO 14 'iiii s'.
[14] As n ll.    [15] MiO 14 'Saunter'.    [16] MiO 14 'Mason'.    [17] Omitted in MiO 14.

Nicholaus de Fineberes et Agatha uxor eius (tenent) i virgatam terre libere[18] et i gravam inclausam (continentem) in se i acram terre libere et dimidiam reddendo summo altari prioratus de Kenill' v s et ii adventus ad curiam ipsius prioris.

Robertus lc Keu tenet i messuagium et dimidiam acram terre de dicto priore pro ii s iiii d ob.

Sibilla que fuit uxor Ade de la Celer tenet i messuagium de priore pro ii s vi d et ii adventibus.

Avicia Thench tenet i messuagium de priore pro ii s et secta bis per annum.

Ricardus le (Carpenter)[19] tenet i messuagium et dimidiam acram terre de priore pro xvi d.

Robertus le Pesther[20] tenet i croftum de priore pro iii s et eandem sectam (sic).

Adam Werkeday tenet i messuagium in servagio de priore ad voluntatem suam pro (ii s) et ix dies in autumpno.

Nicholaus le Wacher tenet i acram terre de priore pro ii s.

Willelmus de Blacwelle[21] tenet i messuagium et v acras terre de priore pro xii d et secta bis ad curiam castri de Kenill'.

Idem Willelmus tenet de Willelmo le Waver' i messuagium pro ii s et eandem sectam (sic)[22] et antecessores sui solebant facere sectam ad curiam prioris bis per annum.


Fol 10 (MiO 14 fol 12–12b)

### Villa de Kenill'

Ricardus Bodin[1] tenet i messuagium et i acram terre de predicto de Waver' pro (iiii s) et secta curie bis ad castrum.

Johannes Gameleg tenet i messuagium et ix acras terre de priore pro xviii d.

Johannes Payn tenet i messuagium pro ii s vi d et secta ut prius.

Ricardus le Lactere tenet i messuagium de priore pro vi d faciens eandem sectam.

Alicia la Saye tenet i messuagium de priore pro xii (d) et secta ut prius.

Rogerus de la Hale[2] tenet de priore iii messuagia et ii acras terre pro iiii s et secta ad c(astrum bis).

---

[18] Whole of this line up to libere' omitted in MiO 14.
[19] Sic MiO 14.E164/15 looks more like Carec-r. Probably the occupational name 'Carter' is intended.   [20] MiO 14 'Pesshur'.   [21] MiO 14 'Blackwell'.
[22] Sic in both MSS. 'Faciens' omitted after 'et'?

---

[1] MiO 14 'Boḍyn'.   [2] MiO 14 'Have'.

Johannes Colemon[3] tenet i messuagium de priore pro xvi d et eandem sectam (sic).

Julian' Kydyeres tenet i messuagium de priore pro xii d faciens ut supra.

Henricus Starel tenet ii messuagia et dimidiam acram terre de priore pro ii s vi d faciens sectam predictam.

Ricardus de la Chaumbr'[4] tenet ii messuagia de eodem pro iiii s faciens eandem sectam.

Galfridus Hoc tenet i messuagium de eodem pro iii s faciens sectam predictam.

Thomas Pate tenet i messuagium de eodem pro ii s faciens ut supra.

Idem Thomas (tenet) i acram terre de eodem pro ob.

Alicia de la Venne tenet i messuagium et i acram terre de eodem pro xii d faciens sectam predictam.

Predictus Thomas Pate tenet de Ricardo Bodin[5] i acram terre pro iiii d.

Idem Thomas tenet de Hugone Balle i acram terre pro i clavo gariophili et Willelmo le Keu iiii d.

Willelmus Prychel[6] tenet de Willelmo Gamel[7] i cotagium ad terminum vite sue pro xii d.

Willelmus Cobbe tenet ii messuagia de predicto Johanne[8] pro ob.

Petronilla filia[9] Henrici tenet de priore i messuagium pro ii s faciens predictam sectam.

† Walterus filius Hugonis tenet de eodem priore i messuagium pro iiii d faciens sectam ut supra. Et cum quidem de predictis tenentibus examinati dicunt quod ipsi nunquam fecerunt sectam ad curiam prioris bene credunt quod antecessores eam facere consuerunt.

Robertus filius Sibille tenet de Johanne Coleman i messuagium pro v d. faciens sectam ad castrum.

### (Blakwell membrum de Kelyngworth de hundredo de Stonley in comitatu Warr')

\* Dicunt etiam quod Johannes Pecche[10] est dominus de Blacwelle[11] et tenet de rege in capite per quod servicium nescitur et habet ibi xxiiii acras terre in dominico reddendo inde priori xxvi d[12] et ii adventus ad curiam castri de Kenyll'.[13]

Idem Johannes habet ibidem vi cotarios vi cotagia tenentes in servagio.

Unde Cuthe Nene tenet i cotagium de ipso Johanne pro ii s metens per ii dies et d. (p. e.)[14]

---

†. indicates a signum in the left hand margin of E.164/15.
[3] MiO 14 'Coleman'.    [4] MiO 14 'Chaumber'    [5] MiO 14 'Codram' – clerical misreading?
[6] MiO 14 'Prithell'.    [7] MiO 14 'Gamell'.    [8] Sic in both MSS.    [9] MiO 14 'filius'.
[10] MiO 14 'Peche'.    [11] MiO 14 'Blakwell'.    [12] MiO 14 'ii s ii d'.    [13] MiO 14 'Kenill''.
[14] Presumably for 'dominus pastet eum'.

Walterus Meyse[15] tenet tantum pro eodem.

Johanna le enfaunt tenet tantum per idem servicium.

Alicia filia Matille[16] tenet tantum pro xii d metens per ii dies ad comestum ipsius Johannis.

Alicia filia Isabelle tenet tantum per idem servicium.

Alicia la Veve tenet tantum de eodem pro xviii d faciens servicium predictum.

Hugo Wlpes tenet tantum pro iii s operans per vi dies ad voluntatem domini.

Ricardus le Roper tenet tantum pro iiii s operans per iii dies ad voluntatem domini

Villa de Blakewell membrum de Kenyll'[17]


Fol 10b (MiO 14 fol 12b–13b)


Villa de Blakewell in hundredo de Stanle

(Idem Johannes) habet iiii cotarios iiii cotagia tenentes libere.

(Unde) Galfridus Lollay[1] tenet i cotagium reddendo inde priori ii s et ii adventus ad castellum.[2]

(Reginaldus) le Blake tenet tantum reddendo predicto Johanne[3] et ii adventus ut supra.

Johannes de (C)leybrok[4] tenet tantum pro eodem.

Petrus le Ropere tenet dimidiam acram terre de dicto Johanne pro ob.

Idem Johannes habet iii liberos tenentes dimidiam virgatam terre et xv acras terre libere.

Unde Willelmus de Blakewell tenet vii acras terre de ipso Johanne pro iiii s i d.

Thomas Pate tenet dimidiam virgatam terre de dicto Johanne pro v s faciens eidem fidelitatem.

Willelmus Alfred tenet viii acras terre reddendo inde priori viii d.

Walterus de Honyle tenet de predicto Johanne i messuagium pro v d et omnes faciunt ii adventus ad castellum et non faciunt scutagium.


[15] MiO 14 'Mese'.    [16] MiO 14 'Matilde'.
[17] MiO 14 has same heading – quite unnecessarily since Blackwell entry continues for another 7 lines on fol. 12b – and adds 'in hundredo de Stoneley'.

[1] MiO 14 'Lolley'.    [2] MiO 14 'castrum'.    [3] Sic in both MSS; no sum of money given.
[4] MiO 14 'Cleybroke'.

**Brandone**[5]

Dicunt etiam quod Teobaldus[6] de Verdon est dominus de Braundon et tenet de comite Warr' pro medietate feodi i militis et idem comes de rege in capite.

Idem Theobaldus habet ibidem quoddam castellum[7] et ii carucatas terre et i molendinum aquaticum et quendam boscum forinsecum continentem xl acras bosci et quendam parcum continentem i leucam in longitudine in dominico. Et duodena presentavit fuerint (sic)[8] quod in illo parco fuerint nisi viii acre et dimidia tantum.

Idem Theobaldus habet ibidem xxv servos tenentes xii virgatas terre et dimidiam in servagio.

Unde Willelmus Batemon[9] tenet dimidiam virgatam terre de dicto Theobaldo pro v s inveniens i hominum a die Lune proximo post festum appostolorum Petri et Pauli operantem in qualibet septimana per ii dies in quolibet opere pro voluntate domini usque ad festum Sancti Petri advincula proximum sequens et s.[10] a festo Sancti Petri advincula inveniens i hominum in i septimana operantem per ii dies et in alia septimana per iii dies in quolibet opere pro voluntate domini usque ad festum Sancti Michaelis proximum sequens et dat auxilium.

Johannes de[11] Freseley tenet de eodem per idem servicium.

Willelmus de Freseley tenet de eodem per idem servicium.

Henricus le Feur' tenet tantum de eodem per idem servicium.

Nicholaus Godblod[12] tenet tantum de eodem per idem servicium.

(Rogerus) le Maystrye tenet tantum de eodem per idem servicium.

(Johannes) filius le P(rovost) tenet tantum de eodem per idem servicium.

(Willelmus) Amely[13] tenet tantum de eodem per idem servicium.

(Alexander) filius Ricardi tenet tantum de eodem per idem servicium.

(Nicholaus) Batemon tenet tantum de eodem per idem servicium.

(Ricardus de) Franketon[14] tenet tantum de eodem per idem servicium.

(Galfridus) Amely tenet tantum de eodem per idem servicium.

(Willelmus God)blod tenet tantum de eodem per idem servicium.

(Johannes Bate)mon tenet tantum de eodem per idem servicium.

(Henricus) Bret tenet tantum de eodem per idem servicium.

(Willelmus de) Godesbeche tenet tantum de eodem per idem servicium.

                    Villa de Braundon

---

[5] Heading in margin of E.164/15. MiO 14 has heading across the page: Braundon de hundredo de Stonley etc.    [6] MiO 14 'Theobaldus'.    [7] As n. 2.
[8] No 'fuerint' in this place in MiO 14.    [9] MiO 14 'Bateman' and subsequently.
[10] For 'subsequenter'?    [11] MiO 14 no 'de', and similarly next line.
[12] MiO 14 'Godblode' and 8 lines later.    [13] MiO 14 'Ameley' and 4 lines later
[14] MiO 14 'Frankton'.

Fol 11 (MiO 14 fol 13b–14)

## Comitatus Warr'

Radulphus filius Hugonis tenet tantum de eodem per idem servicium.

Thomas Balle tenet tantum de eodem per idem servicium.

Willelmus Balle tenet tantum de eodem per idem servicium.

Rogerus Amely[1] tenet tantum de eodem per idem servicium.

Petrus de Butlesby tenet tantum de eodem per idem servicium.

Nicholaus de Butlesby tenet tantum de eodem per idem servicium.

* Richardus de Godesbeche tenet tantum de eodem per idem servicium.

Galfridus de Godesbeche[2] tenet tantum de eodem per idem servicium.

Adam <u>Godblod</u>[3] tenet de eodem per idem servicium et possunt omnes removeri pro voluntate domini.

Cotarii

Idem Theobaldus habet xii cotarios in servagio.

Unde Willelmus Scharp[4] tenet i cotagium[5] de eodem pro xii d inveniens i hominum a festo appostollorum Petri et Pauli operantem in quemlibet diem Lune in quolibet opere pro voluntate domini usque ad festum Sancti Michaelis proximum sequens pro omni servicio.

Galfridus de Kaynes tenet tantum pro eodem per idem servicium.

Thomas le Dekne[6] tenet tantum de eodem per idem servicium.

Adam le Blund[7] tenet tantum de eodem per idem servicium.

Gilbertus le Messer tenet tantum de eodem per idem servicium.

Radulphus Pyrle tenet tantum de eodem per idem servicium.

Willelmus de Burbache tenet tantum de eodem per idem servicium.

Willelmus le Pesthur[8] tenet tantum de eodem per idem servicium.

Alicia le Lavender tenet tantum de eodem per idem servicium.

*Isabella la Veve tenet tantum de eodem per idem servicium.

Nicholaus le Parker tenet tantum de eodem per idem servicium.

Nicholaus le Feur' tenet tantum de de (sic) dicto Theobaldo pro iiii gallinis et i gallo ad (festum) Natalis Domini pro omni servicio. Idem Theobaldus habet iii liberos tenentes i virgatam terre et dimidiam.

Unde Hamo Undewode tenet dimidiam virgatam terre pro v s faciens homagium et sectam ad curiam ipsius Theobaldi de iii septimanis in iii septimanas pro omni demanda.

Thomas le Wodeward[9] tenet tantum per idem servicium.

Galfridus Scot tenet tantum pro eodem servicio.

---

[1] MiO 14 'Ameley'  [2] Whole of this line missing from MiO 14.
[3] Cross and underling in MS. MiO 14 'Godblode'  [4] MiO 14 'Scherp'
[5] MIO 14 'cotar''.  [6] MiO 14 'Dekyn'.  [7] MiO 14 'Blunde'
[8] MiO 14 looks more like 'Purpesthur'.  [9] MiO 14 'Wodewarde'.

† Idem Theobaldus habet ibidem warennam per cartam regis Henrici patris regis nunc et per cartam appropriavit sibi warennam super terram prioris de Coventr' et abbatis de Combe et per illam warennam ventuit[10] piscariam omnibus vicinis patrie ex una parte de Aven' a villa de Bretford usque ad Mervines melne que solet esse communis. Et habet ibidem visum franciplegii, furcas, assisam panis et cervisie pro quodam[11] palafrido † domino regi annuatim persolvendo. Aliud warantum non habet de libertatibus predictis.

Prior de Kenill' habet quoddam pratum que vocatur Doddelepitt continens iiii acras (terre) et de antecessoribus dicti Theobaldi in puram elemosinam et dat scutagium.

Dicunt etiam etc (?)

Braundon

Fol 11b (MiO 14 fol 14–14b)

### Villa de Bertford[1] in hundredo de Stanle

(Dicunt etiam quod) Theobaldus de Verdun est dominus de Bretford et tenet de (prior de) Kenyll'[2] quo servicio nescitur et prior de comite Warr' et comes de rege in capite et habet ibidem ii carucatas terre et quoddam molendinum ad ventum in dominico. Et habet ibidem xix burgenses tenentes xxxi burgagia et dimidium xi acras terre et dimidiam libere.

Unde Radulphus Russel[3] tenet ii burgagia et ii acras terre pro ii s faciens fenum cum i homine per i diem in Paynesmede metens blada domini cum ii hominibus et dominus pastet eos bis in die faciens sectam ad curiam suam de Braundon de iii septimanis in iii septimanas.

Ricardus le Merser[4] tenet i burgagium de eodem pro xii d faciens predictum servicium.

Ricardus filus Roberti le Pesthur tenet tantum de eodem per idem servicium.

Walterus le Frankeleyn[5] tenet tantum de eodem per idem servicium.

Adam de Newenham[6] tenet tantum de eodem per idem servicium.

Willelmus Mylesent tenet tantum de eodem per idem servicium.

Rogerus Cachepol[7] tenet tantum de eodem per idem servicium.

Robertus le Taylur[8] tenet tantum de eodem per idem servicium.

---

[10] So in both MSS; 'vendidit'?        [11] MiO 14 'quolibet'.

[1] MiO 14 'Bretford'.        [2] MiO 14 'Kenill'.        [3] MiO 14 'Russell'.
[4] Difficult reading; certainly so in MiO 14. 'Comitatus Warr' on right hand side of folio against these entries.        [5] MiO 14 'Fraunkleyn'.        [6] MiO 14 'Newnham'.
[7] Marginal mark and underlining in MS. MiO 14 'Cachepole'.        [8] MiO 14 'Taillour'.

Alicia filia Radulphi tenet tantum de eodem per predictum servicium.

Ricardus Bruggewych[9] tenet tantum de eodem per predictum servicium.

Andreas Scot tenet tantum de eodem per idem servicium.

Johannes Pudellr'[10] tenet tantum de eodem per predictum servicium.

Nicholaus le Pesthur tenet medietatem i burgagii et i acram terre de eodem per idem servicium.

Ricardus Baret tenet i burgagium et iiii partem i burgagii per idem servicium.

Hugo Rue tenet ii burgagia et dimidium et i acram terre et dimidiam per predictum servicium[11]

Walterus filius Thome tenet burgagium[12] et i acram terre et dimidiam pro eodem servicio.

Gregorius de Bretford tenet i burgagium per predictum servicium.

Willelmus Clement tenet iii burgagia et iii acras terre de eodem per predictum servicium.

Idem Theobaldus appropriavit sibi piscariam aque de Avena ex una parte a molendino de Meston[13] usque ad pontem de Bretford quo waranto nescitur. Et habet mercatum et omnes libertates que pertinent ad mercatum et feriam[14] per cartam regis Henrici patris regis nunc et non dat scutagium.

## Bachekynton

Thomas de Endesovere est dominus de Bachekynton et tenet de Thoma de Ardern pro medietate feodi i militis et idem Thomas de comite Warr' et comes de rege in capite. Et habet i carucatam i virgatam et iiii acras terre et quoddam molendinum aquaticum et quandam gravam continentem i acram terre et dimidiam et quendam parcum continentem iiii acras bosci ex antiquitate in dominico.

Idem Thomas habet ibidem xii villanos tenentes iiii virgatas terre et dimidiam in villenagio.

Unde Johannes Aylrud[15] tenet dimidiam virgatam terre pro v s viii d faciens fenum domini per i (diem cum) i homine metens blada eiusdem domini per i diem cum i homine.

Villa de Bachekynton etc.

---

[9] MiO 14 'Bruggewich'.    [10] MiO 14 'Pudeler'.
[11] MiO 14 omits 'et dimidiam per predictum servicium'.
[12] Sic in both MSS: could be more than one burgage.    [13] MiO 14 'Merston'.
[14] MiO 14 'forum'.    [15] MiO 14 'Alrude'.

Fol 12 (MiO 14 fol 15–15b)

## Comitatus Warr'

Johannes Kakele[1] tenet tantum de eodem per idem servicium.

Henricus Batayle tenet tantum de eodem per idem servicium.

Mylisenta[2] la Veve tenet tantum de eodem per idem servicium.

Johannes Oldmon[3] tenet tantum de eodem per idem servicium.

Walterus filius Ricardi tenet tantum de eodem per idem servicium.

Hugo Alured[4] tenet iiii partem i virgate terre pro ii s x d faciens fenum domini per i diem cum i homine metens bladum domini per ii dies cum i homine.

Robertus le Arund tenet tantum de eodem per predictum[5] servicium.

Johannes Fox[6] tenet tantum de eodem per predictum servicium.

Johannes Iroteyn tenet tantum de eodem per predictum servicium.

Ricardus le Daleby[7] tenet tantum de eodem per predictum servicium.

Willelmus Colt tenet tantum de eodem per predictum servicium.

Libere tenentes

Idem Thomas habet xi liberos tenentes xi virgatas terre et dimidiam et unam acram terre libere.

Unde Willelmus en la Hurne tenet dimidiam virgatam et iii acras terre pro iiii s faciens sectam ad curiam de Bachekynton[8] bis per annum pro omni demanda.

Willelmus Cave tenet i virgatam et xvi acras terre pro xvi s faciens eandem sectam.

Ranulphus[9] de Bachek' tenet de Hugone de Upton i virgatam terre pro iii s.

Hugo de Upton tenet i virgatam terre de predicto Thoma pro xii d faciens sectam ad curiam predictam de iii septimanis in iii septimanas.

Ranulphus de Bachek',[10] tenet dimidiam virgatam terre ad terminum vite uxoris sue et post eius decessum redibit ad Emmam filiam Swayn pro v s viii d per annum faciens sectam bis.

Alexander le Clerk tenet dimidiam virgatam et xxx acras terre pro xv s viii d[11] faciens sectam predictam.

Galfridus de Bruera[12] tenet dimidiam (———)[13] terre de predicto Thoma pro v s viii d faciens sectam predictam.

Willelmus fyzt la person' tenet dimidiam virgatam terre et vi acras terre et dimidiam pro ii d ob faciens sectam predictam.

---

[1] MiO 14 'Cakele'.     [2] MiO 14 'Milesenta'.     [3] MiO 14 'Oldman'.     [4] MiO 14 'Alrude'.
[5] MiO 14 'idem'.     [6] MiO 14 'Foxe'.     [7] MiO 14 'Caleby'.
[8] MiO 14 has 'Bathekynton' or 'Bathkynton' throughout.     [9] MiO 14 'Radulphus'.
[10] MiO 14 'Predictus Radulphus'.     [11] MiO 14 'vii d'     [12] MiO 14 'Brueria'.
[13] Unit of land is omitted in both MSS though in E.164/15 no gap is left as in MiO 14.

Nicholaus le Chapelayn[14] tenet dimidiam virgatam xiii acras terre et dimidiam pro vii s x d faciens sectam.

Willelmus filius persone et Alicia uxor eius tenent dimidiam virgatam et vi acras terre pro vii s viii d faciens sectam.

Radulphus filius Thome tenet dimidiam virgatam terre pro ii s faciendo[15] sectam modo predicto persolvendo illos hospitali Sancti Johannis de Coventr'.

† Idem Thomas habet ibidem warennam sine waranto[16] et appropriavit sibi piscariam de Avene ex una parte a ponte de Fincford usque ad divisam de Stanle[17] et etiam piscariam de Sowe ex una parte a terra prioris de Coventr' usque ad parcum de Bachekynton sine waranto. Et habet visum franciplegii furcas et assisam panis et cervisie et omnia que ad huiusmodi libertates pertinent quo waranto nescitur.

* Idem[18] Thomas dicit quod utitur predictis libertatibus suis per quemdam ciphum quem Henricus quondam rex Anglie vetus dedit Letice filie Sywardi de Ardern tunc amice sue.

Bachekynton

Fol 12b (MiO 14 fol 15b–16)

Villa de Bachek' in hundredo de Stanle

Prior de Kenill' habet ibidem ii servos tenentes ii virgatas terre et dimidiam in servagio.

Unde Robertus filius Henrici tenet i virgatam terre pro vii s et dat auxilium ad festum Sancti Michaelis v s iiii d.

Simon Calf[1] tenet dimidiam virgatam terre de dicto priore pro iii s et dat auxilium ad festum Sancti Michaelis scilicet ii s viii d et tenet ad voluntatem prioris.

Idem prior habet ibidem iiii liberos tenentes unam virgatam terre et dimidiam libere.

Unde Radulphus filius (Thome) tenet dimidiam virgatam terre pro ii s faciens sectam ad curiam de Kenill' ii (per annum).

Willelmus de Braundeston tenet tantum pro eodem.

---

[14] MiO 14 'la Chapleyn'.   [15] MiO 14 'faciens'.

[16] The spelling of this word is inconsistent in both MSS, sometimes 'waranto', sometimes 'warranto'.   [17] MiO 14 'Stanley'.

[18] A pointing hand appears here in MiO 14, but not against the previous line beginning 'Idem Thomas . . .'.

---

[1] MiO 14 'Calff'

Richardus de Horepol tenet quartam partem i virgate terre pro xii d faciens sectam modo predicto.

Nicholaus Caym tenet tantum pro eodem faciens sectam.

† Prior de Kenill' est verus patronus ecclesie de Bachek' et est dotata de i virgata terre et iii acris et dat scutagium et faciunt omne forinsecum servicium.

### Bruera

Dicunt quod predictus Thomas de Endesovere est dominus de Bruera et tenet de Thoma de Ardern et Thomas de comite de Warr' et comes de rege in capite per quod nescitur.

Idem Thomas habet ibidem quoddam messuagium et dimidiam virgatam terre in (dominico)[2].

Idem Thomas habet ibidem vii liberos tenentes xxxi acras terre et ii acras prati libere.

Unde Robertus persona ecclesie de Bachek' tenet quoddam messuagium de dicto Thoma pro i d per annum ad terminum vite sue et Johannis filii sui et post decessum eorum redibit domino de Bachek' et faciet sectam ad curiam de Bachek' bis per annum.

Henricus de Bruera tenet x acras terre pro ob et Roberto de Wylenhal[3] xii d et Ricardo Milesent[4] i d pro eodem faciens sectam predictam.

Johannes filius (Radulphi) tenet viii acras terre de predicto Thoma pro xii d faciens sectam predictam.

Walterus le Carpenter tenet vii acras terre de dicto Thoma pro i d et Roberto de Wylenhale vi d pro eodem faciens eandem sectam.

Robertus de Wylenhale tenet v acras terre pro i d et i rosa heredibus Roberti de la Bruera pro omni demanda[5].

Magister hospitalis Sancti Johannis Coventr' tenet x acras terre et ii acras prati de dicto Thoma pro iiii d[6] per annum faciens sectam ad curiam de Bachek' bis per annum pro omni demanda.

Bruera in hundredo de Stanle.

Fol 13 (MiO 14 fol 16–17)

### Villa de Stoneley Comitatus Warr'

Inquisitio capta coram Henrico de Notinga[1] Henrico ———[2] et Johanne de Arundel[3] inquisitoribus domini regis in comitatu Warr' et Leyc' per

---

[2] Possibly not in E.164/15.     [3] MiO 14 'Wylenhale'.     [4] MiO 14 'Milisent'.
[5] MiO 14 'demaunda' throughout.     [6] MiO 14 'vi d'.

---

[1] MiO 14 'Notingh'.     [2] Either illegible or blank in E.164/15. Blank in MiO 14.
[3] MiO 14 'Arundell'.

sacramentum Henrici de (Fynham) Henrici de Crullefeld[4] Elye de Melburn[5] Alexandri de Crullefeld[6] (Willelmi) de la Sale Willelmi de Canele clerici Ricardi de Baddele[7] Henrici (Cachell) Ricardi le Jenene[8] et Symonis[9] de Watburle anno regni regis Edwardi viii.°

Qui dicunt super sacramentum suum quod abbas de Stanle est dominus de manerio de Stanle cum membris suis de dono Henrici regis patris regis Johannis qui sibi et monachis suis ibidem dedit in puram et perpetuam elimosinam et fuit de antico[10] dominico corone Anglie. Rex Johannes predictam donacionem patris sui postmodo * confirmavit et Henricus rex pater regis nunc facta predecessorum suorum similiter confirmante dans eis brueram de Wethele[11] et assartum de Hirst[12] et totam socam de Stanle integre cum omnibus consuetudinibus libertatibus et serviciis.

Idem abbas habet ibidem in dominico duo molendina aquatica et v carucatas terre de perquisitione et escaeta et tenentur in puram et perpetuam elimosinam. Et predictus rex Henricus pater regis Johannis dedit eis xii carucatas terre in manerio predicto in puram et perpetuam elimosinam.

Idem abbas habet ibidem duo villanos tenentes duo cotagia et xiiii acras terre.

Unde Robertus Bedel[13] tenet i cotagium et ix acras terre pro ii s per annum metens in autumpno per xi dies et sequitur curiam abbatis ad summonitionem suam secundum suam voluntatem.

Galfridus Dore tenet v acras de eodem pro viii d faciendo[14] predicta servicia modo predicto.

Idem abbas habet ibidem xxx cotarios subscriptos.

Unde Willelmus de Worxton'[15] tenet i cotagium libere ad terminum vite sue pro iiii s metens in autumpno per i diem.

Ricardus fitz le Moyne tenet i cotagium ad terminum vite sue pro iii s metens in autumpno per iii dies.

Henricus Whiting'[16] tenet i cotagium ad terminum vite sue pro xl d[17] metens (per) iii dies.

Henricus Bedelus[18] tenet i cotagium ad terminum <vite> pro xl d metens per iiii dies.

Jul' de la Porte tenet i cotagium ad terminum vite pro iiii s metens per iiii dies.

Willelmus le Seynturer[19] tenet i cotagium pro eodem servicio.

[4] MiO 14 'Crullefeyld'.     [5] MiO 14 'Melleburn'.     [6] As n 4.     [7] MiO 14 'Baddeley'.
[8] MiO 14 'Jeneyn'.     [9] MiO 14 'Simonis'.     [10] MiO 14 'antiquo'.
[11] MiO 14 'Wetheley'.     [12] MiO 14 'Herst'.     [13] MiO 14 'Bedell'.     [14] MiO 14 'faciens'.
[15] MiO 14 'Wroxton'.     [16] MiO 14 'Whiteyng'.
[17] MiO 14 has 'iii s. iiii d' in this and following entry.     [18] MiO 14 'Bedellus'.
[19] MiO 14 'Senturer'.

Ricardus de[20] Byfeld tenet tantum per idem servicium.

Adam Fust tenet i cotagium ad terminum vite pro iiii s metens per v dies.

—— la Veve[21] tenet i cotagium ad terminum vite pro iii s x d metens per v dies et (dimidium).

Rogerus de Wythibrook[22] tenet i cotagium et i acram terre ad terminum vite pro (iiii s metens per v dies).

Willelmus Lavendr[23] tenet i cotagium et i acram terre ad terminum vite pro iii s metens (per iii dies).

Willelmus de Withibrook tenet i cotagium ad terminum vite metens per i diem.

Hugo le Bedel[24] tenet i cotagium ad terminum vite (pro vi s) metens (per i diem).


Fol 13b (MiO 14 fol 17–17b)

### Comitatus Warr'

(Robertus) le Clerc[1] tenet i cotagium et i acram[2] ad terminum vite pro v s vi d[3] metens per i diem.

(Margeria Mason) tenet i cotagium ad terminum vite pro xii d metens per i diem.

(Ricardus Foster) tenet i cotagium ad voluntatem pro viii s metens per v dies.

(Willelmus) Fot[4] tenet i cotagium ad terminum vite pro iii s metens per i diem.

Normanus le Pesthur[5] tenet i cotagium ad terminum vite pro v s metens per i diem.

Isolda la Feuresse tenet i cotagium ad terminum vite pro iiii s ii d metens per i diem.

Anabilla Brondes[6] tenet i cotagium ad terminum vite pro ii s metens per v dies.

Matillda de la Grene tenet i cotagium ad terminum vite pro x d metens per i diem.

Robertus de la Grene tenet i cotagium ad terminum vite pro vi s metens per i diem.

Johannes Russell tenet i cotagium ad terminum vite pro iii s metens per iii dies.

---

[20] MiO 14 'le'.   [21] Both Mss have blanks and MiO 14 'le Veve'.
[22] MiO 14 'Wythebroke' and in subsequent entry.   [23] MiO 14 'Lavender'.   [24] MiO 14 'Bedell'.

---

[1] MiO 14 'Clerk'.   [2] 'et i acram' omitted MiO 14.   [3] MiO 14 'xii d'.   [4] MiO 14 'Fote'.
[5] MiO 14 'Pechur'.   [6] MiO 14 'Anabulla Brendes'.

Henricus le Taylur[7] tenet i cotagium ad terminum vite pro iii s metens per iii dies.

Margeria Costard[8] tenet i cotagium ad terminum vite pro iii s metens per iii dies.

Willelmus de Morton[9] tenet i cotagium ad terminum vite de predicto abbate pro iii s metens per iii dies.

Adam le Snor[10] tenet (i) cotagium ad terminum vite per predictum servicium.

Johannes le Lipere[11] tenet tantum pro eodem per idem servicium.

Henricus le Tixtur[12] tenet tantum de eodem pro iii s et metet in autumpno per i diem.[13]

* Omnes[14] supradicti cotarii ipsius abbatis debent sectam ad curiam suam bis in anno. Et si contingat quod aliquis captus sit in dicto manerio debet imprisonari apud Stanle et tunc omnes villani et cotarii supradicti ipsum servabunt in custodia eorum erit dum ibi fuerit sumptibus suis et sumptibus totius manerii.

Ricardus le Pestur[15] tenet ibidem i cotagium ad terminum vite de ipso abbate pro iiii s et metens per i diem.

Margeria le Salt' tenet ii cotagia ad terminum vite pro iii s ii d metens per i diem.

Ricardus Gille[16] tenet i cotagium ad terminum vite pro ii d metens per i diem in autumpno.[17]

Thomas Finham[18] tenet i cotagium ad terminum xii annorum pro ii s metens per i diem.

(Radulphus) de Coventr' tenet i cotagium ad terminum vite pro ii d.

Isti quinque supradicti tenent libere et debent sectam ad curiam abbatis predicti apud Stanle[19] bis per annum.

Julian' Spoke tenet i cotagium ad terminum vite de ipso abbate pro xii d metens per i diem in autumpno et idem abbas solvet pro eodem cotagio Henrico de Finham[20] xii d.

Bonetta Spoke tenet i cotagium de ipso[21] abbate ad terminum vite pro vi d et idem abbas reddet idem servicium predicto Henrico verumtamen[22] eadem Bonetta metet per i diem in autumpno.

Alibon' de Coventr' tenet i cotagium de ipso abbate pro ii d metens per i diem et sequitur curiam ipsius abbatis de Stanle bis per annum una cum sociis suis supradictis.

---

[7] MiO 14 'Tailliour'.    [8] MiO 14 'Costerd'.    [9] MiO 14 'le Moreton'.
[10] MiO 14 'Snore'. (or Suore)    [11] MiO 14 'Lepere'.    [12] MiO 14 'Tyxtur'.
[13] MiO 14 'metens per i diem'.
[14] A pointing hand appears here in MiO 14, but not in E.164/15.    [15] MiO 14 'Pastur'.
[16] MiO 14 'Gylle'.    [17] 'in autumpno' not in MiO 14.    [18] MiO 14 'Fynham'.
[19] MiO 14 'Stonley' throughout.    [20] As n 17.    [21] MiO 14 'eodem'.
[22] MiO 14 'verumptamen'.

Johannes le Messor tenet i cotagium ibidem de eodem abbate pro ii s vi d metens in autumpno per i diem.

Fol 14 (MiO 14 fol 17b–18)

Dycholda de Hulle[1] tenet i cotagium ibidem de eodem et quartam partem i terre ad terminum vite sue pro v s metens per i diem in autumpno.
Symon[2] de Benham tenet i cotagium ad terminum vite pro iiii s metens per i diem.
Petrus de Upton tenet i cotagium ad terminum vite pro iii s metens per i diem.
Ricardus Freyrewayn tenet i cotagium ad terminum vite per dictum servicium.
Ricardus de Helunhul[3] tenet i cotagium ad terminum vite pro iiii s metens per i diem.
Galfridus le Bercher tenet i cotagium ad terminum vite pro ii s vi d metens per i diem.

**Hull** ( later hand?)
Isti predicti de hameletta de Hulle sequuntur[4] curiam ipsius abbatis apud Stanle bis per annum.
Alexander de Styvchale tenet i cotagium et iiii acras terre de ipso abbate pro iiii s pro omni servicio.
Thomas de Hull tenet i cotagium et dimidiam virgatam terre ad terminum vite pro ii s ob.
Henricus Wismon[5] tenet i cotagium et i acram terre ad terminum vite pro iii s vi d metens per i diem in autumpno.
Elizabet Muriel[6] tenet i cotagium ad terminum vite pro ii s metens per i diem.
Henricus Tyde tenet i cotagium ad voluntatem domini pro xii d et metet per i diem.
Christiana de Wyke tenet i cotagium ad terminum vite cum i acra terre pro ii s et metet per i diem.
Ricardus le Mercer tenet i cotagium ad terminum vite pro xviii d metens per i diem.
Sibilla Hally tenet i cotagium ad voluntatem domini pro ii d metens per i diem.

---

[1] MiO 14 'Hull' and throughout.    [2] MiO 14 'Simon'.    [3] MiO 14 'le Helynhull'.
[4] MiO 14 'secuntur'.    [5] MiO 14 'Wyeman'.    [6] MiO 14 'Elizabeth Muryell'.

Rogerus le Turnur[7] tenet i cotagium et ii acras terre et i rodam terre hereditarie pro ii d qᵃ metens per i diem.

Matilla[8] de Fraunketon tenet de ipso Rogero i cotagium ii acras terre et dimidiam hereditarie pro ii d metens per i diem.

**Canley** (later hand?)

Isti predicti de hameletta de Canele[9] sequuntur curiam ipsius abbatis apud Stanle bis per annum.

Rogerus le Carpenter tenet i cotagium ad voluntatem domini pro ii s metens per i diem.

Rogerus Hally tenet i cotagium hereditarie pro xviii d metens per i diem. Isti duo predicti debent sectam ad curiam ipsius abbatis apud Stanle bis per annum.

Johannes Prodoume[10] tenet i cotagium ad terminum vite pro iii s vi d metens per i diem.

Robertus Wombe tenet i cotagium ibidem hereditarie pro ix d metens per i diem.

Hedd' Fedele tenet i cotagium ad terminum vite pro xii d metens per i diem .

Willelmus Grewel[11] tenet i cotagium ad voluntatem domini pro ii s vi d metens per i diem.

Reginaldus[12] Knappe tenet i cotagium ad voluntatem domini pro xiiii d metens per i diem.

Adam de Bradewelle tenet i cotagium ad terminum vite pro iii s metens (ut supra).

Agnes de Sowe tenet i cotagium ad voluntatem domini pro xiiii d metens per iii (dies).

Johannes de Wythybrook'[13] tenet i cotagium ad terminum (vite) pro xii d metens (per i diem).

De hundredo de Stanle.

Fol 14b (MiO 14 fol 18–19)

Comitatus Warr'

(Willelmus) Shaketers tenet i cotagium ad terminum vite pro xiiii d metens ut supra.

---

[7] MiO 14 'Turnour'.     [8] MiO 14 'Matilda'.     [9] MiO 14 'Caneley'.
[10] MiO 14 'Predoume'.     [11] MiO 14 'Grewell'.     [12] MiO 14 'Rogerus'.
[13] MiO 14 'Wythebroke'.

(Ricardus) Michel[1] tenet i cotagium et xii acras terre pro vi s viii d.

Robertus filius Simonis tenet i cotagium et iiii acras terre pro xxi d ob metens per i diem.

Willelmus le Dene tenet i cotagium ad terminum vite pro ii s vi d metens ut supra.

Emma le Dene tenet i cotagium pro ii s vi d ad terminum vite metens per i diem.

Margeria de Frestewelle tenet i cotagium ad terminum vite pro iiii d.

Johannes le Cuntur tenet i cotagium ad terminum vite et i acram terre pro iiii d ob metens per i diem.

Roberus le Pestur tenet i croftum pro viii d ob.

Johannes le Messer tenet i cotagium et i acram terre ad terminum vite pro iii s ob metens in autumpno per iiii[or] dies.

Willelmus de Hurst tenet i cotagium ad terminum pro xviii d ob metens per i diem.

Agnes de Herst[2] tenet i cotagium ad voluntatem domini pro xii d metens per ii dies.

Matilla Sewale[3] tenet i cotagium[4] ad terminum pro ii s metens per ii dies.

Juliana la Stallere tenet i cotagium ad voluntatem domini pro xvi d metens per i diem.

Thomas le Fruer tenet i cotagium et i rodam terre ad terminum vite pro viii d metens per i diem.

Willelmus de Thomhale[5] tenet dimidiam acram terre pro i d.

Robertus le Cok tenet i cotagium ad terminum vite pro ii s vi d metens per i diem.

Matilla Chaffyng tenet i cotagium et i rodam terre ad terminum vite pro ii s vi d per i diem metens et omnes cotarii supradicti faciunt sectam ad curiam abbatis apud Stanle bis per annum.

Johannes Thurebern[6] tenet i cotagium ad terminum vite pro iii s metens per i diem.

Juliana Grenemantel[7] tenet i cotagium ad terminum vite per idem servicium.

Al—— le Val[8] tenet i cotagium ad terminum vite per idem servicium.

——frida le Val[9] tenet i cotagium ad terminum vite per idem servicium.

Margeria Muriel[10] tenet i cotagium ad terminum vite pro ii s vi d metens per i diem.

(Alicia) de Hurst tenet i cotagium ad voluntatem pro xx d metens per i diem.

---

[1] MiO 14 'Michell'.    [2] MiO 14 'Hurst'.,    [3] MiO 14 'Matilda Sewalle'.

[4] E.164/15 has 'et i rodam terre' here, which is then deleted and does not appear in MiO 14.

[5] MiO 14 'Thomehalle'.    [6] MiO 14 'Turebern'.    [7] MiO 14 'Grenemantell'.

[8] MiO 14 'Amicia la Vale'.    [9] MiO 14 'Galfridus la Vale'.    [10]. MiO 14 'Muryell'.

(Alicia) le Val[11] tenet i cotagium ad voluntatem domini per idem servicium.

Galfridus Turcones <tenet> i cotagium ad terminum vite pro iii s iiii d metens per i diem.

(Mat') Clio[12] tenet i cotagium ad terminum vite pro ii s vi d metens per i diem.

(Johannes) Cley tenet i cotagium pro eodem.

Petronilla Dormal tenet i cotagium pro eodem.

Thomas le Lung tenet i cotagium ad terminum vite pro xv d metens per i diem.

Ricardus le Mouner tenet i cotagium et dimidiam virgatam terre pro xx d metens per i diem.

Simon Oryn tenet i cotagium et quartam partem i virgate terre pro xvi d ob metens per i diem.

(Willelmus Gryme) tenet de ipso Symone[13] i cotagium et quartam partem i virgate (terre) pro xii d ob (metens) per i diem. Et idem Symon reddet predicto abbati illos xi d quia medius.

## Fol 15 (MiO 14 fol 19–19b)

### Comitatus Warr'.

Johannes filius Galfridi tenet ii virgatas terre pro v s quarum duarum virgatarum Robertus le Staleworth[1] tenet i cotagium et dimidiam virgatam terre et vi acras terre pro xvi d faciens sectam bis per annum ad curiam ipsius abbatis veniens per i diem ad bederipam ipsius abbatis cum falce sua.

Willelmus filius Juliane tenet de dicto Johanne dimidiam virgatam terre pro xii d faciens servicium sicut predictus Robertus.

Henricus Rachel[2] tenet i cotagium de dicto Johanne et iiii acras terre et i acram prati pro ii s ii d.

Johannes filius Galfridi tenet iiii[or] acras terre de Henrico Rachel pro xiii d.

Henricus de Finham tenet i cotagium de Johanne de Stanle pro i pari[3] cirotecarum.

---

11. MiO 14 'la Vale'.    12. MiO 14 'Cleo'.

13. MiO 14 'Simone' here and with 'i' in following line. And so generally throughout.

---

1 MiO 14 'de Stalleworth'.    2 MiO 14 'Rachell'; and following line.

3 E.164/15 frequently gives 'pare' as the ablative of 'par'.

Henricus de Stanle tenet i messuagium et i virgatam terre cum pertinentiis de predicto abbate pro ii s x d.

Ricardus Brodeghe tenet i cotagium de ipso Henrico pro ii s.

Dion' fil' Thome tenet i cotagium de dicto Henrico pro ii s.

Johannes de Monte tenet i messuagium et i virgatam terre in capite de abbate pro ii s (vi d).

\* Isti dicti libere tenentes sicut Johannes filius Galfridi[4] de Stonle et Johannes de Monte debent sectam ad curiam abbatis de Stanle de iii septimanis in iii septimanas et in autumpno venient equitantes per i diem cum virgis suis ad quandam bederipam apud Stanle ubi omnes cotarii predicti erunt metentes et eo die ipsi liberi bis manducabunt sumptibus abbatis et sic solebant dum manerium illud fuit in manu domini regis. Et iidem tres tenentes habent husbote et heybote quieti de pannagio boscorum de Dolle Westwode et Craccele[5] et habebunt nuces in dictis boscis et sic habuerunt dum manerium illud fuit in manibus predecessorum regis Anglie. Et quieti sunt de tolneto.

### Fynham

Henricus de Fynham tenet i messuagium et iii virgatas terre pro vii s vi d q$^a$.

Thomas Hog[6] tenet de dicto Henrico dimidiam virgatam terre pro xx d et sequitur curiam ipsius abbatis bis per annum metens per i diem.

Henricus le Rotur tenet de dicto Henrico dimidiam virgatam terre pro ii s faciens abbati servicium sicut predictus Thomas.

Predictus abbas tenet de Henrico ii messuagia x acras et quartam partem i virgate terre pro iii s iii d.

Robertus filius Johannis tenet de dicto Henrico i cotagium i acram terre et dimidiam pro iiii d.

Ricardus de Chelverescote tenet i cotagium et iii acras terre de eodem pro vi d et sequitur curiam ipsius abbatis apud Stanle bis per annum metens per i diem ad magnam <u>beripam</u>[7] in autumpno.

Johannes filius Symonis tenet de ipso abbate i messuagium et ii virgatas terre in capite pro (v s).

Willelmus de Styvchale tenet i cotagium et dimidiam virgatam terre pro iii s metens per iii dies faciens sectam bis per annum ad curiam ipsius abbatis metens per i diem.

---

[4] 'Henricus' is here incorrectly omitted from both MSS.
[5] MiO 14 'Dedolle. Westwodde et Crattele'.     [6] MiO 14 'Hogg'.
[7] MiO 14 'bideripam'. The word is underlined and there is a cross in the margin of E.164/15.

Radulphus Seuer tenet i messuagium et dimidiam virgatam terre in capite de ipso abbate pro xv d.

Thomas filius Gilberti tenet i messuagium et i virgatam terre in capite de eodem pro ii s vi d.

## Fol 15b (MiO 14 fol 19b–20)

### Comitatus Warr'

(Isti iiii[or] predicti) scilicet Henricus de Fynhamn Johannes filius Symonis Radulphus (Seuer) et Thomas filius Gilberti debent sectam ad curiam de Stonle de iii septimanis (in iii) septimanas et per i diem venient equitantes sicut supradictus est.

(Elias) de Hulle[1] tenet messuagium et virgatam terre in capite pro ii s vi d.

(Philipus) Aleyn tenet dimidiam virgatam terre de predicto Elya[2] pro xv d faciens sectam bis per annum apud Stonle et i diem ad magnam bideripam[3] apud Stonle.

Alanus de Hulle tenet i cotagium de predicto Philipo pro i pari cirotecarum faciens servicium predictum.

Robertus[4] Forthwayne[5] tenet i messuagium et ii virgatas terre in capite de ipso abbate pro v s.

Henricus Andrew tenet i cotagium et i virgatam terre pro i pari cirotecarum de dicto Ricardo et sequitur curiam ipsius abbatis de Stonle bis per annum.

Thomas Osbern[6] tenet i cotagium ad terminum vite de ipso Henrico pro ii s faciens sectam ad curiam de Stonle bis per annum et metet per i diem ad magnam bederipam.

Robertus filius Osberti (?)[7] tenet i cotagium et dimidiam virgatam terre de predicto Ricardo pro iiii s redditus faciens servicium predictum.

(Johannes) filius Henrici tenet i messuagium et dimidiam virgatam terre et i acram et dimidiam in capite de ipso abbate pro xv d ob.

* Henricus Alayn[8] tenet dimidiam virgatam terre de eodem pro xv d preterea dat vi d ad habendum mortuum boscum in boscis predictis et nuces tempore nucliendi nec dabat pannagium set sequitur curiam ipsius abbatis de Stonle de iii septimanis in iii septimanas et veniet ad magnum bederipam apud Stonle per i diem cum virga sua.

Thomas de Hulle tenet i messuagium et dimidiam virgatam terre de ipso abbate pro ii s (iii) d faciens idem servicium quod facit predictus Henricus et habet eandem libertatem.

---

[1] MiO 14 'Hull'.    [2] MiO 14 'Elia'.    [3] Underlined in E.164/15, and cross in margin.
[4] So in both MSS, but this is a mistake for 'Richard'.    [5] MiO 14 'Forthwyne'.
[6] MiO 14 'Oseburn'.    [7] Blank in MiO 14. Difficult in E.164/15.    [8] MiO 14 'Aleyn'.

Susanna de Hulle et Margeria soror eius tenent de ipso abbate i messuagium et (dimidiam) virgatam terre pro xv d faciens predicta servicia et
habet eandem libertatem ut supra.

(Alexander) de Crullefeld[9] tenet dimidiam virgatam terre de ipso abbate
pro xv d.

(Alanus) de Hulle tenet de dicto Alexandro dimidiam virgatam terre ad
terminum vite pro v s.

(Idem) Alanus de Elya[10] de Hull[11] tenet i croftum ad terminum vite pro
xii d et idem (Elias tenet) de ipso abbate pro xii d.

Elyas de Hull Ricardus Forthwyne et Johannes filius Henrici prenominati
facient et habebunt per omnia sicut libere tenentes de Stonle et de
Fynham.

Henricus de la More tenet i messuagium et vii acras terre in capite de ipso
abbate pro xiiii d ob.

Idem Henricus tenet de eodem abbate et de Magistro Thoma de Canele[12]
i croftum pro vi d.

Idem Henricus tenet de eodem magistro iiii acras et dimidiam pro ix d.

Idem Henricus tenet de Ricardo Fraunkelayn[13] dimidiam rodam terre pro
iiii d.


Fol 16 (MiO 14 fol 20–21)


Ricardus de More tenet i messuagium i acram prati et tertiam partem
virgate terre de ipso abbate pro xiii d ob.

Willelmus filius Alexandri tenet i messuagium et virgatam et ii acras terre
de eodem pro iii s.

Ricardus de Baddele[1] tenet de dicto Willelmo i messuagium et dimidiam
acram terre pro vii d.

Hugo le Turnur tenet i messuagium et i virgatam et i rodam terre de ipso
abbate pro ii s vi d ob.

Willelmus filius Ricardi tenet i messuagium et dimidiam virgatam terre de
eodem pro xv d.

Ricardus de Baddele tenet i messuagium et i virgatam et ii acras terre et
dimidiam pro ii s x d ob qᵃ.

Henricus de Torweye tenet i cotagium de predicto Ricardo pro ii d faciens
sectam apud Stonle bis per annum et i diem ad bederipam.

[9] MiO 14 'Crullefeyld'.       [10] MiO 14 'Elia', and so generally throughout.
[11] MiO 14 'Hulle', and so generally throughout. Both MSS retain or drop the 'e' indifferently.
[12] MiO 14 'Canley'.       [13] MiO 14 'Fraunkeleyn'.

[1] MiO 14 'Baddeley' and subsequently.

Thomas de Leminton[2] tenet i messuagium i virgatam terre et i rodam prati de predicto abbate pro ii s vii d.

Rogerus filius Edwardi tenet i cotagium et v acras terre de ipso Thoma pro xii d ob et sequitur curiam ipsius abbatis bis per annum et i diem ad bederipam.

Johannes filius Milonis tenet i cotagium de Magistro Thoma de Canle[3] pro iii s et ii diebus in autumpno faciens abbati i diem et ii sectas ad visum franciplegii de Stonle.

Edmundus le Carpenter tenet i cotagium de eodem pro ii s viii d et abbati viii d faciens eidem abbati servicia que predictus Johannes facit.

Felicia Edymon tenet i cotagium de dicto Thoma pro viii d ob et i die in autumpno.

Philippa le Megre tenet i cotagium de eodem pro ii s.

Willelmus Hally tenet i messuagium et dimidiam virgatam terre de dicto abbate pro xv d.

Margeria[4] Thomas de Canele[5] tenet i messuagium et ii virgatas terre et dimidiam de eodem et quartam partem i virgate terre pro vi s xi d.

* Isti predicti sokmanni videlicet (Ricardus)[6] de la More Willelmus filius Alexandri Hugo le Turnur Willelmus filius Ricardi Ricardus de Baddele Thomas de Lemynton Willelmus Hally et Margeria[7] Thomas de Kanele[8] debent sectam ad curiam de Stonle de iii septimanis in iii septimanas. Et per i diem venient equitantes ad magnam bederipam de Stonle cum virgis in manibus suis et erunt ultra metentes et illo die bis manducabunt cum abbate de Stonle. Iidem tenentes habent husbote et heybote et quieti sunt de pannagio de propriis porcis suis et habebunt i hominem colligentem nuces ad opus eorum in boscis de Dolle Westwode de Craccele.[9]

Symon[10] Watburle tenet i messuagium ii virgatas et v acras de abbate pro v s x d.

Galfridus de la Horewalle tenet i messuagium i virgatam et dimidiam et ii acras terre de eodem pro iiii s xi d.

Willelmus Moys tenet i messuagium et xiii acras terre et dimidiam de eodem pro ii s iii d.

---

[2] MiO 14 'Lemynton'.    [3] MiO 14 'Caneley'.
[4] Both MSS have the mistake 'Margeria' for 'Magister' here.    [5] MiO 14 'Caneley'.
[6] In E.164/15 the Christian names here are abbreviated to the initial letter, and the MS incorrectly gives 'J. de la More'. MiO 14 correctly gives 'Richard'.    [7] As n. 4.
[8] MiO 14 'Canley'.    [9] MiO 14 'Crattele'.    [10] MiO 14 'Simon'.

Fol 16b (MiO 14 fol 21–21b)

Comitatus Warr'.

(Johannes de) Alem' tenet i messuagium et i virgatam terre extra dimidiam acram terre pro ii s v d.

(Thomas) le Champynn[1] tenet i messuagium de eodem Johanne pro xv d et sequitur curiam abbatis de Stonle bis per annum pro omni servicio.

Rogerus Edward[2] tenet i cotagium et i rodam terre de eodem pro ii paribus cirotecarum.

Henricus Rochel[3] tenet i rodam terre pro[4] eodem pro ob.

Henricus filius Jordani tenet i messuagium et i virgatam terre et ii acras et dimidiam de abbate pro ii s xi d.

Ricardus le Jenene[5] tenet i messuagium et i virgatam et iii acras terre de eodem pro iii s.

Henricus Rachel[6] tenet i messuagium et i virgatam terre et ii acras et dimidiam de eodem pro ii s xi d.

Ricardus filius Avicie tenet i cotagium de eodem Henrico pro xiiii d et metet per ii dies in autumpno per i hominem.

Rogerus filius Thome tenet i messuagium et i virgatam terre et dimidiam de abbate pro iiii s iiii d ob.

Johannes filius Johannis tenet i messuagium et quartam partem i virgate terre de predicto Rogero pro (viii d).

Willelmus Rachel[7] tenet i cotagium de dicto Rogero filio Thome pro xii d.

Margeria Bense tenet i cotagium de dicto abbate et quartam partem i virgate terre pro vii d ob faciens sectam ad curiam ipsius abbatis de iii septimanis in iii septimanas.

Johannes filius Michaelis tenet i messuagium de eodem et dimidiam virgatam terre pro v s vi d faciens sectam predictam et ambo venient ad magnam bederipam cum virgis suis apud Stonle.

Isti predicti scilicet Symon de Watburle Galfridus de la Horwell[8] et Willelmus (Moys)[9] Johannes de Alem' Henricus filius Jordani Ricardus le Jenene[10] Henricus Rachel et Rogerus filius Thome debent sectam ad curiam de Stonle de iii septimanis in iii septimanas et in autumpno semel venient cum virgis suis sicut superius dictus est.

Willelmus Michel[11] tenet ii virgatas terre et dimidiam de abbate pro v<s> vi d.

---

[1] MiO 14 'Champyn'.     [2] MiO 14 'Edwarde'.     [3] Sic in both MSS, but should be 'Rachel'.
[4] E.164/15 has 'pro'; MiO 14 corrects to 'de'.     [5] MiO 14 'Jenyn'.     [6] MiO 14 'Rachell'.
[7] As n 6.     [8] MiO 14 'Horewell'.
[9] A correction made by MiO 14 scribe. E.164/15 difficult to read: books like 'Fint'. A William Fint apprears on fol. 17.     [10] As n 5.     [11] MiO 14 'Michell'.

Henricus filius Willelmi tenet i messuagium et viii acras terre de dicto Willelmo pro xvi d faciens sectam ad curiam de Stonle bis per annum metens per i diem in autumpno.

Johannes de Longa Mora tenet i messuagium et x acras terre (de) dicto abbate pro xxiii d.

Reginaldus Payn tenet i messuagium et ii acras terre de eodem pro iiii d ob.

Ricardus Pleysayunt[12] tenet i messuagium et dimidiam virgatam terre et ii acras terre de eodem pro iii s i d.

Adam de Olyes tenet i messuagium et i virgatam et dimidiam terre extra iii acras terre de eodem pro iiii s ob.

Robertus le Feure tenet i messuagium et i virgatam i acram terre et dimidiam de eodem pro iii s i d.

Ricardus Pleysayunt tenet de predicto Ada dimidiam virgatam terre de predicto abbate pro xxii d ob.

Henricus Swen tenet i messuagium et x acras terre de eodem pro xx d.

(Ricardus) de Hurst tenet i messuagium et x acras terre de eodem pro ii s.

(Willelmus) Aylwyne[13] tenet i messuagium et x acras terre pro xx d ob.

(Henricus filius Jordani) tenet i messuagium et dimidiam virgatam terre de eodem abbate pro xvi d.

Fol 17 (MiO 14 fol 21b–22)

### Comitatus Warr'

Elyas de Hurst tenet i cotagium et quartam partem i virgate terre de dicto Henrico pro xx d et sequitur curiam abbatis de Stonle bis per annum et metet per i diem ad magnam bederipam.

Robertus filius ——[1] tenet i cotagium et quartam partem i virgate terre de Rogero Box[2] pro ii s.

Robertus Wombe tenet i acram terre de predicto abbate pro iii d et sequitur ad visum franciplegii apud Stonle bis per annum.

Isti predicti libere tenentes videlicet Willelmus Michel[3] Johannes de Longa Mora Reginaldus Payn Ricardus Pleysaunt Robertus le Fruer[4] Adam de Holyes[5] Ricardus Aumby Henricus Swen Ricardus de Hurst Willelmus Alwyne[6] debent sectam apud Stonle de iii septimanis in iii septimanas et venient et facient et habebunt ut supra dictus est.

Alexander de Crullefeld[7] tenet i messuagium et i virgatam terre et dimidiam quartam partem i virgate terre de abbate pro vii s vi d.

---

[12] MiO 14 'Pleysaunt'.    [13] MiO 14 'Aylewyn'.

---

[1] So in both MSS.    [2] MiO 14 'Boxe'.    [3] MiO 14 'Michell'.
[4] MiO 14 correctly 'Feure'.    [5]. MiO 14 'Holyes'.    [6] MiO 14 'Aylewyne'.
[7] MiO 14 'Crullefeyld'.

Johannes le Messer tenet i messuagium et terciam partem i virgate terre et ii acras terre de dicto Alexandro pro x d. Sequitur[8] curiam de Stonle bis per annum et i diem in autumpno ad magnam bederipam.

Henricus de Crullefeld[9] tenet de dicto Alexandro quartam partem i virgate terre pro iiii d.

Alicia de Eccleshale tenet i messuagium et dimidiam virgatam terre de eodem pro xvi d. Sequitur curiam de Stonle bis per annum et metet ad magnam bederipam per i diem.

Henricus de Stonle tenet i messuagium et i virgatam terre et dimidiam de predicto abbate pro ii s vi d ob.

Ricardus de Baddele[10] tenet i acram et i rodam terre de dicto Henrico pro i d.

Willelmus de Thorenhale tenet i cotagium et dimidiam virgatam terre de eodem pro xv d et sequitur curiam de Stonle bis per annum et metet per i diem ad magnam bederipam de Stonle.

Alicia le Mazun[11] tenet i cotagium et iiii[am] partem i virgate terre de dicto Henrico ad terminum vite pro iii s faciens opera predicta sicut predictus Willelmus.

Willelmus Fint tenet de predicto abbate i virgatam terre et dimidiam pro ii s vii d.

Symon filius Roberti tenet dimidiam virgatam terre de Willelmo Fint pro ii s faciens fidelitatem et sequitur curiam de Stonle bis per annum et metet per i diem ad magnam bederipam.

Willelmus Person tenet i messuagium et dimidiam virgatam terre de dicto abbate pro xiii d.

Petron' de Sale[12] tenet tantum per idem servicium.

Ricardus le Chapelayn[13] tenet i messuagium et dimidiam acram terre de heredibus Johannis de Sale pro ii d.

Ricardus de Lalleford et Avicia uxor eius tenent tantum (de) eisdem per idem servicium.


Fol 17b (MiO 14 fol 22–2b)


### Comitatus Warr'

(Johannes) de Finnebereghe tenet dimidiam virgatam et iiii acras terre de Johanne filio Galfridi (pro xviii d) ob q[a] de predicto abbate i d pro i roda terre.

---

[8] I follow here and below the punctuation of E.164/15; MiO 14 does not have the full stop.
[9] As n 7 and subsequently.    [10] MiO 14 'Baddeley'.    [11] MiO 14 'Mason'.
[12] MiO 14 'de la Sale'.    [13] MiO 14 'de Chapelyn'.

(Ricardus) Fraunkeleyn[1] tenet tantum per idem servicium de predicto Johanne.

(Johannes) le Stalkere[2] tenet i messuagium et dimidiam virgatam terre de eodem pro xv d.

(Johannes) filius Galfridi dat abbati pro toto v s quasi medius.

## Crulfeld (later hand?)

Et tota villa de Crullefeld tenetur luminari Beate Marie de Stonle in i petra cere <per annum>.

Predicti libere tenentes videlicet Alexander de Crullefeld Henricus de Stonle Willelmus Fint et Willelmus Person sequuntur curiam de Stonle de iii septimanis in iii septimanas et venient in autumpno per i diem cum virgis suis in manibus eorum ad magnam bederipam et facient et habebunt ut supradictus est.

Elyas de Melburne tenet i virgatam terre et ii acras de abbate de Stonle pro iii s iii d et sequitur (curiam) de Stonle de iii septimanis in iii septimanas et veniet cum virga sua in autumpno ut supra.

* Dominus rex habet tale servicium de hominibus predicti manerii quod quando averia blada vel alia catalla capiuntur pro viridi cera vel pro debito ipsius regis ipsi de manerio per summonitionem vicecomitis Warr' illa averia aut blada infra comitatum predictum vendi debent et quando vendent boves tunc habebunt meliorem et sic de aliis animalibus. Quando frumentum tunc habebunt i quarterium et sic de alia blada.

* Predictus abbas habet tres communes boscos videlicet Dolle Westwode et Craccele.[3] qui continent in se mille acras de bosco et de wasto.

* Idem abbas habet duas aquas in dicto manerio quedam vocatur Avene et alia vocatur Sowe. Avene continet in se in longitudine duas leucas et Sowe unam leucam in quibus aquis omnes libere tenentes ipsius possunt piscari ad proprium comestum suum set non ad vendendum.

* Idem abbas habet in eodem manerio furcas assisam panis et cervisie et visum franciplegii bis per annum et habet murdrum de omnibus predictis libertatibus. Habet warantum ut dicit.

## Starton (later hand?)

* Idem abbas est dominus de Starton et solebat teneri in seriantia de rege per servicium spervarii sori per annum tempore cuiusdam militis nomine Ays (?)[4] et fuit dominus de Staverton et fecerat quoddam escambium cum domino Galfrido de Langele sene pro quadam terra in Hibernia. Postmodum Galfridus de Hug' qui nunc est dedit abbati de Stonle Staverton in puram et perpetuam elemosinam ut dicit.

[1] MiO 14 'Fraunkleyn'.   [2] MiO 14 'Stalker'.   [3] MiO 14 'Crattele'.
[4] Difficult in E.164/15; blank in MiO 14.

Idem abbas habet in Staverton ii carucatas terre et unum molendinum aquaticum (in dominico).
Idem abbas habet ibidem vi villanos quorum nomina sunt hec
Galfridus Aleyn tenet i messuagium et dimidiam virgatam et quartam partem i virgate terre de eodem abbate pro xv s.

Fol 18 (MiO 14 22b–23b)

Comitatus Warr'

Ricardus le Provost[1] tenet i messuagium et dimidiam virgatam terre de eodem pro xv s.
Thomas filius Rogeri tenet tantum pro eodem.
Amicia filia Heberti tenet tantum per idem servicium.
Amabilla le Laundere[2] tenet i messuagium et quartam partem i virgate terre de eodem pro x s.
Idem abbas habet ibidem xvii cotarii (sic) videlicet subscriptos.
Nicholaus le Valeys tenet i cotagium de dicto abbate pro ii s vi d.
Walterus de Worthinton[3] tenet i cotagium per idem servicium.
Nicholaus de Dydelestr'[4] tenet i cotagium de dicto abbate pro ii s vi d.
Alicia[5] Lylye tenet tantum per idem servicium.
Robertus de Cesterton' tenet i cotagium de eodem per idem servicium.
Stephanus Whyntyng tenet tantum per idem servicium.
Walterus de Wyforne tenet tantum per idem servicium.
Alicia Hebbe tenet tantum per idem servicium.
Alicia le Taylur tenet tantum per idem servicium.
Johannes Waleys tenet i cotagium et dimidiam acram terre pro ii s.
Ricardus le Synekere tenet i cotagium de eodem pro iii s.
Hugo de Wetenas tenet i cotagium de eodem pro iii s.
Thomas le Feure tenet i cotagium de eodem pro ii s.
Juliana Dun tenet i cotagium per idem servicium.
Amicia le Sowestre tenet i cotagium per idem servicium.
Nicholaus le Dolake tenet cotagium et i acram terre et dimidiam pro iiii s.
Gilbertus le Forestr'[6] tenet dimidiam virgatam terre de Galfrido de Bobenhull pro vi s et abbati dat i lb cimini.

---

[1] MiO 14 'Provoste'.    [2] MiO 14 'Launder'.    [3] MiO 14 'Worthyngton'.
[4] MiO 14 'Kydlestr' a misreading by the scribe?
[5] E.164/15 'Alic'. Here and following lines MiO 14 has the feminine 'Alicia', but there is a masculine form (Martin: The Record Interpreter p.452). This, however, seems rare and I have extended 'Alic' to Alicia' throughout.    [6] MiO 14 'Forster'.

Heres Henrici de Hasting tenet de dicto abbate xx acras terre incluse infra parcum suum de Alesley[7] pro xii s.

Staverton[8]

Idem abbas habet in Staverton visium franciplegii quo waranto (nescitur). Robertus Badwyn tenet in Stonle i cot (deleted) messuagium et dimidiam virgatam terre de dicto abbate pro xiii d et sequitur curiam de Stonle de iii septimanis in iii septimanas et veniet ad magnam bederipam.

Idem Robertus tenet de Johanne la Mostewe i virgatam terre pro i flore rose et *abbati de Stonle vi s viii d pro eodem. Sequitur (curiam)[9] de magistro Militie Templi in Anglie et de suis cotariis in Flichamstede[10] hameleta de manerio de Stonle.

## Flechamsted[11] (later hand?)

Idem magister habet in manerio de Stonle i molendinum et i carucatam terre de dono quondam Gerardi heremite qui illam carucatam tenet habuit de dono Henrici regis utriusque et idem magister tenet illam carucatam terre de rege in capite per servicium inveniendi i capellanum celebrantem pro animabus predecessorum regis Anglie et pro anima dicti Gerardi quo waranto nescitur.

Fol 18b (MiO 14 fol 23b–24)

### Comitatus Warr'

(Rogerus) Capellanus tenet i messuagium et i acram terre de predicto magistro pro xviii d et metet per iiii[or] dies in autumpno per i diem (sic) et comedet ter per quemlibet diem.

Idem Rogerus tenet de dicto abbate v acras terre pro xi d pro omni servicio.

Adam le Clerc[1] tenet de predicto Rogero iiii acras terre et dimidiam pro xii d.

Osbertus Broun[2] tenet i cotagium de predicto magistro pro xvi d faciens eidem[3] servicium (sicut) predictus Rogerus.

Idem Osbertus tenet de abbate de Stonle dimidiam rodam terre pro ob q[a].

Matilda Agnes et Augneta[4] sorores tenent i cotagium et dimidiam acram

---

[7] MiO 14 'Allesley'.    [8] On right hand side in E.164/15, in left hand margin MiO 14.
[9] 'Curiam' (?) omitted from both MSS.    [10] MiO 14 'Fletchamstede'    [11] As n 10.

---

[1] MiO 'Clerk' – a frequent variation.    [2] MiO 14 'Broune'.
[3] MiO 14 has 'tale' in place of 'eidem'.
[4] E.164/15 has 'Augn'' which the MiO 14 scribe takes to be an abbreviation for 'Agneta'.

terre de predicto magistro pro xviii d et metent per iiii^or dies in autumpno ad sumptus domini.

Aug'[5] de Cornele tenet i cotagium et dimidiam acram terre de eodem pro xii d faciens predicta servicia.

Alanus de Thornehale tenet i cotagium et dimidiam acram terre de eodem per idem servicium.

Johannes Horn[6] tenet i cotagium de eodem per idem servicium.

Robertus Heyrdale tenet i cotagium et i acram terre de eodem pro xiii d et faciens predicta servicia.

Idem Robertus tenet i rodam terre de predicto abbate pro ob q^a.

Beatrix et Agnes due consanguines et participes tenent i cotagium et i acram terre de predicto magistro pro xx d.

Willelmus filius Mathei tenet i cotagium et i acram terre et dimidiam de predicto magistro pro xviii d.

Idem Willelmus tenet de predicto abbate de Stonle dimidiam acram terre pro i d q^a.

Reginaldus filius Galfridi tenet i cotagium de predicto magistro Templi pro viii d.

Idem Reginaldus tenet de predicto abbate i rodam terre pro ob q^a.

Ricardus le Stalworth tenet i cotagium et ii acras terre et dimidiam de dicto magistro pro ii s iiii d.

Idem Ricardus tenet de predicto abbate i acram et dimidiam pro iii d ob.

Mat' Duraunt tenet i cotagium de predicto (abbate) pro xiii d.[7]

Idem Ricardus[8] tenet de predicto abbate dimidiam acram terre pro i d q^a.

Gilbertus filius Galfridi tenet i cotagium de predicto magistro pro ii s iiii d.

Et sciendum est quod predicti omnes tenentes Templariorum secuntur curiam magnam apud Balsale bis per annum et quilibet eorum invenient[9] i hominem in autumpno ad opus Templariorum cum falcis suis per iiii dies et manducabunt ter in die sumptu Templariorum. Et idem Templarii habent in bosco abbatis de Stonle in Westwode housbote et heybote.

Idem Templarii habent visum franciplegii de dictis tenentibus suis bis per annum quo waranto nescitur.

### Gybclyf (later hand?)

Prior de Kenill' habet ii molendina apud Gibbeclyf[10] qualiter nec per quod <warantum nescitur>.

Idem prior appropriavit sibi hermitagium de Cloude ubi solebat esse

---

[5] MiO 14 'Augn" – probably 'Agneta' again.    [6] MiO 14 'Horne'.
[7] MiO 14 'xiiii d'. – a mistake?    [8] Mistake in both MSS for 'Mat". (?)
[9] Sic E.164/15; MiO 14 correctly has 'inveniet'.    [10] MiO 14 'Gybbeclyff'.

quidam heremita et habuit de dono regis Anglie predecessoris istius regis
qui nunc est qualiter aut quomodo nescitur.
Predictus prior de Kenill' habet ecclesiam de Stonle in proprios usus

Fol 19 (MiO 14 fol 24–25; Leigh Ms fol 123b–124)

### Comitatus Warr'

de dono regis Anglie ut dicitur.
Idem prior habet in Stonle xii villanos tenentes v virgatas terre et iiii acras
et dimidiam quartam partem i virgate[1] quarum
Robertus Wylloc[2] tenet dimidiam virgatam terre de dicto priore pro ii s et
metens per iiii dies.
Petrus Roket tenet tantum per idem servicium.
Johannes Pilling[3] tenet dimidiam virgatam terre pro iii s metens per
iiii dies.
Robertus Elys tenet dimidiam virgatam terre pro ii s metens ut supra.
Thomas filius Rogeri tenet tantum metens ut supra.
Galfridus de Byfeld tenet <tantum> per idem servicium.
Henricus le Neucomene[4] tenet tantum pro ii s metens per iiii dies.
Henricus de Crulefeld[5] tenet i virgatam terre pro iiii s metens ut supra.
——[6] Nodyes tenet quartam partem i virgate terre pro xvi d metens per
ii dies.
Johannes de Tame tenet dimidiam virgatam terre pro iii s metens per
iiii dies.
Johannes de Crulefeld[7] tenet iiii acras terre pro iii s vi d.
Cotarii
Idem prior habet iii cotarii in Stonle videlicet
Thomas filius Rogeri (tenet) i croftum pro xviii d.
Adam Bishop[8] tenet i cotagium pro viii d.
Henricus de Radewey[9] tenet i cotagium pro viii d.
Johannes de la Mostowe tenet i virgatam terre de predicto priore pro ii s.
Et sciendum est quod omnes predicti tam villani quam cotarii et predicti
liberi (sic) tenentes sequntur curiam ipsius prioris apud Kenill' bis per
annum.
Gilbertus[10] vicarius ecclesie de Stonle tenet i croftum de priore pro ii s vi d.

---

[1] 'Et quatuor acras' occurs after 'vigate' in MiO 14. The same phrase is written above the
line in a later hand at the same place in E.164/15.    [2] MiO 14 'Wyllok'.
[3] MiO 14 'Pillyng'.    [4] MiO 14 'Neucomens'.    [5] MiO 14 'Crulefeyld'.
[6] Very difficult to read E.164/15, perhaps 'Dods'. A blank in MiO 14.    [7] As n 5.
[8] MiO 14 'Bisshopp'.    [9] MiO 14 'Radwey'.    [10] MiO 14 'Willelmus'.

Idem prior habet visum franciplegii bis per annum de predictis tenentibus suis de Stonle quo waranto nescitur.

**Ofcherche**[11] feodum ii militum hundredum de Stonle
Prior de Coventr' est dominus de Ofcherche et tenet de rege in capite faciens servicium ii militum scilicet quando rex vadit in excercitu pro tota baronia de qua[12] ista villa est membrum. Et habet ibidem iii carucatas terre in dominico cum iii molendinis aquaticis et habet xxviii servos tenentes xiiii virgatas terre et dimidiam ad voluntatem domini. Unde
Robertus Akerman[13] tenet dimidiam virgatam terre pro v s arrans per annum iiii dies totiens herciabit falcans pratum per iii dies sarculabit per iii dies colligens fenum per iii dies carians fenum per iii dies metens per v dies carians blada apud Mowe[14] per annum per ii dies dans auxilium ad festum Sancti Michaelis pro voluntate domini.
Thomas de Clouton[15] tenet tantum per idem servicium.
Willelmus filius Gilberti tenet tantum per idem servicium.
(Adam Pope tenet tantum per idem servicium.)[16]
Alexander Russell tenet tantum per idem servicium.
Henricus le Bercher tenet tantum per idem servicium.
Johannes (Bernet)[17] tenet tantum per idem servicium.
Willelmus Pope tenet tantum per idem servicium.


Fol 19b (MiO 14 25–25b; Leigh Ms 124–124b)

Robertus Ernald[1] tenet tantum per idem servicium.
(Willelmus) de Wappingbur'[2] tenet tantum pro eodem.
Ricardus Travent' tenet tantum per idem servicium.
Adam de Salewelle[3] tenet tantum per idem servicium.
Robertus Chapelayn[4] tenet tantum per idem servicium.
Alurycus Kinges[5] tenet tantum per idem servicium.
Ricardus de Lillinton'[6] tenet tantum per idem servicium.

---

[11] MiO 14 'Offchirch' and in following line; Leigh MS 'Offechurch' and later.
[12] Leigh Ms : 'cum excercitu pro defensione regni sui et istud servicium facit pro tota baronia inde . . .'    [13] Leigh Ms 'Acreman'.    [14] Leigh Ms 'Sowe' – correctly.
[15] Leigh Ms 'Oloughton'.    [16] In Leigh Ms only.
[17] Not very clear in E.164/15. Certainly this in MiO 14. Leigh Ms 'Knyt'.

---

[1] MiO 14 'Ernold'.    [2] MiO 14 'Wappyngbury'; Leigh Ms 'Wappenbur''
[3] MiO 14 & Leigh Ms: 'Salewell'    [4] MiO 14 'Chapelyn'. Leigh Ms 'Chaplayn'.
[5] This and following 4 lines missing from Leigh Ms. Possibly scribe's eye slipped from 'Aluricus Kinges' to 'Aluricus filius Ade'.    [6] MiO 14 'Lyllyngton'.

Simon Albrid[7] tenet tantum per idem servicium.

Willelmus King[8] tenet tantum per idem servicium.

Simon le Blund tenet tantum per idem servicium.

Alurycus filius Ade tenet tantum per idem servicium.

Walterus le Palefreyman[9] tenet tantum per idem servicium.

Thomas filius Roberti tenet tantum per idem servicium.

Walterus Pope tenet tantum per idem servicium.

Henricus Pope tenet tantum per idem servicium.

Willelmus Wylde[10] tenet tantum per idem servicium.

Ricardus filius Henrici tenet tantum per idem servicium.

Willelmus Wyrling[11] tenet tantum per idem servicium.

Reginaldus Pate tenet tantum per idem servicium.

Libere tenentes

Johannes le Clerc[12] tenet i virgatam terre pro eodem set est libere conditionis.

Libere tenentes

Idem prior habet ibidem viii liberos tenentes v virgatas terre et dimidiam. Unde

Robertus le Lung tenet dimidiam virgatam terre pro v s arrans ter per annum et bis apud metebyne cum omnibus hominibus suis faciens fidelitatem et sectam ad curiam suam bis per annum.

Willelmus Jordan tenet tantum per idem servicium.

Simon filius Henrici tenet tantum per idem servicium.

Ricardus Aylrych[13] tenet tantum per idem servicium.

Hugo Edwyne[14] tenet dimidiam virgatam terre de Simone Herveys[15] pro xviii d faciens homagium et metebeyne per i diem cum omnibus hominibus suis et Simon tenet de priore faciens ii adventus ad curiam suam.

Willelmus Frounceys tenet i virgatam terre de predicto priore de Coventr' pro iii s vi d faciens predicta servicia.

Jul' le Rodeknyt[16] tenet i virgatam terre de Willelmo Folyot pro xv s et dicto priori xii d et luminario Beate Marie de Coventr' xii d et faciet ii adventus ad curiam prioris per annum.

---

[7] MiO 14 'Albride'.

[8] This and subsequent line omitted from MiO 14. Possible scribe's eye slipped from 'Simon Albrid' to 'Simon le Blund'.   [9] MiO 14 'Palfreman'.   [10] Leigh Ms 'Wyld'.

[11] Leigh Ms 'Wirlyng'.   [12] MiO 14 and Leigh Ms 'Clerk'   [13] Leigh Ms 'Alrich'.

[14] MiO 14 and Leigh Ms. 'Edwyn'.   [15] MiO 14 'Harvoys'. Leigh Ms 'Erneys'.

[16] MiO 14 'Juliana le Rodeknyght'. Leigh Ms has 'Juliana le Redeknyth tenet dimidiam virgatam terre de Willelmo le Redeknyth pro xii d. et ad metebene ut supra. Thomas Aylrich tenet i virgatam terre de Willelmo Folyot pro xv s' and then as the rest of this entry. It looks as if the scribe of E.164/15 confused two entries, and that the Leigh Ms is the correct reading.

Maria[17] filia Willelmi. Johanna. Margeria.[18] Alicia. et Agnes sorores eius
tenent dimidiam virgatam terre libere de dicto priore pro xii d et arrabunt
per iii dies colligentes fenum per i diem metentes per iii dies et i diem ad
metebene facientes homagium et fidelitatem et sectam[19]

Fol 20 (MiO 14 fol 25b–26; Leigh Ms 124b)

Comitatus Warr'
ad curiam prioris de iii septimanis in iii septimanas.
Predictus prior habet visum franciplegii warennam furcas assisam panis et
cervisie et non respondit pro murdro[1] per cartam regis Henrici patris regis
nunc ut dicit.
(Idem) prior habet ecclesiam eiusdem ville in proprios usus que dotata est
de i virgata terre et dimidia et de predictis tenementis iii virgate terre dant
scutagium pro $x^{ma}$ parte feodi i militis.

**(Wodecote Superior)**
Henricus Hubaud[2] Hugo de Herdebereg'[3] Robertus persona ecclesie de
Wedeword[4] et Dionysia Mace sunt domini de Wodecote Superior et tenent
de comite Warr' per servicium quinte partis feodi i militis et comes de rege
in capite per quod servicium nescitur.
Ricardus le Waut tenet dimidiam virgatam terre de Henrico Hubaud[5] pro
vi s viii d.
Johannes Randolf tenet tantum pro v s de eodem.
Hugo Aboveton[6] tenet dimidiam virgatam terre de Hugone de Herdeber'
pro dimidia marca faciens eidem fidelitatem.
Walterus de Wodel[7] tenet quartam partem i virgate terre de eodem pro v
s faciens fidelitatem.
Alicia de Wilmendecote[8] tenet tantum per idem servicium et omnes sunt
geldabilis et debent sectam ad hundredum regis de Knythelawe[9] de iii
septimanis in iii septimanas.
Rogerus Glyde tenet dimidiam virgatam terre de predicto Roberto persona
ecclesie predicte pro x s.
Ricardus Ordwy tenet tantum per idem servicium de eodem.
Ricardus Glyde tenet quartam partem i virgate terre de eodem pro v s vi d.

---

[17] Leigh Ms 'Margeria'.        [18] Leigh Ms 'Margareta'.
[19] E. 164/15 repeats 'et sectam' on the first line of fol 20.

---

[1] Leigh Ms 'non respondet de murdro'.        [2] MIO 14 'Hubaude'.        [3] MiO 14 'Hordebereg''.
[4] MiO 14 'Wedeworde'.        [5] As n. 2.        [6] MiO 14 'Wovyton' – a misreading?
[7] MiO 14 'Wadell'.        [8] MiO 14 'Alicia de Wylmyndecote'.        [9] MiO 14 'Knyghtlowe'.

Dionysia Mace habet v liberos tenentes ii virgatas terre et dimidiam scilicet Robertus Verdon tenet i virgatam terre et dimidiam de predicta Dionysia pro vi d et i lb cimini et priori Warr' vi d pro eodem.

Idem Robertus tenet i acram prati de abbate de Stonle pro ob.

Alicia Bertram tenet ii acras terre de predicto (Roberto pro v d)

Robertus Sley tenet quartam partem i virgate terre de predicta Dionysia pro ix s.

Adam Brun[10] tenet tantum de eadem pro v s.

Willelmus filius Marie tenet tantum per idem servicium.

Ricardus filius Walteri tenet tantum per idem servicium.

Et omnes predicti faciunt ii adventus ad hundredum regis per annum et sunt geldabiles et faciunt omne forinsecum servicium et dat (sic) scutagium.

## Wodecote Inferior

Robertus Masse est dominus de Wodecot[11] Inferior et tenet de Radulpho Boteler per servicium quarte partis feodi i militis et Radulphus tenet de comite Leycestr' et comes de rege in capite per quod servicium nescitur.

Idem Robertus habet <ibidem> xi liberos tenentes iii virgatas terre et dimidiam et iii acras terre et dimidiam ad voluntatem domini videlicet

Petrus Brun tenet xii acras terre de eodem Roberto pro iii s.

Alicia la Veve tenet x acras terre de eodem per idem servicium.

Nicholaus le Neucomene tenet xii acras terre de eodem pro iii s ii d.

Thomas le Provost tenet tantum de eodem per idem servicium.

Johannes le Palmer tenet i croftum et xii acras terre de eodem pro iiii s.

Willelmus atte Greyne tenet x acras terre de eodem pro iii s ii d ob.

Fol 20b (MiO 14 fol 26–27)

### Comitatus Warr'

(Willelmus) Ketelbern[1] tenet xviii acras terre de eodem pro vi s iiii d.

Ricardus fitz Ede tenet v acras terre de eodem pro ii s.

Willelmus Of'[2] tenet tantum de eodem per idem servicium.

Matilda la Veve tenet i messuagium et i virgatam terre <de> predicto Roberto pro xii d.

Willelmus Brun tenet i messuagium cum pertinentiis et dimidiam virgatam terre de eodem pro xviii d.

---

[10] MiO 14 'Brune'.    [11] MiO 14 'Wodecote'.

---

[1] MiO 14 'Ketilbern'.    [2] MiO 14 'Off'.

Cotarii

Henricus atte Welle[3] tenet i cotagium de eodem pro ii s.

Rogerus filius Isabelle tenet i cotagium de eodem pro xxii d.

Agnes la Veve tenet i cotagium de eodem pro xii d.

Omnes predicti tenent ad voluntatem domini et dant auxilium ad festum Sancti Michaelis pro voluntate domini et dant scutagium et omnes sunt de libertate comitis Leyc'.

## Allesley

Johannes de Hastyng[4] est dominus de Allesley et tenet de Rogero de Somery per servicium i militis et Rogerus de comite Cestr' et comes de rege in capite quo servicio nescitur.

Idem Johannes habet ibidem xxxvi servos tenentes xx$^{ti}$ virgatas terre et dimidiam ad voluntatem domini.

Unde Ricardus de Albeforde tenet i messuagium et i virgatam terre pro v s arrans per ii dies colligens fenum per ii dies metet blada cum tota familia sua per iii dies carians bladum per i diem.

Walterus Brun tenet tantum per idem servicium.

Johannes le Sughelere tenet tantum per idem servicium.

Robertus le Parker tenet dimidiam virgatam terre et quartam partem i virgate terre de eodem pro iii s i d arrans per ii dies colligens fenum per ii dies metens bladum cum tota familia sua per iii dies carians bladum per i diem dans auxilium ad festum Sancti Michaelis pro voluntate domini.

Willelmus de Watwey tenet tantum per idem servicium.

Johannes filius le Provost tenet tantum per idem servicium.

Robertus filius Jordani tenet tantum per idem servicium.

Simon filius Jordani tenet tantum per idem servicium.

Henricus Selver tenet tantum per idem servicium.

Hugo Arwey tenet tantum per idem servicium.

Rogerus Uppeonthehulle tenet tantum per idem servicium.

Johannes a la Porche tenet tantum per idem servicium.

Alexander a la Porte tenet tantum per idem servicium.

Willelmus Arnwey[5] tenet tantum per idem servicium.

Willelmus Atteleye[6] tenet dimidiam virgatam terre de eodem pro ii s vi d arrans per annum ii dies colligens fenum per ii dies metens bladum cum tota familia sua per iii dies carians bladum per i diem dans auxilium pro voluntate domini.

Hugo de Barewell tenet tantum per idem servicium.

Henricus a la Porte tenet tantum per idem servicium.

---

[3] MiO 14 'atte Well'.    [4] MiO 14 'Hasting'.    [5] MiO 14 'Arnewey'.
[6] MiO 14 'Atteley'.

Simon Arnwey[7] tenet tantum per idem servicium.
Reginaldus filius Agnetis tenet tantum per idem servicium.
Willelmus a la Porte tenet tantum per idem servicium.
Robertus Cedde tenet tantum per idem servicium.

Fol 21 (MiO 14 fol 27–27b)

Comitatus Warr' De hundredo de Stonle.
Henricus Kyng[1] tenet tantum per idem servicium.
Jordanus Hereny tenet tantum per idem servicium.
Thorstanus[2] Cole tenet tantum per idem servicium.
Warinus Pane tenet tantum per idem servicium.
Willelmus Peker tenet tantum per idem servicium.
Agnes a la Porte tenet tantum per idem servicium.
Johannes Kyng tenet tantum per idem servicium.
Johanna la Veve tenet tantum per idem servicium.
Johannes le Palmer tenet tantum de Johanne de Hastyng per predictum servicium.
Elias filius le Provost tenet tantum de eodem per idem servicium.
Willelmus de Claybrych tenet tantum de eodem per idem servicium.
Johannes le Wacher tenet tantum de eodem per idem servicium.
Johannes le Sponer tenet quartam partem i virgate terre ad voluntatem domini pro xv d arrans per ii dies per annum colligens fenum per ii dies metens cum tota familia sua blada domini per iii dies et dat auxilium ad festum Sancti Michaelis pro voluntate domini.
Alicia Kolyer tenet tantum de eodem per idem servicium.
Willelmus de Filungley[3] tenet tantum de eodem per idem servicium.
Henricus Palmer tenet tantum de eodem pro eodem.
Johannes in the Holies[4] tenet tantum de eodem pro eodem.
Johannes Pane tenet tantum de eodem pro eodem.
Agnes Brun tenet tantum de eodem pro eodem.
Baco de Condulme tenet tantum de eodem pro eodem.
Baco Scot tenet tantum de eodem per predictum servicium.
Cotarii
Idem Johannes habet ibidem xxii cotarios tenentes xxii cotagia ad voluntatem domini.

---

[7] As n. 5.

[1] MiO 14 'King'.   [2] MiO 14 'Thurstanus'.   [3] MiO 14 'Felungley'.
[4] MiO 14 'Holyes'.

Unde Thomas de Brewode tenet i cotagium pro iii d colligens fenum per ii dies metens cum tota familia sua per iii dies in autumpno et dat auxilium ad festum Sancti Michaelis pro voluntate domini.
Johannes Scot tenet i cotagium per idem servicium.
Willelmus Cobbe tenet i cotagium per predictum servicium.
Henricus le Carecter tenet i cotagium per predicţum servicium.
Henricus Hervy tenet i cotagium per predictum servicium.
Simon Walene[5] tenet i cotagium pro i d ob qᵃ faciens servicia predicta.
Jordanus Wikkelove tenet i cotagium per predictum servicium.
Rogerus Susanne tenet i cotagium pro iii d faciens opera supradicta.
Willelmus le Porcher tenet i cotagium pro ii d colligens fenum per ii dies metens per iii dies cum tota familia sua et dat auxilium ad voluntatem domini.


Fol 21b (MiO 14 27b–28b)

### Comitus Warr'

Cristiana de Beringebur' tenet i cotagium per predictum servicium.
Henricus Gomen[1] tenet i cotagium per predictum servicium.
Henricus Heryng[2] tenet i cotagium per predictum servicium.
Oliverus de Fyllingeley[3] tenet i cotagium per predictum servicium.
Jul' de Pedimour[4] tenet i cotagium per predictum servicium.
Ricardus Kuly[5] tenet i cotagium pro i d ob qᵃ ad voluntatem domini et colligens fenum per ii dies metens cum tota familia per iii dies et dat auxilium ad voluntatem domini.
Simon Brun tenet tantum per predictum servicium.
Rogerus Brun tenet tantum per predictum servicium.
Henricus le Porcher tenet tantum i cotagium (sic)[6] pro eodem.
Elias Thorstan[7] tenet i cotagium per predictum servicium.
Johannes Petter tenet i cotagium per predictum servicium.
Simon Hering tenet i cotagium per predictum servicium.
Simon Gomon tenet i cotagium per predictum servicium.
Libere tenentes
Idem Johannes de Hastyng habet ibidem xi liberos tenentes vi virgatas terre et dimidiam et xvii <acras terre>.
Unde Johannes Benet tenet i messuagium et i virgatam terre de predicto

---

[5] MiO 14 'Walen'.

[1] MiO 14 'Gomon'.     [2] MiO 14 'Hering'.     [3] MiO 14 'Felungley'.
[4] MiO 14 'Julian' de Pedymore'.     [5] MiO 14 'Culy'.     [6] So in both MSS.
[7] MiO 14 'Thurstan' (?).

Johanne pro v s et i lb piperis faciens homagium et sectam ad curiam suam de iii septimanis in iii septimanas.

Wychard tenet i virgatam terre de eodem pro vii s et ii lb piperis.

Idem Wychard tenet v acras terre de eodem pro ii s iiii d et ii wodecok' faciens homagium et sectam curie de iii septimanis in iii septimanas.

Willelmus Rud[8] tenet i virgatam terre de eodem pro x s faciens homagium et sectam ut supra.

Radulphus filius Gilberti tenet tantum pro xii s faciens servicium predictum.

Willelmus le Venur[9] tenet dimidiam virgatam terre per servicium venandi faciens homagium pro omni servicio.

Hugo le Feure tenet dimidiam virgatam terre pro ferro duarum carucarum faciendo per annum et reddit inde domino per annum iiii sagittas barbatas.

Ricardus de Condulme tenet tantum pro iiii s faciens fidelitatem et sectam de iii septimanis in iii septimanas.

Ranulphus de Assewe tenet vi acras terre de eodem pro iii s faciens predicta servicia.

Robertus de Waberle[10] tenet iiii acras terre per predictum servicium.

Johannes Lythfot[11] tenet i rodam terre de eodem pro i d.

Alanus le Harper[12] tenet iii acras terre de eodem Johanne pro x d.

Idem Alanus tenet ii acras terre de predicto Johanne Hastyng pro xi d faciens sectam de iii septimanis <in iii septimanas>.

Agnes Upehulle[13] tenet de Willelmo le Venur[14] pro ii s pro omni servicio (sic).

Idem Johannes Hastyng habet quandam gravam continentem i rodam terre inclusam ad nocumentum patrie et solebat esse communis pastura quo waranto nescitur.

Idem Johannes habet quendam boscum forinsecum continentem xl acras et habet quendam parcum ex antiquitate continentem xxx acras de quibus acris xii acre sunt de manerio de

Fol 22 (MiO 14 fol 28b–29)

### Comitatus Warr' De hundredo de Stonle

Stanle et in eodem parco sunt incluse quo waranto nescitur. Et habet warennum et capit wayf infra libertatem suam quo waranto nescitur. Et habet visum franciplegii, furcas et assisam panis et cervisie pro quodam palfredo domino regi per annum persolvendo. Et est patronus eiusdem

---

[8] MiO 14 'Rude'.    [9] MiO 14 'Venin' (?).    [10] MiO 14 'Walerle'.
[11] MiO 14 'Lyghtfote'.    [12] MiO 14 'Herper'.    [13] MiO 14 'Uppehulle'.
[14] MiO 14 'Venure'.

ecclesie et ville que dotata est de vi acras terre et est de feodo predicto et dat scutagium.

**Whitenasse**[1]

Dominus de Haseley est dominus de Whytenasse et Hospitelarii de Grafton sunt domini partis eiusdem ville.

Idem Thomas tenet de Roberto de Hastyng per servicium medietate feodi i militis extra iiii s et idem Robertus tenet de Radulpho Musard[2] et Radulphus de quo nescitur.

Idem Thomas habet ibidem i molendinum aquaticum et iii carucatas terre in dominico.

Idem Thomas habet ibidem xix servos tenentes vii virgatas et vi acras terre et quartam partem i virgate terre ad voluntatem domini.

Unde Willelmus le Carecter tenet dimidiam virgatam terre pro v s sarculans per i diem falcans per i diem carians fenum per i diem metens per iii dies carians blada per i diem arrans per i diem hercians per i diem.

Rogerus Toly tenet tantum per predictum servicium.

Walterus Pauly tenet tantum per idem servicium.

Simon Pauly tenet tantum per idem servicium.

Ricardus Kempe tenet tantum per idem servicium.

Ricardus filius Emme tenet tantum per idem servicium.

Robertus filius Felicie tenet tantum per idem servicium.

Walterus de Offecherche[3] tenet tantum per idem servicium.

Simon le[4] Carver tenet tantum per idem servicium.

Simon de Coleshulle tenet i virgatam terre pro ix s faciens predicta servicia.

Walterus le Provost tenet dimidiam virgatam terre de predicto Thoma pro vi s vi d faciens servicia <predicta>.

Willelmus le Mey tenet dimidiam virgatam terre pro viii s faciens predicta servicia et non dat auxilium sicut alii.

Simon de Sutham tenet quartam partem i virgate terre pro x s pro omni servicio.

Simon le Feur'[5] tenet dimidiam virgatam terre pro xii s pro omni servicio.

Petrus le Bere tenet i messuagium pro viii s pro omni servicio.

Philipus le Mouner tenet iii acras terre pro viii s sarculans per i diem faciens fenum per i diem metens per iii dies.

Willelmus de Sutham tenet tantum per idem servicium.

Cotarii

Idem Thomas habet v cotarios tenentes v cotagia[6] ad voluntatem domini.

---

[1] MiO 14 'Whitnasshe', and in following line.    [2] MiO 14 'Muserd'.
[3] MiO 14 'Offchirch'.    [4] MiO 14 'de'.    [5] MiO 14 'Feure'.    [6] MiO 14 'cotar''.

Unde Petrus le[7] Mouner tenet i cotagium pro iii s sarculans per i diem et metet per iii dies.

Willelmus le Trus[8] tenet i cotagium pro ii s vi d faciens predicta servicia.

Avic' Pocat' tenet tantum per idem servicium.


Fol 22b (MiO 14 fol 29–29b)

### Comitatus Warr'

Robertus le Gros tenet i cotagium pro v s pro omni servicio.

Johannes le[1] Rede tenet i cotagium pro ii s pro omni servicio.

Willelmus le Mouner tenet i cotagium pro iii s pro omni servicio.

Idem Thomas habet ibidem vi liberos tenentes iii virgatas terre et dimidiam.

Unde Willelmus le Eyr[2] tenet i virgatam terre pro iiii s faciens homagium et fidelitatem pro omni servicio.

Adam le Bercher tenet dimidiam virgatam terre pro v s et homagio et fidelitate et secta ad curiam suam de iii septimanis in iii septimanas.

Simon Bause tenet dimidiam virgatam terre pro ii s faciens (homagium)[3] et fidelitatem pro omni servicio.

Willelmus filius Felicie tenet dimidiam virgatam terre pro v s et homagio et fidelitate faciens ii adventus ad curiam suam de iii septimanis in iii septimanas et ii adventus ad hundredum regis ut supra et alia ut supra.

Hugo le Seriaunt tenet i messuagium per i d pro omni servicio.

Medietas de istis predictis tenentibus xvi virgatas terre et ix acras terre sunt (sic) geldabiles et faciunt omne forinsecum servicium et dant scutagium.

Idem Thomas habet magnum stagnum in defenso.

Predictus hospitelarius de Grafton tenet de <u>Atropo de Hastyng</u>[4] in puram et perpetuam elimosinam ut dicit et Atropus de Radulpho Musard[5] et Radulphus de quo nescitur.

Idem hospitelarius habet ibidem iiii liberos tenentes iiii messuagia.

Unde Johannes le Heyr tenet i messuagium pro vi d faciens ii adventus ad curiam suam.

Adam le Bercher tenet i messuagium et dimidiam virgatam terre pro v s et ii adventibus ad curiam suam.

Simon Bause[6] tenet tantum pro xii d et ii adventibus ut supra reddendo predicto Thome ii s.

Willelmus le Mey tenet i messuagium et i acram terre de predicto

---

[7] As n. 4.    [8] MiO 14 'Truse'.

---

[1] MiO 14 'de'.    [2] MiO 14 'Eyre'.    [3] Omitted in E.164/15.    [4] Underlined in E.164/15.
[5] MiO 14 'Muserd'.    [6] MiO 14 'Gause' – a misreading.

hospitelario pro xii d et ii adventibus ut supra et omnes dant auxilium vicecomitis.

Ricardus filius Nigelli tenet i virgatam terre de Willelmo <de> Waure[7] pro iii s et homagio et fidelitate faciens sectam ad hundredum regis de iii septimanis in iii septimanas et faciens forinsecum servicium.

Johannes filius Ricardi tenet quartam partem i virgate terre de priorissa de Hynewode pro iii s pro omni servicio.

Simon le Barbur[8] tenet i messuagium et iiii acras terre de Rogero de Beresforde pro vi d pro omni servicio.

Johannes le Jenene[9] tenet iii virgatas terre libere de eodem pro ob et homagio et fidelitate reddendo inde Roberto Hastyng i lb piperis faciens ii adventus ad hundredum regis et omnia tenementa dant scutagium et warth domino regi.


Fol 23 (MiO 14 fol 29b–30)

Comitatus Warr' De hundredo de Stonle

Prior de Kenilleworth[1] est verus patronus ecclesie eiusdem ville et est dotata de i virgata terre et dimidia set de quo nescitur.

**Bobenhulle**

Johannes Fiz Wir[2] est dominus de Bobenhulle et tenet de Hugone de Plessetis per servicium tercie partis feodi i militis et Hugo de barone de Stafforde et baro de rege in capite quo servicio nescitur.

Idem Johannes habet ibidem in dominico i carucatam terre et x servos tenentes iiii virgatas terre et dimidiam.

Unde Robertus Burnel[3] tenet i virgatam terre pro xi s et tenet ad voluntatem domini.

Galfridus le Mercer tenet tantum per idem servicium.

Thomas atte Hulle tenet tantum per idem servicium.

Johannes de Wyrd[4] tenet dimidiam virgatam terre pro v s vi d et tenet ad voluntatem domini.

Thomas Kyng tenet tantum per idem servicium.

Johannes Deth tenet tantum per idem servicium.

Salomon[5] tenet tantum per idem servicium.

Rogerus Orgoner[6] tenet tantum per idem servicium.

---

[7] MiO 14 'Wawre'.　　[8] MiO 14 'Berbour'.　　[9] MiO 14 'Jenyn'.

[1] MiO 14 'Kenilworth'.　　[2] MiO 14 'Fitz Wyr'.　　[3] MiO 14 'Burnell'.
[4] MiO 14 'Wyrde'.　　[5] MiO 14 'Salamon'.　　[6] MiO 14 'Organer'.

Johannes filius Rogeri tenet i virgatam terre pro xi s.

Philipus filius Ricardi tenet tantum per idem servicium.

Omnes predicti dant auxilium ad voluntatem domini.

Cotarii

Unde Johannes a la Porte tenet i cotagium pro ii s.

Johannes Brun tenet i cotagium pro eodem.

Gilbertus Caf[7] tenet i cotagium per idem servicium.

Ricardus Dun tenet i cotagium per idem servicium.

Johannes Kyng tenet i cotagium per idem servicium.

Rogerus Orgener[8] tenet i cotagium per idem servicium.

Salamon tenet i cotagium per idem servicium.

Margeria filia Philipi tenet i cotagium pro vi d pro omni servicio.

Thomas filius Isabelle tenet i cotagium libere de Waltero Devyle[9] pro ii s
iii d.

Philipus Brun tenet i cotagium de eodem Waltero ad terminum vite sue
pro iiii s.

Idem Johannes habet vii liberos tenentes x virgatas et viii acras terre.

Unde Willelmus de Wylby tenet iii virgatas terre pro i pari calcarium
deaureatorum vel iiii d faciens fidelitatem et sectam ad curiam suam de iii
septimanis in iii septimanas.

Fol 23b (MiO 14 fol 30–30b)

Walterus Devyle[1] tenet de priore de Kenilleworth[2] v virgatas terre libere
pro ii d faciens homagium pro omni servicio et ii adventus ad visum
franciplegii.

Idem Walterus habet ibidem ii liberos tenentes ii virgatas terre.

Unde Thomas de Weston tenet i virgatam terre de eodem pro v s faciens
homagium et fidelitatem et ii adventus ad curiam suam pro omni servicio.

Galfridus de Staverton tenet i virgatam terre de eodem pro i lb piperis
faciens servicia predicta ut Thomas.

Stephanus de Ruton tenet i virgatam terre de Willelmo de Wyleweby[3] pro
viii s faciens homagium et fidelitatem et ii adventus per annum.

Thomas de Walton tenet i virgatam terre de eodem pro x s et fidelitate et
faciet ii ad<ventus ut supra>.

[7] MiO 14 'Caff'.   [8] As n. 6.   [9] MiO 14 'Sevyle'.

[1] MiO 14 'Sevyle'.   [2] MiO 14 'Kenilworth' and generally throughout.
[3] MiO 14 'Wyllowby'.

Gilbertus Turner[4] tenet i virgatam terre de Waltero Devyle[5] pro xii s et homagio et fidelitate et secta ad curiam suam de iii septimanis in iii septimanas.

Ricardus le Clerc[6] tenet viii acras terre de Willelmo de Wyleweby[7] et Johanne filio Guydonis pro x d ob et homagio et ii adventibus ad curiam eorum.

Philipus Brun tenet dimidiam virgatam terre ad terminum vite de Waltero Devyle[8] pro iiii s et secta ad curiam suam de iii septimanis in iii septimanas.

Ricardus le Keu tenet i virgatam terre de Johanne de Chadeleshunte[9] pro iii s et i lb piperis faciens ii adventus ad curiam suam.

Tota villa est geldabilis et facit forinsecum servicium et dat scutagium et ecclesia illius ville est prebenda Lychf'[10] et est geldabilis et facit forinsecum servicium

The remaining one third of fol 23b is blank. So too are fols 24 and 24b.

Fol 25 (MiO 14 fol 30b–31)

                    Comitatus Warr'
de hundredo de Stonley et dat scutagium[1].
Predictus Johannes habet ibidem quendam boscum continentem iiii acras terre.

**Wotton et Hulle** – feodum i militis
Philipa la Savage et Robertus de Mortuomari abbas de Stonle et prior de Kenill' sunt domini de Wottone[2] et de Hulle et de Grangia de Cruce et respondent conjunctim per servicium feodi i militis et tenent de comite de Warr' et comes de rege in capite.

Eadem Philipa habet ibidem xii servos tenentes virgatas terre (sic)[3] ad voluntatem domine.
Servi
Unde Johannes le Provost tenet dimidiam virgatam terre de eadem pro ii s vi d et dat auxilium ad festum Sancti Michaelis pro voluntate domine.
Ricardus de Northmor[4] tenet dimidiam virgatam terre pro viii s x d et dat auxilium ut supra.

---

[4] MiO 14 'Turnour'.     [5] As n. 1.     [6] MiO 14 'Clerk'.     [7] MiO 14 'Wylloweby'.
[8] As n. 1.     [9] MiO 14 'Chadeleshunt'.     [10] MiO 14 'Lichf'.

---

[1] So this folio begins following on from fol 23b. The hand is different from that of the previous folios.     [2] MiO 14 'Wotton'.     [3] The number of virgates is omitted in both MSS.
[4] MiO 14 'Northmore'.

Walterus filius Alexandri tenet tantum per predictum servicium.

Ricardus filius Henrici tenet tantum per idem servicium.

Johannes le Provost tenet tantum per idem servicium.

Hugo atte Styghele[5] tenet tantum per idem servicium.

Margeria Poynaunt tenet tantum per idem servicium.

Willelmus filius Johannis tenet tantum per idem servicium.

Galfridus atte Welle[6] tenet tantum per idem servicium.

Margeria de Hulle tenet tantum per idem servicium.

Agnes de Hulle tenet tantum per idem servicium.

Robertus Beauchef[7] tenet tantum per idem servicium.

Cotarii

Eadem Philipa habet ibidem iiii cotarios tenentes iiii cotagia ad voluntatem suam.

Inde Alanus Achelred[8] tenet i cotagium de eadem pro v s.

Henricus le Brewstere[9] tenet i cotagium de eadem pro iii s ii d.

Clemens atte Welle[10] tenet i cotagium de eadem pro xxii d.

Ranulphus atte[11] Styghele tenet i cotagium de eadem pro ii s vi d.

Libere tenentes

Eadem Philipa habet ibidem iii liberos tenentes dimidiam virgatam terre.

Unde Matilla[12] la Veve tenet terciam partem dimidie virgate terre de eadem pro ii s iiii d faciens eidem fidelitatem et ii adventus ad curiam suam per annum.

Jonannes le Palmere[13] tenet tantum per predictum servicium.

Sabina la Flecher[14] tenet tantum per idem servicium.

Eadem Philipa appropriavit sibi piscariam aque de Avene ex una parte (a Ravenfisshe usque) Honlebrek[15] sine waranto et habet visum franciplegii et (?[16] panis et cervisie et hoc) habet ab antiqua tenura et inde habet confirmacionem (regis Henrici abavi istius regis ut dicit).

Robertus de Mortuomari habet terciam partem i molendini aquatici in dominico.

Servi

Idem Robertus habet ibidem viii servos tenentes iii virgatas terre (et dimidiam et quartam partem i virgate) ad voluntatem suam.

Unde Ranulphus Cubbel[17] tenet dimidiam (virgatam terre de eodem pro xii s iii d)

[5] MiO 14 'Stighele'.     [6] MiO 14 'Attewell'.     [7] MiO 14 'Beaucheff'.
[8] MiO 14 'Achelrade'.     [9] MiO 14 'de Brewster'.     [10] MiO 14 'at Well'.
[11] MiO 14 'at'.     [12] MiO 14 'Matilda'.     [13] MiO 14 'Palmer'.     [14] MiO 14 'Fletcher'.
[15] MiO 14 'Honlebroke'.
[16] Should be 'assisam', but looks more like 'emendam' in MiO 14.     [17] MiO 14 'Cubbell'.

Fol 25b (MiO 14 fol 31–32)

et dat auxilium ad festum Sancti Michaelis pro voluntate sua.

Willelmus le Shreve tenet tantum per idem servicium.

Johannes le Peshur[1] tenet tantum per idem servicium.

Robertus Clement tenet tantum per idem servicium.

Ricardus filius Roberti tenet tantum pro ii s vi d.

Willelmus filius Roberti tenet dimidiam virgatam terre et quartam partem i virgate pro xviii s iiii d ob.

Ricardus Dempe tenet quartam partem i virgate terre pro viii s ii d.

Alicia Holewey tenet tantum pro vi s i d ob.

Cotarii

Idem Robertus habet ibidem ii cotarios ii cotagia tenentes ad voluntatem suam.

Unde Simon le Haywarde[2] tenet i cotagium de eodem pro iiii s ii d.

Goda la Veve tenet i cotagium de eodem Roberto pro v s ii d.

Abbas de Stonle habet ii partes molendini predicti in dominico et dimidiam virgatam terre.

Servi

Idem abbas habet ibidem iii servos tenentes i virgatam et quartam partem i virgate terre ad voluntatem suam.

Unde Johannes Austyn tenet dimidiam virgatam terre pro viii s x d.

Johannes Elkyn tenet tantum per idem servicium.

Alexander Clement tenet quartam partem i virgate terre et iii acras pro vi s.

Idem abbas habet ibidem v liberos tenentes xxi acras terre et i acram prati.

Unde Johannes Austyn tenet viii acras terre pro v s ii d.

Rogerus le Freman tenet i messuagium et ii acras terre et dimidiam acram prati pro v s et vii acras terre pro vi d et facit ii adventus ad curiam suam de Burycote pro omni servicio.

Robertus le Carpenter tenet ii acras terre pro ob faciens ii adventus ad curiam suam.

Petrus le Peschur tenet tantum per idem servicium.

Robertus Beretram[3] tenet i acram prati per idem servicium pro omni servicio.

Idem abbas tenet aquam de Avene in defenso ex una parte de Holebrok[4] usque Gibbeclive[5] quo waranto nescitur.

Prior de Kenilleworth habet ii carucatas terre in dominico ibidem et ecclesiam eiusdem ville in proprios usus que dotata est de una virgata terre

---

[1] MiO 14 'Pecher'.    [2] MiO 14 'Heywarde'.    [3] MiO 14 'Bertram'.
[4] MiO 14 'Holebroke'.    [5] MiO 14 'Gybbeclive'.

in puram et perpetuam elemosinam de dono Galfridi de Glentone[6] ut
dicit.

Idem prior habet ibidem ii servos tenentes xxxiii acras terre ad voluntatem
suam et dant auxilium.

Unde Johannes le[7] Blount tenet ii messuagia et xviii acras terre pro vi s
viii d metens per iiii dies quolibet die cum iii hominibus sarculans per i
diem cum iii hominibus hercians per i diem cum ii equis falcans pratum
per i diem cum ii hominibus colligens fenum per ii dies quolibet die cum
iiii hominibus carians fenum per ii dies cum ii carectis fodens per i diem
cum iii hominibus et dominus pastet eos in omni opere suo.

Margeria la Veve tenet xiiii acras terre et dimidiam pro iii s falcans per
i diem cum i homine colligens fenum per ii dies carians fenum per ii dies
sarculans per i diem cum i homine metens per iiii dies fodens per i diem
cum (i homine et dominus pastet) eos in omni opere suo.


Fol 26 (MiO 14 fol 32–32b)

Cotarii

Idem prior habet ibidem viii cotarios tenentes viii cotagia ad voluntatem
suam et dant auxilium pro voluntate domini.

Unde Maria la Veve tenet i cotagium pro xii d sarculans per i diem
colligens fenum per iii dies metens per iiii dies fodens per i diem cum
i homine.

Alstanus le Feure tenet i cotagium per idem servicium.

Johannes le Tyxtor[1] tenet tantum per predictum servicium.

Ricardus le Fullur[2] tenet tantum per idem servicium.

Emma le Sweyn tenet i cotagium per idem servicium.

Willelmus le Tixtor tenet i cotagium pro iii s vi d faciens predictum
servicium.

Robertus filius Marie tenet i cotagium per idem servicium.

Sweyte tenet i cotagium pro xx d faciens predicta servicia.

Idem prior habet ibidem iiii libere tenentes.

Scilicet Johannem Wydie qui tenet i messuagium et iiii acras terre pro iiii
s iii d faciens feodotalem et ii adventus ad curiam suam.

Adam Wosson tenet dimidiam virgatam terre et quartam partem i virgate
pro viii s iii d et ii adventibus.

Johannes Whyppe[3] tenet tantum pro v s et ii adventibus.

---

[6] MiO 14 'Glenton'.    [7] MiO 14 'de'.

---

[1] MiO 14 'Tixtor'.    [2] MiO 14 'Fuller'.    [3] MiO 14 'Whypp''.

Robertus filius Felic' tenet quartam partem[4] i virgate terre pro ii s et ii aucis.

### Gybclyff

Idem prior <tenet> molendinum de Gibbeclive[5] de comite Warr' in perpetuam elemosinam et dat scutagium (cum predictis).

### Milverton

Johannes Spygurnell Willelmus Trussel et Radulphus de Hengeham sunt domini de Milverton de quibus idem Johannes tenet de Elena la Souche[6] per servicium medietatis feodi i militis cum subsidio de Edmundescote et cum subsidio iii s exeuntis de Rosecote in comitatu Northampt' et eadem Elena tenet de rege quo servicio nescitur.

Predictus Johannes habet ibidem ii virgatas terre in dominico.

Item idem[7] habet ibidem v servos tenentes i virgatam terre et dimidiam et quartam partem i virgate.

Unde Willelmus de Cimiterio tenet dimidiam virgatam terre pro x s falcans per i diem colligens fenum per i diem carians fenum per i diem faciens redemptionem carnis et sanguinis et faciens alia servicia servilia ad voluntatem domini.

Robertus de Cymiterio[8] tenet tantum per idem servicium.

Reginaldus de Edelmescote[9] tenet quartam partem i virgate terre pro v s et omnia predicta servicia servilia.

Adam le Honte tenet tantum per idem servicium.

Margeria le Fisshere[10] tenet tantum per idem servicium.

Reginaldus le Fisshere tenet dimidiam virgatam terre de Margeria de Kyngestone[11] pro xi s.

Margeria la Veve tenet tantum per idem servicium.

Idem Johannes habet ibidem ii liberos tenentes ii virgatas terre.


Fol 26b (MiO 14 fol 32b–33)

Unde Willelmus Pigoun tenet i virgatam terre et dimidiam pro iiii d vel dimidia libra piperis.

(Adam Reyner) tenet dimidiam virgatam terre pro v s et ii adventibus ad curiam suam.

---

[4] 'partem' omitted in MiO 14.    [5] MiO 14 'Gybbeclyff'.    [6] MiO 14 'a la Souche'.
[7] MiO 14 'Idem Johannes'.    [8] MiO 14 'Cimiterio'.
[9] MiO 14 'Riginaldus de Edmescote'.    [10] MiO 14 'Fissher', and in following line.
[11] MiO 14 'Kyngeston'.

Johannes le Feure tenet de Willelmo Pigoun dimidiam virgatam terre pro x s et iiii ferris equorum et sunt ista predicta tenementa de feodo Wynton' et omnes predicti tenentes debent ii adventus ad curiam som' (?)[1] Wynton'.
——[2] est verus patronus ecclesie de Milvertone et illam ecclesiam habet

——

prior de Kenill' in proprios usus et est dotata de xv acris terre.
Willelmus Trussell unus dominus de Milvertone tenet de Andrea de Astle[3] per servicium ix partis feodi i militis et Andreas de comite Warr' et comes de rege quo servicio (nescitur).
Idem Willelmus habet ibidem ii servos tenentes i virgatam terre.
Unde Thomas Olyve tenet dimidiam virgatam terre pro ix s v d ob dans auxilium.
Galfridus Roberd tenet tantum pro vii s v d dans auxilium.
(Idem Willelmus) habet ibidem xiii[4] cotarios tenentes i carucatam terre ad voluntatem domini.
(Unde Johannes le Holdere) tenet xii acras terre pro xvii d ob.
(Johannes le) Hosyere tenet v acras terre pro eodem.
(Walterus le Gars tenet) xiiii acras terre pro ii s v d ob.
(Matilda Nicholl tenet) xii acras terre pro eodem.
(Robertus Nicholl tenet) tantum per idem servicium.
(Willelmus Lyme tenet xxi) acras terre pro viii s v d ob.
(Willelmus Paynell tenet) xii acras terre pro ii s v d ob.
(Henricus Thorlarne tenet) xx acras terre pro vi s vii d ob.
(Robertus filius Hugonis tenet) vi acras terre pro xx d ob.
(Henricus le) Peschur tenet iiii acras terre pro iiii s ii ob.
(Rogerus) Cappe (tenet) xii acras terre pro iii s viii d ob.
(Philipus de) Westone tenet xix acras terre pro vi s v d ob.
(Willelmus Alysaund') tenet xviii acras terre pro v s viii d ob.
(Johannes de) Astleye[5] tenet i molendinum aquaticum de Andrea de Astlee quo servicio nescitur et Andreas de comite de Warr' et comes de rege quo servicio nescitur.
(Idem Johannes) habet ibidem ii tenentes dicti molendini ad firmam pro v marcis et dimidia et Willelmo (Trussell ii estrikkis anguillarum.)
(Radulphus de Hengham est) unus dominus de Milvertone[6] tenet de comite Warr' et comes de (rege quo servicio nescitur.)
(Idem Radulphus habet ibidem) iiii liberos tenentes ii virgatas terre.
(Unde Thomas Reyner tenet quartam) partem i virgate terre pro xviii d et secta de iii septimanis (in iii septimanas.)

---

[1] for 'comitis'.     [2] Illegible in E.164/15; blank in MiO 14. So too at end of line.
[3] MiO 14 'Astley'     [4] MiO 14 incorrectly 'xii'.     [5] MiO 14 'Astley', and subsequently.
[6] MiO 14 'Mylverton'.

(Ricardus filius Reyner tenet tantum per idem servicium).
(Robertus de Mylverton tenet dimidiam virgatam terre pro iii s) faciens predictam sectam.
(Rogerus Abevtone tenet tantum per idem servicium)


Fol 27 (MiO 14 fol 33–34)

(Ricardus) Abevtone tenet tantum per idem servicium.
Idem Radulphus habet visum franciplegii quo waranto nescitur et est prebenda de ecclesia Warr'.

### Edelmescote

Predictus Johannes Spygurnell est dominus de Edelmescote et tenet de Elena (de Sowshe per servicium ii adventuum) ad curiam comitis Wynton' et Elena tenet de rege quo waranto nescitur.
Idem Johannes habet in dominico quoddam parcum reddendo inde Willelmo Trussell (i marcam et priorissa de) la Gracedeu[1] i marcam.
Idem Johannes habet ibidem v servos tenentes ii virgatas terre et quartam partem i virgate.
Unde Willelmus Traventer tenet dimidiam virgatam terre pro v s sarculans per i diem (falcans per i diem colligens fenum) per i diem carians fenum per i diem metens bladum per v dies carians bladum per i diem colligens stipulam (per i diem) arrans per ii dies hercians per ii dies dans ii gallinas et i gallum et dominus pastet eum (in omni opere).
Juliana la Veve tenet tantum per idem servicium.
Robertus Gousely[2] tenet tantum per idem servicium.
Johannes Heryng tenet tantum per idem servicium.
Johannes filius Gode tenet v acras terre pro ii s metens bladum per ii dies et possunt (removeri pro voluntate domini).
Nicholaus Spygurnel[3] tenet quartam partem i virgate terre pro ii s vi d metens per iii dies falcans per i diem arrans per ii dies hercians per ii dies dans i gallum et i gallinam.
Cotarii
Idem Johannes habet ibidem ii cotarios ii cotagia tenentes.
Unde Willelmus Spyrel[4] tenet i cotagium et iii acras terre pro iiii s metens per iii dies colligens fenum (per i diem).
Reginaldus Renawey tenet v acras terre pro dimidia marca metens per iii dies colligens (fenum per ii dies).

---

[1] MiO 14 'Gracedeue'.     [2] MiO 14 'Gouseby'.     [3] MiO 14 'Spygurnell'.
[4] MiO 14 'Spyrell'.

Item (sic) Johannes tenet aquam de Lemene in defenso ab Avene usque (Brumecbrek (?) de antiqua tenura) ut dicit.

## Radeford Simily[5]

Galfridus Simely prior de Kenill' magister militum Templi in Anglie hospitalarius in Graftone et priorissa de Wrexale[6] sunt domini de Radeford Simily.

Idem Galfridus tenet de Simone Basset per servicium medietatis i feodi militis et Simon (tenet de comite) Warr' et comes de rege quo servicio nescitur.

Idem Galfridus habet in dominico i molendinum aquaticum et ii carucatas terre.

Idem Galfridus habet ibidem iiii servos tenentes ii virgatas terre ad voluntatem domini.

Unde Willelmus le Jay tenet dimidiam virgatam terre pro vi s arrans per ii dies (hercians per ii dies sarculans falcans) colligens fenum metens per totum autumpnum pro voluntate domini faciens i metebene per i diem (cum ii hominibus) et dominus pastet eos dans per annum ii gallinas et i gallum et i panem pretii (i d et dat) auxilium ad festum Sancti Michaelis pro voluntate domini.

(Galfridus) Canle tenet tantum per idem servicium.

Johannes de Assho tenet tantum per idem servicium.

Ricardus le Provost tenet tantum per idem servicium.

Idem Galfridus Simely habet (ibidem) viii liberos (tenentes iiii virgatas dimidiam l (sic) acr' terre dimidiam)

Unde Galfridus Bonhome tenet xxx acras terre pro (xii d et secta de iii septimanis in iii)

Johannes de[7] Fraunketone tenet quartam partem i virgate (terre pro ii s et secta ut supra).

Fol 27b[1] (MiO 14 34–34b)

(Walterus filius Simonis tenet i virgatam terre et dimidiam pro vi s et i lb piperis et homagio alio forinseco servicio et secta ut supra.

Thomas filius Willelmi tenet dimidiam virgatam pro vi s) et homagio et ii adventibus et forinseco servicio.

(Thomas Porter tenet tantum pro ob et alia servicia) ut supra.

---

[5] MiO 14 'Simihe' and subsequently.    [6] MiO 14 'Wrexhale'.    [7] MiO 14 'le'.

---

[1] This is a badly faded side in E.164/15.

(Galfridus le Warde tenet quartam partem) i virgate terre pro ob de Thoma le Porter.

(Galfridus le Bonhome tenet tantum) de eodem Thoma pro i d.

(Ricardus le Feure tenet dimidiam virgatam) terre pro xii s et servicia ut supra.

(Galfridus Bret tenet) tantum de Johanne de Langeley pro ii s et Johannes tenet de Galfrido Simly.

(Idem Galfridus Bret tenet tantum) de Rogero filio Rogeri pro i d et Rogerus tenet de predicto Galfrido Simily.

(Simon Cley tenet tantum) de Galfrido Bret pro ix s.

Omnes predicti tam liberi quam servi sunt geldabiles et faciunt regi forinsecum servicium et dant scutagium.

Thomas de Walton tenet i virgatam terre de Galfrido Simily pro vii d faciens fidelitatem.

(Walterus filius Simonis) tenet xx acras terre de eodem pro iii s et homagio et secta curie de iii septimanis in iii septimanas.

Thomas de Arderne tenet dimidiam virgatam et ix acras terre de eodem pro i d.

Predictus Galfridus Simily tenet aquam de Lemene in defenso ex una parte Aquenesenebroke usque Radebroke ab antiqua ut dicit.

(Predictus prior tenet) de Ricardo Corbissone et Ricardus de Galfrido Simily et Galfridus de comite et comes de rege.

(Idem prior habet ibidem) ii virgatas terre in dominico et i liberum tenentem dimidiam virgatam terre scilicet Ricardum filium Rogeri qui illam tenet pro iiii s et vi d et ista pars prioris est geldabiles (et facit ——) forinsecum servicium et dat scutagium.

(Idem prior tenet de) Henrico Tysun et Henricus de comite et comes de rege.

Idem prior habet ibidem viii servos tenentes xxviii acras terre.

(Unde Alexander) Bradelove tenet ii acras terre pro iii s falcans per i diem colligens fenum per i diem (metens per iii dies per) i hominem et dominus pastet eum per i diem dans ii gallinas.

(Robertus de Bradelove) tenet tantum per idem servicium.

(Galfridus) a la Barre tenet x acras terre pro xviii d faciens predictum servicium.

(Simon) filius (Stephani tenet tantum) per idem servicium.

(Johannes filius Emme tenet) i acram terre et dimidiam per idem servicium.

(Juliana la Veve tenet dimidiam acram terre) pro xviii d colligens fenum per i diem metens per ii dies et dominus pastet (eum (sic) per i diem dans i gallinam) per annum.

(Willelmus Weywarde tenet tantum per) idem servicium.

(Alicia la Veve tenet tantum per) idem servicium.

(Johannes filius Ade tenet i acram terre et dimidiam) per idem servicium et omnes dant auxilium ad festum (Sancti Michaelis pro voluntate domini). (Simon Blowe tenet) i acram terre (pro ii d libere).

Fol 28 (MiO 14 fol 34 b–35b)

(Rogerus) de Norff' tenet tantum per idem servicium.
Cotarii
Idem prior habet ibidem iii cotarios tenentes iii cotagia.
Unde Hugo de Hanewelle[1] tenet (i cotagium pro ii s libere).
Simon le Bercher tenet i cotagium pro eodem et (metens pro ii dies ad comestum prioris)
(Alicia) la Veve tenet i cotagium de priore pro (xi d metens per i diem et dominus pastet eum (sic) ).
Idem prior habet ecclesiam eiusdem ville in proprios usus (et dotata de i virgata terre et non) dat scutagium.
Predictus magister tenet de Willelmo Plodun in puram et perpetuam elemosinam (et Willelmus de quo nescitur et est (?) ) de feodo predicto.
Idem magister habet ibidem vi liberos tenentes iii virgatas dimidiam et (quartam partem i virgate terre).
Unde Henricus de Whitenasse tenet dimidiam virgatam terre faciens ii adventus ad (curiam suam).
Rogerus de Norff' tenet tantum pro iiii s ix d ob q$^a$ et ii adventibus ut supra.
Simon Bloue tenet tantum per idem servicium.
Johannes de Aspos tenet tantum et quartam partem i virgate terre pro ii s (iii d faciens ii adventus).
Galfridus Bret tenet i virgatam terre pro vi s et ii adventibus.
Rogerus filius Willelmi tenet dimidiam virgatam terre pro vi s et ii paribus cirotecarum et ii adventibus.
Galfridus Bret habet ibidem iii liberos tenentes i virgatam terre et quartam partem i virgate terre.
Unde Henricus de Whitenasse tenet quartam partem i virgate terre (pro iiii d).
(Simon) Blowe tenet dimidiam virgatam terre pro v s et aliam dimidiam virgatam terre de eodem Galfrido pro ii s (et ista dimidia) virgata terre dat forinsecum servicium.
Robertus de Radewey tenet dimidiam virgatam terre de eodem pro xii d.
Simon Blowe et Rogerus de Norff' habent iii liberos tenentes i virgatam terre.

[1] MiO 14 'Hanewell'.

Unde Galfridus Bonhome tenet quartam partem i virgate terre de eisdem (pro iii s)

Rogerus Resun tenet dimidiam virgatam terre de eisdem pro x s et homagio.

Leticia la Veve tenet quartam partem i virgate terre de eisdem (pro iii s).

Ricardus filius Rogeri habet ii liberos tenentes dimidiam virgatam terre.

Unde Simon filius Henrici tenet quartam partem i virgate terre de eodem Ricardo (pro ii s faciens ii) adventus ad curiam magistri Templi.

Walterus atte Townesende tenet tantum de eodem Ricardo pro (xviii d et ii adventibus ad curiam magistri Templi et non dat scutagium).

Hospes (sic) de Grafton tenet de Willelmo de Plodyen (in puram et perpetuam elemosinam et Willelmus de quo nescitur).

Henricus de Whytenasse tenet dimidiam virgatam (terre libere de predicto Hospite pro xii d et ii adventibus ad) curiam suam et est de feodo predicto.

Predicta priorissa tenet de Willelmo Plodyen (in puram et perpetuam elemosinam et Willelmus de quo nescitur).

Eadem (priorissa habet ibidem ii liberos tenentes i virgatam et dimidiam) Unde (Simon Blowe tenet dimidiam virgatam terre et quartam partem i virgate terre pro v s et ii adventibus).


## Fol 28b (MiO 14 fol 35b–36)

(Rogerus de Norrf' tenet tantum pro eodem et est de) feodo predicto.

(—— Hasseley tenet aquam de) Horsepol ex una parte in defenso que solebat (esse —— waranto et non dat) scutagium.

### Ichenton Episcopi[1]

(—— est dominus de Ichinton) et tenet de rege in capite in puram et perpetuam elemosinam (ut dicit et habet ibidem i molendinum ventricum et) v carucatas terre in dominico.

(Idem episcopus habet ibidem xlii) servos tenentes xxv virgatas terre et dimidiam.

(Unde Johannes Michell tenet) i virgatam terre inveniens i hominem in qualibet septimana per annum (per iii dies operantem in quolibet) opere pro voluntate domini metens per iiii dies et i metebene cum tota familia sua et dominus pastet et dabit auxilium ad festum Sancti Michaelis pro voluntate domini et faciens redemptionem prolis et tenet ad voluntatem domini.

---

[1] On right hand side of folio in E.164/15. This shows that some damage to the folios is contemporary with its writing, since otherwise it would have been written on the left hand side as usual.

(Johannes Jacob) tenet tantum per idem servicium.
(Willelmus filius Johannis) tenet tantum per idem servicium.
(Johannes Jacob) tenet tantum per idem servicium.
Thomas filius Rogeri tenet tantum per idem servicium.
Rogerus filius Stephani tenet tantum per idem servicium.
Felicia la Veve tenet tantum per idem servicium.
Willelmus filius Rogeri tenet tantum per idem servicium.
(Isabella) la Lovere tenet tantum per idem servicium.
Willelmus filius Stephani tenet dimidiam virgatam terre inveniens i hominem in una septimana per (ii dies) et in alia septimana per i diem operantem in quolibet opere pro voluntate domini metens per iiii dies faciens i metebene cum i homine et dominus pastet eum et dat auxilium ad festum Sancti Michaelis pro voluntate domini et faciens redemptionem prolis.
Ricardus Trougod tenet tantum per idem servicium.
Johannes Stur tenet tantum per idem servicium.
Galfridus Jacob tenet tantum per idem servicium.
Cristiana la Veve tenet tantum per idem servicium.
Thomas de Micham tenet tantum per idem servicium.
Ivo le Mercer tenet tantum per idem servicium.
Rogerus Martyn tenet tantum per idem servicium.
Emma la Smekere[2] tenet tantum per idem servicium.
Johannes Gery tenet tantum per idem servicium.
Ricardus in le Hale tenet tantum per idem servicium.
Thomas Toly tenet tantum per idem servicium.
Rogerus Palmere tenet tantum per idem servicium.
Radulphus le Bedell tenet tantum per idem servicium.
(Thomas Hodenhulle) tenet tantum per idem servicium.
(Johannes) Gery tenet tantum per idem servicium.


Fol 29 (MiO 14 36–36b)

Ichenton Episcopi
(Robertus atte) Welle tenet tantum per idem servicium.
Hugo le Bedel[1] tenet tantum per idem servicium.
Willelmus Budel[2] tenet tantum per idem servicium.
Agnes la Veve tenet tantum per idem servicium.

[2] MiO 14 'Smokere'.

---

[1] MiO 14 'Bedell'.    [2] MiO 14 'Budell'.

Ricardus Osemounde tenet tantum per idem servicium.

Ricardus le Bunde tenet tantum per idem servicium.

Thomas Daniel[3] tenet dimidiam virgatam terre de episcopo inveniens (i hominem ad carucam suam per annum) in qualibet septimana per iii dies et dat episcopo ad festum Sancti Martini iii gallinas (et i gallum et dominus) pastet eum quotiens ibidem venerit.

Ricardus Martyn tenet tantum per idem servicium.

Johannes Toly tenet tantum per idem servicium.

Ricardus Sweyn tenet tantum per idem servicium.

Walterus filius Hugonis tenet tantum per idem servicium.

Thomas le Provost tenet tantum per idem servicium.

Ricardus Milot tenet tantum per idem servicium.

Ricardus de Longelond[4] tenet tantum per idem servicium.

Leticia la Veve tenet tantum per idem servicium.

Idem episcopus habet ibidem alios servos videlicet (ix tenentes) viii virgatas terre et dimidiam.

Unde Ricardus Balraven tenet dimidiam virgatam terre pro (iii s iiii d) arrans per (iii dies) per annum metens cum tota familia sua per iii dies (per autumpnum et dat auxilium ad festum Sancti Michaelis pro) voluntate domini et faciens redemptionem prolis.

Henricus Housbote[5] tenet tantum pro ii s faciens predicta servicia.

Agnes Waren tenet i molendinum aquaticum et dimidiam virgatam terre pro xi s faciens predicta servicia.

Rogerus le Hayward[6] tenet i virgatam terre pro dimidia marca faciens predicta servicia.

Ricardus filius Rogeri tenet tantum et dimidiam virgatam terre pro vi s faciens (predictum servicium).

(Thomas de ) Wall[7] <tenet tantum> ut Ricardus et quartam partem i virgate terre (pro vii s) faciens predicta servicia.

Ricardus de Suham tenet i virgatam terre pro iiii s faciens predicta servicia.

Thomas Balraven tenet tantum per idem servicium.

Ricardus le Clerk tenet tantum pro dimidia marca faciens predicta servicia.

Idem episcopus dabit predictis servis per annum (i multonem et i caseum vel xiiii d).

Cotarii

Idem episcopus habet ibidem xvi cotarios libere (tenentes xvii cotagia).

Unde Margareta la Whyte[8] tenet i cotagium pro (xii d) i gallo et i gallina (metens per iii dies) et secta ad curiam suam bis per annum.

Ricardus Gery tenet tantum per predictum servicium.

---

[3] MiO 14 'Danyell'.     [4] MiO 14 'le Longelonde'.     [5] MiO 14 'Housebote'.
[6] MIO 14 'Heywarde'.     [7] MiO 14 'Walle'.     [8] MiO 14 'White'.

Ricardus Palmere[9] tenet i cotagium pro xii d faciens (i metebene).
Agnes Russel[10] tenet i cotagium per predictum servicium faciens (sectam bis per annum).
Willelmus filius Willelmi tenet i cotagium pro xii d faciens (sectam bis per annum).
Johannes Godwyne[11] tenet tantum per idem servicium.


Fol 29b (MiO 14 36b–37b)


(—— Gregon' tenet tantum per idem servicium.)[1]
(—— la Veve tenet tantum per idem servicium.)
(—— de Newetone tenet tantum per idem servicium.)
(—— le Heywarde tenet tantum per idem servicium.)
(Robertus Gery tenet i cotagium pro xviii d metens) bis per annum et faciens ii adventus ad curiam suam.
(Alicia Russell tenet) tantum per idem servicium.
Robertus de Lodbroke[2] tenet tantum per idem servicium.
Alanus de Scardeburgh tenet tantum per idem servicium.
Rogerus ate[3] Broke tenet ii cotagia pro iii s metens bis in autumpno et faciens ii adventus ad (curiam suam).
Rogerus de Cimiterio tenet i cotagium pro vi d et i lb cimini faciens ii adventus ad curiam suam pro <omni demanda>.
(Liberi)[4]
Idem episcopus habet ibidem viii liberos tenentes viii virgatas terre et quartam partem i virgate.
Unde Willelmus Balraven tenet i virgatam terre pro viii s arrans terram domini per iii dies metens cum tota familia sua per iii dies faciens i metebene cum i homine et dominus pastet eum faciens fidelitatem et sectam de iii septimanis in iii septimanas.
(Ricardus Russell) tenet ii virgatas terre pro iiii s viii d faciens fidelitatem sectam ut supra.
Willelmus Marshal[5] tenet i virgatam terre de Willelmo de Wymundham pro xx d et Willelmus tenet de Willelmo Rivet pro xvi d.
Willelmus de Crullefeld[6] tenet tantum (de)[7] predicto episcopo pro vi s arrans per iii dies (metens cum tota) familia sua per iii dies faciens i

---

[9] MiO 14 'Palmer'.    [10] MiO 14 'Russell'    [11] MiO 14 'Godwyn'.

[1] Top left of this folio torn and faded.    [2] MiO 14 'Lodebroke'.    [3] MiO 14 'atte'.
[4] In margin MiO 14 only and misplaced opposite entry on Roger atte Broke.
[5] MiO 14 'Marshall'.    [6] MiO 14 'Crullefeyld'.    [7] No 'de' in both MSS.

metebene cum i homine et dominus pastet eum faciens fidelitatem et sectam ad curiam suam.

Willelmus le Rodknygt[8] tenet i virgatam terre et dimidiam pro iii s faciens i metebene et sectam de iii septimanis in iii.

Avicia la Botill'[9] tenet dimidiam virgatam terre de predicto Willelmo pro xii d faciens fidelitatem.

Hugo le Lutur[10] tenet xx acras pro dimidia marca de predicto episcopo et i metebene in autumpno et fidelitate et secta curie de iii septimanis in iii septimanas.

Johannes Hamound[11] tenet i virgatam terre per predictum servicium.

Willelmus filius Philipi tenet i cotagium et iiii acras terre de Hugone le Lutur pro xiiii d et i pari <cirotecarum>.

Ricardus Saye tenet i cotagium et ii acras terre de predicto episcopo pro xvi d arrans per i diem et metens per iii dies.

Hugo le Porcher tenet i cotagium et xii acras terre inveniens i hominem custodientem porcos domini pro omni demanda.

Precentor de Lichfeld'[12] habet ecclesiam eiusdem ville in proprios usus et tenet de episcopo Cestr' et episcopus de rege.

Idem precentor habet ibidem i carucatam terre in dominico pertinentem ad ecclesiam suam.

Idem precentor habet ibidem viii liberos tenentes iiii virgatas terre.

Unde David Florentyn tenet dimidiam virgatam terre pro vi s faciens sectam ad curiam predictam de iii septimanis in iii septimanas.

Johannes Odyn tenet dimidiam virgatam terre pro ii s faciens sectam modo predicto.


Fol 30 (MiO 14 fol 37b–38)


Adam le Webbe tenet dimidiam virgatam terre pro xviii d faciens sectam modo predicto.

Hugo Lytelkeyne tenet dimidiam virgatam terre (per) predictum servicium.

Thomas de Lodbrok[1] tenet tantum per idem servicium.

Ricardus filius Willelmi tenet i cotagium et iii acras terre pro ix d faciens fidelitatem et sectam bis per annum.

Cristiana Florentyne tenet i cotagium per idem servicium.

---

[8] MiO 14 'Rodeknyght'.
[9] MiO 14 'Botell'. There is a change of hand, ink or pen with this entry: in E.164/15 writing becomes bolder and clearer.    [10] MiO 14 'Luter'.    [11] MiO 14 'Hamond'.
[12] MiO 14 'Lichefeyld'. Hand feint again to end of folio.

---

[1] MiO 14 'Lodebroke'.

Hugo le Holdere tenet i cotagium pro xii d faciens sectam ut supra.

Nota: Idem episcopus appropriavit sibi warennam ibidem sine waranto et habet visum franciplegii furcas assisam panis et cervisie et omnia que ad huiusmodi libertatem pertinentia quo waranto nescitur. Et habet mercatum ibidem per diem Mercuris et feriam per iii dies durantem quo waranto nescitur.

## Buricote[2]

Abbas de Stonle[3] est dominus de Byricote[4] et tenet de Nicholao de Segrave per servicium medietatis feodi i militis et idem Nicholaus tenet de rege in capite per servicium custodie i brachetum album cum rubris auriculis et in fine anni dictum brachetum reddere domino regi et recipere alium ad custodiendum cum dimidio quarterio furfuris per annum.

Idem abbas habet ibidem xiii cotarios tenentes xiii cotagia ad voluntatem suam.

Unde Felicia Chapman tenet i cotagium pro ii s.

Rogerus le Smale tenet tantum per idem servicium.

Ricardus Machel[5] tenet tantum per idem servicium.

Stephanus de Byricote[6] tenet tantum per idem servicium.

Susanna la Veve tenet tantum per idem servicium.

Nicholaus la Webbe tenet tantum per idem servicium.

Willelmus le Mouner tenet tantum pro iii s.

Alexander Canet tenet tantum pro iii s.

Rogerus Cobard[7] tenet i cotagium per idem servicium.

Johannes de Stoctone[8] tenet tantum per idem servicium.

Ricardus le Tanur[9] tenet tantum per idem servicium.

Henricus le Keu tenet tantum pro xvi d.

Robertus le Tippere[10] tenet tantum pro iiii s.

Ricardus le Tanur tenet i messuagium de ipso abbate pro xii d faciens ii sectas ad curiam abbatis.

Johannes le Engleys tenet i messuagium pro vi d de eodem faciens sectam ut supra.

Henricus le Engleys tenet tantum per idem servicium.

(Libere tenentes)[11]

Idem abbas habet ibidem iii liberos tenentes iii messuagia et v acras terre.

Unde Henricus de Lilleburne[12] tenet i messuagium et ii acras terre de eodem abbate pro xii d faciens ii adventus ad curiam suam per annum.

---

[2] MiO 14 'Byrycote' and in E.164/15 on right in later hand.     [3] MiO 14 'Stoneley'.
[4] As n. 2.     [5] MiO 14 'Machell'.     [6] As n. 2.     [7] MiO 14 'Coberd'.
[8] MiO 14 'Stocton'.     [9] MiO 14 'Tannur'.     [10] MiO 14 'Typpere'.
[11] The E.164/15 scribe wrote 'lilburn' in error in the left hand margin, and this has been copied by the MiO 14 scribe.     [12] MiO 14 'Lilburne'.

Robertus le Tippere[13] tenet i messuagium et ii acras terre pro i lb cumini (faciens ii adventus ad) curiam predicti abbatis per annum.

Fol 30b (MiO 14 fol 38–38b)

——[1] Saget tenet i messuagium et i acram terre pro ii s iiii d faciens ii adventus ut supra.

(Idem) abbas habet ibidem quendam boscum continentem iiii acras terre et est inclusum ad modum parci.

—— villata solebat esse geldabilis et non dat scutagium et habet libertatem per cartam regis Henrici —— regis nunc ut dicit.

### (Lemynton)[2]

Prior de Kenill' est dominus de Lemyntone[3] et tenet de Gilberto de Nortun[4] per servicium medietatis feodi i militis et idem Gilbertus tenet de priore de Coventr' et prior de rege.

Idem prior habet ibidem i molendinum aquaticum et iii virgatas et quartam partem i virgate terre in dominico (et medietatem alterius) molendini.

Idem prior (habet ibidem ix) servos tenentes iii virgatas et dimidiam et quartam partem i virgate terre.

Unde Johannes Roche tenet dimidiam virgatam terre pro ii s vi d falcans per i diem cum i homine faciens fenum per i diem cum i homine carians fenum per i diem hercians per i diem sarculans per i diem inveniens ii homines metentes per v dies et dominus pastet eos per ii dies et carians dimidium quarterium bladi apud Kenill' die Sancti Thome Apostoli ad opus prioris et dabit priori per annum i gallum et ii gallinas.

Johannes le Provost tenet tantum per idem servicium.

Simon le Provost tenet tantum per idem servicium.

Petrus filius le Provost tenet tantum per idem servicium.

Robertus le Cartere[5] tenet tantum per idem servicium.

Willelmus Prat tenet dimidiam virgatam terre et vi acras pro iii s faciens omnia predicta servicia.

Robertus le Neweman[6] tenet tantum pro ii s sarculans per i diem falcans fenum per i diem faciens fenum per i diem metens per iiii dies cum i homine carians apud Kenill' die Sancti Thome Apostoli dimidium

---

[13] As n. 10.

---

[1] Torn in E.164/15; blank in MiO 14. So in followinmg lines too.
[2] Possible faintly in margin of E.164/15. Also 'Lemyngton' in later hand at top of the folio.
[3] MiO 14 'Lemynton'.　　[4] MiO 14 'Norton'.　　[5] MiO 14 'Carter'.
[6] MiO 14 'Newman'.

quarterium bladi ad opus prioris et dabit priori ad Natale Domini ii gallinas.

Philipus Kyng tenet quartam partem i virgate terre pro ii s vi d metens per v dies cum i homine faciens omnia predicta servicia.

Philipus le Bunde tenet tantum pro ii s falcans per i diem faciens fenum per i diem carians fenum per i diem sarculans per i diem metens per v dies cum i homine carians apud Kenill' dimidium quarterium bladi die predicto et dabit domino ad Natale Domini ii gallinas.

(Cotarii)

Idem prior habit ibidem viii cotarios tenentes viii cotagia et viii acras terre.

Unde Rogerus Machen tenet i cotagium et i acram pro xi d falcans per i diem faciens fenum per i diem auxilians in grangia prioris ad receptandum carectas sarculans per i diem metens per v dies et dabit priori (ad festum Natalis) Domini ii gallinas.

Simon de Tachebroc[7] tenet tantum pro eodem.

Willelmus Elys tenet tantum per idem servicium.

Robertus de[8] Neuham tenet tantum per idem servicium.

Thomas filius Alexandri tenet tantum per idem servicium.

(Alicia Bekkes) tenet tantum per idem servicium.

(Henricus Page) tenet tantum per idem servicium.


Fol 31 (MiO 14 fol 38b–39b)


Alexander a la Forreye tenet tantum pro ii s faciens omnia predicta servicia.

Simon Jordan tenet tantum pro eodem.

Omnes supradicti dant auxilium domino priori ad festum Sancti Michaelis ad voluntatem suam.

Liberi

Idem prior habet ibidem xi liberos tenentes xiii virgatas terre et quartam partem i virgate terre et medietatem i molendini aquatici.

Unde Ricardus filius Radulphi tenet dimidiam virgatam terre pro iii s faciens homagium et forinsecum servicium.

Petrus filius Willelmi tenet tantum per idem servicium.

Henricus Craft[1] tenet ii virgatas terre faciens homagium et forinsecum servicium et sectam ad curiam de Kenill' bis per annum.

---

[7] MiO 14 'Tachebroke'.  [8] MiO 14 'le'.

---

[1] MiO 14 'Croft'.

Idem Henricus habet ii virgatas terre de Warthlond[2] pro quilibet[3] dat scutagium.

Ricardus Durchel[4] <tenet> dimidiam virgatam terre de predicto Henrico pro v s faciens sectam ad curiam suam bis per annum.

Simon Erneys tenet dimidiam virgatam terre de eodem Henrico pro vii s faciens sectam ut supra.

Thomas Derset[5] tenet ii virgatas terre et medietatem i molendini aquatici faciens sectam ad curiam prioris de Kenill' bis per annum pro omni demanda.

Juliana filia Henrici tenet dimidiam virgatam terre faciens sectam bis per annum ad curiam prioris pro omni demanda.

Ricardus le Freman tenet i virgatam terre de Thoma de Derset[6] pro iiii s vi d et i lb cumini faciens sectam ad curiam prioris bis per annum pro omni demanda.

Aug' tenet dimidiam virgatam terre de priore pro xv d pro omni servicio.

Philipus filius Aug' tenet tantum de dicto Aug' pro xv d et Aug' reddit inde domino ii s vi d.

Johannes de la Greyne tenet i virgatam terre de dicto priore pro vii s et ii adventibus pro omni demanda.

Idem prior habet ibidem visum franciplegii furcas et assisam panis et cervisie per cartam regis Henrici patris regis nunc ut dicit et habet ecclesiam que dotata est de ii virgatis terre in proprios usus set de quo tenet nescitur.

Comes Warr' capit tolnetum a passagio de Lemintone[7] ad nocumentum patrie quo waranto nescitur et dat scutagium.

## Assho

Willelmus de Simely[8] et abbas de Stonle[9] sunt domini de Asscho[10] unde idem Willelmus tenet de Theobaldo de Verdun[11] per servicium feodi i militis et comes de rege quo servicio nescitur.

Idem Willelmus habet ibidem viii acras terre in dominico.

Idem Willelmus habet ibidem ii cotarios tenentes ii cotagia libere.

Unde Robertus filius Clar' tenet i cotagium pro xii d faciens sectam ad curiam suam de iii septimanis in iii septimanas et ii adventus ad curiam de Brandone.[12]

Amicia Frebern tenet tantum pro iii s vi d faciens ut supra.

Idem Willelmus habet ibidem ix liberos tenentes iiii virgatas terre et dimidiam et ix acras terre et dimidiam.

---

[2] MiO 14 'Warthlonde'.    [3] 'quilibet' in both MSS.    [4] MiO 14 'Durchell'.
[5] MiO 14 'Dorset'.    [6] MiO 14 'Dersett'.    [7] MiO 14 'Lemyngton'
[8] MiO 14 'Simeley'.    [9] MiO 14 'Stonley'.    [10] MiO 14 'Assho.    [11] MiO 14 'Verdone'.
[12] MiO 14 'Brandon'.

Fol 31b (MiO 14 fol 39b–40)

Unde Robertus de Whychalesforde tenet dimidiam virgatam terre pro i lb
piperis faciens homagium fidelitatem[1] et sectam.
Gilbertus le Pesthur tenet tantum pro ii s v d ob.
Juliana Bernard[2] tenet ii acras terre et dimidiam pro iiii s.
Willelmus le Hayward[3] tenet ii acras terre de dicta Juliana pro xviii d.
Johannes le Feure tenet iii acras terre de predicto Willelmo pro ii s et viii
ferris equorum.
(Simon Alrych tenet) iii acras terre et dimidiam de Thoma Elys pro xii d
et Thomas de Willelmo Simely pro xii d ob.
Ricardus Calle tenet iiii acras terre et dimidiam de eodem Thoma pro ob.
(Johannes) le Hayward tenet iiii acras de eodem pro ob.
(Ricardus) de Wottone tenet iii acras terre et dimidiam de eodem pro ob.
(Henricus Aylrych tenet ——) virgat' terre de predicto Willelmo pro i lb
piperis.
Idem Henricus tenet de eodem ii acras terre pro vii d.
Ricardus Calle tenet i acram terre de eodem pro iii d.
Avicia de Clintone tenet dimidiam virgatam terre de eodem pro ii s.
Gilbertus le Pesthur tenet i acram terre de eodem pro iii d.
Prior de Kenill' habet ibidem ii virgatas terre et dimidiam in dominico
et tenet de predicto Willelmo et Willelmus de predicto Theobaldo et
Theobaldus de rege ut dicit.
Cotarii
Idem prior habet ix cotarios tenentes ix cotagia ad voluntatem suam.
Unde Willelmus Wydlok[4] tenet i cotagium de eodem pro ii s viii d colligens
fenum cum i homine per i diem metens per iii dies cum i homine et
dominus pastet eum.
Willelmus Sweyn tenet tantum pro ii s vi d.
Willelmus Harlewyne tenet tantum pro iii s faciens servicium sicut
predictus Willelmus Wydloc.[5]
Thomas le Newcome tenet tantum pro eodem.
Adam le Pesthur tenet tantum per idem servicium.
Nicholaus Hamund[6] tenet tantum pro xvi d faciens predictum servicium.
Nicholaus de Lockoole tenet tantum per idem servicium.
Basel[7] tenet tantum pro xx d faciens predictum servicium.
Johannes Chere tenet tantum per idem servicium.

---

[1] Omitted in MiO 14.    [2] MiO 14 'Bernerd'.    [3] MiO 14 'Heywarde', and later.
[4] Difficult in E.164/15; MiO 14 has 'Wodsek', but entry further down folio makes it clear that
this is the spelling intended.    [5] MiO 14 'Wydlok'.    [6] MiO 14 'Hamonde'.
[7] MiO 14 'Basell'.

Idem prior habet ibidem iii cotarios tenentes iii cotagia libere.

Unde Matilla la[8] Norpestre tenet i cotagium pro xii d.

(Johannes Stode) tenet i cotagium pro ii s vi d.

(Rogerus atte) Gardyn tenet i cotagium pro iii s.

(Idem prior habet) ibidem ii liberos tenentes dimidiam virgatam et i acram terre.


Fol 32 (MiO 14 fol 40–40b)


Unde Robertus de Wychalesforde tenet dimidiam virgatam terre pro ii s et (ii adventibus per annum).

Willelmus de Bretfforde[1] et sui participes tenent i messuagium et i acram terre pro (iii s et ii adventibus).

Ricardus Calle tenet i acram terre de Simone de Waperle pro iiii s et Simon de Galfrido de Stanle[2] et Galfridus de priore.

Robertus de Wychalesforde tenet de Avicia de Clintone[3] iii acras terre pro xii d et (Avicia de priore).

Idem prior est patronus ecclesie eiusdem ville que dotata est de dimidia virgata terre.

Robertus de[4] Wychalesford tenet de eadem ecclesia dimidiam virgatam terre pro iiii s.

Ricardus Calle tenet de eadem ecclesia quartam partem i virgate terre pro iii s i d ob.

Benedicta Bernard[5] tenet ii acras terre et dimidiam de eadem pro i torcheo ad altare Beate Marie.

Thomas Aylrich[6] tenet tantum de eadem per idem servicium.

Predictus Willelmus Simely habet ibidem quendam boscum forinsecum continentem vi acras terre et habet alium boscum inclusum continentem vi acras terre ad nocumentum patrie sine (waranto et) tenet aquam de Avene in defenso ex una parte de Alsflecsforthe[7] usque ad pontem de Chesforde (sine waranto).

Idem prior habet ibidem dimidiam acram terre inclusam pertinentem de regia via et pertinentem de communi pastura sine waranto et predicta tenementa solebant esse geldabilia et subtrahuntur in libertate per Johannem de Verdun tempore regis Henrici patris regis nunc et dat (sic) scutagium. Nota: Idem prior habet ibidem quendem boscum continentem xi acras dimidiam.

---

[8] MiO 14 'Matilda de'.

---

[1] MiO 14 'Bretford'.     [2] MiO 14 'Stanley'.     [3] MiO 14 'Clynton'.     [4] Omitted MiO 14.
[5] MiO 14 'Bernerd'.     [6] MiO 14 'Aylrych'.     [7] MiO 14 'Alsflecsforth'.

Abbas de Stonle[8] alius dominus de Assho tenet de Theobaldo et Theobaldus ut supra.

Idem abbas habet ibidem quandam aquat' (sic) cum i acra terre in dominico.

Idem abbas habet ibidem iii cotarios tenentes iii cotagia libere.

Unde Osbertus atte Toneshende et sui participes tenent i cotagium pro iii s iiii d.

Robertus Pyton tenet tantum pro xxviii d[9].

Johannes le Hayward[10] tenet tantum pro xii d.

Idem abbas habet ibidem iii liberos tenentes dimidiam virgatam terre et quartam partem i virgate (et iiii acras terre).

Unde Robertus Norreys[11] tenet dimidiam virgatam terre pro x s.

Adam filius Gilberti tenet quartam partem i virgate (terre) pro v s v d.

Thomas Norreys tenet iiii acras terre pro iiii s viii d et omnes predicti tam liberi quam servi faciunt per annum ii adventus ad curiam de Braundone et ista tenementa solebant esse geldabilia et habent libertatem per cartam regis Henrici patris regis nunc ut dicit et dat (sic) scutagium.

## Herbrebury[12]

Abbas de Comba prior de Kenill' magister Militum Templi in Anglie Eustachius de Hethe[13] Galfridus filius Odonis et priorissa de Etone sunt domini de Herbrebury.

Unde predictus abbas tenet (de) Reginaldo Basset per servicium viii partis feodi i militis (et Reginaldus de) Henrico de Clintone[14] et Henricus de comite Leyc' et comes de rege in capite quo (waranto nescitur).

Fol 32b (MiO 14 fol 40b–41)

Idem abbas habet ibidem ii carucatas terre extra i virgatam et iii molendina ventrica in dominico.

Idem abbas habet ibidem xii servos tenentes (i)[1] virgatam terre et dimidiam ad voluntatem domini.

Unde Rogerus Kene tenet i virgatam terre pro iiii s arrans per iii dies per annum hercians per ii dies sarculans per i diem falcans pratum colligens et

---

[8] MiO 14 'Stonley'.    [9] MiO 14 'ii s. iiii d.'    [10] MiO 14 'Heywarde'.
[11] MiO 14 'Norres' and subsequently.
[12] 'Herberbury' also written in a later hand at top of folio, and similarly on subsequent folios – 32b–34b, 52–52b.    [13] MiO 14 'Hecthe'.    [14] MiO 14 'Clyntone'.

---

[1] Not clear in E.164/15. If it is 'i', it must mean that the serfs hold one virgate each with the exception of Nicholas Dugge.

carians fenum pro voluntate domini metens per vi dies cum ii hominibus carians bladum per i diem et dominus pastet eum dans ad Natale Domini domino i panem et ii gallinas.

Robertus Godwyne[2] tenet tantum per idem servicium.

Gilbertus filius Walteri tenet tantum per idem servicium.

Gilbertus de Wrocstone[3] tenet tantum per idem servicium.

Henricus filius Walteri tenet tantum per idem servicium.

Willelmus ate Welle[4] tenet tantum per idem servicium.

Ricardus Haumond[5] tenet tantum per idem servicium.

Robertus a la Mountayne tenet tantum per idem servicium.

Andreas filius Willelmi tenet tantum per idem servicium.

Wyganus filius Walteri tenet tantum per idem servicium.

Willelmus Cok[6] tenet tantum per idem servicium.

Nicholaus Dugge tenet dimidiam virgatam terre pro ii s faciens predicta servicia et omnes possunt removeri et talliari pro voluntate domini.

Idem abbas habet ibidem ii cotarios tenentes ii cotagia libere.

Unde Johannes le Marchal[7] tenet i cotagium pro ii d.

Rogerus de Begeworthe[8] tenet i cotagium pro i lb cumini.

Idem abbas habet ibidem ii liberos tenentes dimidiam virgatam et ii acras terre.

Unde Alicia Cady tenet dimidiam virgatam terre pro iii s faciens ii adventus ad curiam abbatis et domino regi forinsecum servicium.

Johannes le Feure tenet ii acras terre pro xii d faciens ii adventus ad curiam Leycestre.

De predictis tenementis viii virgate terre dant scutagium et iii virgate terre sunt de feodo Winton' et non dant scutagium et ii virgate terre de residuo tenuntur de Roberto Ede per servicium xii[me] partis feodi i militis. Et Robertus tenet de Hugone de Picfford[9] et Hugo de comite de Ferrar' et comes de rege in capite et dant scutagium et faciunt omne forinsecum servicium.

Prior de Kenill' alius dominus de Herbrebury tenet de Henrico Malore in puram et perpetuam elemosinam et Henricus de comite Leyc'[10] et comes de rege in capite quo waranto (sic) nescitur.

Idem prior habet ibidem ii molendina ad ventricum et ii virgatas terre in dominico.

Idem prior habet ibidem iii servos tenentes i virgatam terre et dimidiam.

---

[2] MiO 14 'Godewyne'.    [3] MIO 14 'Wroxton'.    [4] MiO 14 'Attwell'.
[5] MiO 14 'Hamonde'.    [6] MiO 14 'Coke'.    [7] MiO 14 'Marsshall'.
[8] MiO 14 'Begeworth'.    [9] MiO 14 'Picfforde'.    [10] MiO 14 'Leycestr''.

Fol 33 (MiO 14 fol 41–42)

Unde Johannes Osulf[1] tenet dimidiam virgatam terre pro ii s arrans pro iii dies hercians per ii dies sarculans per i diem falcans pratum colligens fenum carians fenum pro voluntate domini metens per iii dies et dominus pastet eum i die carians ad Natale Domini dimidium quarterium bladi apud Kenill' dans per annum i gallinam.

Matilla[2] Wygeyn tenet bis tantum pro duplici servicio.

Johannes Morys[3] tenet tantum per idem servicium.

Idem prior habet ibidem iii liberos tenentes i messuagium et ii placias terre.

Unde Willelmus Scarel[4] tenet i messuagium pro ii s.

Johannes le Feure tenet quandam placiam pro i d.

Ivo le Webbe tenet i cheminum pro ii d.

Idem prior habet ibidem iiii liberos tenentes ii virgatas terre et ii acras et quartam partem i virgate terre.

Unde Willelmus Balraven tenet i virgatam terre pro xiiii s faciens ii adventus ad curiam Leic'.

Robertus de Lyllintone[5] tenet dimidiam virgatam et quartam partem i virgate pro iiii s i d faciens ii adventus ut supra.

Ricardus Fraunkeleyn[6] tenet dimidiam virgatam terre faciens ut supra.

Wyotus le Barangel[7] tenet ii acras terre pro xii d ob faciens ut supra et dat scutagium.

Idem prior tenet de prior de Coventre et prior de (comite) Warr' et comes de rege in capite.

Idem prior de Kenill' habet ibidem iiii virgatas terre in dominico.

Idem prior habet ibidem iii servos tenentes i virgatam terre et dimidiam.

Unde Henricus Bernard[8] tenet i virgatam terre pro iiii s arrans per iii dies hercians per ii dies falcans pratum colligens fenum carians fenum pro voluntate domini metens per iiii dies et dominus pastet eum ii diebus et carians dimidium quarterium bladi apud Kenill' per annum dans i gallum <et i gallinam>.

Ricardus Andr'[9] tenet tantum pro eodem.

Willelmus Togod[10] tenet tantum per idem servicium.

Idem prior tenet de Roberto le[11] Megre in perpetuam elemosinam per servicium x partis feodi i militis et Robertus de Johanne de Lodbrok[12] et Johannes de comite Warr' et comes de rege in capite.

Willelmus Togod tenet i virgatam terre de priore predicto ad voluntatem

---

[1] MiO 14 'Osulff'.    [2] MiO 14 'Matilda'.    [3] MiO 14 'Mores'.    [4] MiO 14 'Scarell'.
[5] MiO 14 'Lyllynton'.    [6] MiO 14 'Fraunkleyn'.    [7] MiO 14 'Barangell'.
[8] MiO 14 'Bernerd'.    [9] MiO 14 'Andrewe'.    [10] MiO 14 'Togode'.    [11] MiO 14 'de'.
[12] MiO 14 'Lǫdebroke'.

suam pro iiii s dans ad auxilium domini vi d ob arrans per annum per
iii dies hercians per ii dies sarculans per i diem falcans pratum colligens
fenum carians fenum pro voluntate domini metens per iiii dies et dominus
pastet eum i die carians per annum dimidium quarterium bladi apud Kenill'
dans per annum i gallum et i gallinam.

Idem prior habet ibidem ii liberos tenentes ii virgatas terre.

Unde Ricardus de Berstone tenet i virgatam et quartam partem i virgate
terre pro v s (vii d) faciens ii adventus ad curiam magistri Militum Templi
in Anglie.

Willelmus filius Ricardi tenet i virgatam terre pro v s faciens ii adventus
ut supra et non dat scutagium.

Idem prior tenet de Roberto Ode per servicium <medietatis> i feodi
militis et Robertus (de Hugone) de Picfforde et Hugo de comite de Ferer'
et comes de rege quo servicio nescitur.


Fol 33b (MiO 14 fol 42–42b)

Idem prior habet ibidem iiii servos tenentes ii virgatas terre.

Unde Robertus le Harpour[1] tenet i virgatam terre pro iiii s arrans per
i diem hercians per iii dies sarculans per i diem falcans pratum colligens
fenum carians fenum pro voluntate domini metens per iiii dies et dominus
pastet eum i die et carians apud Kenill' dimidium quarterium bladi per
annum dans per annum i gallum et i gallinam.

Andreas le Provost tenet tantum per idem servicium.

Matilla[2] Wygeyn tenet tantum per idem servicium.

Ricardus filius Andree tenet tantum per idem servicium.

Idem prior habet ibidem iii liberos tenentes ix acras terre et dimidiam.

Unde Ricardus le Chapeleyn tenet dimidiam acram terre pro ii s ii d.

Henricus filius Rogeri tenet iii acras terre pro v s iiii d ob.

Philipus le Mouner tenet vi acras terre de predicto priore pro i d pro omni
demanda et dat scutagium.

Nona pars feodi

Predictus magister unus dominus de Herbrebury tenet de Roberto Ede et
Robertus de Hugone et Hugo de comite de Ferrer' et comes de rege in
capite.

Idem magister habet ibidem ii virgatas terre et in dominico et tenet eas de
predicto Roberto per servicium ix partis feodi i militis et dat scutagium.[3]

Idem magister tenet de eodem Roberto iii virgatas terre in dominico

---

[1] MiO 14 'Herpour'.    [2] MiO 14 'Matilda'.

[3] 'Temple Land' written in left margin in a later hand against this entry

que solebant esse geldabiles et subtrahuntur in libertate per predictum magistrum quo waranto nescitur.

Idem magister tenet de Henrico de Clyntone et Avicia de Bochville partem et iidem tenent de comite Leic' et comes de rege in capite.

Idem magister habet ibidem ii cotarios tenentes ii cotagia libere.

Unde Stephanus de Balleshale[4] tenet i cotagium pro iii s et ii adventibus pro omni demanda.

Alicia Wyrling tenet i cotagium pro ii s vi d et ii adventibus ut supra.

Idem magister habet ibidem vi liberos tenentes i carucatam et ii virgatas terre et viii acras terre.

Unde Robertus le Harper[5] tenet ii virgatas terre pro x s faciens homagium et ii adventibus.

Ricardus le Lung tenet iii acras terre pro ii s et ii adventibus.

Galfridus le Spenser tenet i acram terre pro viii d et secta ut supra.

Ricardus de Berstuone[6] tenet ii acras terre pro xiii d et ii adventibus.

Alicia Cade tenet ii acras terre pro xii d et ii adventibus.

Willelmus de Shyreburne[7] tenet i messuagium de Galfrido le Spencer pro ii d et ii adventibus.

Hugo de Charnel[8] tenet i carucatam terre in dominico de predicto magistro pro iii s i d et ii adventibus.

Idem Hugo habet ibidem iiii servos tenentes iiii virgatas terre.

Unde Henricus Kempe tenet i virgatam terre pro iii s arrans per annum per iii dies hercians

## Fol 34 (MiO 14 fol 42b–43)

per ii dies falcans per i diem colligens fenum (per i diem carians) fenum (per i diem et dominus pastet) eum per i diem inveniens i hominem (a gula Augusti) usque ad festum (Sancti Michaelis operans in quolibet) opere pro voluntate domini extra diebus Sabbati per predictum (tempus dans ad festum Natali Domini) i panem et i gallum et iii gallinas.

Willelmus Kempe tenet tantum per idem servicium.

Hugo Kempe tenet tantum per idem servicium.

Willelmus atte Toneshende[1] tenet tantum[2] per idem servicium et dant ad auxilium domini i marcam per annum et non dat scutagium.

[4] MiO 14 'Balsale'.   [5] MiO 14 'Herpere'.   [6] MiO 14 'Berstone'.
[7] MiO 14 'Shirburn'.   [8] MiO 14 'Charnell'.

[1] MiO 14 'Touneshende'.   [2] Omitted MiO 14.

Eustachius de Hethe[3] unus dominus de Herbrebury tenet iii carucatas terre extra x acris terre de Johanne de Lodbrok[4] per servicium feodi i militis et pro iiii s.

Galfridus le Lung tenet i virgatam terre de dicto Eustachio pro iii s dans auxilium per annum ad voluntatem domini metens a festo Sancti Petri advincula usque ad festum Sancti Michaelis per i hominem extra diebus Sabbati arrans ter per annum hercians bis per annum dans domino per annum i panem et i gallum et ii gallinas et comedet cum domino falcans pratum colligens pratum per i diem et sarculans per i diem inveniens i hominem ad iiii precarias et ad i precariam dominus pastet totam familiam suam carians boscum domini semel per annum.

Willelmus Sale tenet i virgatam terre per idem servicium.

Rogerus Bonde tenet tantum per idem servicium.

Ricardus Noian tenet tantum per idem servicium.

Robertus le Clerc[5] tenet dimidiam virgatam terre ad terminum vite pro iiii s et aliam ad voluntatem domini pro v s.

Idem Robertus tenet i cotagium de Ivone le Tixtor pro ii s.

Philipus le Megre tenet dimidiam virgatam de eodem Eustachio pro v s.

Willelmus Togod tenet i virgatam terre de eodem pro x s et forinseco servicio domino regi.

Willelmus Digun tenet dimidiam virgatam terre de eodem pro v s.

Robertus Kempe[6] tenet dimidiam virgatam terre de dicto Eustachio pro v s.

Willelmus de Shereburne[7] tenet quartam partem i virgate terre de eodem pro ii s vi d.

Agnes de Lillintone[8] tenet tantum de eodem per idem servicium.

Gilbertus Hat tenet dimidiam virgatam terre de eodem pro v s.

Willelmus Sale tenet tantum per idem servicium.

Galfridus Lung tenet quartam partem i virgate terre pro ii s vi d.

Hugo Hat tenet tantum per idem servicium.

Andreas More tenet i virgatam terre de eodem pro x s.

Henricus filius Rogeri tenet dimidiam virgatam terre de eodem pro v s.


Fol 34b (MiO 14 fol 43–43b)


Johannes le Feure tenet tantum per idem servicium.

Wyotus filius Petri tenet tantum de eodem per idem servicium.

Henricus filius Radulphi tenet tantum per idem servicium.

---

[3] Name also written in left margin.    [4] MiO 14 'Lodebroke'.    [5] MiO 14 'Clerke'.
[6] MiO 14 'Kemp'.    [7] MiO 14 'Shireburn'.    [8] MiO 14 'Lyllyntone'.

David le Mouner tenet tantum per idem servicium.

Rogerus Athelm tenet tantum per idem servicium.

Isti predicti tenentes tenent ad voluntatem domini faciens domino regi omnia forinseca servicia.

Alicia Noion tenet i cotagium de predicto Eustachio pro xx d.

Rogerus Wallicus tenet i cotagium de eodem pro ii s.

Thomas le Verder tenet i cotagium de eodem pro xviii d.

Alicia la Berchere tenet i cotagium de eodem pro xii d et Thome le Masoun[1] xxviii d.[2]

Willelmus Russel[3] tenet i cotagium de eodem pro xl d.[4]

Prior de Kenill' tenet iiii virgatas terre quarum ii dant scutagium et ii non.

Thomas Fraunkeleyn[5] tenet ii virgatas terre pro vi s et i lb piperis et facit domino regi forinsecum servicium et ii adventus ad visum franciplegii.

Radulphus le Mouner et Rogerus filius Rogeri tenent i cotagium de eodem pro vi d.

Johannes Morys[6] tenet i acram terre de eodem pro ob.

Ricardus de[7] Berstone tenet i acram terre de eodem pro ii d.

Rogerus le Mouner tenet dimidiam acram terre de eodem pro ob.

Adam Wygan tenet dimidiam virgatam terre de eodem pro v s.

Rogerus Becheworthe[8] tenet i messuagium et v acras terre de eodem pro xii d.

Galfridus le Spencer tenet vi acras terre de eodem pro xii d et secta curie.

Et tota predicta est geldabilis et facit forinsecum servicium.

Eustachius tenet de feodo Leicestr'[9] quandam partem per servicium xxx$^{me}$ partis feodi i militis.

Isti subscripti sunt liberi tenentes ipsius Eustachii scilicet

Johannes filius Willelmi tenet i virgatam terre de eodem pro xii d et ii adventibus ad curiam Leic'.

Philipus Megre tenet i messuagium de eodem pro iiii s vi d et secta ut supra.

Willelmus Wigoun tenet i virgatam terre de eodem pro vi d et ii adventibus ut supra.

Galfridus Fineberge tenet i virgatam terre de eodem pro vi d et ii adventibus ut supra.

Juliana de Waterene tenet i virgatam terre ad terminum vite sue pro xii d et ii adventibus.

Willelmus de Shereburn[10] tenet vi acras terre pro ii s et secta ut supra.

Cristiana la Irysse[11] tenet i cotagium de eodem pro i d.

---

[1] MiO 14 'Mason'.    [2] MiO 14 'ii s. iiii d.'    [3] MiO 14 'Russell'. - 158 -
[4] MiO 14 'iii s. iiii d.'    [5] MiO 14 'Fraunkleyn'.    [6] MiO 14 'Mores'.    [7] MiO 14 'le'
[8] MiO 14 'Becheworth'.    [9] MiO 14 'Leic''.    [10] MiO 14 'Shireburn'.
[11] MiO 14 'Irisshe'.

(Fols 35 and 35b are blank. The Harbury entry continues on fol 52 -liii. The next folio has the Roman numeral xxxvii and the Arabic numeral 36. There is a note to this effect in a later hand at the end of this folio and on fol 52.)


Fol 52 liii (MiO 14 fol 44–44b)

Robertus le Suur tenet i cotagium de predicto Eustachio pro (iii s vi d).
Felicia que fuit uxor Willelmi Kempe tenet i cotagium (de eodem pro ii s).
Galfridus filius Odonis tenet i acram et iiii virgatas et quartam partem (i virgate terre de) Willelmo de Balliolo per servicium feodi i militis. Et Willelmus tenet de Edmundo fratre regis et Edmundus de rege in capite quo servicio nescitur.
Thomas filius Odonis tenet ii virgatas terre de predicto Galfrido pro i d faciens (ii adventus) et forinsecum servicium.
Gilbertus le Harpur[1] tenet ii virgatas terre de eodem pro xx s faciens (sectam ut supra) et forinsecum servicium.
Juliana Ede tenet i virgatam terre de eodem pro ob faciens forinsecum servicium.
Elizabeth Ede tenet i virgatam terre de eodem per idem servicium.
Alicia Kady tenet tantum per idem servicium.
Thomas le Fraunkeleyn[2] tenet dimidiam virgatam terre de eodem pro flore i (rose et sunt predicta) tenementa geldabilia et faciunt omne forinsecum servicium et dant scutagium.
Ivo le Celer[3] tenet i virgatam et viii acras terre de eodem pro ii s i d.
Thomas filius Odonis habet ii liberos tenentes ii acras terre et dimidiam.
Unde Philipus le Mouner tenet i acram et dimidiam de eodem pro ob.
Ivo le Celer tenet i acram terre de eodem pro i rosa pro omni demanda (et non dant scutagium).
Robertus de Lodebrok'[4] tenet ii virgatas terre ibidem in dominico et (tenet de Willelmo Talebot) pro i marca et idem Willelmus (tenet de) priore (de Tuttebury et prior) de antecessoribus Roberti filii Odonis et Robertus de (Hugone de Pygford et Hugo de Edmundo) fratre regis et Edmundus de rege in capite.
(Idem Robertus facit ii adventus ad)[5] turnum vicecomitis et dat (ad) auxilium vicecomitis per annum iiii (d et hundredo i d pro omni demanda et dat scutagium).

---

[1] MiO 14 'Herpur'.    [2] MiO 14 'Fraunkleyn'.    [3] MiO1 14 'Seler'.
[4] MiO 14 'Lodebroke'.
[5] This folio in E.164/15 has a stain in the centre of the page, and the whole is rather faded.

Priorissa de Eton (tenet de comite Leic' per quod servicium) nescitur (et comes de rege in capite).

Eadem priorissa (habet ibidem x servos tenentes viii virgatas) terre (et dimidiam ad voluntatem domine).

Unde Rogerus filius (Athelme tenet i virgatam terre de eadam pro iiii s arrans per iii) dies hercians per ii dies falcans per i diem colligens fenum per i diem carians (fenum per i diem) et domina pastet eum dans ad Natale Domini ii gallinas et i panem et (auxilium pro voluntate domine).

Henricus Randolff tenet tantum de eadem per idem servicium.

Gilbertus Hat tenet tantum de eadem per idem servicium.

Ricardus Athelme tenet tantum de eadem per idem servicium.

Hugo Hat (tenet dimidiam virgatam et quartam partem i) virgate terre de (eadem pro iii s faciens) predictum servicium.

Robertus filius Johannis (tenet tantum de eadem per idem servicium)

Fol 52b–liii b (MiO 14 44b)

Willelmus le Mouner tenet tantum de eadem per idem servicium.

Willelmus Gosehauek tenet tantum per idem servicium.

Walterus Togod[1] tenet dimidiam virgatam terre pro ii s faciens predictum servicium.

Willelmus Togod tenet tantum per idem servicium de eadam.

Matilda de Morton[2] tenet quartam partem i virgate terre pro xii d faciens predictum servicium et possunt removeri pro voluntate domine.

Eadem priorissa habet ibidem ii liberos tenentes dimidiam virgatam et ii acras terre.

Unde Gilbertus Makerel[3] tenet dimidiam virgatem terre pro iii s faciens homagium et fidelitatem et ii adventus ad curiam priorisse.

Galfridus de Hodenhull[4] tenet ii virgatas (sic)[5] terre de eadem pro x d faciens ut supra et non dat scutagium.

Hospitelarius de Grafton[6] est dominus de quadam parte de Herbrebury de quo tenet aut de cuius feodo sit nescitur.

Idem hospitelarius habet ibidem ii cotarios tenentes ii cotagia.

Unde Johannes Moriz[7] tenet i cotagium de eodem pro xii d faciens ii adventus apud Warr'.

Rogerus le Mouner tenet i cotagium de eodem pro eodem.

(The order of E.164/15 is now resumed: fol 36–xxxvii)

---

[1] MiO 14 'Togode' and following line.    [2] MiO 14 'Moreton'.    [3] MiO 14 'Makerell'.
[4] MiO 14 'Hodenhulle'.    [5] A mistake in both MSS for 'acras'.
[6] 'balsall' written in margin against this entry.    [7] MiO 14 'Mores'.

Fol 36–xxxvii, 45–xlvi, 45b–xlvi b (MiO 14 fol 52–53, 65; Leigh Ms fol 127–127b)

## Comitatus Warr'

**Wylnhale** (later hand)

Prior[1] de Coventr' et Johannes de Hastang sunt domini de Wylenhale. Unde tenent de rege in capite facientes servicium ii militum scilicet quando rex vadit in exercitum pro tota baronia de qua ista villa est membrum.[2]

Idem prior de Coventr' tenet dimidiam virgatam terre et quartam partem i virgate terre et iii acras prati et dimidiam et ibidem in dominico.

Idem[3] prior habet ibidem viii servos tenentes iii virgatas terre in servagio. Unde Rosa et Isabella ala Cymeterio[4] tenent dimidiam virgatam terre pro i marca falcantes per i diem colligentes fenum per i diem cariantes pratum metentes per ii dies.

Ricardus Bythewey[5] tenet tantum pro[6] eodem una cum quodam crofto pro xii d.

Rogerus filius Edithe[7] tenet tantum de eodem[8] per predictum servicium.

Agnes Ottogo tenet dimidiam virgatam terre pro i marca per annum faciens predictum servicium.

Sabina[9] la Veve tenet dimidiam virgatam terre libere per cartam ad terminum vite sue pro eodem.

Robertus de Coventr'[10] tenet quoddam croftum cum pertinentiis de eodem priore pro ii s faciens predictum servicum.

Martinus et Radulphus de Oynur[11] tenet dimidiam virgatam terre de eodem pro xii s x d faciens servicium predictum.

Philipus Underwode tenet quartam partem i virgate terre de eodem pro dimidia marca et predicta servicia.

Emma la Veve tenet tantum excepta i acra terre et quarta parte i messuagii pro vi s ii d faciens ut supra[12]

---

[1] There is a change to a different, more formal hand in the MS here.

[2] These first three lines are found only on fol. 45 when the second entry on Willenhall begins. They were added to the end of the Stoneleigh hundred entries in MiO 14 on fol. 65. The Leigh MS entry for Willenhall begins: Prior de Coventr' et dominus Johannes de Hastyng sunt domini de Wilnhal Unde prior tenet de rege in capite faciens servicium ii militum quando rex vadit ad bellum cum exercitu pro defenso regni sui et istud servicium facit pro tota baronia quam de rege tenet de qua ista villa est membrum.       [3] fol 45b begins here.

[4] fol 45b 'Cimeterio'; MiO 14 'Cimterio'; Leigh MS 'Cimiterie'.       [5] fol 45b 'Bytewey'.

[6] fol 45b and Leigh MS 'de'.       [7] fol 45b 'Edythe'.       [8] 'de eodem' fol 45b only.

[9] fol 45b 'Sabyna'.

[10] MiO 14 'de Coventr'' also: fol 45b and Leigh MS 'de Davyntr'' and 'de Daventr'' respectively.       [11] Leigh MS 'Cynur' (?).

[12] This line is absent from fol 36, and from MiO 14. It is found on fol 45b and in the Leigh MSS.

(Cotarii)[13]

Idem prior habet ibidem vi cotarios tenentes vi cotagia.

Unde filius Simonis tenet i cotagium pro ii s vi d faciens predicta servicia.

Alicia la Veve tenet i cotagium de eodem pro ii s dispergens fenum per i diem colligens fenum per ii dies.

Emma la Veve tenet tantum pro ii s vi d faciens predicta servicia.

Adam le Pesthur tenet tantum pro iiii s faciens predicta servicia.

Ricardus[14] Burgeys tenet tantum pro ii s faciens predicta servicia.

Henricus Matheu tenet tantum pro xii d de eodem faciens[15] predicta servicia.

(Libere tenentes)[16]

Idem prior habet ibidem ii liberos tenentes i virgatam et ii acras terre.

Unde Robertus filius Galfridi tenet dimidiam virgatam et ii acras terre de predicto priore pro x s et ii adventibus ad curiam suam.[17]

Idem Robertus habet rationabile estoverium in bosco ipsius prioris de Wylenhale et non dat pannagium.

Johannes de Cruce tenet dimidiam virgatam terre de eodem pro ii s et ii adventibus ad curiam predictam.

Willelmus de Breggewrhite[18] tenet i messuagium libere de predicto Johanne pro iiii d.

Predictus Robertus[19] tenet quoddam molendinum aquaticum de dicto priore pro x s faciens homagium.

Willelmus Oldman tenet i messuagium de predicto Roberto pro iiii s.

Johannes de Hastyng[20] tenet de priore et prior de rege in capite.

Unde idem Johannes habet i liberum silicet Ricardum filium Milisente[21] qui tenet ii acras terre et dimidiam de ipso Johanne pro xii d.

Predictus[22] prior habet ibidem quendam boscum forinsecum continentem viii acras terre de quibus dimidia acra et i roda sunt incluse sine waranto et solebant esse communis pastura et habet ibidem warennam visum franciplegii et assisam panis et cervisie quo waranto nescitur et non dat scutagium.

## Horewell[23]

Oliverus de Albunaco est dominus de Horewell et tenet de Rogero de Monte Alto

---

[13] In left hand margin of fol 45b only, possibly in later hand.
[14] fol 45b alone has 'Willelmus'.      [15] fol 45b omits 'de eodem' and Leigh MS omits 'faciens'.
[16] In margin fol 45b only.
[17] Leigh MS adds 'et facit homagium et dat scutagium quando erit'.
[18] fol 45b 'le Bruggewrythe'; Leigh MS 'le Bruggewrhyte'.      [19] fol 45b 'Johannes'.
[20] MiO 14 'Hasting'.      [21] fol 45b 'Mylsente'; MiO 14 'Milicente', Leigh MS 'Milisente'.
[22] Leigh MS has 'occupatio' in the left hand margin here and 'Nota' a little later.
[23] The heading for the vill is not confined to the margin on fol 45b. It stretches across the page and reads: 'Horewelle in Hundredo de Stanle. Comitatus Warr'.

Fol 36b–xxxvii b, 45b–xlvi, 46–xlvii (MiO 14 fol 53–53b; Leigh MS fol 128–128b)

### Comitatus Warr'

et Rogerus de Rege in capite quo servicio nescitur.

Unde idem Oliverus tenet i carucatam terre et dimidiam ibidem in dominico reddendo per annum predicto Rogero ii adventus ad curiam suam.

Idem Oliverus habet ibidem vii liberos tenentes xix[1] acras terre

Unde Johannes de Horewelle[2] tenet v acras terre de dicto Olivero per annum pro x d faciens[3] fidelitatem et sectam ad curiam suam de iii septimanis in iii septimanas reddendo inde per annum priorisse de Pollesworthe[4] xvi d.

Alicia de Kyngeslonde[5] tenet de predicto Johanne i acram terre pro iiii d.

Idem Johannes tenet de predicto Olivero iiii acras terre pro iiii s faciens fidelitatem et sectam predictam.

Cecil filius[6] Alexandri tenet vi acras terre de dicto Olivero pro vi d faciens ut supra.

Johannes le Wodeward tenet vi acras terre de eodem pro i d faciens fidelitatem.

Adam de Horewell tenet ii acras terre de eodem pro viii d faciens ut supra.[7]

Nicholaus de Wykewane[8] tenet vi acras terre de predicto Olivero pro xii d.

Johannes de Asthulle[9] tenet ii acras terre de Willelmo filio Alexandri pro xv d.

Johannes filius Johannis tenet i acram terre et dimidiam de Johanne filio Willelmi pro xii d.

Felicia de Atterton tenet de predicto Olivero et Oliverus de Rogero de Monte Alto.

Eadem Felicia habet ibidem iiii liberos tenentes ix acras terre.

Unde Johannes de Horwelle tenet iii acras terre de eadem Felicia pro xv d.[10]

Hugo le Centurer[11] tenet i acram et dimidiam de eadem Felicia pro xii d.

Rogerus filius Margerie tenet tantum de eadem pro xviii d.

Thomas Gamel tenet iii acras terre de eadem pro xv d.

---

[1] fol 45b and Leigh MS both correctly have 'xxix'.
[2] fol 45b, MiO 14 and Leigh MS 'Horewell'.    [3] fol 46 begins here.
[4] MiO 14, Leigh MS 'Pollesworth'.    [5] fol 46, Leigh MS 'Kyngeslond'.
[6] Leigh MS 'Cecilia filia'.
[7] Wodeward & Horewell are in reverse order on fol 46 and in Leigh MS. MiO 14 'Wodewarde'.    [8] fol 46 'Wykewawe'; MiO 14 'Wikewane'.    [9] Leigh MS 'Asthull'.
[10] Leigh MS 'v d'.    [11] fol 46 'Seynturer'; Leigh MS 'Ceynturer'.

Predictus Oliverus de Albunaco[12] habet quandam gravam ibidem inclusam continentem xii acras terre.

Predictus Rogerus de Monte Alto (tenet)[13] bis turnum suum per annum et habet furcas et assisam panis et cervisie et capit wayf per patriam in prejudicium regis quo waranto nescitur et non dat scutagium.

## Waberley[14]

Rogerus Gopil est dominus de Waberley et tenet de priorissa de Catesby pro dimidia marca per annum de quo priorissa tenet nescitur et est de feodo Rogeri de Monte Alto.

Predictus Rogerus Gopil[15] habet ii virgatas terre et dimidiam ibidem in dominico et habet ibidem x liberos tenentes ii virgatas terre et dimidiam et i acram terre et dimidiam.

Unde Ricardus le Neyr[16] tenet i virgatam terre et dimidiam de predicto Rogero Gopil pro iii s vi d faciens sectam ad curiam suam de iii septimanis in iii septimanas.

(Willelmus[17]) filius Avicie tenet dimidiam virgatam terre de eodem Rogero pro xviii[18] d et sectam ut supra.

Thomas Champyun[19] tenet v virgatas[20] terre de eodem pro xii[21] d et sectam ut supra.

Johannes Caleman[22] tenet ii acras terre de eodem Rogero pro i d et sectam ut supra.

Heredes Rogeri Cammers[23] tenent quartam partem i virgate terre de eodem pro xiiii d faciens fidelitatem et homagium et sectam ut supra.

Johannes de Horwell tenet i messuagium de eodem pro ob.

Ricardus filius Symonis[24] tenet i acram terre de eodem pro ii d.

Rogerus Duraunt tenet i acram terre de eodem pro v d.

---

[12] Omitted in Leigh MS.
[13] Omitted fol 36b and MiO 14; there in fol 46 and Leigh MS.
[14] Similar treatment to Horewell heading on fol 46.      [15] fol 46 'Gopyl'.
[16] Leigh MS 'Neir'.      [17] 'Willelmus' on fol 46 and Leigh MS.
[18] fol 46 and Leigh MS 'xxviii'.      [19] fol 46 'Chaumpyun'; Leigh MS 'Champion'.
[20] fol 46 and Leigh MS 'acras'.      [21] fol 46 and Leigh MS 'xiiii'.
[22] Leigh MS 'Daleman'.      [23] Leigh MS 'Daunvers'.
[24] fol 46, MiO 14, Leigh MS, 'Simonis'.

Fol 37 – xxxviii, 46b – xlvii b, 47 – xlviii (MiO 14 fol 53b–54b; Leigh MS fol 128b–129)

## Comitatus Warr'

Ricardus[1] Gopil tenet de Margeria de Hulle[2] et Margeria de Gerardo (de Walton et Gerardus) de Rogero Copil (sic).[3]

Idem Ricardus tenet i messuagium et i acram terre de predicta Margeria pro iii s.

Idem Ricardus habet iiii liberos tenentes quartam partem i virgate terre et ii acras et dimidiam et i rodam terre.

Unde Galfridus filius Johannis[4] tenet ii acras terre de predicto Ricardo pro xiiii d.[5]

Willelmus le Clerk[6] tenet dimidiam acram terre de eodem pro iii d.

Ricardus Kyng[7] tenet i rodam terre de eodem pro ii d.

Robertus de Waberley tenet quartam partem i virgate terre de eodem pro ii s x[8] d et non dat scutagium.

**Condulme:** feoda ii militum[9]

Prior de Coventr' et Johannes Beneth[10] sunt domini de Condulme unde idem prior tenet de rege in capite faciens servicium ii militum pro tota baronia quando rex vadit in exercitum de qua ista villa est membrum.

Idem prior habet i virgatam terre in dominico et habet ibidem iii liberos tenentes iii cotagia libere.

Unde Walterus Blaber tenet i cotagium de dicto prior per annum pro xiii d et colliget fenum per i diem et dominus pastet eum.

Alditha la Veve tenet tantum de eodem pro iiii d faciens predictum servicium.

Thomas filius Jul'[11] tenet tantum de eodem pro xii d faciens ii adventus ad curiam pro omni demanda.

Idem prior habet ibidem ix liberos tenentes dimidiam carucatam xii acras terre et dimidiam libere.

Unde Robertus Norman tenet iii acras terre de eodem pro iii s ii d faciens fidelitatem et ii adventus et colliget fenum per i diem et cariabit fenum per i diem et prior pastet eum.

Stephanus de Condulme tenet ii acras terre et dimidiam de dicto priore pro iiii s iiii d. faciens predicta servicia.

---

[1] fol 46b begins here.     [2] Leigh MS 'Hull'.

[3] MiO 14 has the same mistake. fol 46b has 'Gopyl' here and at beginning of sentence. Leigh MS 'Gopil' similarly.     [4] fol 46b 'Ricardi'.     [5] fol 46b 'xii d'.     [6] Leigh MS 'Clerc'.

[7] Leigh MS 'Keng'.     [8] fol 46b 'vi d'.

[9] fol 46b heading as for Horewell. Leigh MS has 'Coundulme' throughout.

[10] fol 46b 'Beneht'; Leigh MS 'Benet' and later.     [11] fol 46b 'Julian''; MiO 14 'Pil''.

Hugo filius Dulcie tenet tantum de eodem pro ii s x d faciens predicta servicia.

Rogerus Odard[12] tenet i acram terre et dimidiam de eodem pro xviii d faciens predicta servicia.

Willelmus filius Galfridi tenet dimidiam acram terre de eodem pro xvii d faciens predicta servicia.

Johannes de Radeford[13] tenet dimidiam acram terre de eodem pro xii[14]d pro omni demanda.

Nicholaus Blaber tenet dimidiam acram terre de eodem pro xi d faciens ii adventus pro omni demanda.

Ricardus Haldayn tenet de priore et habet ibidem ii liberos tenentes iiii acras libere.

Unde Rogerus Hore tenet ii acras terre de eodem Ricardo pro ii s.

Ricardus filius Rogeri[15] tenet ii acras terre de dicto Ricardo pro xvi d.

Robertus Chatel[16] tenet iii acras terre libere de predicto priore pro v s iiii d et ii adventibus.

Rogerus Hore tenet ii acras terre de priore pro xxi d colligens fenum per i diem carians fenum per i diem et dominus pastet eum.[17]

Ricardus filius Rogeri tenet ii acras terre pro iii s faciens predicta servicia.

Magister hospitalis Sancti Johannis de Coventr' tenet de priore et habet ii liberos tenentes ii acras terre libere.

Unde Ricardus Reynald[18] tenet i acram terre de dicto magistro pro vi d. Robertus Chatel tenet tantum pro eodem.

Ricardus Ireys tenet dimidiam carucatam terre de priore pro vi d faciens fidelitatem et ii adventus.


Fol 37b – xxxviii b, 47 – xlviii, 47b – xlviii b (MiO 14 fol 54b–55; Leigh Ms fol 129–129b)


### Comitatus Warr'

Idem prior tenet de comite Cestr' et comes de rege in capite quo servicio nescitur.

Johannes Beneth tenet de Johanne Hastyng pro x parte feodi i militis et idem Johannes de comite Cestr' et comes de rege in capite.

Idem Johannes habet iii liberos tenentes dimidiam virgatam et ii acras terre libere.

---

[12] MiO 14 'Odarde' and later.    [13] MiO 14 'Rodeforde'.
[14] fol 46b has 'vi d' then 'xii d ' written above it; Leigh MS 'vi d'.
[15] Leigh MS 'Reginaldi' and three lines later.    [16] MiO 14 'Chatell', and later.
[17] fol 46b has an elaborate heading at bottom of the page, fol 47 begins with 'Ricardus . . .'
[18] MiO 14 'Reynold'.

Unde Rogerus Odard tenet ii acras terre de dicto (Johanne)[1] pro viii d faciens homagium.

Ricardus filius Jul' tenet i acram terre de eodem pro ii s vi d faciens eidem fidelitatem.

Boydinus[2] de Condulme tenet i acram terre de eodem pro vi d faciens fidelitatem et dat scutagium.

Willelmus filius Galfridi tenet de Johanne[3] de Hastyng i acram terre libere pro xii d et ii adventibus.

Thomas le Provost et Johannes le Provost tenent Hulle Melne[4] in Radeford juxta Coventr' de Johanne de Edleye pro v marcis et dimidia et Johannes de Andrea de Edleye et Andreas de quo nescitur.

Predictus prior habet ibidem quendam boscum forinsecum continentem ii acras terre et habet ibi warennam visum franciplegii furcas assisam panis et cervisie per cartam Henrici regis patris regis nunc et non dat scutagium.

## Bylneye[5]

Abbas de Cumbe[6] prior de Coventr ' et hospitelarius de Grafton sunt domini de Bilneye[7].

Unde dictus abbas tenet quandam partem eiusdem ville de Henrico de Rokeby per quartam partem feodi i militis et Henricus de Radulpho Basset de Sapecote[8] et Radulphus de Thoma de Ardern et Thomas de comite Warr' et comes de rege in capite quo servicio nescitur.

Idem abbas habet i carucatam terre et quoddam molendinum aquaticum in dominico.

Cotarii

Idem abbas habet v cotarios tenentes v cotagia ad terminum vite sue libere.

Unde Jul' de la More tenet i cotagium de dicti abbate pro iiii s.

Robertus de Hocleye[9] tenet tantum de eodem pro iiii s vi d.

Cristiana de Barton tenet tantum de eodem pro ii s.

Willelmus le Bercher tenet tantum de eodem pro ii s vi d.[10]

Reginaldus de Sowe tenet tantum de eodem pro iiii s et omnes debent ii adventus ad curiam abbatis.

Libere Tenentes

Idem abbas habet ibidem vii liberos tenentes vii virgatas terre et vii acras libere.

---

[1] fol 37b and MiO 14 both omit 'Johanne'; fol 47 and Leigh MS both have it.
[2] MiO 14 'Boydynus'.　　[3] Omitted fol 47.　　[4] MiO 14 'Milne'; Leigh MS 'Mulne.'
[5] fol 47 has another Horewell – type heading. MiO 14 generally 'Bylneye'; Leigh MS 'Binleye'.　　[6] MiO 14 'Combe'; Leigh MS 'Cumba'.　　[7] fol 47 'Bynle'.
[8] MiO 14 'Sapcote'.　　[9] fol 47 and Leigh MS 'Ocleye'.
[10] Again in fol 47 an elaborate heading at bottom of page which is repeated at top of fol 47b which begins with 'Reginaldus . . .'

Unde Helyas[11] de Hulle tenet i virgatam et iiii acras terre libere de dicto abbate pro xii d faciens homagium et sectam ad curiam eiusdem abbatis de iii septimanis in iii septimanas.

Willelmus de Hulle tenet i virgatam et iiii acras terre de predicto abbate pro iiii s faciens fidelitatem et ii adventus.

Johannes le Mazun tenet i virgatam de eodem pro ii s faciens fidelitatem.

Agnes Wychlove[12] tenet i cotagium de predicto Johanne le Mazun[13] pro xii d et ii adventibus ad curiam dicti abbatis et secta de iii septimanis in iii septimanas.

Thomas Banbur'[14] tenet i cotagium et ii acras terre et dimidiam de predicto abbate[15] pro xii d faciens homagium[16] (et) ii adventus ad curiam abbatis.

Johannes de Withacr'[17] tenet i virgatam terre de ipso abbate pro iiii s et ii adventibus.

Fol 38 – xxxix, 47b – xlviii b, 48 – xlix. (MiO 14 fol 55–55b; Leigh MS fol 129b–130)

### Comitatus Warr'

Ernaldus Eyler tenet dimidiam virgatam de eodem pro ii s faciens homagium et ii adventus.

Thomas filius Andree tenet i virgatam et dimidiam et iiii acras terre de eodem pro vi d ob faciens homagium et lumini Sancti Nicholai i lb cere et sectam curie de iii septimanis in iii septimanas.

Robertus Jabet tenet i virgatam terre de Thoma de Edley pro i d faciens fidelitatem et Thomas de predicto abbate et idem Robertus facit ii adventus ad curiam abbatis et est de feodo Henrici[1] de Rokeby.

Idem Robertus tenet i acram terre de predicto abbate pro ob faciens homagium.

Johannes le Mazun tenet de predicto Thoma de Edleye[2] iii rodas terre libere pro ob et Thomas de abbate et est de feodo predicto.

Idem prior de Coventr' habet ibidem ii liberos tenentes ii cotagia et i virgatam terre ad terminum vite sue libere et idem prior tenet de Henrico de Rokeby.

Unde Radulphus le Mazun tenet i virgatam terre de predicto priore pro viii s.

---

[11]fol 47b and MiO 14 'Elias'; Leigh MS 'Helias'.

[12] fol 47b 'Whytlove'. Leigh MS 'Whitlove'.    [13] MiO 14 and Leigh MS 'Mason' and later.

[14] Leigh MS 'le Danbur'.    [15] fol 47b and Leigh MS 'Johanne'.    [16] Omitted fol 47b.

[17] fol 47b 'Whytacr''; Leigh MS 'Whitacre'.

---

[1] fol 47b 'ipsius Ricardi'.    [2] fol 47b and Leigh MS 'Edley'.

Osbertus[3] de Bylneye tenet ii cotagia de dicto priore pro v s vi d et ii adventibus.

Robertus de Buthlesby[4] tenet ii virgatas terre ad terminum vite sue libere de Nicholao de Segrave pro xv s et ii adventibus ad curiam eius et Nicholaus tenet de Henrico de Rokeby.

Predictus[5] abbas habet quendam boscum forinsecum continentem xlii acras terre unde ii acre sunt incluse in parco de Braundon[6] per servicium ii s et unius dami per annum.

Idem abbas obstruxit quandam viam in eadem villa ad nocumentum totius patrie sine waranto.

(Idem abbas habet ibidem et tenet aliam partem eiusdem ville de Galfrido de Bylneye per servicium quarte partis feodi i militis et Galfridus tenet de Roberto le Mortimer et Robertus de rege in capite.

Idem abbas habet ibidem iiii carucatas terre unde iiii acre sunt incluse ad nocumentum totius patrie sine waranto)[7].

Idem abbas habet ii molendina ad ventum et aliud aquaticum in dominico.
Cotarii

Idem abbas habet v cotarios tenentes v cotagia et iiii acras terre ad terminum vite sue libere.

Unde Radulphus le Plomer[8] tenet i cotagium et i acram terre de ipso abbate pro vii s.[9]

Cristiana le Webbe tenet i cotagium de eodem pro iii s.

Agnes Huberd tenet tantum pro eodem.

Cristiana de Barton tenet i cotagium de ipso abbate pro ii s.

Radulphus Wrent[10] tenet i cotagium et iii acras terre de eodem pro vii s.
Libere tenentes.

Idem abbas habet ibidem v liberos tenentes ii virgatas terre et ix acras terre libere.

Unde Johannes le Mazun tenet i virgatam terre de ipso abbate pro ii s faciens homagium et ii adventus ad curiam suam.

Idem Johannes habet ii cotarios tenentes ii cotagia et iii acras terre libere.

Unde Agnes Whytlove[11] tenet i cotagium de dicto Johanne pro xii d faciens homagium et ii adventus ad curiam predicti abbatis.

Thomas Banbur'[12] tenet i cotagium et iii acras terre de dicto Johanne pro xii d faciens homagium et ii adventus ad curiam dicti abbatis.

---

[3] fol 47b 'Osbernus'.      [4] fol 47b 'Butlesby'; Leigh MS 'Buttlesby'.
[5] Leigh MS 'occupatio' in left hand margin here.      [6] Leigh MS 'Brandon'.
[7] These two entries appear in fol 47b and Leigh MS only. The words 'habet ibidem et' are omitted from the Leigh MS and 'occupatio' is written against the second entry.
[8] Leigh MS 'Plomere'.
[9] Again elaborate heading at bottom of folio and at top of next (fol 48) which begins with 'Cristian".      [10] Leigh MS 'Wrench'.      [11] MiO 14 'Whitelove', Leigh MS 'Whitlove'.
[12] Leigh MS 'Danbur'.

Walterus Rugge tenet i virgatam terre de ipso abbate pro xii d faciens homagium et sectam ad curiam suam de iii septimanis in iii septimanas.

Fol 38b – xxxix b, 48 – xlix, 49 – l. (MiO 14 fol 56–56b; Leigh Ms fol 130–130b)

### Comitatus Warr'

Alicia la Loverd tenet iii acras terre de ipso abbate pro xii d faciens fidelitatem et ii adventus.

Thomas de London tenet i acram terre de eodem pro ob et ii adventibus.

Johannes le Stabler tenet v acras terre de predicto abbate pro xix d et ecclesie de Bylney ii lb cere.

Elias de Hulle et uxor eius tenent i virgatam terre de Alicia Bygod pro vi d et i lb cumini et Alicia de predicto abbate et est de feodo predicti Galfridi.

Idem Elyas habet i liberum tenentem i cotagium et i rodam terre et dimidiam acram prati scilicet

Thomas filius Galfridi tenet i cotagium et dimidiam acram prati de ipso Elia pro ob.

Predictus abbas habet ibidem quendam boscum forinsecum continentem xi acras terre et habet visum franciplegii et furcas et assisam panis et cervisie et capit wayf infra libertatem suam per cartam regis[1] nunc et dat scutagium.

Item hospitelarius de Grafton habet ii liberos tenentes de predicto Galfrido in puram et perpetuam elemosinam scilicet

Eliam de Hulle qui tenet i cotagium et i acram terre de magistro hospitalii (pro) xii d et ii adventibus ad curiam suam per annum et magister tenet de predicto abbate et abbas de (Roberto de)[2] Mortuo Mari et Robertus de rege[3] quo servicio nescitur.

Willelmus Chaynol[4] tenet i cotagium de predicto magistro pro xii d.

Predictus prior de Coventr' habet capellam eiusdem ville in proprios usus quo waranto nescitur.

Idem prior habet ibidem i acram prati de cuius feodo et de quo tenet nescitur.[5]

Tota predicta villa solebat esse geldabilis unde participes abbatis habent libertatem per cartam regis Henrici patris regis nunc et pars predictorum

---

[1] Both fol 48 and Leigh MS have 'per cartam regis Henrici patris regis nunc'.
[2] fol 38b and MiO 14 omit 'Roberto de'; fol 48 & Leigh MS both have it.
[3] fol 48 'in capite'.      [4] fol 48 and Leigh MS 'Chaynel'.
[5] This entry omitted from Leigh MS.

prioris et hospitalii subtrahitur in libertatem quo waranto et a quo tempore nescitur.[6]

### Ernesford[7]

Predictus abbas habet apud Ernesford ii virgatas terre in dominico et tenet de Henrico de Rokeby et Henricus de Radulpho Basset et Radulphus de Thoma de Ardern et Thomas de comite Warr' et comes de rege in capite quo servicio nescitur.

Idem abbas habet ibidem i liberum tenentem scilicet Robertum de Willenhale[8] qui tenet ii virgatas terre et iiii acras terre de ipso abbate pro ii s ob faciens eidem homagium et ii adventus ad curiam de Bylney pro predictis virgatis terre pro omni demanda et predictus abbas dat scutagium. Willelmus de (Pynley)[9] tenet unum pratum quod vocatur Lytlemede[10] (pro vi d) de predicto abbate faciens ei homagium et sectam ad curiam suam. Margeria Pake tenet ibidem unum pratum quod vocatur Payn pro ob et homagio et secta ut supra.

Rogerus de Monte Alto tenet (ibidem unum pratum) quod vocatur Sheremede[11] (pro iii d).

(Umfridus fitz) Dobbe[12] tenet i cotagium de ipso abbate ad terminum vite sue pro v s.

Reginaldus de Sowe tenet i cotagium de eodem pro iiii s.

Fol 39 – xl, 49 – l, 49b – lb (MiO 14 fol 56b–57; Leigh MS fol 130b–131)

### Comitatus Warr'

Johannes de Shockebur[1] Thomas de Wylt' et[2] et Johannes Corbyn tenent i virgatam terre de predicto abbate pro iii d facientes homagium et sectam ad curiam predictam.

### Radeford[3]

Dicunt quod prior de Coventr' est dominus de Radeforde[4] et Thomas de

---

[6] Long style heading at bottom of the page as for Horewell. fol 48b is a blank, probably because ink had soaked through the page.

[7] fol 49 has a long style heading: 'Erneford in hundredo de Stanle'. MiO 14 also sometines drops 's' in the placename.       [8] fol 49 and MiO 14 'Wylenhale'; Leigh MS 'Wilnhal'.

[9] Illegible fol 38b; fol 49 'Pynle'; Leigh MS 'Pilneley'.       [10] Leigh MS 'Lithlefinedewe'.

[11] Leigh MS 'Shermedewe'.       [12] fol 49 'Dubbe'.

---

[1] Leigh MS 'Sockebern'.       [2] Leigh MS 'Wilt'' and later.

[3] fol 49 has the elaborate heading here and at the bottom of the page.

[4] fol 49 and Leigh MS 'Radeford'.

Ardern unde idem prior tenet de comite Cestrie et comes de rege in capite quo servicio nescitur.

Idem prior habet ii liberos tenentes ibidem ii messuagia[5] et i acram terre libere.

Unde Robertus de Chylton[6] tenet i messuagium et dimidiam acram terre de ipso priore pro ii s ii d.

Nicholaus Blaber tenet dimidiam virgatam terre hereditarie de eodem pro xii d pro omni demanda.

Johannes le Vyneter[7] tenet i croftum de eodem pro vi d et prior de comite Cestrie et comes de rege in capite.

Predictus Robertus de Chylton tenet aliud messuagium et i acram terre de Johanne le Vineter pro vi d pro omni demanda.

Simon de Stapelton[8] tenet i messuagium de eodem pro vi d.

Robertus de Chylton tenet i acram terre libere de Roberto de Bokvile[9] pro ii d et Robertus de priore et prior de comite Cestrie et comes de rege in capite.

Rogerus Locard[10] tenet i rodam terre libere de dicto Roberto pro i d.

Robertus Bund[11] tenet i messuagium de Henrico le Irmonger[12] pro ii d et Henricus de priore.

Alanus Odard[13] tenet i messuagium libere de priorissa de Hynnewode[14] pro ii s et priorissa de priore et prior de comite Cestrie et comes de rege in capite.

Idem[15] prior habet ibidem quoddam molendinum aquaticum et tenet de Nicholao de Segrave[16] et Nicholaus de comite Cestrie et comes de rege in capite.

Thomas de Ardern tenet de Rogero Devyle[17] et Rogerus de comite Cestrie et comes de rege in capite.

Idem Thomas habet ibidem v liberos tenentes xiii acras terre et dimidiam libere.

Unde Johannes de Whyteley[18] tenet iii acras terre de predicto Thoma pro ii s vi d.

Adam Colebrond[19] tenet iiii acras terre de eodem pro iii s faciens homagium et sectam ad curiam suam de iii septimanis in iii septimanas.

---

[5] 'ii messuagia' omitted on fol 49.     [6] Leigh MS 'Chilton' and later.
[7] fol 49 and Leigh MS 'Vineter'.     [8] MiO 14 'Stapulton'.
[9] fol 49 'Bokyvle'; Leigh MS 'Bokervile'.     [10] MiO 14 'Locarde'; Leigh MS 'Lokard'.
[11] MiO 14 'Bunde'.     [12] MiO 14 'de Irnemonger'; Leigh MS 'le Irenmonger'.
[13] MiO 14 'Odarde' and later.
[14] fol 49 Hynewode; MiO 14 'Hynnewod'; Leigh MS 'Hynewod'.     [15] fol 49b begins here.
[16] Leigh MS has 'tenet de herede Gerardi le Vineter', and nothing more.
[17] Leigh MS 'Deyvill'.     [18] Leigh MS 'Whiteley'.     [19] MiO 14 'Colebrande'.

Walterus Bakun tenet iii acras terre de eodem pro iii s iiii d pro omni demanda.

Robertus Rynuld tenet iii acras terre de eodem pro v s ii d pro omni demanda.

Willelmus Fulwy tenet i messuagium de eodem pro ii s vi d.

Robertus Solby[20] tenet i acram terre de eodem Willelmo pro xvi d.

Robertus de Chilton tenet i acram terre libere de Henrico de Brynkelawe[21] pro i d et Henricus de predicto Thoma.

Alanus Odard tenet dimidiam acram terre de eodem pro ob.[22]


Fol 39b – xl b, 49b – lb, 50 – li (MiO 14 fol 57–57b; Leigh MS 131–131b)

### Comitatus Warr'

Prior de Coventr' appropriavit sibi warennam ibidem sine waranto et non dat scutagium.[1]

Henricus le Petur[2] tenet i acram terre et vi d[3] redditus de Henrico Brynckelawe[4] pro i pari cirotecarum pretii ob et Henricus de Thoma de Ardern et Thomas de Rogero de Monte Alto per servicium i paris calcarium deauratorum et Rogerus de rege in capite.

Idem Henricus tenet i acram terre de Roberto Rymyld[5] pro vi d et est de feodo predicto.

Johannes le Wineter[6] tenet de Thoma de Ardern iii acras terre pro dimidia marca faciens homagium.

Robertus de Chilton tenet inde ii acras terre de eodem Johanne pro iii s vi d.

Robertus Men tenet iii acras terre de predicto Thoma pro xx d libere.

Idem Thomas habet i alium liberum tenentem i acram terre libere scilicet Johannem Henr'[7] qui tenet de eo pro ii s.

Idem Johannes tenet ibidem dimidiam acram terre libere de prior de Coventr' pro xii d faciens sectam ad curiam suam de iii septimanis in iii septimanas.

[20] fol 49b 'Sybely'; Leigh MS 'Sibely'.
[21] fol 49b 'Brynchelawe'; MiO 14 'Brynklowe'; Leigh MS 'Brinkelawe'.
[22] In both fol 49b and Leigh MS this entry follows that on Robert Solby or Sileby.

[1] Leigh MS has 'occupatio' in margin against this entry.    [2] Leigh MS 'Pestur'.
[3] E.164/15 in both places and MiO 14 have 'denariat'' here.
[4] fol 49v 'Brynkelawe'; MiO 14 similarly; Leigh MS 'Brinkelaw'.    [5] Leigh MS 'Rynuld'.
[6] fol 49b 'Vynter'; Leigh MS 'Vineter'.    [7] fol 49b and Leigh MS 'Henry'.

### Stoke[8]

Rogerus de Monte Alto est dominus de Stoke et tenet de rege de baronia in capite quo servicio nescitur.

Idem Rogerus habet ii liberos tenentes i carucatam libere terre (sic)[9].

Unde Thomas de Wylt' tenet dimidiam carucatam terre ad terminum vite sue[10] de predicto Rogero pro i lb cimini.

Robertus de Stoke tenet dimidiam[11] carucatam terre hereditarie de eodem per annum (pro) xvi d faciens homagium et sectam ad curiam de iii septimanis in iii septimanas petens liberam[12] curiam suam de Coventr' in comitatu et hundredo.

Johannes de Stoke tenet i cotagium de predicto Roberto ad terminum vite pro v s.

Prior de Coventr' habet in eadem villa iiii liberos tenentes dimidiam virgatam et ii acras terre et dimidiam cum crofto et quodam prato.

Robertus de Stoke tenet i croftum et i pratum de dicto priore pro dimidia marca faciens homagium.

Johannes de Stokebereg'[13] tenet dimidiam virgatam terre de eodem pro xii d faciens homagium et sectam ad curiam suam de iii septimanis in iii septimanas.

Thomas de Wilt' tenet dimidiam virgatam terre cum pertinentiis de predicto Johanne pro xii d.

Johannes Corbyn tenet tantum de eodem pro xii d.

Robertus Jon'[14] tenet ii acras terre de priore de Coventr' pro ii s et secta curie de iii septimanis in iii septimanas.


Fol 40–xli, 50–li, 50b–lib. (MiO 14 fol 57b–58b; Leigh MS fol 131b-132)


#### Comitatus Warr'

Idem Robertus habet iii liberos tenentes v acras terre libere.

Unde Thomas Wylt' tenet ii acras terre de predicto Roberto pro i d ob.

(Johannes Sleth tenet ii acras terre et dimidiam de eodem pro i d.)[1]

Agnes Jon'[2] tenet dimidiam acram terre de eodem pro ii d.

Eadem Agnes habet i liberum tenentem scilicet Thomam de Wylt' qui

---

[8] Extended heading as usual here and at bottom of 49b.
[9] fol 49b and Leigh MS have 'terre after 'carucatam'.　　[10] fol 49b has 'libere' here.
[11] fol 49b has 'unam' here.　　[12] fol 50 begins with 'liberam'.
[13] fol 50 'Mokeberegh'; MiO 14 'Stokeberege'; Leigh MS 'Shukbergh'.
[14] Leigh MS 'Joh''.

---

[1] This entry on fol 50 and in Leigh MS only. Fol 50 spells surname 'Scleth'.
[2] Leigh MS 'Anneysyon'.

tenet de eadem dimidiam acram terre pro ob et Agnes tenet de Roberto Yon' et Robertus de priore et prior de Rogero de Monte Alto et Rogerus de rege.

Robertus de Borton tenet dimidiam acram terre de predicto priore pro xii d faciens sectam.

Robertus de Wodelawe[3] tenet i croftum de magistro Guydone[4] pro xii d ob et Guydo tenet de priore pro xii d.

Idem prior habet capellam illius hamelette in proprios usus que dotata est de uno prato quo waranto nescitur et non dat scutagium.

Idem prior habet omnia ista tenementa de Rogero de Monte Alto quo servicio nescitur.

Nicholaus de Segrave habet ii liberos tenentes ii (partes)[5] i virgate terre libere ad voluntatem domini.

Unde Ricardus Hakun tenet terciam partem i virgate de eodem Nicholao pro iii s.

Serota tenet tantum de eodem pro iii s.

Ricardus le Bounde[6] tenet terciam partem i virgate terre de eodem pro iii s hereditarie.

Predictus Nicholaus tenet predicta tenementa de Rogero de Monte Alto per servicium xii d per annum et Rogerus de rege.

Thomas de Ardern habet ibidem iii cotarios tenentes i virgatam terre libere ad voluntatem domini.

Unde Elias le Gos tenet dimidiam virgatam terre de dicto Thoma pro xl d.

Ricardus Boydyn[7] tenet quartam partem i virgate terre de eodem pro iii s.

Walterus Hakun tenet quartam partem i virgate terre de eodem pro ii s vi d.

Predictus Thomas habet ibidem x alios liberos tenentes v virgatas terre cum pertinentiis libere.

Unde Ricardus le Bounde tenet dimidiam virgatam terre de predicto Thoma pro iiii s.

Adam le Bounde tenet tantum de eodem pro iiii s.

Margeria[8] le Bounde tenet tantum de eodem pro iii s iiii d.

Thomas de Eton tenet tantum ad terminum vite sue pro ii s.

Willelmus le Bugg[9] tenet tantum de eodem pro iiii s iiii d.

Willelmus filius Davidi tenet tantum de eodem pro iiii s.

Matilda Pany[10] tenet tantum de eodem pro v s.

Robertus Storm tenet i acram terre de eodem pro iiii s.

---

[3] fol 50 and Leigh MS 'Lodelawe'.     [4] fol 50 here and later 'Gwydo'; MiO 14 'Guido'.
[5] Omitted fol 40 and MiO 14; in fol 50 and Leigh MS.     [6] Leigh MS 'Bond', and later.
[7] fol 50 'Willelmus Boydin'; Leigh MS 'Ricardus Boydin'.     [8] fol 50b begins here.
[9] MiO 14 'Bugge'.     [10] fol 50b 'Paney'; Leigh MS 'Matilla Paney'.

Fol 40b–xli b, 50b–xli b, 51–xlii. (MiO 14 fol 58b–59; Leigh MS fol 132)

Comitatus Warr'

Margeria Pate[1] tenet i croftum de eodem pro xii d.

Willelmus de Seyton tenet i quartronum terre de eodem pro xii d.

Idem Thomas tenet predicta tenementa de Rogero de Monte Alto per servicium i paris calcarium deaureatorum aut vi d et Rogerus tenet de rege modo predicto et non dant scutagium.

## Bugging[2]

Prior de Coventr' est dominus de Bugging et habet viii servos tenentes iiii carucatas[3] terre in servagio.

Servi

Unde Gilbertus de Bugg'[4] tenet dimidiam virgatam terre de dicto priore pro vi s dans auxilium ad festum Sancti Michaelis.

Reginaldus Joye[5] tenet dimidiam virgatam terre de eodem pro xl d[6] ob dans auxilium.

Rogerus de Byrchemor[7] tenet tantum de eodem per idem servicium.

Symon de Bugg' tenet i quartronum de eodem pro xx d q[a] dans auxilium.

Margeria la Veve tenet iii partes i virgate de eodem pro dimidia marca q[a] dans auxilium.

Thomas le Bakere[8] tenet dimidiam virgatam terre de eodem pro iii s iiii d ob et dans auxilium.

Alexander le Bugg'[9] tenet dimidiam virgatam terre de eodem pro v s dans auxilium.

Thomas le Bugg' tenet tantum de eodem pro eodem.

Idem prior tenet predicta tenementa de Rogero de Monte Alto quo servicio nescitur et Rogerus de rege modo predicto et non dant scutagium.

## Arnhale[10]

Rogerus de Monte Alto est dominus de Arnhale[11] et tenet de rege quo servicio nescitur.

---

[1] fol 50b 'Page'; Leigh MS 'Pake'.

[2] Extended heading here in fol 50b and at bottom of page. Leigh MS 'Buggyng' – here and later.    [3] Leigh MS 'virgatas'.    [4] MiO 14 'Bugging'.    [5] fol 50b 'Yoye'.

[6] MiO 14 'iii s. iiii d'.

[7] fol 50b. 'Byrchmuor'; MiO 14 'Byrchemore'; Leigh MS 'Birchemor'.

[8] fol 50b 'Bacar''; Leigh MS 'de Baker'.

[9] fol 50b and Leigh MS 'de Bugg'' and in following line.

[10] fol 51 begins here with extended heading. Leigh MS 'Harnale'.

[11] MiO 14 'Arnehale'; Leigh MS 'Harnal'.

Idem Rogerus habet i liberum tenentem i cotagium pro ii d scilicet
Johannem le Feur'.

Idem Johannes habet i liberum scilicet Ricardum Stephani (?)[12] qui tenet
i cotagium de eodem pro ii d.

Idem Johannes tenet i croftum de predicto priore pro ii s iiii d et prior de
Rogero de Monte Alto et Rogerus de rege.

Idem Johannes tenet quandam placeam ibidem de abbate de Cumbe[13] pro
iii s et abbas tenet de predicto priore et prior ut supra.

Henricus de Bromle[14] habet ibidem i liberum tenentem scilicet Rogerum
atte Yate qui tenet de eo ii crofta pro iiii s et Henricus de Willelmo de

Fol 41–xlii, 51–lii. (MiO 14 fol 59; Leigh MS fol 132–132b)

### Comitatus Warr'

Audeleye[1] et Willelmus de Rogero de Monte Alto et Rogerus de rege quo
servicio nescitur.

Thomas de Ardern habet ibidem i liberum tenentem scilicet Ricardum
filium Rogeri qui tenet de eo i cotagium pro ii s et Thomas tenet de Rogero
de Monte Alto quo servicio nescitur.

Johannes de Bosco habet ibidem i liberum tenentem scilicet Ricardum
filium Rogeri qui tenet de eo i cotagium cum pertinentiis pro xiiii d et idem
Johannes tenet de Rogero de Monte Alto quo servicio nescitur.

Henricus de Bromle[2] habet ibidem i liberum tenentem scilicet Willelmum
Underwode[3] qui tenet de eo i cotagium cum pertinentiis pro iiii s x d et
idem Henricus tenet de Willelmo de Audele[4] et Willelmus de Rogero de
Monte Alto.

Willelmus de Audele habet ibidem iii liberos tenentes medietatem i crofti
per annum (pro) ii s.

Willelmus de Copston tenet ibidem de priore de Coventr' i croftum pro
xl d[5] et facit sectam ad curiam suam et prior tenet de Rogero de Monte
Alto.

Margeria Pake tenet ibidem de prior de Coventr' i croftum pro ii s x d et
prior tenet ut supra.

Abbas de Combe[6] tenet i quartronum terre de predicta Margeria pro xii d.

Thomas Russell tenet de Johanne de Bosco ibidem i acram terre pro xii d

---

[12] fol 51 'Stephani'.     [13] MiO 14 and Leigh MS 'Combe'.
[14] MiO 14 'Bromeley'; Leigh MS 'Bromeleye'.

---

[1] Leigh MS 'Audeley', and later.     [2] MiO 14 'Bromeley'.     [3] Leigh MS 'Underwod'.
[4] MiO 14 'Audeley' and later.     [5] MiO 14 'iii s. iiii d'.     [6] fol 51 and Leigh MS 'Cumbe'.

et Johannes tenet de Rogero de Monte Alto quo servicio nescitur et non dant[7] scutagium.

(fol 41b–xliib is blank)[8]

Fol 42–xliii (MiO 14 fol 59b–60 ; Leigh MS fol 120)

### Neubold Comyn in hundredo de Stanley Comitatus Warr'

Dicunt quod Johannes Comyn est dominus de Neubold et tenet de abbate de Malmesbur'[1] pro xl s scilicet per annum et abbas de rege in capite in puram et perpetuam elemosinam et habet ibidem i carucatam terre et i molendinum aquaticum in dominico.

Idem Johannes habet xvi villanos xii virgatas terre tenentes in villenagio.

Unde Ricardus le Moner tenet i messuagium et i virgatam terre pro xx s vi d per annum.

Galfridus filius Nigelli tenet i virgatam terre de eodem Johanne pro xx s per annum.

Radulphus Godman[2] tenet tantum per idem servicium.

Willelmus Neweman[3] tenet tantum per idem servicium.

Willelmus Band[4] tenet tantum de eodem per predictum servicium.

Ranulphus de Hulle tenet tantum de eodem per predictum servicium.

Henricus le Mouner tenet tantum de eodem pro xxi s.

Henricus de Abovinton tenet i messuagium de eodem pro ii s vi d.

Idem Henricus tenet dimidiam virgatam terre de eodem pro x s.

Ricardus Fyge[5] tenet dimidiam virgatam terre de eodem pro x s.

Rogerus Fige tenet tantum de eodem per predictum servicium.

Robertus Wyger tenet de eodem per predictum servicium.

Ricardus Edrych tenet tantum de eodem per predictum servicium.

Walterus de la Pyrye tenet tantum de eodem per idem servicium.

Robertus le Charecter tenet tantum de eodem per predictum servicium.

Johannes Newenham[6] tenet tantum de eodem per predictum servicium.

Koc Drue tenet tantum de eodem per idem servicium.

Ricardus filius Emme tenet tantum de eodem per predictum servicium.

Gilbertus Thedrich tenet tantum de eodem cum quodam messuagio pro xi s.

Nigellus de Hapmton (sic)[7] tenet i messuagium et vi acras terre de eodem pro vi s.

---

[7] MiO 14 'dat'.      [8] fol 51b – lii b is a blank also.

[1] MiO 14 'Malmesbury'.      [2] MiO 14 'Goodeman'.      [3] MiO 14 'Newman'.
[4] MiO 14 'Bande'.      [5] MiO 14 'Fige'.      [6] MiO 14 'Newnham'.      [7] MiO 14 'Hampton'.

Johannes Braban tenet quartam partem i virgate terre de eodem pro v s.
Predictus Johannes Comyn habet visum franciplegii et emendas sisse fracte
quo waranto nescitur et non dat scutagium.

### Sowe

Dicunt etiam[8] quod prior de Coventr' et Ricardus de Loges sunt domini
de Souwe[9].
Unde idem prior tenet de rege in capite per quod servicium nescitur.
Idem prior habet ibidem i carucatam terre et i molendinum aquaticum in
dominico.
Idem prior habet ibidem x servos tenentes v virgatas terre in servagio.
Unde Nygellus[10] Aboveton tenet dimidiam virgatam terre de (priore pro
ii s per annum)

Sowe in hundredo de Stanle

Fol 42b–xliii b (MiO 14 fol 60–60b; Leigh MS fol 120–121)

Sowe in hundredo de Stanle
Arrans per i diem in ieme[1] et per i diem in lxª(sic)[2] hercians per i (diem)
in yeme et per i diem in lxª (sic) falcans pratum prioris donec perfalcatur
faciens fenum carians fenum sarculans blada metens blada eiusdem prioris
pro voluntate sua faciens cariagium cum braseo prioris apud Coventr' pro
voluntate sua et dat auxilium ad festum Sancti Michaelis pro voluntate sua.
Willelmus Aboveton[3] tantum tenet de dicto priore per predictum
servicium.
Henricus Kronebegh[4] tenet tantum de eodem per predictum servicium.
Robertus de Newenton[5] tenet tantum de eodem per predictum servicium.
Hugo Parend[6] tenet tantum de eodem per predictum servicium.
Adam le Charect'[7] tenet tantum de eodem per predictum servicium.
Willelmus Wymarc[8] tenet tantum de eodem per idem servicium.
Johannes Hem tenet tantum de eodem per predictum servicium.

---

[8] Leigh MS 'dicti jurati'.      [9] MiO 14 and Leigh MS 'Sowe'.
[10] MiO 14 and Leigh MS 'Nigellus'.

[1] MiO 14 'yeme'; Leigh MS 'Hyeme'.
[2] So also MiO 14 and in subsequent line. Leigh MS 'Quadragesima' and in following line
'xlᵐᵃ'.      [3] Leigh MS 'Boveton'.      [4] Leigh MS 'Kronebergh'.
[5] Leigh MS 'Neueton'; MiO 14 'Newnton'.      [6] MiO 14 'Parende'.
[7] Leigh MS 'Carect''; MiO 14 'Charett''.      [8] MiO 14 'Wymarke'.

Willelmus Haumond[9] tenet tantum de eodem per predictum servicium.
Willelmus Knari tenet tantum de eodem per idem servicium.[10]

Libere tenentes

Idem prior habet ibidem xiii liberos tenentes xii virgatas et iiii acras terre libere.

Unde Henricus Wolveye tenet dimidiam virgatam terre de Roberto de Wolveye[11] pro ii s et idem Robertus de priore pro ob per annum faciens sectam prioris bis per annum pro omni demanda.

Thomas le Clerk tenet dimidiam virgatam terre de dicto Roberto pro iiii s et Robertus de priore pro ob faciens sectam ad curiam prioris pro omni demanda.

Symon[12] Joylyn[13] tenet ii virgatas et ix acras terre respondens predicto priori pro xl parte i militis feodi et dat scutagium quando currit pro omni demanda.

Idem Symon habet ibidem iii liberos tenentes i virgatam et dimidiam et iiii[am] partem i virgate terre libere.

Unde Thomas Hagheman tenet iiii[am] partem i virgate de dicto Symone pro vi d pro omni demanda.

Petrus Hervy[14] tenet i virgatam terre de dicto Symone pro xii d et Willelmo de Drayton pro xv s per annum faciens sectam ad curiam prioris bis per annum pro omni demanda et dat scutagium.

Predictus Petrus tenet iiii acras terre de Henrico[15] Bagod pro ob.

Johannes Ernaud[16] tenet i cotagium de dicto Petro pro x d libere.

Johannes de Pynele[17] tenet dimidiam virgatam terre de predicto Symone pro ii s faciens sectam predictam pro omni demanda.

Symon Ernys[18] tenet ibidem i virgatam terre et dimidiam de predicto priore per annum pro ii d vel una libra cimini faciens sectam ad curiam prioris de Coventr' cum necesse fuerit propter afforciamentum curie pro omni demanda.

Idem Simon tenet apud Astokeshale[19] i virgatam terre cum pertinentiis de dicto priore per annum pro xii d pro omni demanda et est de conquestu.[20]

Idem Symon habet iiii liberos tenentes iii messuagia et ix acras terre et dimidiam libere.

Unde Ricardus de Ruding[21] tenet i messuagium et iiii acras terre de

---

[9] MiO 14 'Hammonde'; Leigh MS 'Hamond'.
[10] To right hand side of folio in E.164/15 against these entries 'Comitatus Warr''.
[11] Leigh MS 'Wolvey' on both occasions; MiO 14 'Wolveye' on second occasion only.
[12] MiO 14 and Leigh MS 'Simon' throughout.     [13] Leigh MS 'Joilyn'.
[14] MiO 14 'Harvy'.     [15] Leigh MS 'Roberto'.     [16] MiO 14 'Ernaude'.
[17] Leigh MS 'Pinele'.     [18] MiO 14 'Ernes'; Leigh MS 'Erneys'.
[19] Leigh MS 'Arstokeshale'.     [20] Leigh MS omits 'et est de conquestu'.
[21] Leigh MS 'Rudyn'.

predicto Symone pro viii d et i grano gariophili pro omni demanda et est de feodo Cestr'.[22]

Idem Ricardus tenet iiii[or] acras terre de Henrico Bagod et Johanne Bagod pro ii s viii d.

Johannes Ernaud[23] tenet i messuagium et dimidiam acram terre de predicto Symone pro ii s pro omni demanda.

Reginaldus de Wolveye[24] tenet i messuagium de dicto Symone pro ii s pro omni demanda.

Souwe in hundredo de Stanle

Fol 43–xliiii (MiO 14 60b–6lb; Leigh MS fol 121–121b)

Sowe

Willelmus le Copere tenet i messuagium libere de dicto Symone pro xii d pro omni demanda.

Henricus le Taylur[1] tenet i (messuagium)[2] de predicto Symone pro omni demanda pro xii d.

Ricardus le Clerc[3] tenet i virgatam terre de predicto priore pro iii s iii d faciens sectam ad curiam prioris bis per annum et faciet homagium pro omni demanda.

Idem Ricardus tenet i cotagium de dicto priore (pro iii s)[4] pro omni demanda.

Rogerus filius Walteri tenet dimidiam virgatam terre libere[5] de dicto priore pro xviii d et i libra cimini faciens sectam ad curiam prioris pro omni demanda bis per annum.

Alanus Gundrey[6] tenet dimidiam virgatam terre libere de dicto priore pro xii d faciens ii adventus ad curiam pro omni demanda.

Willelmus de Napton tenet tantum de eodem per predictum servicium.

Robertus Bagod tenet ii virgatas terre libere de dicto priore pro xiii d faciens homagium et ii adventus ad curiam eiusdem prioris per annum.

Idem Robertus Bagod habet v liberos tenentes ii cotagia et xii acras terre libere.

---

[22] Leigh MS omits 'et est de feodo Cestr''. This and previous omission (n20) deliberate in a Coventry priory document?    [23] MiO 14 'Ernaude'.    [24] MiO 14 and Leigh MS 'Wolvey'.

[1] MiO 14 'Taylour'; Leigh MS 'Tailour' – throughout.
[2] Leigh MS 'i messuagium'. MiO 14 omits as E.164/15 does.
[3] MiO 14 and Leigh MS 'Clerk'.    [4] From Leigh MS. MiO 14 like E.164/15 omits the rent.
[5] Omitted in MiO 14.    [6] Leigh MS 'Gundrei'

Unde Petrus Herevy[7] tenet iiii acras terre de predicto Roberto pro ob pro omni demanda.

Roberus filius Walteri tenet iiii acras terre de dicto Roberto pro i d.[8]

Symon Erneys tenet iii acras terre libere de predicto Roberto pro i grano gariophili.

Henricus Bagod tenet ii cotagia et ii acras terre de predicto Roberto pro ii s.

Thomas de Grandon[9] tenet i cotagium et i acram terre de predicto Roberto pro ii d.[10]

Hugo Smyker[11] tenet i cotagium ad terminum vite sue de dicto Roberto pro ii s.

Philipus Ernald tenet dimidiam virgatam terre ad (terminum)[12] vite sue et uxoris eius de predicto priore de Coventr' pro x s faciens ii adventus ad curiam eiusdem prioris per annum.

Robertus ate Brugend tenet de Thoma de Farnedon i cotagium libere reddendo inde dicto priori de Coventr' dimidiam marcam per annum.

Reginaldus de Kocsale[13] tenet dimidiam virgatam terre de Nicholao de Segrave pro iiii s faciens ii adventus ad curiam ipsius Nicholai per annum.

Willelmus le Taylur tenet i cotagium de predicto Reginaldo pro iii s iiii d pro omni servicio.

Predictus prior habet ibidem warennam et visum franciplegii et non respondet pro murdro per cartam regis Henrici patris regis nunc.

Idem prior habet ibidem dominium de iiii$^{xx}$ acras bosci forinseci in quo omnes sui liberi predicti habent husbote et heybote.

Idem prior habet capellam eiusdem ville in proprios usus cum dimidia acra terre adiacente.

Radulphus le Feur'[14] tenet iiii acras terre de Ranulpho de Spalding pro i d pro omni servicio.

Idem Radulphus tenet dimidiam acram terre de Rogero filio Walteri pro ob pro omni servicio.

Thomas de Honynton[15] tenet i messuagium et iii acras terre et dimidiam et i rodam de Avicia Levet pro ii d et i clavo gariophili pro omni servicio.

Idem Thomas tenet dimidiam acram terre de Muriella de Anesty pro ob.

Idem Thomas tenet i acram terre de Willelmo de Napton pro i clavo gariophili pro omni servicio.

Idem Thomas tenet i acram terre de Willelmo Brake[16] pro i clavo gariophili pro omni servicio.

---

[7] MiO 14 'Hervye'    [8] On right hand side of folio E.164/15 has: 'Comitatus Warr'
[9] Leigh MS 'Brandon'.    [10] Leigh MS has 'ii s' which is the more likely rent.
[11] Leigh MS 'Smeker'.    [12] Omitted in E.164/15 only.
[13] MiO 14 'Coksale'; Leigh MS 'Cocsale'.    [14] MiO 14 & Leigh MS 'Feure'.
[15] Leigh MS 'Honyton'.    [16] Leigh MS 'Galfrido Drake'.

Emma de Bylneye[17] tenet dimidiam acram acram (sic) et i rodam terre de Ranulpho de Spaldyng pro i clavo gariophili pro omni servicio.

Eadem Emma tenet i rodam terre cum pertinentiis de Avicia Levet pro i rosa.

Henricus le Taylur tenet dimidiam acram terre de Ranulpho de Spaldyng pro i clavo gariophili.

Idem Henricus tenet ii acras terre de Rogero filio Walteri pro ii d pro omni servicio.

Johannes Symund[18] tenet ii acras terre et i rodam de Willelmo de Napton pro ob pro omni servicio.

Souwe in hundredo de Stanle

Fol 43b–xliiii b (MiO 14 fol 61b–62b; Leigh MS fol 121b–122)

Sowe Comitatus Warr'
Idem Johannes tenet i acram et dimidiam et i rodam terre de Thoma de Calewedon[1] pro ob.

Idem Johannes tenet i acram terre de priore de Coventr' pro i d.

Henricus le Taylur tenet i messuagium et iii acras terre de Willelmo le Em pro vi d.

Idem Henricus tenet de Avicia Levet (dimidiam)[2] acram terre pro ii clavis gariophili.

Reginaldus de Wolveye[3] tenet i acram terre et dimidiam de Rogero filio Walteri pro i d.

Rogerus le Gras tenet i acram terre et dimidiam de eodem pro ob.

Idem Rogerus tenet dimidiam acram terre de Avicia Levet pro i clavo gariophili.

Symon Ernys[4] tenet viii acras terre de heredibus Ricardi le Charect'[5] pro i d pro omni servicio.

Idem Symon tenet iiii acras terre de Rogero filio Walteri pro i d pro omni servicio.

Idem Symon tenet de Herberto filio Gunnyld[6] x acras terre (pro i d)[7] pro omni servicio.

Dicunt[8] quod Ricardus de Loges tenet de rege in capite quandam partem

---

[17] Leigh MS 'Bilneye'.     [18] MiO 14 'Symonde'.

[1] Leigh MS 'Calowdon'.     [2] Hole at this place in E.164/15     [3] Leigh MS 'Wolvey'.
[4] Leigh MS 'Erneys'.     [5] MiO 14 'Charrect''; Leigh MS 'Carect'.     [6] Leigh MS 'Guynuld'.
[7] From Leigh MS. E.164/15 and MiO 14 both omit this.
[8] 'Seriantia' in margin of Leigh MS only.

de Sowe per seriantiam et habet ibidem ii carucatas terre in dominico per servicium custodiendi forestam regis de Canok.[9]

Idem Ricardus habet ibidem vi liberos tenentes ii cotagia et i virgatam terre et dimidiam et quartam partem i virgate et ii acras terre libere.

Unde Radulphus le Feur'[10] tenet ii acras terre de dicto Ricardo pro iiii s sustinendo ferrum de caruca sua per annum faciens sectam ad curiam eius de iii septimanis in iii septimanas.

Petrus Hervy tenet i cotagium de dicto Ricardo pro xii d faciens sectam ad curiam suam bis per annum.

Walterus Abbod[11] tenet quartam partem i virgate terre de dicto Ricardo pro i sagitta barbata ad Natale Domini faciens faciens (sic) sectam ad curiam ipsius (Ricardi)[12] de iii septimanis in iii septimanas.

Willelmus de Godesbech[13] tenet quartem partem i virgate terre de predicto (Ricardo)[14] pro iii s faciens ii sectas (per annum).

Johannes Symund tenet xii acras terre de predicto Ricardo pro vi d faciens sectam ad curiam suam bis per annum.

Ricardus le Clerc[15] tenet dimidiam virgatam terre de Thoma de Farendon (pro v s)[16] faciens sectam predictam et Thomas de dicto Ricardo et Ricardus de rege in capite.

Idem Ricardus habet visum franciplegii unde vocat ad warantum le Comesday (sic).[17]

Idem Ricardus habet dominium de xl$^a$ acras bosci forenseci in quibus omnes predicti liberi habent rationabiliter estoverium et non dat scutagium et est de feodo Cestr'.

Nota: Predictus Ricardus dicit se non habere warentam aliquam nisi per antiquam tenuram sine carta.[18]

Idem Ricardus tenet quicquid tenet in Souwe de Comite Cestr' ut idem Ricardus dicit per servicium (ducendi) comitem Cestr' versus curiam regis per medium forestum de Kanok[19] obviando ei ad pontem de Rotford[20] ad mandatum comitis et idem comes dabit unam sagittam barbatam dicto Ricardo et capiet in foresta unam feram si voluerit eundo et aliam redeundo si voluerit et in redeundo obviabit ei ad pontem de Hopewas ad mandatum comitis et dabit ei aliam sagittam.

Thomas de Honyton tenet de Hugone de Loges tenet (sic)[21] ii acras terre et dimidiam pro ii clavis gariophili pro omni servicio.

---

[9] Leigh MS 'Kanok'.    [10] MiO 14 and Leigh MS 'Feure'.    [11] MiO 14 'Abbode'.
[12] Only Leigh MS has this.    [13] Leigh MS 'Codesbach'.
[14] Leigh MS 'dicto Ricardo '. MiO 14 like E.164/15 omits 'Ricardo'.
[15] MiO 14 and Leigh MS 'Clerk'.    [16] Leigh MS only.
[17] Sic in MiO 14 too. Leigh MS 'ad warantiam de Domesday' which is obviously the correct reading.    [18] Underlined thus in E.164/15 only.    [19] MiO 14 and Leigh MS 'Canok'.
[20] Or Rocford?    [21] MiO 14 makes the same mistake.

Idem Thomas tenet iiii acras terre et dimidiam de Ricardo Bagod pro i rosa.

Radulphus le Feur'[22] tenet dimidiam acram terre de Hugone de Loges pro i clavo gariophili.

Willelmus Wolvene tenet i acram terre et dimidiam de eodem Hugone per predictum servicium.

Symon Ernys[23] tenet viii acras terre de heredibus Willelmi Brun[24] pro i pari cirotecarum pretii ob.

Willelmus filius Albyne[25] tenet iii acras terre et dimidiam de dicto Hugone per predictum servicium.

Symon Ernys tenet viii acras terre de heredibus Willelmi Brun pro i pari cirotecarum pretii viii ob (sic).[26]

Emma filia Murielle tenet iii acras terre de heredibus Willelmi Brun pro i d.

Robertus de Shulton tenet ii acras terre de eodem Hugone pro i d.

Willelmus Swytemay[27] tenet i acram terre et i rodam de dicto Hugone pro ob.

Henricus le Taylur tenet ii acras terre de eodem pro iii clavis gariophili.

Idem Henricus tenet i acram terre et dimidiam de Waltero Abbod[28] pro ob.

Robertus de Bynleye[29] tenet dimidiam acram terre de dicto Hugone pro i rosa.

Rogerus Cras tenet dimidiam acram terre de Henrico Cras pro i rosa.

Souwe in hundredo de Stanle

Fol 44–xlv (MiO 14 fol 62b–63; Leigh MS fol 122)

### Calewedon in hundredo de Stanle

Nicholaus de Segrave est dominus de Calewedon et tenet ibidem ii carucatas terre et i parcum cum i vivario quod vocatur Franchehay[1] et ille parcus continet in se xx acras et tenet illud manerium de Rogero de Monte Alto pro xii d pro omni servicio faciens homagium et idem Rogerus tenet de rege quo servicio nescitur.

Idem Nicholaus habet ibidem i liberum tenentem scilicet Johannem de la

---

[22] MiO 14 'Feure'.    [23] Leigh MS 'Erneys'.    [24] Leigh MS 'Broun' (?) and later.
[25] Leigh MS 'Albine'.
[26] Sic also MiO 14; Leigh MS 'ob' only. A mistaken repetition of earlier line?
[27] Leigh MS 'Whitemay'.    [28] MiO 14 'Abbode'; Leigh MS 'Abbot'.
[29] MiO 14 'Bynley'; Leigh MS 'Bilneye'.

---

[1] MiO 14 'Fraunchehay'.

Haye qui tenet iii acras terre pro iii s de ipso Nicholao faciens homagium et sectam ad curiam suam.

Idem Nicholaus (sic)[2] tenet quandam terram de dicto Nicholao pro v s vi d faciens sectam ad curiam.

Idem Johannes tenet quoddam croftum de eodem pro iiii d ob faciens homagium et sectam.

Idem Nicholaus tenet ii molendina aquatica i de Ranulpho de Steveschale libere et Ranulphus de Rogero de Monte Alto et tenet aliud molendinum de abbate de Combe pro vi d et abbas de Jacobo le Bret et Jacobus de Rogero de Monte Alto.

Idem Nicholaus tenet iii acras more de Ranulpho de Styveschale et Ranulphus de Rogero de Monte Alto et Rogerus de rege.

Idem Nicholaus tenet i pratum de heredibus Philipi Milon' quo servicio ignorant et idem Philipus tenet de Rogero de Monte Alto et Rogerus de rege.

Idem Nicholaus tenet i acram prati de Jacobo le Bret et Jacobus de Rogero de Monte Alto et Rogerus de rege.

Idem Nicholaus tenet i pratum de abbate de Cumbe[3] pro i sagitta barbata et abbas de Henrico de Rokeby quo servicio nescitur.

Robertus de Stok tenet de predicto Nicholao quandam terram ibidem pro vii s faciens homagium.

**Wyken in hundredo de Stanle.**
Comitatus Warr'

Walterus de Langele[4] prior de Coventr' et Nicholaus de Segrave sunt domini de Wyken et tenent de Rogero de Monte Alto pro tercia parte feodi i militis unde dictus Walterus tenet i carucatam terre et i molendinum aquaticam in dominico.

Servi

Idem Walterus habet ibidem xviii servos tenentes v virgatas et ii acras terre cum pertinentiis ad voluntatem domini in servagio.

Unde Robertus ate Brugende[5] tenet quartam partem i virgate terre de dicto Waltero pro vi s falcans pratum faciens fenum et cariabit fenum pro voluntate domini.

Rogerus Brandy[6] tenet tantum de eodem per predictum servicium.

Walterus le Carecter tenet tantum de eodem per predictum servicium.

Willelmus le Messer tenet tantum de eodem per predictum servicium.

Wyken in hundredo de Stanle

---

[2] Mistake for 'Johannes' in both MSS.    [3] MiO 14 'Combe'.    [4] Leigh MS 'Langley'.
[5] Leigh MS 'atte Bregende'.
[6] Leigh MS 'Bandy'; E.164/15 and MiO 14 have 'Bandy' later.

Fol 44b–xlv b (MiO 14 fol 63–64; Leigh MS fol 122–122b)

Wyken in hundredo de Stanle

Jordanus filius Roberti tenet tantum de eodem per predictum servicium.

Robertus filius Ricardi tenet tantum de eodem pro v s faciens predictum servicium.

Elias filius Regenaldi[1] tenet tantum pro vi s faciens predictum servicium.

Robertus Forn' tenet tantum de eodem pro v s ix d faciens predictum servicium.

Ricardus Bandy[2] tenet tantum de eodem pro vi s faciens predictum servicium.

Nicholaus Burnet tenet tantum de eodem per predictum servicium.

Benedictus de Wyken tenet tantum de eodem per predictum servicium.

Robertus Bunse[3] tenet dimidiam virgatam terre pro ix s ix d faciens predictum servicium.

Henricus Wymark[4] tenet tantum de eodem per predictum servicium.

Mabilla[5] la Veve tenet tantum de eodem pro x s faciens predictum servicium.

Eda la Veve tenet tantum (de eodem) per predictum servicium.

Radulphus Comber[6] tenet i messuagium et ii acras terre pro v s nullum aliud faciens servicium quia liberus et tenet ad voluntatem (domini).

Johannes le Prude tenet i cotagium de eodem pro iii s.

Hugo Michel[7] tenet i messuagium[8] cum pertinentiis pro iii s faciens predictum servicium.

Elyas le Petyte[9] tenet i cotagium de eodem pro iii s.

Felicia la Veve tenet quartam partem i virgate terre pro iii s nullum aliud faciens servicium.

† Idem Walterus habet ibidem quandam parcum[10] (sic) continentem iii acras terre per cartam regis Henrici patris regis nunc et habet[11] assisam panis et cervisie quo waranto nescitur.

(Prior de Coventr' habet capellam eiusdem ville in proprios usus que dotata est de quarta parte i virgate terre sed de quo tenet nescitur).[12]

Ivo de Wyken tenet dimidiam virgatam terre de priore pro ii s faciens sectam ad curiam suam de iii septimanis in iii septimanas pro omni servicio.

Idem Ivo habet ii liberos tenentes v acras terre.

Unde Johannes de Pynle[13] tenet inde iiii acras terre pro viii d.

---

[1] Leigh MS 'Elyas filius Reginaldi'.     [2] Leigh MS 'Bandi'.
[3] So E.164/15 and Leigh MS; MiO 14 'Gunse'.     [4] Leigh MS 'Wymarc'.
[5] Leigh MS 'Anabilla'.     [6] Leigh MS 'le Comber'.     [7] MiO 14 'Michell'.
[8] E.164.15 and Leigh MS so; MiO 14 'cotagium'.     [9] Leigh MS 'Elyas le Petite'.
[10] Leigh MS 'quendam parcum'.     [11] Leigh MS 'dabit'–an error.
[12] This entry in Leigh MS only.     [13] MiO 14 'Pynley'; Leigh MS 'Pinele'.

Isabella de Wyken tenet i messuagium et i acram terre de dicto Ivone[14] pro viii d.

Nicholaus de Segrave habet ibidem i carucatam terre et i molendinum aquaticum in dominico.

Idem Nycholaus[15] habet ibidem ii liberos tenentes ii crofta.

Unde Rogerus le Porter[16] tenet i croftum de eodem pro v s.

Johannes de la Leghe[17] tenet i croftum de eodem pro v s.

Idem Nicholaus habet ibidem assisam panis et cervisie quo waranto nescitur.

## Pynle[18]

Walterus de Langele est dominus de Pynnele[19] de quo tenet et quo waranto nescitur.

Idem Walterus habet ibidem iii carucatas et iii acras et iii molendina aquatica in dominico de quibus tenet x acras terre in defenso ad nocumentum patrie que solebant esse communis pastura sine waranto.
Servi

Idem Walterus habet ibidem ix cotarios ix cotagia tenentes.

Unde Nicholaus filius le Provost tenet i cotagium de ipso Waltero pro v s sarculans per i diem colligens fenum per i diem metens blada per i diem colligens nuces per i diem.

Isolda de Staverton tenet tantum de eodem per predictum servicium.

Johannes de Braundon tenet tantum de eodem per predictum servicium pro ii s.

Asserus tenet i cotagium de eodem pro ii s faciens predictum servicium.

Willelmus le Carecter tenet tantum de eodem pro xviii d faciens predictum servicium.

Johannes Scot tenet tantum de eodem per predictum servicium.

Willelmus Stake tenet tantum de eodem pro iii s iiii d faciens predictum servicium.

Rogerus de Bynley tenet tantum de eodem per predictum servicium.
Libere tenentes

Idem Walterus habet ibidem iii liberos tenentes dimidiam virgatam vii acras terre et dimidiam.

Unde Willelmus de Pynnele tenet dimidiam virgatam iii acras terre et dimidiam de eodem pro ii s iiii d et dat ii altilia et terciam partem i lb cimini.

---

[14] Leigh MS 'Hugone'–an error.    [15] MiO 14 and Leigh MS 'Nicholaus'.
[16] Leigh MS 'Reginaldus le Pottere'.    [17] MIO 14 'Legh'; Leigh MS 'Leglre'.
[18] MiO 14 'Pynley'.    [19] MiO 14 'Pynneley', and later.

Johannes le Keu tenet iii acras terre et dimidiam de eodem pro ii altiliis et iii<sup>ciam</sup> partem i lb cimini.

Pynle in hundredo de Stanle

Fol 45–xlvi (MiO 14 fol 64–64b; Leigh MS fol 124b–125)

Willelmus de Wilkeby tenet i acram terre de predicto Waltero pro xviii d.
Willelmus de Pynnele tenet iii<sup>ciam</sup> partem dimidie virgate terre et dimidiam acram prati de Roberto de Stok (pro vi d).
Johannes le Keu tenet tantum de eodem per predictum servicium.
Walterus de Langele[1] tenet dimidiam acram prati de dicto Roberto pro vi d.
† Predictus[2] Walterus de Langele habet quendam boscum ibidem continentem v acras terre ad modum parci et solebat esse communis pastura quo waranto ignoratur et habet warennam ibidem quo waranto nescitur.

**Wytele[3]**
Dicunt quod Rogerus de Monte Alto et prior de Coventr' sunt domini de Wytele.
Unde dominus rex habet ibidem iiii liberos tenentes i cotagium ii virgatas et v acras terre libere de conquestu et sunt de feodo comitis Cestrie.
Unde Willelmus filius Alicie tenet i cotagium de rege pro xviii d.
Adam[4] filius Ade tenet i virgatem terre de rege pro vii s viii d.
Idem Adam tenet v acras terre de rege pro v s.
Ricardus de Wylunhale[5] tenet dimidiam virgatam terre de rege pro iiii s.
Willelmus filius Ricardi tenet dimidiam virgatam terre de rege pro iii s x d.
Et idem colligit ipsum redditum ad opus ipsius regis et predictus tenens dat ob de warth nullum aliud faciens forinsecum servicium nec dant scutagium et est iste redditus escaeta regis per mortem Symonis de la Garderob'.[6]
Rogerus de Monte Alto tenet de rege in capite ibidem et habet ibidem liberum tenentem de se scilicet Adam filium Milonis qui tenet de dicto Rogero i virgatam terre et est serientia faciens homagium.

---

[1] MiO 14 'Langeley' and later.
[2] MiO 14 has 'Nota' against this entry instead of the pointing hand of E.164/15.
[3] MiO 14 'Whiteley' in margin in later hand. Leigh MS 'Whiteleye' and later. Sometimes 'Whiteley'.
[4] In E.164/15 'Pynle' is written against this entry in the right hand margin. The scribe of MiO 14 has headed fol 64b of which this is the first line: 'Pynley de hundredo de Stonley in comitatu Warr''. It should of course be Whitley, and this error is further evidence of the scribe copying slavishly from E.164/15.      [5] MiO 14 'Wylenhale'; Leigh MS 'Wilenhal'.
[6] Leigh MS 'Simonis de la Garderobe'.

Prior de Coventr' tenet de dicto Rogero et Rogerus de rege in capite.

Idem prior habet ibidem vi liberos tenentes i virgatam et dimidiam et ii acras et i rodam[7] terre et i molendinum aquaticum libere.

Unde Radulphus de Wytele tenet i virgatam terre et i molendinum aquaticum reddendo priori per annum x s et ii adventus ad curiam suam.

Margeria de Wytele[8] tenet ix acras terre pro iiii d et ii adventibus ad curiam suam.

Adam Lythof[9] tenet ix acras terre de eodem priore pro xxi d et ii adventibus ut supra.

Johannes de Wytele tenet (i) acram[10] terre et dimidiam de eodem pro vii s et faciet ii adventus.

Willelmus filius Davidi tenet ii acras et i rodam terre de eodem pro i d et ob.

Idem Willelmus tenet de Radulpho de Wytele i messuagium cum pertinentiis pro i lb cimini.

Walterus filius Hugonis tenet i messuagium et iii acras terre de eodem[11] pro ix d et ii adventibus.

Willelmus de Pynle[12] tenet dimidiam virgatam terre de Radulpho de Wytele[13] pro vi s.

Idem Willelmus tenet de eodem Radulpho iiii acras terre pro viii d.

Johannes le Provost tenet dimidiam virgatam de eodem Radulpho pro xii d et non dat[14] scutagium.[15]

(Fol 45–51 are the repeated entries for Willenhall, etc. Fol 52 & 52b (first part) continue the Harbury entry and have been inserted earlier.)


Fol 52b–liii b (MiO 14 fol 44b–45)

**Ruton**—medietas feodi i militis

Thomas de Ardern est dominus de Ruton et tenet de comite Warr' per servicium medietatis i feodi militis et comes de rege in capite quo servicio nescitur.

Idem Thomas habet ibidem iii carucatas terre et dimidiam in dominico et quoddam molendinum aquaticum.

---

[7] Leigh MS 'dimidiam rodam'.      [8] MiO 14 'Whitele'; Leigh MS 'Sarra de Witeley'.
[9] MiO 14 'Lythoff'; Leigh MS 'Litholf'.
[10] E.164/15 has no figure for the number of acres; MiO 14 has 'i acram'; Leigh MS 'iii acras'.
[11] Leigh MS 'de priore'.      [12] MiO 14 'Pynley '; Leigh MS 'Pinele'.
[13] MiO 14 'Whytley'; Leigh MS 'Whitle'.      [14] Leigh MS 'dant'.
[15] In E.164/15 this is followed by the heading 'Wylenhale in hundredo de Stanle–Comytatu Warr'', and then the first four lines of the Willenhall entry.

Servi

Idem Thomas habet ibidem(iii servos tenentes i)virgatam terre et dimidiam. Unde Galfridus le(Provost tenet dimidiam virgatam pro iiii s et ii) gallinis per annum arrans per i diem in hieme et (i diem in xl^ma sarculans per) i diem falcans per i diem carians fenum per i diem faciens (fenum per i diem metens) per i diem carians bladum per i diem et colligens nuces per (i diem).

(Robertus Keye tenet tantum de eodem) per idem (servicium).

Alicia la Veve tenet tantum de eodem per idem servicium et sunt geldabiles et faciunt omne forinsecum servicium.

(Cotarii)

(Idem) Thomas habet ibidem xiii cotarios tenentes xiii cotagia.

Unde Matilda Fychet tenet i cotagium pro iii s sarculans per i diem faciens fenum per i diem metens per i diem et colligens nuces per i diem.

(Ricardus) Fox[1] tenet i cotagium pro iii s faciens predictum servicium.

(Agnes de Ulnaon) tenet i cotagium per idem servicium.

(Willelmus Catremars tenet) i cotagium pro ii s faciens predictum servicium.

Fol 53–liiii (MiO 14 fol 45–45b)

Ricardus Fox tenet i cotagium pro xii d faciens predictum servicium.

Henricus de Wylenhale tenet i cotagium pro ii s vi d faciens predictum servicium.

Agnes la Veve tenet tantum pro ii s faciens predictum servicium.

Emma la Veve tenet tantum per idem servicium.

Willelmus le Hayward[1] tenet i cotagium pro iiii s faciens servicium predictum.

Dulcia Barlycorn tenet tantum pro xviii d faciens predictum servicium.

Matilda Becot tenet tantum per idem servicium.

Alicia filia Nigelli tenet tantum per idem servicium.

Willelmus le Feure tenet i cotagium pro iii s faciens predictum servicium.

Et omnes supradicti cotarii sunt liberi et tenent ad voluntatem domini.

Libere tenentes

Idem Thomas habet ibidem xv liberos tenentes viii virgatas et quartam partem i virgate terre et iii acras et dimidiam et i rodam terre

---

[1] MiO 14 'Foxe', and later.

[1] MiO 14 'Heywarde'.

Unde <u>Matheus Kat</u>[2] tenet ii virgatas terre et dimidiam pro ii s ii d et i lb cimini et ii adventibus et forinseco servicio regi.

Willelmus de Thorp tenet ix acras terre pro xvii d et ii adventibus et forinseco (servicio) ut supra.

Ricardus filius Stephani tenet i virgatam terre pro ii s et alia ut supra.

Galfridus le Leykere[3] tenet tantum pro xii d.

Henricus Lovecok[4] tenet tantum pro iiii s vi d.

Ricardus filius Reginaldi tenet dimidiam virgatam et viii acras terre pro xiiii d et ii adventibus.

Ricardus filius Willelmi tenet dimidiam virgatam terre pro iiii s et ii adventibus.

Willelmus Wardayn[5] tenet quartam partem i virgate terre pro v s.

Willelmus le Clerc[6] tenet viii acras terre et dimidiam pro xx d.

Adam le Seriaunt tenet v acras et i rodam terre pro v d q$^a$.

Galfridus filius Davidi tenet iii acras et i rodam terre pro eodem.

Simon Hereberd[7] tenet iii acras terre et dimidiam et i rodam pro iiii d q$^a$.

Willelmus le Wardeyn tenet i messuagium et ii acras terre pro i pari cirotecarum.

Hugo Russel[8] tenet iii acras terre pro vii d ob.

Nota: Idem Thomas habet ibidem quendam boscum forinsecum continentem xl acras terre et habet ibi warennum sine waranto et appropriavit sibi piscariam aque de Avene ex una parte novi molendini usque ad campum de Bobenhull sine waranto.

Hospitalis de Jerusalem' habent (sic) ibidem ii liberos tenentes i virgatam terre et (quoddam molendinum aquaticum).


Fol 53b–liiii b (MiO 14 fol 45b–46; Leigh MS fol 125–125b)

Unde Simon Hereberd tenet dimidiam virgatam terre pro xiiii d.

Willelmus filius Henrici tenet tantum pro i lb cere ad luminarium Beate (Marie) de Ruton.

Johannes Hereberd tenet de abbate de Sancto Jacobo Norht'[1] dimidiam virgatam terre pro iii s et ii adventibus.

Abbas de Thorneye[2] tenet de predicto Thoma de Arden i molendinum et dimidiam virgatam terre pro xxx s.

---

[2] Underlined in E.164/15, and a marginal mark.     [3] MiO 14 'Lekere'.
[4] MiO 14 'Levecoke'.     [5] MiO 14 'Wardyn'.     [6] MiO 14 'Clerke'.
[7] MiO 14 'Herebere', and later.     [8] MiO 14 'Russell'.

---

[1] MiO 14 'North'' for Northampton.     [2] MiO 14 'Thorney'.

Prior de Coventr' dedit ecclesiam eiusdem ville nomine prebende in ecclesia de Lich'.

Idem prior habet ibidem ii liberos tenentes i virgatam terre.

Unde Willelmus le Wardeyn et Ricardus filius Stephani tenent illam virgatam de dicto prior pro v s et tota villa est geldabilis et facit omne forinsecum servicium regi et dat scutagium.

## Cobynton

Willelmus de Symely magister Militie Templi in Anglie abbas de Stoneley[3] et prior de Coventr' sunt domini de Cobynton.

Unde predictus Willelmus tenet de Johanne de Hastyng per servicium medietatis feodi i militis et Johannes de rege in capite quo servicio nescitur.

Idem Willelmus habet ibidem in dominico ii virgatas terre.

Idem Willelmus habet ibidem vi servos tenentes iii virgatas et quartam partem i virgate terre ad voluntatem domini.

Unde Johannes de Kendale[4] tenet dimidiam virgatam et quartam partem i virgate terre pro ix s viii d dans domino ad exenium suum xiii d ob.

Henricus de Middelwelle[5] tenet dimidiam virgatam terre pro vi s dans domino ad exenium ix d.

Galfridus filius Stephani tenet tantum per idem servicium.

Ricardus de Middelwelle[6] tenet tantum per idem servicium.

Johannes filius Galfridi tenet tantum per idem servicium.

Ricardus Daubenaye[7] tenet tantum per idem servicium.

Et omnes supradicti servi faciunt ii adventus ad curiam Johannis de Hastyng apud Allesle[8] quo waranto nescitur.

Idem Willelmus habet ibidem vi cotarios vi cotagia tenentes ad voluntatem domini.

Unde Margeria Baldewyne[9] tenet i cotagium pro ii s iiii d.

Levena Spirel[10] tenet i cotagium pro ii s.

Goda Holedis[11] tenet tantum pro xii d dans per annum ii gallinas et xx ova.

Robertus le Wale tenet tantum pro v s.

Robertus de Stanle tenet tantum pro iiii s.

Abraham tenet tantum pro iii s iiii d.

Idem Willelmus habet ibidem iii liberos cotarios tenentes iii cotagia.

Unde Robertus Symond[12] tenet i cotagium pro i d et aliud pro i d.

Ricardus de Lyllynton[13] tenet i cotagium pro iiii s faciens ii adventus ad curiam predictam.

---

[3] Leigh MS 'Stanle'.      [4] Leigh MS 'Kendal'.

[5] MiO 14 'Middelwell'; Leigh MS 'Midelwell'.      [6] Leigh MS 'Middelwell';.

[7] Leigh MS 'Daubenays'.      [8] MiO 14 'Allesley'.      [9] MiO 14 'Baldwyn'.

[10] MiO 14 'Spirell'; Leigh MS 'Spyrell'.      [11] MiO 14 'Holydis'; Leigh MS 'Holedig'.

[12] MiO 14 'Symonde'; Leigh MS 'Symund'.      [13] Leigh MS 'Lillynton'.

Libere tenentes

Idem Willelmus habet ibidem iiii liberos tenentes ii virgatas et dimidiam et quartam partem i virgate terre et i acram libere.

Unde Galfridus de Symely tenet i virgatam pro i pari cirotecarum faciens sectam

Fol 54–lv (MiO 14 fol 46–47; Leigh MS fol 125b–126)

ad curiam eiusdem Willelmi de iii septimanis in iii septimanas et ii adventus ad (curiam de Allesley[1]).

Galfridus fillius Radulphi tenet i virgatam terre pro ob faciens ut supra.

Rogerus filius Thome tenet quartam partem i virgate terre pro iii d pro omni servicio.

Abbas de Stanle[2] tenet dimidiam virgatam terre in puram et perpetuam elemosinam.

Idem abbas habet ibidem ii cotarios tenentes ii cotagia ad voluntatem domini.

Hugo le Keu[3] tenet i cotagium de predicto abbate pro iiii s.

Alicia atte Welle[4] tenet i cotagium pro iii s.

Predictus Willelmus de Symely tenet aquam de Lemene[5] in defenso ex una parte sine waranto et dat scutagium.

Magister Militie Templi alius dominus de Cobynton tenet de rege in capite in puram et perpetuam elemosinam.

Idem magister habet ibidem in dominico iii virgatas terre.

Idem magister habet ibidem vii servos tenentes iii virgatas et dimidiam.

Unde Ricardus Neucome[6] tenet dimidiam virgatam terre pro v s vi d falcans per i diem et dimidium colligens fenum et carians fenum et dominus pastet (eum)[7] in omnibus operibus suis dans ad auxilium per annum ii s.

Felicia la Veve tenet tantum per idem servicium.

Johannes de Wormelanton tenet tantum per idem servicium.

Johannes atte Grene tenet tantum per idem servicium.

Adam de Gersemor[8] tenet tantum per idem servicium.

Basilia la Veve tenet tantum pro eodem.

Willelmus filius Petri tenet tantum per idem servicium.

(Idem magister habet ibidem ii cotarios tenentes ii cotagia in servagio.

Unde Willelmus filius Petri tenet i cotarium (sic) pro ii s colligens fenum per i diem.

---

[1] Leigh MS 'Allesleye'.    [2] MiO 14 'Stonley'; Leigh MS 'Stonle', and later.
[3] Leigh MS 'Cu'.    [4] MiO 14 and Leigh MS 'Well'.    [5] Leigh MS 'Lemen'.
[6] Leigh MS 'Neucomere'.    [7] Omitted both E.164/15 and MiO 14. In Leigh MS.
[8] MiO 14 'Gersemore'.

Editha la Veve tenet i cotagium per idem servicium.)[9]
Idem magister habet ibidem quandam gravam inclusam ad modum parci sine waranto et non dat scutagium.
Willelmus filius Henrici tenet dimidiam virgatam terre de filio Galfridi le Keu pro ix s et est de feodo abbatis de Stanle.
Rogerus filius Thome tenet tantum pro xii d.
Thomas Peres tenet i cotagium de Rogero Batemon[10] pro xviii d et ii adventibus ad curiam Hospitalis.
Willelmus Crone tenet quartam partem i virgate terre de magistro Hospitalis Jerusalem' pro xii d et ii adventibus ut supra.
Robertus le Feure tenet terciam partem ii virgatarum terre de predicto abbate pro vi s ii d et ii adventibus ut supra.
Symon Glove[11] tenet tantum de eodem per idem servicium.
Symon le Feure tenet i cotagium pro iii s (et ii adventibus ut supra).[12]
Robertus filius Symonis tenet terciam partem ii virgatarum terre de eodem abbate pro vi s ii d et ii adventibus ut supra.
Rogerus de la More tenet medietatem i messuagii de eodem feodo de Rogero


Fol 54b–lv b (MiO 14 fol 47–47b; Leigh MS fol 126–126b, 122b–123)


Batemon pro vi d et idem Rogerus Batemon reddit abbati pro eodem messuagio iiii d.
Idem Rogerus de la More tenet ii acras terre de Symone de Cobynton per quandam quietam clamantiam[1] et Symon de priore de Coventr'.
Idem Rogerus tenet de feodo prioris de Coventr' i acram terre et dimidiam et i rodam prati per quandam quietam clamantiam de Galfrido le Bole.[2]
Galfridus le Mouner tenet dimidiam virgatam terre de feodo prioris de Coventr' pro xviii s pro voluntate domini.
Galfridus filius Elie tenet tantum de eodem pro ob et ii adventibus ad curiam prioris.
Galfridus de Castell[3] tenet i virgatam terre pro vii d et ii adventibus ut supra.
Cristiana le Pipere tenet dimidiam virgatam terre pro ob et ii adventibus ut supra.

---

[9] These three lines in Leigh MS only.    [10] MiO 14 'Bateman', and later.
[11] Leigh MS 'Blowe'.    [12] This phrase in Leigh MS only.

---

[1] Leigh MS 'quietaclamantiam', and later.    [2] MiO 14 'Gole, and later.
[3] Leigh MS 'Castello'.

Rogerus filius Thome tenet tantum pro i d et ii adventibus ut supra.

Galfridus Bole tenet quartam partem i virgate terre de Rogero de Caunvile (?) pro xii d et ii adventibus ut supra.

Reginaldus de Mildewell[4] tenet tantum de abbate de Stanle pro vii s et ii adventibus ut supra.

Robertus filius Symonis tenet dimidiam virgatam terre de priore de Coventr' pro ii d et vi clavos equorum et ii adventibus ad curiam suam.

Willelmus filius Henrici tenet i cotagium et dimidiam acram terre pro i d et ii adventibus ut supra.

Leticia filia Henrici tenet i cotagium pro i d.

Hawysia[5] filia Henrici tenet i cotagium pro ob.

Alexander de Crullefeld[6] tenet i cotagium et vi acras terre pro ii rosis et ii adventibus ut supra.

Alicia filia Leticie tenet i cotagium de predicto abbate pro vi d et ii adventibus ut supra.

Willelmus de Wytenasse[7] tenet i cotagium de eodem pro vi s et ii adventibus ut supra.[8]

Alexander de Crullefeld tenet i cotagium de eodem pro iiii s iiii d.


**Oluweton[9]**–feodum ii militum.

Prior de Coventr' est dominus de Oluweton et tenet de rege in capite per servicium feodi ii militum pro tota baronia de qua baronia ista villa est membrum.

Idem prior habet ibidem in dominico ii carucatas terre.

Servi

Idem prior habet ibidem xxx servos tenentes xv virgatas terre.

Unde Hugo le Traventer tenet dimidiam virgatam terre pro v s arrans per iii dies post Natale Domini ad voluntatem domini et per iii dies post Pascham et per iii dies post festum Sancti Michaelis hercians per iii dies in hyeme et per iii dies in xl[a] sarculans metens falcans colligens fenum carians bladum et fenum indifferenter[10] ad voluntatem domini faciens cariagium ter in anno dans auxilium domino ad festum Sancti Michaelis ad voluntatem domini

---

[4] MiO 14 'Mildwell'.     [5] MiO 14 'Hawycia'; Leigh MS 'Hawicia'.
[6] MiO 14 'Crullefeyld'; Leigh MS 'Cruylfeld', and later.
[7] MiO 14 'Whitnasse'; Leigh MS 'Whitenash'.     [8] Last phrase omitted from Leigh MS.
[9] Leigh MS 'Olughton', and later.     [10] MiO 14 'indeferenter'.

Fol 55–lvi (MiO 14 fol 47b–48; Leigh MS fol 123–123b)

colligens stipulam per iii dies faciens redemptionem prolis[1].

Henricus Uppehull tenet dimidiam virgatam et quartam partem i virgate pro vii s vi d faciens servicium predictum.

Henricus Prior tenet dimidiam virgatam terre pro v s et predictum servicium faciens.

Goda le (sic) Veve tenet tantum per idem servicium.

Thomas Sprot tenet tantum per idem servicium.

Walterus filius Ricardi tenet tantum et quartam partem i virgate terre pro vii s vi d faciens servicium predictum.

Emma la Reyne tenet tantum per idem servicium.

Robertus filius Henrici tenet tantum pro v s faciens servicium predictum.

Willelmus de Blakewell tenet tantum per idem servicium.

Walterus Belamy tenet tantum per idem servicium.

Robertus le Conestable[2] tenet tantum per idem servicium.

Hugo le Rus tenet tantum per idem servicium.

Robertus filius Roberti tenet tantum per idem servicium.

Felicia Aboveton tenet tantum per idem servicium.

Willelmus de Claverdon tenet tantum per idem servicium.

Ricardus Brun[3] tenet tantum per idem servicium.

Wydo le Bocher tenet tantum per idem servicium.

Ricardus filius Henrici tenet tantum per idem servicium.

Thomas de Hybn'[4] tenet tantum per idem servicium.

Willelmus filius Thome tenet tantum per idem servicium.

Rogerus de Lyllynton[5] tenet tantum per idem servicium.

Alicia la Veve tenet tantum per idem servicium.

Symon le Forester tenet tantum per idem servicium.

Symon filius Symonis tenet tantum per idem servicium.

Robertus Prior tenet tantum per idem servicium.

Johannes filius Amabillie tenet i virgatam terre faciens servicium predictum duorum servorum.

Johannes filius Wydonis[6] Robertus le Car'[7] et Ricardus le Bercher tenent dimidiam virgatam terre pro x s faciens servicium predictum.

Isabella la Veve tenet quartam partem i virgate terre per servicium predictum.

Cotarii

Idem prior habet ibidem iiii cotarios tenentes iiii cotagia.

---

[1] Leigh MS 'plegii'.    [2] MiO 14 and Leigh MS 'Constable'.    [3] Leigh MS 'Bron'.
[4] MiO 14 'Hibn'.–Hibernia?    [5] Leigh MS 'Lillynton'.    [6] MiO 14 'Widonis'.
[7] Leigh MS 'Carect''.

Unde Rogerus le Hayward[8] tenet i cotagium pro xii d et levabit pratum domini et recipiet carectas in curiam domini et faciet iii messiones et i metebene pro voluntate domini dans i gallum ad Natale Domini.
Inge la Veve tenet i cotagium per idem servicium.
Willelmus de Schipeston[9] tenet tantum per idem servicium.
Henricus filius le Provost tenet tantum per idem servicium.


## Fol 55b–lvi b (MiO 14 fol 48*–48b; Leigh MS fol 123b)

Henricus le Feure tenet i messuagium et terciam partem dimidie virgate terre pro ii s metens per iii dies cum i homine et faciens i metebene faciens ferrum domini ad iii carucas de ferro et ascero domini et omnes predicti tenent ad voluntatem domini.
Idem prior habet ibidem vi liberos tenentes iiii virgatas et quartam partem i virgate terre.
Unde Thomas de Wauton tenet i virgatam et quartam partem i virgate terre et i acram et dimidiam pro viii s faciens fidelitatem[1] et faciet i metebene cum omnibus hominibus suis.
Henricus Fraunkelayn[2] tenet i virgatam pro iiii s faciens fidelitatem et sectam ad curiam suam de iii septimanis in iii septimanas et faciens i metebene cum i homine per i diem.
Petrus le Harpur[3] tenet dimidiam virgatam terre de Symone Joilyn[4] pro xviii d et Symon tenet de priore et prior de rege et idem Petrus facit sectam ad curiam prioris de iii septimanis in iii septimanas et faciet i metebene cum omnibus hominibus suis.
Johannes Fouke tenet quartam partem i virgate terre de eodem priore pro vii s vi d et fidelitate faciens i metebene cum i homine per i diem et idem Johannes tenet de Johanne Fraunkeleyn[5] pro ii d et Henricus (sic) de priore.
Willelmus Scot tenet dimidiam virgatam terre de Ricardo de Staunton pro xii s et Ricardus de priore pro ii s et idem Willelmus facit bis sectam ad curiam prioris et faciet i metebene ut supra pro omni servicio.
Willelmus filius Johannis tenet dimidiam virgatam terre de Thoma de Walton pro ii s faciens fidelitatem et sectam ut supra et i metebene ut supra.

---

* Fols 48 and 49 in MiO 14 have been misplaced in the MS to between fols 67 and 68.
[8] MiO 14 'Haywarde'.    [9] MiO 14 and Leigh MS 'Shipeston'.

---

[1] Leigh MS 'fidem'.    [2] MiO 14 'Fraunkleyn' and later; Leigh MS 'Frankelayn'.
[3] Leigh MS 'Harpour'.    [4] Leigh MS 'Joylyn'.
[5] Leigh MS has 'Henricus Frankleyn' here which is probably correct.

Robertus de Ichynton tenet ii acras terre et dimidiam de Thoma de Walton pro ii s et facit fidelitatem et idem Thomas tenet de priore.

Gilbertus de Prestecote[6] tenet quartam partem i virgate terre de Johanne Goremund[7] pro ii s et Johannes tenet de priore pro xii d et facit sectam bis per annum ad curiam prioris et i metebene per i diem cum omnibus hominibus suis.

Idem prior habet quendam boscum continentem x acras terre et habet warennum et visum franciplegii furcas et assisam panis et cervisie et non respondet pro murdro et hoc habet per cartam domini Henrici regis (patris)[8] Edwardi regis nunc ut dicit et est idem prior patronus ecclesie illius ville que dotata est de i virgata terre et non dat scutagium nec aliud servicium.

**Lyllynton**–feodum i militis

Prior de Kenill' et Petrus de Wolvardynton sunt domini de Lillynton[9] unde idem prior tenet de rege in capite per servicium feodi i militis.

Idem prior habet ibidem i acram[10] terre in dominico.

Idem prior habet ibidem xx servos tenentes xvi virgatas et quartam partem i virgate terre.

Unde Willelmus de Overton tenet i virgatam terre pro iiii s metens cum i homine per iiii dies falcans cum i homine per iiii dies carians fenum quater hercians cum i homine et i equo per i diem in xl[a] et dominus pastet eum in omni opere suo.

Fol 56–lvii (MiO 14 fol 49–49b)

Willelmus Bacun tenet dimidiam virgatam terre pro ii s falcans cum i homine per iiii dies carians fenum quater metens cum i homine per iiii dies hercians ut supra et dominus pastet eum ut supra.

Gilbertus de Overton tenet quartam partem i virgate terre pro xii d faciens omnia servicia predicta.

Robertus Put tenet dimidiam virgatam terre pro ii s faciens servicia predicta.

Willelmus Baldewyne[1] tenet tantum per idem servicium.

---

[6] Leigh MS 'Prestcote'.    [7] MiO 14 'de Goremunde'; Leigh MS 'Gurmund'.

[8] Omitted E.164/15 and MiO 14; in Leigh MS.    [9] MiO 14 'Lyllynton'.

[10] A mistake for 'carucatam'?

---

[1] MiO 14 'Baldwyn'.

Robertus Bacun tenet tantum per idem servicium.

Willelmus Aboveton tenet i virgatam terre pro iiii s faciens opera ut supra.

Henricus Roddyng tenet dimidiam virgatam terre pro ii s faciens opera ut supra.

Henricus Mendewel[2] tenet tantum per idem servicium.

Walterus Joye tenet tantum per idem servicium.

Thomas filius Ranulphi tenet dimidiam virgatam terre et quartam partem i virgate pro iii s metens falcans sicut dictum est prius et carians fenum ter.

Ricardus Chynor tenet dimidiam virgatam terre per predictum servicium.

Gilbertus Canon tenet i virgatam terre pro iiii s faciens servicia predicta.

Thomas le Venur tenet tantum per idem servicium.

Alicia la Veve tenet tantum per idem servicium.

Robertus de Wyhtlachtesford tenet de priore de Kenill' c acras terre libere per servicium x s et est geldabilis et facit forinsecum servicium.

Ricardus Baldewyne tenet dimidiam virgatam terre pro x s faciens servicia predicta.

Gilbertus Latemon tenet i virgatam terre pro iiii s faciens servicium predictum.

Robertus le Provost tenet i virgatam et quartam partem i virgate terre pro v s faciens servicium predictum.

Matilda atte Well[3] tenet i virgatam terre pro iiii s faciens predicta servicia.

Ricardus atte Well tenet dimidiam virgatam terre pro ii s faciens predicta servicia.

Thomas atte Well tenet i virgatam terre pro iiii s faciens servicia predicta.

Radulphus le Carecter tenet dimidiam virgatam terre pro ii s faciens servicia predicta.

Willelmus Bacun tenet tantum per predictum servicium.

Willelmus Walchyn tenet tantum per idem servicium.

Gilbertus Rede tenet quartam partem i virgate terre pro xii d faciens servicia predicta.

Willelmus Perot[4] tenet tantum per predictum servicium.

Ricardus Cachesbroc[5] tenet tantum per idem servicium.

Ricardus de la More tenet tantum per idem servicium.

Omnes predicti dant auxilium priori ad festum Sancti Michaelis. pro voluntate sua et solebant esse geldabiles et habet libertatem per cartam regis Henrici patris Edwardi regis nunc ut dicit et non dat scutagium.

**Wrydefen et Blakedon** – feodum i militis

Petrus de Wolfardynton alius dominus de Lyllynton (tenet de Roberto de

---

[2] MiO 14 'Mendewell'.    [3] MiO 14 'att Well', and later.    [4] MiO 14 'Perote'.
[5] MiO 14 'Cachesbroke'.

Verdun per) servicium feodi i militis cum subsidio de (Wrydefen et de Blakedon et idem) Robertus tenet de Theobaldo de Verdun et Theobaldus (de comite de Warr' et comes) de rege in capite quo servicio nescitur.

### Fol 56b – lvii b (MiO 14 fol 49b–50)

Idem Petrus[1] habet ibidem i acram[2] terre in dominico.
Servi
Idem Petrus habet ibidem x servos tenentes xi virgatas terre et dimidiam.
Unde relicta Mauricii tenet ii virgatas terre et dimidiam pro x s.
Nicholaus Payn tenet ii virgatas terre pro viii s.
Willelmus Hondemon tenet i virgatam terre pro iiii s.
Randulphus filius Alani tenet i virgatam terre pro eodem.
Henricus Bonde tenet tantum per idem servicium.
Thomas Hughe[3] tenet tantum per idem servicium.
Ricardus filius Jul'[4] tenet tantum per idem servicium.
Johannes de Wolfardynton tenet tantum per idem servicium.
Willelmus le Maistre tenet dimidiam virgatam terre de predicto Petro pro ii s.
Juliana la Veve tenet tantum per idem servicium.
Omnes predicti metent predictam acram terre que est de dominico et dant vicecomiti Warr' per annum vii s vi d et preposito hundredi xxii d ob et ad deceniam in hundredo per annum ii s et dant warth et scutagium.
Abbas de Combe tenet i molendinum aquaticum de Roberto de Verdun pro xx s.
Predictus[5] prior de Kenill' habet ecclesiam eiusdem ville in proprios usus que dotata est de i virgata terre et dimidia de quo tenet et quo waranto nescitur et dat scutagium.

### Weston – feodum i militis
Adam de Napton Silvestr' de Honigham et Johannes de Wyleuby sunt domini de Weston unde dictus Adam tenet de comite de Boghan'[6] uno herede Wynton' per servicium feodi i militis et comes de rege in capite quo servicio nescitur.
Idem Adam habet ibidem in dominico i molendinum aquaticum et iii virgatas terre et dimidiam faciens sectam ad curiam Leicestr' de iii septimanis in iii septimanas.

---

[1] MiO 14 'Prior' – a mistake.   [2] Another mistake for 'carucatam'?   [3] MiO 14 'Hugh'.
[4] MiO 14 'Juliani'.   [5] MiO 14 has 'Nota' in margin against this entry.
[6] 'Boghan' is the Earl of Buchan (Alexander Comyn) who inherited through marriage to a daughter and heir of the Earl of Winchester (V.C.H. Warks) VI p252.

Servi

Idem Adam habet ibidem ix servos tenentes iii virgatas terre et dimidiam.

Unde Robertus le Provost tenet dimidiam virgatam terre pro xvi s.

Johannes Wodeward[7] tenet tantum per idem servicium.

Radulphus le Carecter tenet quartam partem i virgate terre pro viii s.

Henricus de Napton tenet tantum per idem servicium.

Willelmus Godchep[8] tenet tantum per idem servicium.

Nigellus de Suham tenet tantum per idem servicium.

Ricardus Bonde tenet tantum per idem servicium.

(Robertus de Bascote) tenet tantum pro ix s.

(Margeria la Veve tenet tantum per idem servicium.

Cotarii

Idem Adam habet ibidem ii liberos tenentes ii cotagia.

Unde Petrus (sic) le Veve tenet i cotagium pro i d de eodem Ada et priori de ——)[9] xii d.


Fol 57 – lviii (MiO 14 fol 50b–51)


Cecilia filia Luce tenet i cotagium et iii acras terre (pro xii d) reddendo hospitalario de Grafton.

Libere tenentes

Idem Adam habet ibidem viii liberos tenentes iii virgatas et dimidiam et quartam partem i virgate terre.

Unde Ricardus Taney tenet i virgatam terre pro iiii s faciens homagium et ii adventus ad curiam Wynton' et Silvestro de Honigham xviii d faciens ei homagium reddendo inde Roberto de Wyleby i d.

Henricus de Ockele tenet tantum per idem servicium.

Robertus Wolvy tenet vi acras terre pro vi d faciens sectam ad curiam domini de (iii septimanis in iii septimanas).

Nicholaus Ernald tenet quartam partem i virgate terre pro ob et i pari cirotecarum.

Idem Nicholaus tenet tantum de eodem ad terminum vite sue pro viii s.

Willelmus de Dubteny tenet quartam partem i virgate terre pro i pari cirotecarum.

Willelmus filius Nicholai tenet dimidiam virgatam terre de dicto Ada pro xvi s et idem Adam tenet de Hugone de Bereford dimidiam virgatam terre pro iiii s vi d.

Willelmus filius Henrici tenet dimidiam virgatam terre de eodem Adam

---

[7] MiO 14 'Wodewarde'.     [8] MiO 14 'Godeshepe'.
[9] Last lines of this folio very faded in E.164/15.

(sic)[1] pro ii s faciens sectam de iii septimanis in iii septimanas et omnes predicti faciunt ii adventus ad curiam Wynton'.

Prior de Orbur'[2] tenet de dicto Adam (sic) in puram et perpetuam elemosinam.

Idem prior habet ecclesiam eiusdem ville in proprios usus cum dimidia virgata terre.

Idem prior tenet de Roberto Wulvy terciam partem i virgate terre pro iii d et i pari cirotecarum.

Idem Adam habet quendam boscum continentem iii acras terre inclusas ad nocumentum patrie que solebant esse communis pastura sine waranto et dat scutagium.

Silvester de Honigham unus dominus de Weston tenet de Henrico de Bercheston pro xii d et Henricus de Johanne de Hastyng[3] et Johannes de rege in capite quo servicio nescitur.

Servi

Idem Silvester habet ibidem iii servos tenentes i virgatam terre et quartam partem i virgate.

Unde Ricardus de Sadynton tenet dimidiam virgatam terre pro xx s.

Alicia Wyneye tenet tantum pro xvi s.

Robertus Pany tenet quartam partem i virgate terre pro viii s.

Libere tenentes

Idem Silvester habet ibidem ii liberos tenentes i virgatam et quartam partem i virgate terre.

Unde Thomas de Sadynton tenet i virgatam terre pro xiii s faciens homagium.

Johannes Love tenet quartam partem i virgate terre pro viii s faciens homagium et non dat scutagium.

Johannes de Wyleweby[4] tertius dominus de Weston tenet de Roberto de Cumpton et Robertus de Simone Basset et Simon de comite Warr' et comes de rege in capite quo servicio nescitur et dat idem Johannes comiti Warr' ad scutagium (ix d).

Idem Johannes habet ibidem ii liberos tenentes i virgatam terre et dimidiam.

Unde Robertus de Weston tenet dimidiam virgatam et quartam partem i (virgate pro viii s) faciens ii adventus ad hundredum et dant auxilium vicecomitis.

Radulphus filius Isoldi (sic)[5] tenet tantum per idem servicium.

Johannes de Hasthul tenet viii acras terre de predicto Radulpho (pro xii d).

---

[1] Both MSS make this mistake, and in next entry.    [2] MiO 14 'Orbury'.
[3] MiO 14 'Hasting'.    [4] MiO 14 'Wylewby'.
[5] Ending unclear in E.164/15; definitely 'Isoldi' in MiO 14.

Fol 57b – lviii b (MiO 14 fol 51–51b; Leigh MS fol 126b–127)

Galfridus le Mouner tenet vi acras terre pro vi d de eodem et sunt geldabiles et faciunt forinsecum servicium et dant scutagium.

Henricus de Napton tenet de Johanne Scot i cotagium pro xvi d et Johannes tenet de magistro Militie Templi in Anglie et magister de predicto Adam (sic).

Ricardus le Clerc[1] tenet i cotagium et ii acras terre de eodem Johanne pro xii d.

Johannes Scot tenet i virgatam terre de predicto magistro pro viii s et ii adventibus et non scutagium.[2]

**Styvecheshale[3]** – tercia pars feodi i militis
Heredes Margerie de Neyrburn[4] tenent villam de Styvech' de episcopo Cestr' per servicium feodi tercie partis i militis et episcopus de rege in capite.

Iidem heredes habent ibidem in dominico i messuagium et dimidiam virgatam terre.

Johannes de Langele[5] tenet de predictis heredibus medietatem ville predicte pro i rosa et homagio et heredes tenent de episcopo et episcopus de rege.

Henricus de Styvych'[6] tenet xxii s redditus de predictis heredibus pro i d pro omni servicio.

Willelmus de Lyston[7] tenet iiii virgatas terre de predicto Henrico pro xxii s i d et i rosa pro omni servicio.

Ricardus de Moubray[8] tenet dimidiam virgatam terre pro x s de predicto Willelmo ad voluntatem suam.

Willelmus Wynter tenet i cotagium de predicto Willelmo pro iii s et ii gallinis et i die in autumpno.

Johannes de Langele tenet quartam partem i virgate terre de eodem Willelmo pro ii s pro omni servicio.

Johannes de Baruwe[9] tenet i messuagium et dimidiam virgatam terre de eodem[10] pro iiii s pro omni servicio.

Ricardus de Baruwe[11] tenet dimidiam virgatam terre de eodem pro i lb cimini pro omni servicio.

Johannes de Canel'[12] tenet i messuagium et dimidiam virgatam terre de eodem pro iiii s pro omni servicio.

---

[1] MiO 14 'Clerk'.      [2] So in both MSS.      [3] Leigh MS 'Styvechale', and later.
[4] Leigh MS 'Neirburn'.      [5] MiO 14 'Langeley'; Leigh MS 'Langl'', and later.
[6] Leigh MS 'Styvechal'.      [7] Leigh MS 'Liston', and later.      [8] Leigh MS 'Moutbray'.
[9] Leigh MS 'Barwe'.      [10] Leigh MS 'de eodem Willelmo', and so for next four entries.
[11] Leigh MS 'Barow'.      [12] Leigh MS 'Canele'.

Ranulphus Waut'[13] tenet i messuagium et quartam partem[14] i virgate terre de eodem pro ii s et secta ad curiam suam de iii septimanis in iii septimanas.

Stephanus de Lyston tenet i cotagium de eodem pro ii s pro omni servicio.

Johannes de Langele tenet de predictis heredibus i messuagium iii virgatas terre et dimidiam et iiii acras per quod servicium nescitur.

Idem Johannes habet in eadem villa iii virgatas terre de villenagio.

Unde Rogerus Russel[15] tenet i messuagium et dimidiam virgatam terre pro ix s et secta ut supra.

Willelmus de Westerne tenet de eodem quartam partem i virgate et quartam partem medietatis i virgate terre pro viii s et secta ut supra.

Ricardus le Portere[16] tenet i messuagium et quartam partem i virgate et iii acras terre de eodem Johanne de Langele pro vii s vi d et secta ut supra.

Henricus le Noreys[17] tenet tantum de eodem pro vii s et secta ut supra.

Adam de Westerne tenet i messuagium et quartam partem i virgate terre de eodem pro viii s et secta ut supra.

Johannes le Parlur[18] tenet tantum pro iii s vi d.

Willelmus le Pestur[19] tenet i messuagium et iii acras terre pro iiii s.

Jordanus le Provost tenet i messuagium et dimidiam virgatam terre pro ix s.


Fol 58 – lix (MiO 14 fol 51b–52; Leigh MS fol 127)

Johannes de Canele tenet quartam partem i virgate terre de eodem (Johanne de Langle')[1] pro iiii s.

Et omnes predicti possunt moveri[2] ad voluntatem domini.

Idem Johannes de Langele habet istos subscriptos libere tenentes.

Unde Alicia la Whyte[3] tenet de eodem i messuagium et quartam partem i virgate terre pro viii s pro omni servicio.

Ranulphus filius Hugonis tenet i messuagium et i virgatam terre[4] pro vi d – et i lb cimini et secta ut supra.

Rogerus le Copere[5] tenet i messuagium et quartam partem i virgate terre pro vii s et secta curie.

---

[13] 'Waut' in all MSS.      [14] Leigh MS has 'i messuagium i virgatam'.
[15] MiO 14 and Leigh MS 'Russell'.      [16] Leigh MS 'Pottere'.      [17] MiO 14 'Norreys'.
[18] Leigh MS 'Parlour'.      [19] Leigh MS 'Pestour'.

---

[1] Only Leigh MS has this.      [2] Leigh MS 'amoveri de tenura sua'.
[3] MiO 14 and Leigh MS 'White'.
[4] Leigh MS has 'de eodem' after 'terre', and in following two entries.
[5] Leigh MS 'Coupere'.

Johannes de Canele tenet i messuagium et iiii acras terre pro xiii d pro omni servicio.

Idem Johannes tenet i cotagium libere pro ii s pro omni servicio.

Radulphus[6] de Stratton tenet de episcopo Cestr' i messuagium et dimidiam virgatam[7] terre pro vi s pro omni servicio.

Idem episcopus Cestr' appropriavit sibi visum franciplegii in eadem villa de Styvychale per quod warantum nescitur.

Robertus le Forester[8] tenet i messuagium et i virgatam terre de Roberto de Stok pro ix s pro omni servicio et secta curie.

Agnes de Baruwe[9] tenet i messuagium et dimidiam virgatam terre de Johanne de Baruwe[10] pro iii s iiii d pro omni servicio.

Ranulphus filius Hugonis tenet de eodem (Johanne)[11] v acras terre pro i clavo gariophili.

Alexander le Wodeward[12] tenet i cotagium de Roberto le Forester pro xviii d pro omni servicio.

Johannes de Canele tenet i messuagium et i acram terre (de eodem Roberto)[13] pro iii s pro omni servicio.


Fol 58 – lix (MiO 14 fol 65b)


**Hundredum de Kynton** (top of folio in later hand)

**Wellesburn' maior de hundredo de Kynton in comitatu Warr'.**
Feodum i militis.
Petrus de Monte Forti est dominus de Wellesburn' maiori et tenet de comite Warr' per servicium feodi i militis et comes de rege quo servicio nescitur.
Servi
Idem Petrus habet ibidem xx servos tenentes xix virgatas terre et dimidiam et quartam partem i virgate.
Unde Willelmus filius Rogeri tenet i virgatam terre pro viii s et debet arare bis in anno et falcare per ii dies cum i homine et levare pratum per i diem cum i homine et cariare ii carectatas (sic) feni et sarculabit blada domini per i diem cum i homine metens per iii dies cum ii hominibus et ad magnam syam cum tota familia sua et erit ultra operarios et tunc prandebit cum domino et in crastino magne sye debet (carectare)[1] ii carectatas bladi (et

---

[6] MiO 14 has 'Nota' in margin against this entry.   [7] Leigh MS 'i messuagium et i virgatem'.
[8] MiO 14 'Forster' and later.   [9] Leigh MS 'Barowe'.   [10] Leigh MS 'Barow'.
[11] Only Leigh MS has this.   [12] MiO 14 'Woodwarde'.   [13] Only Leigh MS has this.

---

[1] Difficult in E.164/15. Sic in MiO 14. A mistake for 'cariare'?

debet) habere in bosco de Kyngeswode[2] quolibet anno iiii carectatas bosci
et (communiam) in eodem et pannagium cum pastura et talliabitur in festo
(Sancti Michaelis Archangeli) ad voluntatem domini.
Simon filius Edithe tenet i virgatam terre per idem servicium.


Fol 58b – lixb (MiO 14 fol 65b–66)


Isabella la Veve tenet tantum per idem servicium.
Robertus filius Willelmi tenet tantum per idem servicium.
Robertus filius le Provost et Cristiana Priome[1] tenent tantum per idem
servicium.
Johannes et Willelmus de Brochampton[2] tenent tantum per idem servicium.
Ricardus Daubeny[3] et Juliana la Veve tenent tantum per idem servicium.
Margeria la Veve tenet tantum per idem servicium.
Johannes Loffe[4] tenet tantum per idem servicium.
Nicholas Syrdeyn[5] tenet tantum per idem servicium.
Henricus Dauke[6] tenet tantum per idem servicium.
Johannes de Watevile[7] tenet tantum per idem servicium.
Ricardus filius Willelmi tenet tantum per idem servicium.
Willelmus filius Walteri tenet tantum per idem servicium.
Robertus Sirdeyn[8] et Rogerus filius Willelmi tenent tantum per idem
servicium.
Symon Rogge tenet tantum per idem servicium.
Willelmus Alebast tenet tantum per idem servicium.
Ricardus Rogge et Rogerus Caumpyoun[9] tenent tantum per idem servicium.
Robertus Aleserde[10] tenet tantum per idem servicium.
Adam Hervy tenet dimidiam virgatam et quartam partem i virgtate terre
pro vi s et per idem servicium.
Editha la Veve tenet dimidiam virgatam terre de heredibus Johannis de
Wauton' pro x s dans i panem et iiii gallinas per annum.
Idem Petrus inveniet omnibus servis suis predictis tempore falca (sic)
communis unam (cinam)[11] plenam cervisie continentem lii lagenas et unam
multonem aut xii d.
Libere tenentes
Idem Petrus habet v libere tenentes.


[2] MiO 14 'Kyngeswodd', and later.

---

[1] MiO 14 'Prioun' (?)     [2] MiO 14 'Brochehampton'.     [3] MiO 14 'Dawbney'.
[4] MiO 14 'Losse'.     [5] MiO 14 'Surdeyn'.     [6] MiO 14 'Dawke'.     [7] MiO 14 'Watemby'.
[8] MiO 14 'Surdeyn'.     [9] MiO 14 'Caumpion'.     [10] MiO 14 'Aleserd'.
[11] Unclear in E.164/15. C with three minims in MiO 14. Mistake for 'seriam'?

Unde Robertus Pyion' tenet i virgatam terre pro i lb piperis et debet scutagium et (sectam curie).

Idem Robertus habet sub se ii tenentes scilicet Willelmum le Bonde et Aliciam Gerald qui tenent i virgatam terre de eodem pro xx s et debet sectam ad curiam dicti Petri.

Willelmus le Keu tenet i virgatam terre pro vi s et debet scutagium et sectam.

Robertus atte Bregge[12] tenet tantum pro viii s et scutagio et secta.

Philipus le Brael[13] tenet ii virgatas terre per servicium septime partis feodi i militis cum acciderit et sectam.

Robertus Wydecok tenet i virgatam terre pro xv s et scutagio et secta.

Omnes isti predicti libere tenentes habebunt in bosco de Kyngeswode sicut predicti custumarii.

Nota:[14] Idem Petrus habet ibidem warennam et visum franciplegii per cartam Henrici regis patris regis nunc ut dicit.


Fol 59 – lx (MiO 14 fol 66–67)

Quarta pars feodi i militis

Willelmus filius Thome de Bissopesdon[1] tenet in eadem villa de Wellesburn dimidiam carucatam terre in dominico de dicto Petro de Monteforti per servicium quarte partis feodi i militis et Petrus de comite Warr' et comes de rege in capite quo servicio nescitur.

Idem Willelmus habet in eadem villa iiii[2] servos tenentes vi virgatas terre et dimidiam et quartam partem i virgate.

(Servi)

Unde Ricardus de Milverton tenet i virgatam terre pro viii s arans per ii dies et falcans per ii dies cum i homine levans pratum per i diem cum i homine et cariabit ii carectas feni metens per iii dies cum ii hominibus metens ad magnam syam cum tota familia sua et tunc prandebit cum domino et cariabit in crastino magne sye ii carectas bladi et habebit in bosco de Kyngeswode sicut predicti et talliabitur ad voluntatem domini ad festum Sancti Michaelis.

Hugo le Provost et Willelmus le Chapelayn[3] tenent i virgatam terre per idem servicium.

Ricardus de Bissopesdon tenet tantum per idem servicium.

Radulphus Godefrey[4] tenet tantum per idem servicium.

---

[12] MiO 14 'att Bregg'.    [13] MiO 14 'Brayle'.    [14] In margin of both MSS.

---

[1] MiO 14 'Bisshopesdon' and later.    [2] MiO 14 correctly 'viii'.    [3] MiO 14 'Chapelyn'.
[4] MiO 14 'Godfrey'.

Isabella Duffild[5] tenet tantum per idem servicium.

Thomas la Persone[6] tenet tantum per idem servicium.

Rogerus Druery tenet dimidiam virgatam et quartam partem i virgate terre pro iii s metens per iii dies cum ii hominibus sarculans per i diem cum i homine metens (ad precare[7]) cum tota familia sua et tunc prandebit cum domino set iste debet (talliare ad voluntatem) domini et nichil habere in bosco de Kyngewodes set ceteri habebunt sicut custumarii Petri de Monte forti supradicti et venient bis ad visum franciplegii ipsius Petri.

Cotarii Petri de Monte forti

Emma Scottes tenet i cotagium de predicto Petro pro vi d metens per iii dies et ii dies ad pratum.

Thomas Scot tenet i cotagium de eodem pro eodem.

Anna Trillirion tenet tantum per idem servicium.

Alicia Bodile tenet tantum per idem servicium.

Margeria Godfrey tenet tantum pro ii s ii d.

Alicia le Feure tenet i cotagium pro ii s.

Willelmus le Holdere tenet i cotagium et i acram terre pro iii s et secta.

Symon[8] le Mercer tenet i cotagium pro ii s.

Sabyna filia Willelmi tenet de Symone de Dene i cotagium pro ii s.

Cotarii predicti Willelmi de Bissopesdon

Thomas le Taillour[9] tenet de predicto Willelmo de Bissopesdon (i cotagium) et i acram terre pro ii s sarculans per i diem levans (pratum per ii dies cum) i homine metens per iii dies cum i homine.


Fol 59b – lxb (MiO 14 fol 67–67b)


Robertus Syward[1] tenet tantum per idem servicium.

Henricus de Watevile[2] tenet i cotagium per idem servicium.

Ricardus Hulle tenet i cotagium et ii acras terre pro iii s iiii d et predictum servicium.

Isabella Pante tenet i cotagium et i acram terre pro ii s iiii d.

Galfridus le Feure tenet i cotagium et i acram terre pro xx d et i vomere et per predictum servicium.

Symon[3] Dun tenet i cotagium de Symone de Dene et i acram terre pro ii s et per predictum servicium.


---

[5] MiO 14 'Duffeld'.      [6] MiO 14 'la Parson''.      [7] Sic in MiO 14.
[8] MiO 14 'Simon', and in subsequent line.      [9] MiO 14 'Tailliour'.

---

[1] MiO 14 'Sywarde'.      [2] MiO 14 'Watemby'.      [3] MiO 14 'Simon' and subsequently.

Robertus Redy tenet i cotagium et dimidiam acram terre pro iii s pro omni servicio per cartam de Roberto Wydecok.[4]

Ricardus Clerebaud[5] tenet ii virgatas terre pro xvi s de predicto Willelmo de Bissopdon et habebit in bosco de Kyngeswode viii carectas bosci et pannagium et pasturam. Et sciendum est quod dictus Willelmus est dominus de Wellesburn maior' et in possessione eiusdem per quoddam escambium factum[6] inter ipsum Willelmum et predictum Petrum videlicet ad terminum vite ipsius Willelmi.

Similimodo conventio est inter ipsum Willelmum et Symonem de Dene et Isoldam uxorem eius quod habebant et teneant omnem predictam quam dictus Willelmus tenebat in villa predicta videlicet ad (vitas ipsorum).

## Newbold Pacy

Feodum i militis

Willelmus le Pacy est dominus de Neubold et tenet de Roberto de Hastyng[7] per servicium feodi i militis et Robertus de Radulpho Musard et Radulphus de rege in capite quo servicio nescitur.

Idem Willelmus habet ibidem dimidiam carucatam terre in dominico.

Servi

Idem Willelmus habet ibidem xiiii servos tenentes viii virgatas terre.

Unde Symon Candy tenet i virgatam terre pro x s et iiii gallinas et est geldabilis.

Randulphus filius Johannis tenet tantum per idem servicium.

(Willelmus) le Grey tenet dimidiam virgatam terre pro dimidia marca et est geldabilis.

Alicia la Veve tenet tantum pro v s et ii gallinas.

Isabella la Veve tenet tantum per idem servicium.

Johannes le Mouner tenet tantum per idem servicium.

Johannes le Provost tenet i virgatam terre pro x s et est geldabilis.

Ricardus Gery tenet dimidiam virgatam terre pro vii s et iiii gallinas et est geldabilis.

Jordanus filius Mathei tenet tantum pro v s et ii gallinas et est geldabilis.

Henricus le Provost tenet tantum de episcopo Wygorn'[8] per idem servicium et est geldabilis.

Adam Welle tenet tantum pro v s et est geldabilis.

Johannes le Carecter et Johannes le Carver tenent tantum pro v s et ii gallinas et (est geldabilis).

---

[4] MiO 14 'Wydecoke'.     [5] MiO 14 'Clerebaude'.
[6] MiO 14 'pro quodam escambio remanente'.     [7] MiO 14 'Hasting'.
[8] MiO 14 'Wigorn''.

(Petrus Maunger) et Galfridus Berel[9] tenent tantum pro v s et i gallina et est geldabilis.


Fol 60 – lxi (MiO fol 67b–68)

Cotarii
Idem Willelmus habet ibidem v cotarii geldabiles unde
Anabilla[1] la Veve tenet i cotagium pro viii d.
Hugo le Panner tenet i cotagium per cartam pro ii s.
Ricardus le Bocher tenet i cotagium et i acram terre pro ii s.
Willelmus Notemon tenet i cotagium pro ii s et ii gallinas.
Robertus Sarewe tenet tantum per idem servicium.
Libere tenentes
Idem Willelmus habet ibidem iii liberos tenentes videlicet
Rogerus filius Stephani tenet dimidiam virgatam terre pro i pari cirotecarum et debet scutagium et ii adventus et est geldabilis.
Isabella filia Hugone le Peyntur tenet tantum pro i d et scutagio et secta (et est gildabilis).
Jordanus Tony tenet tantum de episcopo Wygorn'[2] pro v s et scutagio et secta (et est gildabilis).
Templarius de Baleshale[3] habet ibidem viii virgatas (terre scilicet iiii in dominico) et iiii in villenagio[4] et est de feoffamento Eustachii (filii Hugonis et de feoffa)mento autem Clementis filii Roberti.
Henricus al Ferur[5] et Willelmus al Ferur tenent i virgatam terre (de eodem Templario) pro ii s vi d et falcabunt per i diem cum i homine metentes per i diem cum (iiii) hominibus dans (sic) i panem et ii gallinas ad Natale.
Johannes Elys tenet i virgatam terre per idem servicium.
Idem Johannes et Robertus de Hatton tenent i virgatam terre per idem servicium.
Alanus filius Eustachii tenet i virgatam (terre per idem servicium).
Idem Templarius habet in eadem villa unum liberum tenentem qui tenet iiii virgatas terre pro x s scilicet Philipum le Clerc[6].
Reginaldus le Clerc tenet i messuagium et quartam (partem i virgate).
Gilbertus de Asshorne tenet quartam partem i virgate (terre per cartam pro secta <fac' tm'>).
Simon Candy tenet iii acras terre pro ob (et secta per cartam).

---

[9] MiO 14 'Berell'.

---

[1] MiO 14 'Amabulla'.　　[2] MiO 14 'Wigorn".　　[3] MiO 14 'Balsalle'.
[4] 'vill" in E.164/15; MiO 14 has 'villa'.　　[5] MiO 14 'Perer', and subsequently.
[6] MiO 14 'Clerk' and following line.

Rogerus filius Stephani tenet dimidiam virgatam (terre pro dimidia marca ad voluntatem domini).

Randulphus filius Johannis tenet dimidiam virgatam (terre de dicto Templario ad voluntatem suam).

Rogerus Godwyne[7] tenet (iii acras terre cum pertinentiis pro iiii s de Ivone de Stoke et Ivo) de Philipo de (Breyt et Philipus de Templario).

Idem Templarius (habet ibidem plures libertates quo waranto nescitur).

Prior (Sancti Oswaldi est verus patronus eiusdem ville).[8]

Fol 60b – lxib (MiO 14 fol 68–68b)

Asshorne[1] – medietas feodi i militis.

Thomas Balaunce est dominus de Asshorne et tenet de Roberto de Hastang[2] per servicium medietatis feodi i militis et Robertus tenet de Radulpho Musard et Radulphus de rege in capite quo servicio nescitur.

Idem Thomas habet ibidem ii carucatas[3] terre in dominico.

Idem Thomas habet ibidem ix servos tenentes iiii virgatas terre.

Unde Stephanus filius Alani tenet dimidiam virgatam terre pro ii s vi d arrans bis per annum et falcabit et levabit et cariabit totum pratum domini cum sociis suis metens per i diem cum i homine et dominus pastet eum et dabit i panum et ii gallinas et i gallum ad Natale Domini et talliabitur in festo Sancti Michaelis ad voluntatem domini.

Gilbertus filius Roberti tenet dimidiam virgatam terre per idem servicium.

Gilbertus de Moreton tenet tantum per idem servicium.

Johannes filius Henrici tenet tantum per idem servicium.

Willelmus filius Henrici tenet tantum per idem servicium.

Elyas de Holm[4] tenet tantum per idem servicium.

Elias de Norreys tenet tantum per idem servicium.

Robertus de Moreton et Gilbertus filius Alani tenent tantum per idem servicium.

Omnes predicti sunt geldabiles et faciunt regi forinsecum servicium.

Hugo de Bromle[5] et Avicia uxor eius tenent ibidem de Roberto de Hastyng per servicium tercie partis i (feodi) militis et idem Robertus tenet de Radulpho Musard et Radulphus de rege in capite per idem servicium.

---

[7] MiO 14 'Godewyn'.    [8] Bottom right of this folio in E.164/15 is badly faded.

---

[1] MiO 14 'Asshorn' and subsequently.    [2] MiO 14 'Hasting'.    [3] MiO 14 'carectas'.
[4] MiO 14 'Holme'.    [5] MiO 14 'Bromley'.

Idem Hugo habet ibidem i carucatam[6] terre in dominico.

Idem Hugo habet ibidem iiii servos tenentes i virgatam terre et quartam partem (i virgate) terre.

Unde (Henricus) filius (Radulphi) tenet dimidiam virgatam terre per servicium predictorum custumariorum.

Willelmus filius Radulphi et Rogerus le Courte tenent tantum per idem servicium.

Stephanus filius Alani tenet quartam partem i virgate terre per idem servicium.

(Adam) Wych[7] tenet tantum (libere) pro i lb cere de eodem Hugone.

Fratres de Telesford[8] tenent i virgatam terre de eodem pro xii d et dimidia (lb cimini).

Episcopus Cestr' tenet i virgatam terre de abbate de Bordeslegh et abbas de (dicto Hugone et Hugo de Roberto de Hasting et Robertus) de Radulpho Musard (et Radulphus) de rege pro auxilio vicecomitis et hundredi et tota villa est geldabilis.

Fol 61 – lxii (MiO 14 fol 69–69b)

**Cherlecote** (margin and at head of folio)

Fulco de Lucy est dominus de Cherlecote et tenet de Petro de Monte Forti per servicium medietatis feodi i militis et Petrus de comite Warr' et comes de rege in capite quo servicio nescitur.

Idem Fulco habet ibidem ii molendina aquatica et ii carucatas[1] terre in dominico et totum manerium extra sex virgatis terre que vocatur le Hullelond.[2]

Idem Fulco reddit pro toto predicto quod tenet ibidem pro i pari calcarium deauratorum vel iiii d.

Idem Fulco habet ibidem xxii servos tenentes xvii virgatas terre ad voluntatem domini.

Unde Simon de Rocheforde[3] tenet i virgatam pro viii s arrans ter per annum falcans per iii dies cum i homine et levabit pratum domini et sarculabit metens bladum domini cum sociis suis et cariabit unam carectam bosci per i diem et debet talliari ad festum Sancti Michaelis ad voluntatem domini et idem Fulco dabit eidem Simoni et sociis suis tempore falcacionis vi d et unum (caseum vel) iiii d et idem Simon habebit tantum herbagium

---

[6] MiO 14 'carectam'.     [7] MiO 14 'Wyche'.     [8] MiO 14 'Telesforde'.

---

[1] MiO 14 'carectas' again.     [2] MiO 14 'Hullelonde' and subsequently.
[3] MiO 14 'Rocheford'.

quantum levare potest cum falce sua et tempore autumpni quando ligat garbas habebit unam garbam et dabit domini per annum v gallinas et i gallum.

Thomas Shayl[4] tenet tantum per idem servicium.
Willelmus Shayl tenet tantum per idem servicium.
Willelmus le Cottare[5] tenet tantum per idem servicium.
Thomas le Neweman[6] tenet tantum per idem servicium.
Simon de Rochforde[7] tenet tantum per idem servicium.
Galfridus le Provost tenet tantum per idem servicium.
Robertus Hanel tenet tantum per idem servicium.
Johannes Billing tenet tantum per idem servicium.
Thomas de Newnham tenet tantum per idem servicium.
Thomas Corbyn' tenet tantum per idem servicium.
Ricardus Clot tenet tantum per idem servicium.
Henricus Cart tenet tantum per idem servicium.

Fol 6lb–lxiib (MiO 14 fol 69b–70)

Rogerus Fichet et Philipus le Berker tenent tantum per idem servicium.
Johannes le Feure et Rogerus Raggeles tenent tantum per idem servicium.
Willelmus Hyne et Walterus Shyr[1] tenent tantum per idem servicium.
Willelmus le Shinyere et Willelmus Reymound[2] tenent tantum per idem servicium.
Rogerus Calun' tenet tantum pro xvi s ii d.
Omnes predicti debent facere stagnum molendinorum domini[3] donec sic desuper aquam levatur.
Ricardus de Ragele tenet iiii virgatas terre de Hullelond de eodem Fulcone pro xvi s viii d et ii lb piperis faciens sectam et ii adventus ad visum franciplegii et debet scutagium.
Rogerus de Wythurst tenet xii[4] acras terre de Ricardo de Ragele pro ix s iiii d ad voluntatem domini et non dat scutagium.
(Ricardus) Russell tenet dimidiam virgatam terre de la Hullelond pro x s.
(Robertus) de Homme tenet i virgatam terre pro xiiii s et secta curie.
Walterus filius Milic' tenet ii virgatas terre et dimidiam et debet adventum ad visum franciplegii et ad forciamentum curie pro omni servicio et nullum dat scutagium.

[4] MiO 14 'Shayll', and following line.    [5] MiO 14 'Cociare'.    [6] MiO 14 'Newman'.
[7] MiO 14 'Rocheford'.

[1] MiO 14 'Shyre'.    [2] MiO 14 'Willelmus Shingere et Willelmus Reymounde'.
[3] Omitted in MiO 14.    [4] MiO 14 'iiii'.

(Ricardus) de Ragele tenet i molendinum de Rogero de Celar' pro x s et idem Rogerus de Fulcone de Lucy pro xii d faciens ii adventus et sectam curie pro omni servicio.

Rogerus le Clerk tenet i messuagium de Ricardo de Ragele pro iii s iiii d. Walterus de Wyntrinton tenet quartam partem i virgate terre et xxxix acras (terre) de dicto Fulcone pro iii s iiii d et secta curie faciens ii adventus.

Robertus Sampson habet (sextam) partem i messuagii et quintam partem i virgate et xxxix acras terre de dicto Fulcone pro x d et secta curie et ii adventibus ad visum franciplegii.

Robertus Godhyne tenet sextam partem i virgate terre et xxxix acras terre de eodem pro x d et secta et ii adventibus.

Isti predicti scilicet Walterus Robertus Sampson Robertus Godhyne[5] dant scutagium de i virgata terre.

Walterus le Mouner tenet iiii acras terre pro iiii s operans per iii dies cum i homine sarculans per i diem cum i homine et debet tassere fenum ad voluntatem domini.

Simon le Hayward[6] tenet viii acras terre pro iiii s ad voluntatem domini.

Willelmus Home[7] tenet i cotagium et vii acras terre et dimidiam pro iiii s ad voluntatem domini.

Ricardus Shayl tenet i (acram) terre et dimidiam pro xii d ad voluntatem domini.

## Fol 62–lxiii (MiO 14 fol 70–70b)

Simon de Rochesforde[1] tenet xiiii acras terre pro iiii s.

Simon Gladewyne tenet xii acras terre de eodem Fulcone pro viii s et inveniet domino i hominem per iiii dies in autumpno et faciet stagnum domini cum aliis sociis suis.

Thomas Fichet tenet tantum per idem servicium.

Petrus Trig[2] tenet i cotagium pro ii s de eodem.

Rogerus Bissop[3] tenet i cotagium pro xviii d.

Stephanus Bastard[4] tenet i cotagium pro ii s.

Walterus de Monte tenet i cotagium de eodem pro ii s.

Adam Lyrepere tenet i cotagium de eodem pro iii s.

Willelmus le Mouner tenet i cotagium de eodem pro iiii s.

Agnes de Hethcote[5] tenet i cotagium pro xx d.

---

[5] MiO 14 'Goodhyn'.    [6] MiO 14 'Heywarde'.
[7] Apparently abbreviated in both MSS: the surname 'Homme' as above?

---

[1] MiO 14 'Rocheforde'.    [2] MiO 14 'Tryg'.    [3] MiO 14 'Bisshop'.    [4] MiO 14 'Basterd'.
[5] MiO 14 'Hethecote'.

Johannes Scopin[6] tenet i cotagium de eodem pro xiiii d.

Robertus de Whitchirche[7] tenet i cotagium pro xii d.

Matilla[8] Clot tenet i cotagium de eodem pro xii d metens per iii dies in autumpno et tassans fenum domini.

Edith Pelte[9] tenet i cotagium de eodem per idem servicium.

Walterus Bole tenet i cotagium de eodem per idem servicium.

Agnes le Mortimer[10] tenet tantum per idem servicium.

Henricus Wylames tenet tantum per idem servicium.

Willelmus filius Eve tenet i cotagium per idem servicium.

Cristina Broune tenet tantum per idem servicium.

Thomas Pen tenet i cotagium de eodem pro xiiii d et per idem servicium.

Henricus de Fraunketone[11] tenet i cotagium de eodem pro xviii d.

Idem Fulco habet visum franciplegii cum aliis libertatibus ex dono Ricardi regis et ex confirmacione Johannis regis ut dicit et omnes predicte libertates (bene et plenarie) in carta regis continentur et ille libertates utitur et hucusque usus (est set tum non) debet nec potest tenere visum franciplegii nisi in presentia ballivi domini (regis ut sua) carta testatur quam inde habet quam inspeximus (set tantum sepius tenuit) in absentia ballivi ipsius regis.

Fol 62b–lxiiib (MiO 14 fol 70b–71)

**Berefforde** (margin and at head of folio)

Willelmus de Nasford[1] est dominus eiusdem ville et tenet de Theobaldo le[2] Verdoun per servicium medietate feodi i militis et Theobaldus tenet de Roberto de Mortuo Mari de Castro Ricardi et Robertus de rege in capite per servicium predictum.

Idem Willelmus habet ibidem ii carucatas terre in dominico et i molendinum aquaticum.

Idem Willelmus habet ibidem piscariam in aqua de Avene visum franciplegii et furcas quo waranto nescitur.

Idem Willelmus habet ibidem iiii servos tenentes iiii virgatas terre.

Unde Willelmus Boveton tenet i virgatam terre ad voluntatem domini pro xii s dans domino iii gallinas et i gallum pro omni servicio.

Galfridus filius le Provost tenet de eodem tantum per idem servicium.

Robertus Methe[3] tenet tantum per idem servicium.

---

[6] MiO 14 'Scopyn' or 'Stopyn'.    [7] MiO 14 'Whitchirch'.    [8] MiO 14 'Matilda'.
[9] MiO 14 'Pelt'.    [10] MiO 14 'Mortymer'.    [11] MiO 14 'Franketon'.

---

[1] MiO 14 'Nasforde'.    [2] So in both MSS.    [3] MiO 14 'Meth'.

Galfridus Bynne et Henricus de Neuwenham[4] tenent tantum pro xii s et vi gallinis et ii gallis.

Ricardus le Cartere tenet de eodem i messuagium pro iii s iii gallinis et i gallo.

Is' Methe tenet i cotagium de eodem per idem servicium.

Is' la Welle tenet i cotagium de eodem per idem servicium.

Robertus filius Margerie tenet i cotagium de eodem pro ii s et iii gallinis et i gallo.

Robertus fitz Broun[5] tenet i cotagium de eodem pro xii d et ii gallinis et i gallo.

Matilla[6] la Parmenter tenet i cotagium de eodem pro ii s et iii gallinis et i gallo.

Rogerus le Mouner tenet i cotagium de eodem per idem servicium.

Thomas de Herbreb' tenet i cotagium de Willelmo de Bereford per idem servicium.

Galfridus le Lung tenet ibidem de magistro de Thevelesforde i cotagium pro iiii s.

Ricardus Brun[7] tenet i cotagium de eodem pro ii s vi d et ii gallinis et i gallo.

Ricardus le Taverner tenet i cotagium de eodem pro iii s vi d.

Alicia la Prechour tenet i cotagium de Jul' Motoun[8] pro iii s et iii gallinis et i gallo et omnes tenent ad voluntatem domini.

Hubertus le Mariner tenet i cotagium de eodem et ii acras terre libere pro ii caponibus et sustinebit batellum et faciet transitum ultra Avene.

Robertus de Clyne[9] tenet i cotagium de predicto Willelmo de Nasford pro i d.


Fol 63–lxiiii (MiO 14 fol 71–71b)


Templarii habent in eadem villa de Berefford de feodo dicti Willelmi (i) virgatam terre et non dat (sic) scutagium nec warth' et dari consueverunt et illud substraxerunt quo waranto nescitur.

Willelmus de Berefford ad Crucem tenet i carucatam terre de Roberto de Castro Ricardi per medium Walteri de Berefford reddendo Templariis de Balshale[1] xiii d.

Idem Willelmus ad Crucem tenet de Willelmo de Nasford i cotagium pro iiii s.

---

[4] MiO 14 'Newnham'.      [5] MiO 14 'Broune'.      [6] MiO 14 'Matilda'.      [7] MiO 14 'Brune'.
[8] MiO 14 'Motoune'.      [9] Or 'Clyve'.

---

[1] MiO 14 'Balsale'.

Radulphus de Brailles[2] tenet i cotagium de Willelmo ad Crucem pro i rosa.
Fratres de Telvesforde[3] tenent in eadem villa v virgatas terre in dominico
de Petro de Montefforte[4] pro i d et Petrus de Roberto Humfrey[5] et
Robertus de Roberto de Mortuo Mari de Castro Ricardi et Robertus de
rege in capite pro idem servicium et sunt geldabiles et dant scutagium et
warth'.

Idem fratres tenent ibidem de Fulcone de Lucy iii virgatas terre pro x s et
Fulco tenet de Willelmo de Nasford pro xx s et Willelmus de Theobaldo
de Verdon et Theobaldus de Roberto de <Mortuo> Mari de Castro
Ricardi et Robertus de rege non dat scutagium.

Idem Fulco tenet ibidem i culturam terre de Willelmo de Nasforde pro i
pari calcarium deauratorum vel iiii d.

Juliana Motoun habet ibidem iii servos tenentes iii virgatas terre et
dimidiam ad voluntatem suam quas tenet de Willelmo de Nasford pro ii d.
Unde Willelmus atte Watere[6] tenet i virgatam terre de eadem pro x s et
iiii gallinis.

Henricus le Neweman[7] tenet tantum de eadem per idem servicium.

Simon de Cline[8] tenet i virgatam terre et dimidiam pro xv s et iiii gallinis.

Eadem Juliana tenet ibidem de Willelmo de Nasford ii virgatas terre pro
x s.

Eadem Juliana tenet i cotagium de eodem Willelmo pro (ii) s.

Robertus Godwyne[9] tenet i virgatam terre de Thoma Deyville pro i clavo
gariophili et Thomas tenet de Waltero de Bretforde et Walterus de [10]
Castro Ricardi et Robertus de rege.

Adam de Stauntone[11] tenet i virgatam terre de priore Sancti Johannis
Warr' pro i marca et ii gallinis et i gallo.

Fulco de Lucy tenet i virgatam terre de Thoma (Deyville pro i lb cimini).

Fol 63b–lxiiiib (MiO 14 fol 71b–72; Leigh MS fol 114b)

(Robertus de Walcote) tenet tantum de Willelmo de Nasford pro (i) d.
(Ivo le) Clerk tenet i virgatam terre de eodem pro (ii d).
(Idem Ivo tenet) aliam virgatam terre de eodem pro i pari (cirotecarum).
(Henricus de) Lyndesey (tenet i virgatam terre de) ecclesia pro i marca (et
dat scutagium et warth').

---

[2] MiO 14 'Brayles'.      [3] MiO 14 'Teleforde'.      [4] MiO 14 'Monteforte'.
[5] MiO 14 'Aumfrey'.      [6] MIO 14 'att Water'.      [7] MiO 14 'Newman'.      [8] Or 'Clive'.
[9] MiO 14 'Goodwyne'.
[10] Both MSS make the same omission, 'Roberto de Mortuo Mari de.'
[11] MiO 14 'Staunton'.

Abbas (de Evesham habet) advocationem ecclesie eiusdem ville per cartam Willelmi de Nasford et tota villa dat) warth'.

## Wasperton[1]

(Prior de) Coventr' est dominus de Wasperton et Pakwode et tenet (de rege in capite per cartam) et warantum Sancti Edwardi et per confirmaciones plurimorum regum.

Idem prior habet ibidem ii carucatas terre in dominico.

(Idem) prior habet ibidem warennam et alias libertates per warantum Sancti Edwardi (regis et) per cartam Henrici regis patris regis nunc ut dicit. Ecclesiam eiusdem ville est capella de Hamptone.[2]

Idem prior habet ibidem xxvii servos tenentes xiiii virgatas terre (ad voluntatem domini).

Unde Robertus atte Welle[3] tenet (i) virgatam terre pro xx s arrans (quater) per annum et sepius si dominus voluerit falcans levans fenum (et cariabit tota blada domini)[4] cum sociis suis et prior dabit sibi et sociis suis dimidium quarterium siliginis (et i) multonem (et i caseum) pretii vi d et idem Robertus et socii sui habebunt (primo die et ultimo) falcationis sue tantum herbagium quantum (levare poterunt cum falce sua et sarculabit) blada domini cum sociis suis et metet blada domini cum sociis suis (et venire (?) et cariare cum auxilio domini) et dominus pastet eum et socios suos per i diem et colliget (stipulam) per ii dies cum ii hominibus et averabit apud Coventr' et debet (talliari ad voluntatem domini).

(Ricardus at) Welle et Galfridus de Offchirch[5] tenent i virgatam terre (per idem servicium).

(Adam) filius Johannis et Walterus atte Breke[6] tenent tantum per idem servicium.

Laurentius[7] Norman et Robertus Norman tenent tantum per idem servicium.

(Robertus) filius Walteri et Eustachius tenent tantum per idem servicium. Willelmus le Provost et Johannes filius (Henrici) tenent tantum per idem servicium.

(Willelmus) le (Bachel'[8] et) Sarra tenent tantum per idem servicium.

(Walterus le Chapelyn) et Thomas Gilbert[9] tenent tantum per idem servicium.

---

[1] Wasperton is one of the Coventry Priory manors included in the Leigh MS.
[2] MiO 14 'Hampton'.      [3] MiO 14 'att Well; and subsequently.
[4] This clause, illegible in E.164/15, is omitted in the Leigh MS.      [5] Leigh MS 'Offechurch'.
[6] MiO 14 'at Brek.'      [7] MiO 14 'Henricus' – a misreading?      [8] Leigh MS 'Bachiler'.
[9] Leigh MS 'Gilberd'.

(Radulphus de Mylverton[10] et Sampson) de eadem tenent tantum per idem servicium.

(Willelmus filius Roberti et Wyotus Norman tenent tantum per idem servicium).

## Fol 64–lxv (MiO 14 fol 72–73; Leigh MS fol 114b–115)

Willelmus Oseburn[1] et Robertus filius le Provost tenent tantum per idem servicium.

Walterus de Prestone[2] et Robertus (Gesse[3]) tenent tantum per idem servicium.

Robertus Raven et (Nicholaus de Combrec[4]) tenent tantum per idem servicium.

Cristina Gerbold et Robertus de (Cantelupo[5]) tenent tantum per idem servicium.

Omnes isti predicti facient stagnum molendini et prior potest (mutare) servicia[6] (pro voluntate sua).

Idem prior habet ibidem iii cotarios tenentes ad voluntatem suam.

Unde Johannes Greyle[7] tenet i cotagium pro xviii d et (juvabit ad fenum levandum et ad tassum) faciendum metens per v dies cum i homine et talliabitur ut servi supradicti.

Thomas de Hamptone[8] tenet i cotagium de eodem per idem servicium.

Willelmus le Feure tenet i cotagium pro xii d.

Idem prior habet ibidem iii liberos tenentes iii virgatas terre.

Unde Adam Wych[9] tenet i virgatam terre pro ii s et erit ultra messores (ad <magnam bederipam>).

Adam le Freman[10] tenet i virgatam terre pro ii s arrans quater in anno (falcans per i diem ) cum i homine levans pratum tassans blada in (autumpno) per v dies (cum i homine et dominus pastet eum).

Robertus le Hyer[11] tenet i virgatam terre pro iii s de predicto priore faciens sectam et (veniet ad magnam) syam et si habeat cotarios (debent ibidem metere).

Idem prior habet ibidem (i molendinum et)[12] liberam piscariam in Avene ad valentiam iii s (sicut terra sua durat quo waranto nescitur[13]).

---

[10] Leigh MS 'Mulverton'.

---

[1] MiO 14 'Osburn; Leigh MS 'Oseburn'    [2] MiO 14 and Leigh MS 'Preston'.
[3] Leigh MS 'Gosse'.    [4] Leigh MS 'Cumbroc'.    [5] Leigh MS 'Cantilupo'.
[6] Leigh MS 'servicia eorum'.    [7] Leigh MS 'Greile'.    [8] MiO 14 and Leigh MS 'Hampton'.
[9] MiO 14 'Wich'.    [10] Leigh MS 'Fremon'.    [11] Leigh MS 'Eyr'.
[12] Only the Leigh MS mentions the mill.    [13] Only the Leigh MS has 'quo waranto' clause.

**Pacwode.**[14]

Idem prior habet in Pacwode ii carucatas terre in dominico et tenet de rege in capite ut supra.

Idem prior habet ibidem ii servos tenentes i virgatam terre.

Unde Thomas de Lysterley[15] et (Rogerus) de eadem villa tenent illam pro (dimidia marca arantes per annum) videlicet uterque eorum bis et debent operare per totum annum (in qualibet septimana per i diem) cum ii hominibus preter quam in tribus septimanis festivalis et quando falcant habebunt (iiii d et herbagium et) debent talliari ad voluntatem domini et dominus (potest mutare servicia eorum ad voluntatem suam).

Idem prior habet vi liberos tenentes ii virgatas terre et dimidiam.

Unde Johannes Stykeman[16] tenet xx acras terre pro v s faciens sectam bis (per annum).

Simon de Lymbury[17] tenet xvi acras terre pro iiii s (iiii d faciens sectam ut supra).

Walterus Cave tenet xviii acras pro vi s et iiii d (et secta ut supra).

Simon Prat tenet x acras terre pro iiii s viii d (et secta ut supra).

Johannes Fesaunt tenet iiii acras terre pro xxvi d [18] et (secta ut supra).

Willelmus Bretoun[19] tenet xvi acras (terre pro v s et secta ut supra).

Idem prior habet ecclesiam[20] eiusdem ville in (proprios usus et habet warennam ibidem ——[21]) domini Henrici regis patris regis (nunc).


Fol 64b–lxvb (MiO 14 fo 73–73b; Leigh MS fol 115)


Idem prior habet ibidem quendam parcum inclusum[1] et boscum forinsecum extra forestam et habet alias libertates ibidem[2] per cartam Sancti Edwardi regis et per confirmacionem aliorum regum ut dicit.

**Sale Moreton**

Eustachius de la Hetthe est dominus medietatis ville de Sale Mortone[3] et tenet de heredibus <Johannis> filii Alani de Wolfrinton per servicium medietatis feodi i militis pro i pari calcarium deauratorum vel pro (vi d).

Idem Johannes tenet de comite Warr' et comes de rege.

Idem Eustachius habet ibidem ii carucatas terre in dominico et est patronus medietatis ecclesie.

---

[14] MiO 14 'Pakwode'; Leigh MS 'Pacwod'.      [15] Leigh MS 'Lysterleye'.
[16] MiO 14 'Stykman'.      [17] Leigh MS 'Lunbur''.      [18] MiO 14 'ii s. ii d'.
[19] MiO 14 and Leigh MS 'Breton'.      [20] Leigh MS repeats 'habet ecclesiam'.
[21] MiO 14 has a blank; Leigh MS ' per cartam'.

---

[1] Omitted MiO 14; in Leigh MS.      [2] Omitted Leigh MS.      [3] MiO 14 Moreton.

Idem Eustachius habet ibidem visum franciplegii et habet regalem et wayf quo waranto nescitur.

Idem Eustachius habet ibidem iiii servos.

Unde Gilbertus atte Toneshende[4] tenet i virgatam terre pro x s arrans bis per annum metens per v dies cum ii hominibus et dominus pastet eum die precarie sue cum familia sua.

Henricus le Sise tenet tantum per idem servicium.

Johannes Unwyne[5] tenet tantum per idem servicium.

Johannes le Halle tenet i cotagium de Johanne Unwyne pro vi d.

Felicia la Veve tenet i virgatam terre de predicto Eustachio pro x s et per predictum servicium.

Edusa la Laundere[6] tenet de dicta Felicia i cotagium pro vi d.

Idem Eustachius habet v cotarios.

Unde Johannes le Grey tenet dimidiam virgatam terre pro v s arrans per i diem metens per v dies cum i homine et dominus pastet eum et familiam suam per i diem et messorem tantum per alium diem.

Walterus Alayn tenet tantum pro v s et per idem servicium.

Johannes le (Buckere)[7] tenet tantum per idem servicium.

(Alicia) la (Buckere) tenet i cotagium de dicto Johanne pro vi d.

(Willelmus Pegeon') tenet i acram terre pro ii s de dicto Eustachio metens per v dies (cum i homine) et dominus pastet eum.

(Robertus Alysaundr') tenet i acram terre pro iii s metens per v dies cum i homine et dominus pastet eum.

(Idem Eustachius) dat scutagium et omnes supradicti debent talliari ad voluntatem domini.

(Idem Eustachius habet ibidem vi) liberos tenentes.

(Unde Nicholaus Trymanell tenet i) messuagium unde nulla solutio.

(Magister) Walterus de (Moreton) tenet ii virgatas terre et quartam partem i virgate (terre pro i lb cimini et) secta curie et dat scutagium.

(Willelmus Grengor' tenet i) virgatam terre et quartam partem i virgate pro xvi d metens (ad precariam cum ii hominibus) et tunc dominus pastet eum et uxorem (et debet sectam et dat scutagium).


Fol 65–lxvi (MiO 14 fol 73b–74b)

Magister Walterus tenet iiii acras terre et i acram prati pro iii d de predicto Willelmo (et debet sectam).


---

[4] MiO 14 'at Townesende'.     [5] MiO 14 'Unwyn' and subsequently.
[6] MiO 14 'Launder''.     [7] E.164/15 many words illegible to the end of this folio.

Johannes le Clerk tenet dimidiam virgatam terre de dicto Eustachio pro vii s (et secta curie et scutagio).

Henricus le Clerc[1] tenet dimidiam virgatam terre ad terminum vite sue pro x s arrans (bis per annum) metens cum i homine ad precariam et tunc dominus pastet eum et familiam suam (et faciet sectam et scutagium).

Nichellus le Feure tenet quartam partem i virgate terre pro ii (jubus (?) ferri ad carucam et dominus) inveniet ei ferrum et acerum arrans semel in Martio[2] (metens cum i homine ad precariam et tunc) dominus pastet eum et familiam suam faciens sectam ad curiam.

Idem Nichellus tenet quartam partem i virgate terre de eodem Eustachio ad (terminum vite sue pro ——[3]) pro omni servicio set dat scutagium.

**Merehull**

Idem Eustachius habet in Merehull vi servos tenentes vi virgatas terre.

Unde Johannes Sale tenet i virgatam terre pro x s arrans per ii dies metens (per v dies cum) ii hominibus et tunc dominus pastet eum.

Robertus le Grey tenet tantum per idem servicium.

Thomas le Bonde tenet tantum de eodem Eustachio per idem servicium.

Matilla[4] Belsaunt tenet tantum de eodem Eustachio per idem servicium.

Philipus filius Willelmi tenet tantum per idem servicium.

Warlterus filius Thome tenet tantum per idem servicium.

Willelmus le Sise tenet de magistro Waltero de Morton[5] tantum pro xii s arrans semel (in anno dans ——[6]) quarterium avene.

Henricus de Harcourt[7] est dominus alterius medietatis ville et est patronus medietatis (ecclesie et tenet de Willelmo) de Bissopsdone[8] per servicium quarte partis feodi i militis et pro (i d et Willelmus tenet de comite) Leyc' et comes de rege in capite.

Idem Henricus habet ibidem in dominico ii carucatas terre et ii virgatas in villenagio.

Unde Johannes Taleman[9] tenet i virgatam terre pro xv s ad voluntatem domini.

Robertus filius Willelmi tenet tantum per idem servicium.

Rogerus Kenne tenet tantum de predicto Henrico pro xiiii s vi d ad voluntatem suam.

Henricus de Hatone[10] tenet dimidiam virgatam terre de eodem pro (vii s vi d ad voluntatem suam).

Ricardus de Keneseye[11] tenet i virgatam terre per idem servicium.

Idem Henricus de Harecourt habet ibidem ix liberos (tenentes).

Unde Johannes de Harecourt (tenet dimidiam virgatam terre pro i d).

---

[1] MiO 14 'Clerk'.     [2] MiO 14 'Mertio'.     [3] MiO 14 a blank.     [4] MiO 14 'Matilda'.
[5] MiO 14 'Moreton'.     [6] As n 3.     [7] MiO 14 'Harecourt'.     [8] MiO 14 'Bisshopesdon'.
[9] MiO 14 'Talemon'.     [10] MiO 14 'Hatton'.     [11] MiO 14 'Kinesseye'.

Magister Walterus tenet tantum pro iii s (et secta pro omni servicio).
Idem magister Walterus (habet sub se ibidem iiii cotarios).

Fol 65b–lxvib[1] (MiO 14 fol 74b–75)

(Unde Alicia) le W(elle) tenet i cotagium pro iii s pro omni servicio.
(Agnes Talye) tenet i cotagium pro xvii d pro omni servicio.
(Is' la persone) tenet i cotagium pro ix d pro omni servicio.
(Willelmus Gregory)[2] tenet i virgatam terre et quartam partem i virgate
de predicto Henrico (de Harecourt) pro xvi d metens ad precariam cum ii
hominibus et tunc dominus pastet eum et familiam (suam et debet) sectam
et scutagium.
(Walterus Alysaunder) tenet i virgatam terre pro iii s et per predictum
servicium.
(Johannes le Knyght) tenet tantum pro xii d et secta ct dat scutagium.
(Nigellus) le Feure tenet quartam partem i virgate terre pro factura
duorum parium ferri ad (carucam domini) arrans semel in anno metens ad
precariam cum i homine et dominus pastet eum (et non dat scutagium set)
faciet sectam.
(Johannes le Faufflus) tenet i messuagium et xiiii acras et i rodam terre
pro vi s iii d et (secta pro omni servicio).
(Thomas le Tailliour) tenet i cotagium et (i acram) terre pro ii s et secta
pro omni servicio.
(Idem Henricus de) Harecourt habet ibidem viii servos.
(Unde Robertus) Richeman tenet i virgatam terre pro xv s ad voluntatem
domini.
(Robertus Mon') tenet tantum de eodem per idem servicium.
(Philipus Adam) tenet tantum de eodem per idem servicium.
(Matilda la Veve) tenet tantum de eodem per idem servicium.
Salomon le Bonde tenet tantum de eodem per idem servicium.
Walterus filius Ade tenet tantum de eodem per idem servicium.
Walterus (Lyel) tenet tantum de eodem per idem servicium.
(Willelmus filius Thome) tenet tantum de eodem per idem servicium.
Cristiana Jones tenet i cotagium ad voluntatem domini pro xii d.
(Johanna) de Harecourt tenet i virgatam terre de eodem pro i pari
cirotecarum.
(Willelmus Talemon) tenet i virgatam terre de dicta Johanna pro xv s ad
voluntatem suam.

---

[1] Much of this folio in E.164/15 badly faded
[2] Feint 'Nota' against this entry in margin MiO 14 – in later hand.

(Henricus Walterus (sic) le Feure) tenet de dicto Henrico i (messuagium) pro vi d pro omni servicio.

Magister de Balshale[3] habet in villa de Moreton custumarios subscriptos[4] (Philipus filius Thome) tenet i virgatam terre de eodem magistro pro iiii s metens per i diem cum (iiii hominibus et dominus pastet) eos falcans per i diem et dominus pastet eos dans ad (Natale Domini i panem et ii gallinas et) faciens sectam.

(Philipus filius Gilberti tenet tantum pro iiii s et) per predictum servicium.

(——[5] habet ibidem lx s) de dono Thome de Stapultone percipiens (?) de predicto (——[6] et Thomas de Willelmo de Harecourt et) Willelmo de comite Leyc'


Foll 66 – lxvii (MiO 14 fol 75–75b)


## Chadleshunte

et comes de rege.

Predictus Henricus reddit per annum predicto Gilberto pro predictis tenementis[1] vii £ per septennium.

Chadelshunt

Episcopus Cestr' est dominus de Chadeleshunt et tenet eandem villam de rege in capite qualiter et quomodo nescitur.

Idem episcopus habet in eadem villa vi carucatas terre in dominico.

Idem episcopus habet ibidem xvii servos.

Johannes atte[2] Welle et Augerus[3] Toky tenent i virgatam terre de eodem episcopo per servicium operandi in qualibet septimana per annum per iii dies cum iii hominibus metens (per iii dies) cum iiii hominibus et ad metebene cum tota familia sua extra uxore per i diem ad (custumam) et dabit ad festum Sancti Martini vi gallinas et ii gallos et talliabitur ad voluntatem domini (per annum et arabit) per ix dies et allocabitur eis pro operacione.

Hugo filius Ricardi et Ricardus a la Porte tenent tantum per idem servicium.

Nigellis le Sherp' et Willelmus filius Michaelis tenent tantum per idem servicium.

Isolda Petyt et Margeria Brumes tenent tantum per idem servicium.

Michaellis filius Isolde et Ricardus filius Reginaldi tenent tantum per idem servicium.

---

[3] MiO 14 'Balsalle'.    [4] MiO 14 'subsequentes'.    [5] MiO 14 a blank.
[6] MiO 14 a blank.

---

[1] MiO 14 'per predictos tenementos'.    [2] MiO 14 'at'.    [3] MiO 14 'Augerius'.

Juliana la Veve et Johannes Hog tenent tantum per idem servicium.

Willelmus filius Hugonis et Thomas le Bedel[4] tenent tantum per idem servicium.

Ricardus Godrych et Jul' Michel tenent tantum per idem servicium.

Johannes le Feure tenet dimidiam virgatam terre pro operacione ferrorum vi carucarum.

Idem episcopus habet ibidem ii cotarios.

Unde Galfridus Waker tenet i cotagium et i acram terre pro xii d.

Hugo Curtoys tenet tantum pro xiii d.[5]

Et isti duo cotarii metent ad magnam precarium et talliabuntur ad voluntatem domini sicut (predicti custumarii).

Johannes filius Hugonis tenet ii cotagia et ii acras terre de eodem episcopo pro ii s et secta (curie) metens in autumpno cum tota familia sua et ipse equitabit circa (familiam suam).

Idem episcopus habet ibidem iii liberos tenentes.

Unde Henricus Myle tenet i virgatam terre de eodem episcopo pro ii s (metens ad magnam syam) cum tota familia et erit ultra operarios suos et debet sectam curie.

Galfridus le Clerc[6] tenet dimidiam virgatam terre de episcopo pro vi s et secta (curie metens cum) tota familia sua ad magnam syam et erit ultra operarios.

Hugo le Mayster[7] tenet tantum pro iii s et sectam curie faciet et predicta servicia.

## Geydon

Idem episcopus habet in Geydon xxiii servos.

Unde Robertus Morice[8] tenet i virgatam terre et operabit pro iii dies ——[9] annum et in autumpno per iii dies cum ii hominibus

Fol 66b – lxvii b (MiO 14 fol 75b–76)

(——[1] et tunc) dominus pastet eos et arabit per (lx)[2] dies per annum et allocatur ei pro operacione sua et talliabitur ad voluntatem domini.

Adam Osebern[3] tenet tantum per idem servicium.

Hugo le Palmere[4] tenet tantum per idem servicium.

---

[4] MiO 14 'Bedell'.    [5] ? MiO 14 'xvi d'.    [6] MiO 14 'Clerk'.    [7] MiO 14 'Maister'.
[8] MiO 14 'Moryce'.    [9] E.164/15 damaged and faded; blank in MiO 14.

---

[1] E.164/15 illegible; blank in MiO 14.
[2] Unclear in E.164/15; a mistake by the MiO 14 scribe for the 'ix' days ploughing as at Chadshunt.    [3] MiO 14 'Osburn'.    [4] MiO 14 'Palmer'.

Robertus le Den' tenet tantum per idem servicium.

Ricardus Waryn tenet tantum per idem servicium.

Adam Math(ewe) tenet tantum per idem servicium.

Sibilla la Veve tenet tantum per idem servicium.

Emma atte Welle tenet tantum per idem servicium.

Michel'[5] atte Welle tenet tantum per idem servicium.

Willelmus Ho(gg') tenet tantum per idem servicium.

Ricardus in the Hurne tenet tantum de eodem per idem servicium.

Stephanus Bene tenet tantum de eodem per idem servicium.

Ricardus filius Reginaldi tenet tantum per idem servicium.

Ricardus filius Walteri tenet tantum per idem servicium.

Hugo filius Reginaldi tenet tantum per idem servicium.

Ricardus de Langelonde tenet tantum per idem servicium.

Reginaldus le Cok tenet tantum per idem servicium.

Robertus Wayte tenet tantum per idem servicium.

Michaelis filius Osberti tenet tantum per idem servicium.

Walterus filius Osberti tenet tantum per idem servicium.

Thomas le Ferour tenet tantum per idem servicium.

Ricardus de Hich(inton) tenet tantum per idem servicium.

(Idem) episcopus habet ibidem x liberos tenentes.

(Unde) Willelmus le Boyt(yll) tenet iiii virgatas terre pro i pari cirotecarum faciens sectam (metens ad) magnam syam cum tota familia sua et tunc commedet cum domino et erit ultra (operarios suos).

Willelmus Campyoun tenet de dicto episcopo ii virgatas terre pro iiii s et secta curie et (ad magnam syam) cum tota familia sua et erit ultra operarios suos et tunc commedet cum domino.

Willelmus Stonehard tenet de Willelmo Campyon i virgatam terre pro iii s iiii d (<pro omni servicio>).

(Willelmus le Campy)oun tenet i virgatam terre de Willelmo le (Botyll) pro iiii s pro omni servicio/[6] (Ricardus Baret tenet tantum) de eodem per idem servicium.

(Willelmus ——[7] tenet tantum) de predicto episcopo pro ii s et secta curie metens ad magnam (syam cum tota familia sua et erit ultra) operarios suos et tunc commedet cum domino.

---

[5] MiO 14 'Michell'.        [6] So in both MSS.        [7] Illegible E.164/15; blank in MiO 14.

Fol 67 – lxvii (MiO 14 fol 76b–77)

**Tachebrok**[1] (margin and at head of folio).
Episcopus Cestr' est dominus de Tachebrok et tenet de rege in (capite pertinente ad baroniam) Cestr' quam tenet de rege.
Idem episcopus habet ibidem iii carucatas terre in dominico.
Idem episcopus habet ibidem xix servos.
Unde Radulphus[2] Martyn et Robertus filius Rogeri tenent i virgatam terre de (eodem) episcopo et debent operari in qualibet septimana totius anni per iii dies (cum) i homine et (metentes ad) magnam precariam cum tota familia sua extra uxoris suis ad custum domini (et talliabitur (sic) ad festum Sancti Martini) ad voluntatem domini et arrabunt per iii dies in anno.
Johannes Cok et Willelmus Cabbel tenent i virgatam terre de eodem per idem servicium.
Petrus Bernard[3] Johannes le [4] Carpenter Thomas Cok Thomas Boveton Henricus (Umfrey) Dionisia la Veve Ricardus Unfrey[5] Johannes Edmon'[6] Henricus in the Lane Thomas (filius) Thome Radulphus le Feure Stephanus de Welnesford Henricus le Lachere (et Willelmus filius) Petri tenent tantum per idem servicium.
Stephanus le Samplere tenet dimidiam virgatam terre operans in qualibet septimana per annum (per i diem et dimidium) cum i homine et in autumpno per i diem dimidium cum i homine et ad magnam syam ut (supra).
Idem episcopus habet ibidem iii cotarios.
Unde Willelmus Galon' tenet v acras terre pro ii s i d metens ter cum (i homine et ad) magnam syam ut supra et talliabitur ad festum Sancti Michaelis ad voluntatem domini.
Henricus Blake tenet v acras terre per idem servicium.
Adam de la Haspes tenet tantum per idem servicium.
Idem episcopus habet in villa de Tachebrok vi cotarios.
Unde Henricus de Somersfeld[7] tenet i cotagium et v acras terre pro ii s (vi d metens) ter in autumpno cum i homine et ad magnam syam ut supra.
Anketil de Somersfeld tenet v acras terre per idem servicium.
Ricardus filius Ede tenet tantum pro ii s faciens predictum servicium.
Johannes le Kyng tenet v acras terre de eodem per idem servicium.
Ricardus Wygod tenet x acras terre pro iii s metens ter in autumpno (cum i homine et ad magnam) syam cum tota familia sua et tunc prandebit cum domino et talliabitur ad voluntatem (domini).

---

[1] MiO 14 'Tachebroke' throughout.    [2] MiO 14 'Robertus' – a mistake?
[3] MiO 14 'Bernerd'.    [4] 'le' omitted MiO 14.    [5] MiO 14 'Umfrey'.
[6] MiO 14 'Edmonde'.    [7] MiO 14 'Somerfeyld', and subsequently.

Henricus le Carecter tenet v acras terre pro iii s et per predictum servicium.
Idem episcopus habet ibidem vi liberos tenentes.
Unde Thomas Raven tenet ii virgatas terre pro iiii s arans (per iii dies
———[8] metens per iii dies in autumpno cum i homine et ad magnam syam
(———) ultra operarios.


Fol 67b – lxviiib (MiO 14 fol 77–77b)


Ricardus de[1] Wetton tenet tantum pro iiii s et per predictum servicium.
Johannes le Pipere tenet i virgatam terre pro ii s pro omni servicio.
Ricardus Raven tenet tantum pro v s arrans per iii dies metens per iii dies
cum i homine et ad magnam syam ut supra.
Ricardus de Wotton tenet v virgatas terre de episcopo Cestr' per servicium
v partis feodi i militis dans inde episcopo ii s vi d et episcopus de rege et
dat scutagium et faciet sectam.
Johannes le Joevene tenet dimidiam virgatam terre de Agnete filia
Brunete[2] et Agnes reddit (inde) episcopo v s pro omni servicio.
Thomas de Lale et Ricardus de la Lee tenent iiii virgatas terre de Willelmo
Doddynggesselles et Willelmus de episcopo per servicium tercie partis
feodi i militis et dant scutagium dicto Willelmo et Willelmus episcopo.
Idem episcopus est patronus ecclesie[3] eiusdem ville et est prebenda de
Lich'.
Idem episcopus habet ibidem visum franciplegii et furcas per cartam
domini regis ut dicit.
Robertus atte Chirche[4] Hugo atte Chirge et Henricus le Chircheman
tenent de ecclesia i virgatam terre et dimidiam pro vii s vi d metentes per
iii dies uno die ad custum domini et arabunt ter per annum.
Johannes de Lychfot[5] tenet i cotagium de Thoma de Bovene pro iiii s
metens per ii (dies).
Thomas Beneyt[6] tenet i cotagium per idem servicium.
Simon Frauncys[7] tenet tantum per idem servicium.
Leticia Broun[8] tenet tantum pro iii s per idem servicium.
Leticia Cok tenet i cotagium de eodem pro xviii d et per predictum
servicium.
Henricus le Thressere[9] tenet i cotagium de eodem pro ii s et per predictum
servicium.

---

[8] Blanks in MiO 14 correspond with damage in E.164/15.

---

[1] MiO 14 'la'.    [2] MiO 14 'Brunet'.    [3] Omitted in MiO 14.
[4] MiO 14 'Chirch' and subsequently.    [5] MiO 14 'Lychfote'.    [6] MiO 14 'Benet'.
[7] MiO 14 'Fraunceys'.    [8] MiO 14 'Broune'.    [9] MiO 14 'Thresshere'.

Simon de Cobyntone[10] tenet i cotagium de eodem pro v s pro omni servicio.

Willelmus Bene tenet i cotagium de Johanne Pipere pro iii s et iii diebus in autumpno. .

Matheus le Cartere[11] tenet i cotagium de Roberto de Well[12] pro ii s vi d et v diebus in autumpno.

Rogerus le Cartere tenet i cotagium de eodem per idem servicium.

Ricardus le Tixtor tenet i cotagium pro ii s de eodem.

Eva Umfrye tenet i cotagium de eodem pro xviii d et faciet opera trium dierum in autumpno.

(Matilda la) Webbe tenet i cotagium de eodem pro xxiii d.

(Editha la Veve tenet) i cotagium de eodem pro xx d faciens predicta servicia.

(Avicia la Veve) tenet i cotagium de eodem pro ii s et per predictum servicium.


Fol 68 – lxix (MiO 14 fol 77b–78)


Felicia la Veve tenet i cotagium de eodem pro ii s vi d et per predictum (servicium).

Agnes la Veve tenet i cotagium de eodem pro iiii s.

Alic' fil'[1] Petri tenet i cotagium de eodem pro ii s et ii diebus in autumpno.

Johannes Bene tenet i cotagium de Philipo de Pryde pro iii s et iii diebus in autumpno.

Elena Gentil tenet i cotagium de Thoma le[2] Carpenter pro iiii s et iiii diebus (in autumpno).

Willelmus Balecok tenet i cotagium de Ricardo Raven pro xx d et ii diebus (in autumpno).

Johannes le Chapman tenet i cotagium pro iii s et (per) idem servicium.

Leticia filia Roberti tenet i cotagium per idem servicium.

Agnes filia Edde tenet i cotagium pro ii s et ii diebus in autumpno.

Felicia filia Thome tenet i cotagium pro ii s et iii diebus in autumpno.

Mabilla Stones tenet i cotagium pro ii s vi d et iii diebus in autumpno.

Cristiana la Veve tenet i cotagium de Ricardo de Wottone pro ii s (iii d).

Rogerus filius Edde tenet i cotagium de eodem pro iiii s et iiii diebus in autumpno.

Willelmus de Spellesbury[3] tenet i cotagium de eodem pro ii s.

---

[10] MiO 14 'Cobynton'.    [11] MiO 14 'Carter', and following line.    [12] MiO 14 'Welle.

---

[1] MiO 14 'filius'    [2] MiO 14 'de'.    [3] MiO 14 'Spillesbury'.

## Kyntone[4]

Nicholaus de Segrave tenet manerium de Kyntone ad firmam de rege (pro xii libris solvendis) domino regi[5] ad scaccarium suum in festo Sancti Michaelis pro omni servicio et est (de antiquo dominico).

Idem Nicholaus tenet ibidem iiii carucatas terre in dominico et ii molendini ventrici et ii (columbaria).

Idem Nicholaus tenet ibidem visum franciplegii et habet furcas et alias libertates (et mercatam die) Martis quo waranto nescitur.

Idem Nicholaus habet ibidem xxxvii sokemanni qui tenent xxxi virgatas terre.

Unde Willelmus Wydoun tenet i virgatam terre pro xxii d ob inveniens (i hominem ad festum) Sancti Johannis Baptiste usque (ad) festum Sancti Michaelis ad operaciones domini (qualibet secunda die extra diebus) festivalibus et die Sabbati et arrabit i acram terre per annum falcans (pratum per i diem et idem) Willelmus et socii (sui) habebunt xx d ad unum (sic) multonem et cariabit pro servicio (suo et habebit unam ———[6]) et quando ligat blada habebit unam garbam.

Robertus filius Roberti tenet i virgatam terre per idem servicium.

Willelmus Cuu' tenet tantum per idem servicium.

Willelmus Patryk tenet tantum per idem servicium.

Laurentius Dod tenet tantum per idem servicium.

Gilbertus Ketel[7] tenet tantum per idem servicium.

Ricardus le Bret tenet tantum per idem servicium.

Aylwynus tenet tantum per idem servicium.


Fol 68b – lxixb (MiO 14 fol 78–78b)


(Ricardus) Prodhome tenet tantum per idem servicium.

(Alanus) filius Johannis tenet tantum per idem servicium.

(Thomas de) Chadeleshunte tenet dimidiam virgatam terre pro medietate servicii predicti.

(Nicholaus) le Wyne tenet i virgatam terre per predictum servicium.

(Ricardus) Pillot (tenet tantum per idem servicium).

(Robertus Hentelove) tenet tantum per idem servicium.

(Ricardus filius Roberti tenet dimidiam virgatam) terre pro medietate predicti servicii.

(Gilbertus Ketell tenet) tantum per idem servicium.

(Willelmus de Pentrich) tenet tantum per idem servicium.

---

[4] MiO 14 'Kynton' and subsequently.    [5] E.164/15 has 'rege'.
[6] E.164/15 is damaged; MiO 14 has blank here.    [7] MiO 14 'Ketell'.

(Willelmus de Compton tenet i virgatam) terre per predictum servicium.

(Willelmus Abbod tenet i virgatam terre) dimidiam per predicta servicia.

(Robertus de Brok tenet) i virgatam terre per predictum servicium.

(Laurentius filius Johannis tenet tantum) per idem servicium.

(Thomas Laur' tenet) tres partes i virgate terre per servicium pertinens ad tantum terram.

(Robertus Mele tenet quartam partem i virgate terre) per servicium pertinens ad tantum (terram).

(Willelmus filius Laur' tenet i) virgatam terre per servicium integrum.

(Willelmus Broune) tenet i virgatam terre per idem servicium.

(Robertus Mile tenet) tantum per idem servicium.

(Willelmus Roket tenet dimidiam) virgatam terre pro xi d q$^a$ arrans dimidiam acram terre per annum (et inveniet i hominem) operantem a festo Sancti Johannis Baptiste usque festum (Sancti Michaelis semper quarto die extra diebus) festivis.

(Agnes Balle tenet tantum per idem) servicium.

(Walterus filius Thome tenet tantum) per idem servicium.

(Willelmus Pentrich tenet tantum per idem servicium).

(Willelmus at More tenet tantum) per idem servicium.

(Willelmus le Hounte tenet tantum) per idem servicium.

(Robertus filius Johannis tenet tantum per idem servicium).

(Isolda la Veve et) Alicia filia Laur' (tenent tantum per idem servicium).

(Johannes filius Thome tenet tantum per idem servicium).

(——[1] tenet tantum per idem servicium).


Fol 69 – lxx (MiO 14 fol 78b–79; 139b)

Alditha la Veve tenet tantum per idem servicium.

Gilbertus Kutt tenet tantum per idem servicium.

Galfridus filius Galfridi de Warr' tenet tantum per idem servicium.[1]

### (Kynton Parva de hundredo do Kynton' etc.)

Idem Nicholaus habet in Parva Kyntone ex dimissione regis xxx (villanos tenentes ——[2]) virgatas terre et dimidiam.

Unde Robertus filius Stephani tenet i virgatam terre per servicium (integrum predictum).

---

[1] E.164/15 very faded on this folio; blank at this point in MiO 14.

---

[1] According to the MiO 14 Scribe 5 more entries for Kineton are to be found at the beginning of E.164/15 fol 102 where they are to be found in this edition (see MiO 14 fol 139b)

[2] E.164/15 difficult at this point; MiO 14 a blank.

Robertus Wydie tenet tantum per idem servicium.

Nicholaus atte Lake[3] tenet tantum per idem servicium.

Ricardus Joce tenet tantum per idem servicium.

Willelmus filius Johannis tenet tantum per idem servicium.

Willelmus filius Henrici tenet tantum per idem servicium.

Willelmus le Wyne tenet tantum per idem servicium.

Johannes le Carecter tenet tantum per idem servicium.

Gilbertus Unrude tenet tantum per idem servicium.

Robertus Balde tenet tantum per idem servicium.

Johannes Unrude tenet tantum per idem servicium.

Robertus Lesynge[4] tenet tantum per idem servicium.

Robertus Cosyn tenet tantum per idem servicium.

Johannes filius Henrici tenet tantum per idem servicium.

Johannes Bubbold[5] tenet tantum per idem servicium.

Robertus Hentelove tenet tantum per idem servicium.

Ricardus Hentelove tenet dimidiam virgatam (terre) per servicium ut supra in Magna (Kynton').

Henricus le Clerc[6] tenet tantum per idem servicium.

Johannes Stretch tenet tantum per idem servicium.

Robertus Joce tenet tantum per idem servicium.

Jul' de Solar tenet tantum per idem servicium.

Walterus Mace tenet tantum per idem servicium.

Galfridus filius Simonis tenet tantum per idem servicium.

(Fol 69b – lxxb is blank. The entry for Little Kineton is completed on fol. 103 – cvi)

Fol 70 – lxxi (MiO 14 fol 80b–81)[1]

**(Utlycote de hundredo de Kynton' in Comitatu Warr'.**

Prior de Kenill' est dominus de Utlycote et patronus ecclesie eiusdem ville.

Idem prior habet ibidem iii carucatas terre in dominico et unum molendinum ventricum.

Idem prior habet ibidem) servos subscriptos tenentes xv virgatas (terre et dimidiam).

Unde Johannes filius Godefraye tenet i virgatam terre pro ii s (vi d operans per iiii dies in septimana et) per totum autumpnum (metet per iiii dies in

---

[3] MiO 14 'at Lake'.     [4] MiO 14 'Lesyng''.     [5] MiO 14 'Bobbold'.     [6] MiO 14 'Clerk'.

[1] E.164/15 is badly faded on this folio; MiO 14 interposes the entry for Compton Wyniates between Kineton Parva and Idlicote.

ebdomada cum ii hominibus vertet fenum cum i homine et) levabit fenum (cum ii hominibus et cariabit fenum per iii dies videlicet utroque die ii carectas et si fiat) cariagium hora nona vel ante tunc tassabit usque (rescog'[2] solis cum i homine et lavabit oves) domini et tondebit eas et habebit ob. Preterea circa festum Sancti Michaelis usque ad Natale Domini operabit per iiii dies (in septimana et cariabit per predictum tempus qualibet die) Sabbati apud Kenill' dimidium quarterium cuiuscumque bladi et dabit (domino in crastino Sancti Martini unum) striccum frumenti quod dicitur Churchset (et arabit circa predictum festum dimidiam acram et i ficheram) et dabit ad festum Sancti Andree vi d ad Strutffe (?) et (arabit post festum Sancti Johannis dimidiam acram) et dabit domino xx ova ad Pasca et pullum (masculum non vendet sine licencia ballivi vel domini.)

Matheus de Esthende tenet i (virgatam terre per idem servicium.)

Hugo de Tisho tenet tantum per (idem servicium.)

Matilda atte Lake[3] (tenet dimidiam virgatam terre pro medietate tanti servicii.)

Thomas de Caluwe tenet (i virgatam terre per predictum servicium.

Willelmus Godefrey tenet tantum per idem servicium.

Alicia la Veve tenet tantum per idem servicium.

Johannes Elys tenet tantum per idem servicium.

Johannes Dosse tenet tantum per idem servicium).

Johannes atte[4] (Webbe tenet tantum per idem servicium).

Johannes filius Hugonis tenet dimidiam virgatam (terre pro medietate tanti servicii.

Alex') Gerrard (tenet dimidiam virgatam terre per predictum servicium.

Godfridus Mathewe tenet i virgatam terre per predictum servicium.

Johannes Fayreboye tenet i virgatam terre per idem servicium.)

Thomas (at Hoke tenet tantum per idem servicium.

Willelmus Baldewyn tenet tantum per idem servicium.

Martinus atte Estende tenet tantum per idem servicium.)

Cotarii

(Simon le Feure tenet viii acras terre pro factura ferri iiii carucarum et ferrabit i astrum sumptibus domini.

Alexander le Breuster' tenet i cotagium de dicto priore pro ———[5] et ii sectis ad curiam.

Juliana le Pumeresse tenet de eodem pro vi d et ii sectis.

Agnes Elys tenet i cotagium pro vi d et ii sectis et faciet iii bederepes (sic) et operabit per totam fenacionem.)

---

[2] For 'resconsitus'?    [3] MiO 14' at Lake'.    [4] MiO 14 'at Webbe'.    [5] Blank in MiO 14.

Fol 70b – lxxib (MiO 14 fol 81)[1]

Felicia la Veve tenet i cotagium pro xviii d et debet) iii bederepas cum i
(homine et tassabit <fenum>)
(Willelmus le Calwe tenet tantum) per idem servicium.
(Isabella le Brayll' tenet i cotagium pro ii s) et iii bederepis et ii sectis.
(Brunus le Berker tenet) i cotagium pro (xviii d) et ii sectis.
Alicia (Patoun' tenet i cotagium) pro xii d et iii bederipp' (sic) et iuvabit
tota tempore fenacionis.
(Willelmus Crips tenet i cotagium) pro xx d et iii bederipp' et ii sectis.
(Omnes terre) tenentes falcabunt in prato domini quamdiu habuerint ad
falcandum et habebunt (meliorem multonem) preter i et i caseum et viii
albos panes et quamdiu falcabunt habebunt cotidie (quilibet eorum) unum
fessum (?) herbe.
Idem prior habet ibidem visum franciplegii et sectam de iii septimanis in
iii septimanas per (cartam domini regis Anglie) ut dicit.
Simon de Ulticote tenet i acram terre de dicto priore pro xii d et ii
adventibus (ad curiam suam ) pro omni servicio.


Fol 70b – lxxib (MiO 14 fol 79b)[1]


**(Compton Wynyate etc.)**
Philipus de Compton' est dominus de Cumpton '[2] Wynyate et tenet de
Thoma de Ardern per servicium medietatis feodi i militis et Thomas tenet
de comite Warr' et (comes de rege) quo servicio nescitur.
Idem Philipus habet ibidem ii carucatas terre in dominico.
Idem Philipus habet ibidem v servos tenentes iii virgatas terre.
(Unde) Thomas le White tenet i virgatam terre pro xv s et falcabit pratum
(per iiii dies cum ii hominibus et dominus pastet eos) per i diem et habebit
herbagium quantum levare (potest cum falce sua et) dominus dabit (ei)
cum sociis (suis) v lagenas cervisie et i caseum (et levabit fenum et cariabit
fenum et) metet per iii dies cum ii hominibus et dominus pastet eos per i
diem (et dabit domino) i panem et iiii gallinas et dominus pastet eum cum
tota familia sua.
(Johannes) Holdich et Juliana la Veve tenent i virgatam terre per idem
servicium.

---

[1] E.164/15 still in very poor condition, but sufficient words can be decipered to prove its
correspondence with MiO 14.

---

[1] The entry for Compton Wyniates begins on line 14 of fol 70b.      [2] MiO 14 'Compton'.

(Agnes Pacy et) Maria filia Hugonis tenent tantum per idem servicium.[3]
(Idem Philipus habet ibidem iii cotarios.

Willelmus de Wolfforde tenet i cotagium pro iii s et levabit pratum domini cum i homine et metet per iii dies cum i homine.

Ricardus le Covereur tenet i cotagium pro ii s faciens consuetudines predictas.

Philipus le Povere tenet i cotagium per idem servicium.

Predictus Philipus de) Comptone habet ibidem vi liberos tenentes vi virgatas (terre <et iii acras>.

Unde Radulphus le Rodman tenet i virgatam terre et faciet sectam ad hundredum regis de Kynton pro omni servicio.

Ricardus le Mason tenet tantum pro ii s.

Henricus le Bretfforde tenet ii virgatas terre pro xx d faciens sectam ad curiam domini.

Adam Holiday tenet ii partes i virgate terre pro xviii d et secta ut supra.

Rogerus de Horneton tenet terciam partem i virgate terre pro xviii d.)


Fol 71 – lxxii (MiO 14 fol 79b–80)


Editha Haliday tenet i cotagium et dimidiam acram terre de eodem pro vi d.

Eadem Editha tenet i acram terre dimidiam ad sustinendum unum lampadarium in (ecclesia de Comptone predicta).

Thomas de Honyntone tenet i cotagium de predicto Ada pro vi d.

Rogerus de Kyldesby tenet i virgatam terre de predicto Philipo (pro iii d et secta curie).

Willelmus filius Thome tenet i cotagium et iii acras terre pro (i d).

Nicholaus le Fraunkeleyn tenet dimidiam virgatam terre de (Thoma de Newland pro ob et Thomas) de predicto Philipo per scutagium.

Henricus de Cheldmundecote tenet tantum de Thoma Fraunceye[1] (pro viii s).

Templarii habent ibidem iii liberos tenentes ii virgatas terre.

Walterus Dunnesdene[2] tenet i virgatam terre et quartam partem i virgate pro (xviii s ix d et ii sectis) ad curiam de Warr' et predicto Philipo i d ob pro eodem.

Willelmus Dunnesdene tenet iii partes i virgate terre pro xi s iii d et ii sectis ad curiam predictam.

---

[3] Virtually all the remainder of this folio is illegible in E.164/15.

---

[1] MiO 14 'Frauncey'.    [2] MiO 14 'Dunnesden', and subsequently.

Henricus de Chelmundescote tenet i placeam pro vi d et secta ut supra.

Ricardus le Freman tenet i virgatam terre de Simone de (Utlicote per scutagium).

Parsona de Comptone[3] tenet ii virgatas terre et dat regalem servicium.

Predictus Philipus est patronus eiusdem ville et tota villa est geldabilis et dat scutagium.

Ricardus de Ludinton[4] tenet ibidem i virgatam terre de Jacobo de (Clopton pro x d) et Jacobus tenet de heredibus Radulphi de Lodintone pro (iii s et heredes de comite Warr' et comes de rege).

Willelmus de Lodintone tenet i virgatam terre de (Ricardo de Lodynton <pro vi d>).

Agnes de Lodintone tenet i cotagium et ii acras terre de Willelmo de (Lodynton').

Fol 71 – lxxii (MiO 14 fol 81b)[1]

**Lygthorne**

Comes Warr' est dominus de Lygthorne et tenet de rege in capite per servicium (feodi i militis).

Idem comes habet ibidem quendam parcum continentem iiii acras terre.

Idem comes habet ibidem v carucatas terre dimidiam.[2]

Idem comes habet ibidem xxi servos tenentes x virgatas terre et quartam partem (i virgate terre).

Unde Gilbertus le Provost tenet dimidiam virgatam terre pro i marca faciens (ix arruras per annum) et falcabit pratum domini cum sociis suis et levabit pratum et (cariabit pratum cum sociis) suis et metet blada et dabit domino suo dimidium quarterium avene in xl[ma] (et iii gallinas ad Natale Domini) et lavabit[3] et tondebit bidentes (domini et) faciet dighas domini cum (vicinis suis).

Henricus Pant tenet tantum per idem servicium.

Rogerus filius Nicholai tenet tantum per idem servicium.

Thomas de Geydone tenet tantum per idem servicium.

Henricus filius (Ricardi) tenet tantum per idem servicium.

Jordanus le Textor tenet tantum per idem servicium.

Alexander de ——[4] tenet tantum per idem servicium.

—— le (Provost) tenet tantum per idem servicium.

---

[3] MiO 14 'Compton'.    [4] MiO 14 'Ludyntone', and subsequently.

---

[1] The entry for Lighthorne begins on line 21 of folio 71.    [2] Presumably in demesne.
[3] MiO 14 'levabit'.    [4] Illegible E.164/15; blank MiO 14, and following line.

Fol 71b – lxxiib (MiO 14 fol 81b–82)

(Robertus Rede tenet tantum per idem servicium).
Henricus filius Roberti tenet tantum per idem servicium.
(Ricardus) Palmere tenet tantum per idem servicium.
Nicholaus Unwyne[1] tenet tantum per idem servicium.
(Thomas) de Geydone tenet tantum per idem servicium.
(Michaell) le Textor tenet tantum per idem servicium.
Johannes atte Welle tenet tantum per idem servicium.
(Walterus) de Merehull tenet tantum per idem servicium.
Henricus Eynof[2] tenet tantum per idem servicium.
Willelmus Gunnyld tenet tantum per idem servicium.
Gerardus le Provost tenet tantum per idem servicium.
Robertus atte Welle tenet tantum per idem servicium.
Rogerus Pant tenet quartam partem i virgate terre pro medietate servicii
dimidie virgate terre.
(Hugo) le Porcher tenet i cotagium pro xviii d et levabit per i diem cum i
homine et faciet (tassagium) per i diem cum i homine.
(Walterus) le Mouner tenet tantum per idem servicium.
(Agnes le Bercheresse) tenet i cotagium per idem servicium.
(Ricardus le Batur) tenet tantum per idem servicium.
(Galfridus) le Carecter tenet (i messuagium) pro iii s viii d.
(Alicia Roffyn tenet i cotagium pro ii s et tassabit fenum) cum predictis.
(Rogerus de) Lodbroke[3] tenet i cotagium per idem servicium set dabit i
vomerem ad festum Sancti Michaelis.
(Emma) Bolewele[4] tenet i cotagium et ii acras terre pro ii s et tassabit
fenum ut supra.
Scolastica la Veve tenet i cotagium et iii acras terre pro ii s viii d de eodem
comite et per predictum servicium.
Cristiana la Webbe tenet i cotagium et ii acras terre pro ii s et pro opere
predicto.
(Alicia la Veve) tenet i cotagium per idem servicium.
Isabella la Veve tenet i cotagium pro xviii d et per predictum servicium.
(Thomas le) Berch tenet i cotagium per idem servicium.
(Thomas) le Carecter tenet i cotagium per idem servicium.
(Idem comes) habet ibidem libere (tenentes).
Unde (Ricardus[5] la Veve (sic) tenet) ii virgatas terre dimidiam pro vi s i
d et secta de iii septimanis in iii septimanas ad certam summonitionem.
Idem Ricardus habet ibidem iiii cotarios.

---

[1] MiO 14 'Unwyn''.    [2] MiO 14 'Eynoff'.    [3] MiO 14 'Lodebroke'.
[4] MiO 14 'Bollewell'.    [5] 'Ric'' in MS. Possibly 'Richolda'.

Unde Matilla[6] filia le Feure tenet i cotagium pro xv d et auxiliabit ad pratum Ricardi per i diem.


Fol 72 – lxiii (MiO 14 fol 82b–83)[1]

Juliana filia Ricardi tenet i cotagium per idem servicium.
Emma filia Roberti tenet i cotagium pro xx d pro omni servicio.
Sarra filia Johannis tenet i cotagium pro xiiii d[2] et faciet i diem ad pratum et metet per i diem.
Felicia filia Roberti tenet i cotagium pro xvii d pro predicto servicio.
Robertus filius Nicholai tenet xi acras terre de predicto Ricardo pro xi d pro omni servicio.
Galfridus de Kingestone[3] tenet x acras terre de dicto Ricardo pro vi s i d.
Galfridus le Clerk tenet i virgatam terre de comite pro ii marcis.
Galfridus le Clerc[4] tenet iii acras terre pro ii d.
Robertus le Foghelere[5] tenet tantum per idem servicium.
Abel[6] le Feure tenet i cotagium de predicto Galfrido pro ii s.
Cristiana Hom[7] tenet i cotagium pro xviii d.
Johannes le Freman tenet i virgatam terre et iii acras de comite pro i pare (sic) calcarium.
Galfridus de Kingestone[8] tenet de Johanne le Freman i cotagium pro iii s.
Galfridus le Carecter tenet de eodem ii acras terre pro ii d.
Willelmus atte Hulle tenet dimidiam virgatam terre de comite pro ix s.
Johannes filius Wilfridi tenet vi acras terre de predicto Willelmo pro ii s viii d.
Galfridus le Carecter tenet de eodem Willelmo iiii acras terre et dimidiam pro xv d.
Robertus le Hounte tenet i acram terre et dimidiam de comite pro xii d.
Prior Sancti Sepulcri habet in Lytlethorne[9] iii libere tenentes.
Unde Andreas de Cumptone[10] tenet xii acras terre pro iii s vi d et ii aucis.
Willelmus de Wellesbourne[11] tenet xii acras terre pro idem servicium.
Galfridus le Carecter tenet tantum per idem servicium.
Thomas Hennyng tenet de comite i cotagium pro ii s vi d.


[6] MiO 14 'Matilda'.

---

[1] Condition of E.164/15 improves once more with this folio.    [2] MiO 14 'xviii d'.
[3] MiO 14 'Kyngeston'.    [4] MiO 14 'Clerk'.    [5] MiO 14 'Fogheler', and subsequently.
[6] MiO 14 'Abell''.    [7] MiO 14 'Home'.    [8] MiO 14 'Kyngestone'.
[9] MiO 14 'Lyghthorne'.    [10] MiO 14 'Compton''.    [11] MiO 14 'Wellesburn'.

Cristiana de Merehulle[12] tenet i cotagium de Waltero de Merehulle pro xiiii d.

Willelmus Gunyld tenet i furnum de comite pro xii d.

Ricardus le Palmere[13] tenet i furnum de eodem pro xii d.

Avicia filia Matille[14] tenet i cotagium de Thoma le Carecter pro viii d.

Idem comes est patronus eiusdem ville.

Parsona illius ville tenet i virgatam terre que est geldabilis.

Tota villa predicta est geldabilis et dat scutagium et warth et veniet ad ii magna turna vicecomitis.

Idem comes dat omnibus servis falcantibus prata sua xii d et i caseum.

Robertus Holmere tenet i virgatam terre libere pro i d.

## Fol 72b – lxxiiib (MiO 14 fol 83–83b)

Willelmus de Langeherst[1] tenet dimidiam virgatam terre pro i d.

Rogerus le Foghelere tenet tantum pro i d. Isti tres tenent ad vitam Ricardi de Mundeville et uxoris sue qui similiter tenent dictum manerium ad terminum vite sue de comite.

Predictus Rogerus tenet quartam partem i virgate terre pro v s.

### Hunstanescote

Willelmus de Bladintone[2] et Henricus de Erdintone[3] sunt domini de Hunstanescote et tenent de Margeria de Cantelupo per servicium tercie partis feodi i militis et Margeria tenet de Theobaldo de Verdun et Theobaldus tenet de comite Warr' et comes de rege quo servicio nescitur.

Unde predictus Willelmus tenet ibidem i carucatam terre.

Et idem Willelmus tenet ibidem i virgatam terre de Johanne Martyn.

Idem Willelmus habet ibidem ii servos qui tenent ii virgatas terre.

Unde Felix filius Roberti tenet i virgatam terre pro xvii s iiii d et dat warth et forinsecum servicium regi et falcabit per i diem cum i homine.

Alicia la Veve tenet i virgatam terre pro xvi s iiii d et falcabit per i diem cum i homine et arrabit domino dimidiam acram terre et levabit pratum cum i homine et cariabit blada cum i homine et dominus pastet eam et dat warth et forinsecum servicium.

Thomas in the Hurne tenet i cotagium et i acram terre de Willelmo de Bladintone[4] pro iiii d et disperante fenum sex acrarum et tassante fenum cum i homine per i diem.

---

[12] MiO 14 'Merehull', and subsequently.  [13] MiO 14 'Palmer'.  [14] MiO 14 'Matilda'.

[1] MiO 14 'Langherst'.  [2] MiO 14 'Bladynton'.  [3] MiO 14 'Erdynton'.
[4] MiO 14 'Bladinton'.

Thomas atte Hasse tenet i cotagium et vii acras terre libere pro x s.

Predictus Willelmus de Bladintone[5] debet sectam hundredo regis de Kintone per iii septimanas pro dimidia virgata terre que fuit Johannis Martyn.

Nicholaus de Norff' habet in eadem villa i messuagium et ii virgatas terre de Willelmo de Bladintone[6] pro xii d pro omni servicio salvo forinseco regis.

Wyotus tenet i cotagium de predicto Nicholao et i acram terre pro iii s pro omni servicio.

Agnes Uppehulle[7] tenet i cotagium pro xvi d pro omni servicio.

Alicia Hillary[8] tenet i cotagium et i acram terre de eodem pro iiii s.

Thomas Thurstan[9] tenet i virgatam terre de Johanne de Wyntertone[10] et Rogero de Brome pro xvi s et dictus Johannes et Rogerus dant predicto Willelmo de Bladintone[11] i lb piperis pro eodem.

Henricus de Erdintone tenet i carucatam terre de Willelmo de Stafford per servicium tercie partis feodi i militis et Willelmus tenet de Margeria de Cantelupo et Margeria de Theobaldo de Verdune et Theobaldus de comite Warr' et comes de rege.

## Fol 73 – lxxiiii (MiO 14 fol 83b–84)

Idem Henricus habet ibidem ii servos tenentes i virgatam terre.

Unde Thomas Flory tenet dimidiam virgatam terre pro dimidia marca solvendo monialibus de Catesby et domino suo xiii d et falcabit cum i homine per i diem et dominus pastet eum et metet per i diem cum iii hominibus et dabit domino ad Natale i panem et ii gallinas et i gallum et dominus pastet eum.

Henricus Calemus tenet tantum per idem servicium.

Johannes filius Willelmi tenet i virgatam terre de episcopo Wygorn' nomine Warde pro xv s vi d et idem episcopus reddet Willelmo de Amelecote vi d et dictus Johannes falcabit per i diem cum ii hominibus et metet per i diem cum vi hominibus et dominus pastet eos et dabit domino ad Natale ii panes et iiii gallinas et ii gallos et tota villa est geldabilis.

### Alveston[1]

Abbas Sancti Petri Glouc' tenet villam de Alvestone in puram et perpetuam elimosinam de rege qualiter aut quomodo nescitur.

---

[5] As n. 2.   [6] As n 4.   [7] MiO 14 'Upphalle'.   [8] MiO 14 'Hillar''.
[9] MiO 14 'Thurston'.   [10] MiO 14 'Wynterton'.   [11] As n. 2.

---

[1] MiO 14 had 'Achestone' and in subsequent line.

Idem abbas habet ibidem i carucatam terre in dominico et ix servos tenentes viii virgatas terre et dimidiam.

Unde Galfridus de Forde tenet i virgatam terre pro ii s et operabit a festo Sancti Michaelis usque (ad) festum Sancti Petri (quod dicitur) advincula ad quolibet opus in qualibet septimana per ii dies cum i homine et afferabit semel in alia septimana tempore predicto et operabitur a festo Sancti Petri advincula dum autumpnus durat in qualibet septimana per v dies cum iiii hominibus donec metietur et post messionem operabit in qualibet septimana per iiii dies cum i homine et queret boscum per i diem et tempore falcacionem habebit cum vicinis suis i multonem et i panem et caseum ad ii gantacula[2] et habebit tantum herbagium quantum levare potest cum falce sua et dabit domino pro quolibet porco superannato i d.

Willelmus le Provost tenet tantum per idem servicium.

Thomas le Cunte tenet tantum per idem servicium.

Henricus Silvestre[3] tenet tantum per idem servicium.

Johannes filius Walteri tenet tantum per idem servicium.

Robertus Sanger tenet tantum per idem servicium.

Ricardus del Elme tenet tantum per idem servicium.

Emma de Forde tenet tantum per idem servicium.

Johannes le Cartere[4] tenet dimidiam virgatam terre pro medietate servicii predicti.

Rogerus le Porch tenet i cotagium pro iii s et dabit pannagium.

Philipus filius Ranulphi tenet i virgatam terre per seriantiam ad comitatum et ad hundredum (et ad curiam) domini sui.

Henricus le Feure tenet tantum per idem servicium.


Fol 73b – lxxiiiib (MiO 14 fol 84b–85)

Ricardus filius Simonis tenet tantum de predicto abbate pro vii s et veniet ad visum franciplegii regis de Kintone et sectam ad curiam domini sui. Galfridus filius Roberti tenet i virgatam terre per idem servicium et tota villa est geldabilis et dat warth.

**Atherstone**

Johannes de Langelegh est dominus de Atherstone[1] et tenet de rege in capite pro i pare calcarium deauratorum.

Idem Johannes habet ibidem ii carucatas terre in dominico.

---

[2] MiO 14 'iantacula'.     [3] MiO 14 'Silvestr''.     [4] MIO 14 'Carter''.

[1] MiO 14 'Atheristone'.

Idem Johannes habet ibidem vii servos tenentes vii virgatas terre.

Unde Ricardus atte Watere[2] tenet i virgatam terre pro iiii s et arrabit i acram terre et eam herciabit et sarculabit per i diem cum i homine et falcabit per vi dies cum i homine et levabit et cariabit pratum domini cum vicinis suis et metet per viii dies cum iii hominibus et dominus pastet eum per i diem et cariabit totum bladum domini cum vicinis suis et colliget stipulam per i diem cum i homine et queret i carectatam bosci apud Henlegh' vel Alincestr' et dominus dabit ei i d et ipse dabit domino vii d et dabit domino de quolibet bracina venali i d et pro quolibet equo vendit et jumento i d et tempore falcacionis habebit cum sociis suis viii d et tantum herbagium quantum levare potest cum falce sua.

Johannes le Hende tenet tantum per idem servicium.

Johanna atte Wyche tenet tantum per idem servicium.

Johannes atte Gardino[3] tenet tantum per idem servicium.

Nicholaus Bovetone tenet tantum per idem servicium.

Hugo de Wovetone[4] et Alanus filius Nicholai tenent i virgatam terre per idem servicium.

Rogerus de Amevey et Ricardus atte Putte[5] tenent tantum per idem servicium.

Ranulphus le Taverner tenet terciam partem i virgate terre pro iii s et sarculabit per ii dies cum i homine et levabit fenum et auxiliabit ad tassandum cum i homine donec perficiatur et metet per viii dies cum ii hominibus et habebit qualibet die ii garbas et colliget stipulam per i diem cum i homine et dabit tolnetum panis et cervisie et pannagium porcorum sicut predictus est et dabit ad auxilium domini ii d ob.

Willelmus Sabine[6] tenet tantum per idem servicium.

Alanus filius Nicholai tenet tantum per idem servicium.

Ricardus atte Putte tenet tantum per idem servicium.

Robertus Boveton[7] tenet i cotagium et iiii acras terre pro iii s vi d (et) sarculabit per ii dies cum ii hominibus et levabit pratum et auxiliabit ad tassandum cum ii hominibus donec perficiatur et metet per viii dies cum ii hominibus et qualibet die habebit ii garbas et colliget stipulam per i diem cum ii hominibus.


Fol 74 – lxxv (MiO 14 fol 85–86; Leigh MS fol 117–117b)


Abraham tenet i cotagium pro xii d et sarculabit per ii dies cum i homine et levabit pratum et tassabit cum i homine donec perficiatur et metet per

---

[2] MiO 14 'at Water".    [3] MiO 14 'Gardyn'.    [4] MiO 14 'Woveton'.
[5] MiO 14 'at Putt', and subsequently.    [6] MiO 14 'Sabyn'.    [7] MiO 14 'Bovetone'.

viii dies cum i homine et habebit viii garbas et colliget stipulam per i diem
cum i homine.

Hugo Billoc tenet i cotagium per idem servicium.

Felicia la Lavendere[1] tenet i cotagium per idem servicium.

Elena la Veve tenet i cotagium pro xvi d et per predictum servicium.

Rogerus de Amevey tenet i cotagium pro xii d pro omni servicio.

Rogerus le Fraunkeleyn tenet i virgatam terre pro iiii s pro omni servicio.

Margeria filia Alicia tenet i cotagium pro xx d pro omni servicio.

Felicia filia Agnetis tenet i cotagium pro ii s pro omni servicio.

Nota: Idem Johannes de Langelegh habet ibidem visum franciplegii quo
waranto nescitur.

Abbas de Teukesbury[2] est patronus ecclesie eiusdem ville.

## Herdewyk[3]

Prior de Coventre est dominus de Herdewyk cum membris et est de
baronia et tenet totam baroniam de rege in capite per servicium feodi ii
militum.[4]

Idem prior habet ibidem in dominico v carucatas terre et habet ecclesiam
cum capellis de Merstone et Stauntone[5] et Suweberegh[6] in proprios usus
et illa ecclesia est dotata de ii carucatis terre.

Idem prior habet ibidem xxix servos tenentes xvii virgatas terre de quibus
Ricardus Bythewatere[7] tenet i virgatam pro xv s et faciet ix arruras et
herciabit duodeciens per annum et sarculabit bladum prioris cum vicinis
suis et falcabit pratum et levabit fenum et cariabit vi carectas feni et metet
cum iiii hominibus et veniet ad metebene cum iiii hominibus per i diem et
habebit unum pastum eo die et cariabit vi carectas bladi et faciet ii averagia
apud Sowe vel Coventre.

Simon le Provost tenet tantum per idem servicium.

Thomas Albard[8] tenet tantum per idem servicium.

Ricardus Martin[9] tenet tantum pro xii s (vi d)[10] et per predictum servicium.

Ricardus Alrych[11] tenet iii partes i virgate terre pro x s ix d et arrabit
et herciabit noniens et sarculabit cum iii hominibus et metet cum iii
hominibus ad metebene et dominus pastet eos per i diem et cariabit
v carectas bladi et faciet averagium bis per annum apud Sowe (vel

---

[1] MiO 14 'Lavender'.     [2] MiO 14 'Tukesbery'.
[3] MiO 14 'Herdwyk' and subsequently 'Herdewik'.
[4] Leigh MS 'feoda ii militum' in margin.     [5] MiO 14 'Staunton'; Leigh MS 'Stanton'.
[6] MiO 14 'Sulkeberegh'; Leigh MS 'Shukburg'' – correctly.
[7] MiO 14 'Bythewater'; Leigh MS 'Bithewatere'.     [8] MiO 14 'Abbard'.
[9] MiO 14 and Leigh MS 'Martyn'.     [10] Added from Leigh MS only.
[11] Leigh MS 'Alrich'.

Coventr')[12] et sarculabit totum bladum cum vicinis falcabit pratum et levabit fenum et cariabit iiii carectas (feni)[13] et dat auxilium pro voluntate domini.

Simon Smalprud[14] tenet tantum per idem servicium.

Willelmus atte Grene tenet tantum pro vii s vi d et per idem servicium.

Gilbertus le Yongebonde tenet tantum per idem servicium.

Johannes Smalprud[15] tenet tantum per idem servicium.

Robertus Love tenet dimidiam virgatam terre pro vi[16] s vi d faciens ix arruras herciabit sexiens sarculabit

Fol 74b–lxxvb (MiO 14 fol 86–86b; Leigh MS fol 117b–118)

totum bladum domini cum vicinis suis falcabit pratum et levabit fenum et cariabit iii carectas feni et metet bladum cum ii hominibus et comedet per i diem ad metebene et cariabit iii carectas bladi et faciet averagium[1] et dat auxilium pro voluntate domini.

Riginaldus filius Hugonis tenet tantum per idem servicium.

Simon Mey tenet tantum per idem servicium.

Hugo Cagge[2] tenet tantum per idem servicium.

Robertus Simond[3] tenet tantum per idem servicium.

Ricardus West tenet tantum per idem servicium.

Johannes Mey tenet tantum per idem servicium.

Willelmus filius Simonis tenet tantum per idem servicium.

Hugo filius Simonis tenet tantum per idem servicium.

Robertus le Clerc[4] tenet dimidiam virgatam terre per idem servicium.

Simon Brace tenet dimidiam virgatam terre per idem servicium.

Gilbertus Lefboye tenet dimidiam virgatam terre per idem servicium.

Ricardus Godwyne[5] tenet dimidiam virgatam terre per idem servicium.

Willelmus Grungetyl[6] tenet dimidiam virgatam terre per idem servicium.

Andreas Martyn[7] tenet quartam partem i virgate terre pro iii s ix d et arrabit et herciabit per iii dies et sarculabit totum bladum cum i homine et vicinis suis falcabit pratum levabit fenum et cariabit i carectam feni et metet totum bladum cum vicinis cum i homine et veniet ad metebene cum

---

[12] Added from Leigh MS only.   [13] As n. 12.   [14] MiO 14 'Smalprude', and subsequently.
[15] Leigh MS 'Smalprude'.   [16] Leigh MS 'vii s.'

---

[1] Leigh MS 'ii averagia apud Sowe vel Coventr'.   [2] MiO 14 'Cagg'.
[3] MiO 14 'Simonde'; Leigh MS 'Simund'.   [4] MiO 14 and Leigh MS 'Clerk'.
[5] MiO 14 'Goodewyne'.   [6] MiO 14 'Grungetyll'; Leigh MS 'Grunketyl'.
[7] Leigh MS 'Martin'.

i homine et cariabit ii carectas bladi et faciet i averagium apud Sowe (vel Coventr')[8] et talliabitur pro voluntate domini.

Willelmus Godwyne[9] tenet tantum per idem servicium.

Simon le Bercher tenet dimidiam virgatam terre pro v s et faciet aliud servicium ut supra.

Robertus Aze tenet tantum per idem servicium.

Simon Edward[10] tenet tantum per idem servicium.

Is' Belbucle[11] tenet quartam partem i virgate terre pro ii s vi d et per servicium ut supra.

Thomas Tholyere[12] tenet iii acras terre pro xxii d ob metens cum i homine per i diem et ad metebene cum i homine.

Editha la Veve tenet i cotagium pro xvi d metens cum i homine.

Emma Nel tenet i cotagium pro xii d metens per ii dies cum i homine.

Alicia Bereward[13] tenet i cotagium pro xvi d et ad metebene cum i homine.

Gilbertus le Yongebonde[14] tenet quartam partem i virgate terre pro iii s ix d.

Johannes Smalprud tenet tantum per idem servicium.


Fol 75–lxxvi (MiO 14 fol 86b–87b; Leigh MS fol 118)

Felicia la Veve tenet dimidiam virgatam terre de priore de Coventr' pro vi s et dat eidem pro (uno)[1] tofto xii d.

(Liberi tenentes)[2]

Magister Henricus Gulberd tenet i virgatam terre et dimidiam pro ob de Willelmo Gudberd et inveniet ii homines ad metebene equitans ultra messores et faciet sectam curie de iii septimanis in iii septimanas veniens ad visium franciplegii.

Edmundus de la Sale tenet i virgatam terre et ii acras et dimidiam de predicto priore pro vi s et faciet iii arruras et metet per i diem cum ii hominibus et inveniet ii homines ad metebene et equitabit ultra messores et faciet sectam curie (ut supra).[3]

Felicia la Veve tenet i virgatam terre et ii acras et dimidiam de predicto Edmundo pro iii s.

Radulphus Paynel[4] tenet i virgatam terre et dimidiam pro iiii s et ii lb

---

[8] Added from Leigh MS only.    [9] MiO 14 'Godewyne'; Leigh MS 'Godwy'.
[10] MiO 14 'Edwarde'.    [11] MiO 14 'Bekbucle'; Leigh MS 'Belnucle'.
[12] Leigh MS 'Tholyer''.    [13] MiO 14 'Berewerd'; Leigh MS 'Hereward'.
[14] Leigh MS 'Yongebond'.

---

[1] Added from Leigh MS only.    [2] As n. 1.    [3] As n. 1.    [4] MiO 14 'Paynell'.

cymini[5] reddendis Ricardo de Stauntone[6] et Ricardus tenet de priore de Coventr' pro x s.

Ricardus filius Henrici tenet dimidiam virgatam terre pro iii s ad pietanciarium[7] conventus Couventrens'[8] et veniet ad visum franciplegii.

Thomas le Sergaunt[9] tenet iii partes i virgate terre de priore de Coventre[10] pro vi s et faciet iii arruras et metet per i diem cum ii hominibus et ad metebene cum ii hominibus et ii adventus ut supra.

Robertus le Bedel[11] tenet quartam partem i virgate terre pro v s vi d et faciet iii arruras et[12] i diem in autumpno cum i homine et veniet ad metebene cum i homine.

Nota:[12A] Idem prior habet ibidem warrennam furcas et visum franciplegii quo waranto nescitur.

### Merston

Idem prior[13] habet in Merston xxxviii servos tenentes xxiii[14] virgatas terre. Unde Thomas Aylward[15] tenet i virgatam terre de dicto priore pro xvi s faciens ix arruras et herciabit xii^cies per annum et sarculabit totum bladum prioris cum vicinis suis (et) falcabit pratum et levabit fenum et cariabit vi carectas feni et metet per i diem et veniet ad metebene cum iiii hominibus sumptibus domini et cariabit vi carectas bladi et faciet ii averagia per annum apud Sowe vel apud Coventre et dabit auxilium pro voluntate prioris.

Relicta Roberti Urry tenet i virgatam terre per idem servicium.

Willelmus le Bonde tenet tantum per idem servicium.

Willelmus Ketelberns[16] tenet tantum per idem servicium.

Robertus Carice[17] tenet terciam partem i virgate terre pro xii s et operabit et talliabitur sicut predictus Thomas Aylward[18]

Johannes Godwyne[19] tenet tantum per idem servicium.

Radulphus Edwyne[20] tenet tantum per idem servicium.

Ricardus Urry tenet tantum per idem servicium.

---

[5] MiO 14 and Leigh MS 'cimini'    [6] MiO 14 'Staunton'; Leigh MS 'Stanton'.
[7] Leigh MS 'pittanc''.    [8] Leigh MS 'Coventr''; MiO 14 'Coventrens''.
[9] MiO 14 'Sergeaunt'; Leigh MS 'seriant'.    [10] 'de Coventre' omitted from Leigh MS.
[11] MiO 14 'Bedell'.    [12] Leigh MS has 'operabitur per' here.    [12A] No 'Nota' in MiO 14.
[13] Leigh MS has 'prior de Coventr''.    [14] Leigh MS 'xxxiii'.
[15] MiO 14 'Aylwarde and subsequently; Leigh MS 'Ailward'.
[16] MiO 14 'Ketelberne'; Leigh MS 'Ketelbern'.    [17] MiO 14 'Claret'; Leigh MS 'Clarote'.
[18] No surname given in Leigh MS.    [19] MiO 14 'Godewyn'.
[20] MiO 14 'Edwyn', and subsequently.

Fol 75b–lxxvib (MiO 14 fol 87b–88; Leigh MS fol 118–118b)

Johannes Martyn tenet tantum pro xiii s iii d et per predictum servicium.
Hugo Kyng tenet tantum pro x s ix d et per predictum servicium.
Willelmus Beverech tenet dimidiam virgatam terre pro viii s et operabit et
talliabitur sicut predictus Thomas Aylward pro quantitate terre sue.
Reginaldus Pers[1] tenet tantum per idem servicium.
Thomas Urry[2] tenet tantum per idem servicium.
Thomas le Cartere tenet tantum per idem servicium.
Henricus Alberd tenet tantum per idem servicium.
Alicia le Thressere tenet tantum per idem servicium.
Radulphus Urry tenet tantum per idem servicium.
Willelmus Chirrewe[3] tenet tantum per idem servicium.
Radulphus le Couherde[4] tenet tantum per idem servicium.
Radulphus Baldewyne[5]. tenet tantum per idem servicium.
Nicholaus Smalprud tenet tantum per idem servicium.
Thomas Martyn tenet tantum per idem servicium.
Robertus Hert tenet tantum per idem servicium.
Thomas le Were[6] tenet tantum per idem servicium.
Willelmus Kyde tenet tantum per idem servicium.
Simon Edwyne tenet tantum per idem servicium.
Radulphus Toly tenet tantum per idem servicium.
Henricus Edwyne tenet tantum per idem servicium.
Thomas le Lung' tenet tantum per idem servicium.
Radulphus Crouk[7] tenet tantum per idem servicium.
Thomas Urry tenet tantum per idem servicium et pro v s.
Johannes Kyng tenet tantum per idem servicium.
Radulphus Colebrond[8] tenet tantum per idem servicium.
Willelmus Methfull[9] tenet quartam partem i virgate terre pro iii s i d et
pro servicio predicto pro quantitate terre sue.
Reginaldus Martyn tenet tantum per idem servicium.
Agnes Chynne[10] tenet tantum per idem servicium.
Emma Heryng[11] tenet tantum per idem servicium.
Thomas le Were tenet tantum per idem servicium.
Simon Peny tenet tantum per idem servicium.

---

[1] MiO 14 'Peres'; Leigh MS 'Piers'.    [2] Leigh MS 'Urri'.    [3] Leigh MS 'Shirreve'.
[4] Leigh MS 'Cowherde'.    [5] MiO 14 'Baldwyn'.    [6] Leigh MS 'Vere' and subsequently.
[7] MiO 14 'Crouke'.    [8] MiO 14 'Colebronde'.    [9] Leigh MS 'Metheful'.
[10] MiO 14 'Thynne'.    [11] MiO 14 'Hering'.

Fol 76–lxxvii (MiO 14 fol 88–88b; Leigh MS fol 118b–119)

Idem Simon tenet tantum pro xx d et pro predicto servicio.
Robertus Paternoster[1] tenet tantum pro iii s i d et per predictum servicium.
Johannes Kyng tenet tantum pro predicto servicio.
Hugo Kyng tenet tantum pro ii s vii d et per predictum servicium.
(Cotarius)[2]
Johannes Joye tenet tantum[3] i cotagium et ii acras terre pro xii d et faciet servicium quarte parte[4] i virgate terre.
(Libere tenentes)[5]
Edmundus de la Sale tenet in dominico ii virgatas terre et dimidiam de dicto priore pro iiii s et i metebene cum omnibus tenentibus suis et faciet sectam curie de iii septimanis in iii septimanas et ii adventus per annum et equitabit ultra messores.
Idem Edmundus habet ibidem iii servos tenentes i virgatam terre.
Unde Willelmus Godwyne[6] tenet dimidiam virgatam terre pro iii s vi d et faciet iii arruras et metet per iiii dies cum ii hominibus et ad metebene cum ii hominibus et comedet secum eo die et dabit domino ad Natale Domini iii gallinas et herciabit ter.
Johannes Cok et Edmundus[7] Freman tenent dimidiam virgatam terre per idem servicium et hii predicti cariabunt falcabunt levabunt[8] fenum domini et cariabunt bladum et talliabuntur ad voluntatem domini.
Willelmus Peny tenet dimidiam virgatam terre de Alicia de Swebergh[9] pro iii s vi d et iii gallinas et faciet iii arruras falcabit et levabit fenum et sarculabit et metet per iiii dies cum ii hominibus (et ad metebene cum ii hominibus)[10] ad custum domini et talliabitur ad festum Sancti Michaelis pro voluntate domini.
Eadem Alicia tenet de Suweberwe[11] (sic) et Johannes de Edmundo et Edmundus[12] de priore et prior de rege.
Willelmus Smalprud tenet tantum pro ii s ii d de dicto comite[13] (sic) et inveniet i hominem ad metebene ad custum domini.
Cristiana[14] de Gynes tenet i acram terre de eodem pro i d.
Radulphus Brace tenet i messuagium et ii acras terre de eodem pro iii s et faciet iii bederipas cum i homine et levabit fenum et dabit ii gallinas ad Natale Domini.

---

[1] Underlined in E.164/15. Leigh MS 'Paternr'.     [2] Added from Leigh MS only.
[3] Deleted E.164/15; omitted other MSS.     [4] MiO 14 and Leigh MS 'partis'.     [5] As n. 2.
[6] MiO 14 'Godewyn'.     [7] Leigh MS 'Emma'?
[8] Leigh MS 'falcabunt levabunt et cariabunt'.     [9] Leigh MS 'Shukburg'.     [10] As n. 2.
[11] Leigh MS 'Shukburg'.     [12] Leigh MS 'ipse'.     [13] Leigh MS 'Edmundo'.
[14] MiO 14 'Cristina' and subsequently.

Emma la Norreys[15] tenet i messuagium et v acras terre de eodem pro ob.
Willelmus Lawe tenet i messuagium et ii acras terre de eodem pro iii s et
ii gallinis et faciet ii bederipas cum i homine et i metebene et eo[16] die
comedet cum domino.
Hugo Chaumberleyn[17] tenet i messuagium et i acram terre de eodem pro
xvi d metens per i diem et inveniet ad metebene i hominem.
Thomas le Mouner tenet i messuagium et i acram terre (de eodem)[18] pro
xviii d et metet per i diem cum i homine et inveniet i hominem ad metebene
ad custum domini.
Thomas Aray[19] tenet i messuagium pro xiiii d et inveniet i hominem ad
metebene.
Willelmus le Turnour[20] tenet i cotagium de Radulpho (Arar')[21] pro i d.

Fol 76b–lxxviib (MiO 14 fol 88b–89b; Leigh MS fol 119–119b)

Predictus Edmundus solvit per annum pro predictis tenementis predicto
priori iiii s.
Omnes predicti facient ii adventus ad curiam predicti prioris per annum
quo waranto nescitur.
Willelmus Fraunkeleyn tenet i virgatam terre de predicto priore pro iii s
et faciet iii arruras et i bederipam cum ii hominibus et metebene cum ii
hominibus[1] ad custum domini faciens sectam de iii septimanis in iii
septimanas et veniet bis per annum ad visum franciplegii.
Willelmus le Chaumberleyn tenet dimidiam virgatam terre de predicto
priore pro xviii d et iii arruras (sic)[2] et i bederipam cum i homine et
metebene cum i homine et faciet sectam ut supra.
Willelmus filius Ade tenet quartam partem i virgate terre de predicto
priore pro iii s arrans ter per annum et faciet i bederipam cum i homine
et i metebene (et sectam ut supra).[3]
Radulphus filius Radulphi tenet dimidiam virgatam terre de eodem pro v
s et servicio predicto.
Reginaldus[4] Crips tenet i virgatam terre de eodem pro predicto servicio.

---

[15] MiO 14 'Norres'; Leigh MS 'Noreys' and subsequently.    [16] Leigh MS 'eodem'.
[17] Leigh MS 'Chamberleyn' and subsequently.    [18] As n. 2.
[19] MiO 14 'Aras'; Leigh MS possibly 'Bray'.    [20] Leigh MS 'Turneur''.
[21] Difficult in E. 164/15; 'Bray' in Leigh MS.

---

[1] 'et metebene cum ii hominibus' omitted from Leigh MS.
[2] Leigh MS has 'et faciet iii arruras'. The omission of 'faciet' by the scribe of E.164/15 would
explain the accusative form here.    [3] Added from Leigh MS only.    [4] Leigh MS 'Roger'.

Johannes Mareschal[5] tenet tantum pro reparatione ferri v carucarum de ferro et acero prioris et alia servicia que Reginaldus facit.[6]

Thomas Wythergeyn tenet i virgatam terre et dimidiam de priore pro ii s et per predictum servicium.

Thomas de Gynes tenet i virgatam terre de eodem per servicium xx[me] partis feodi i militis.

Emma la Norreys tenet i virgatam terre de predicto Thoma pro iiii s i d.

Thomas filius Emme tenet dimidiam virgatam terre de eodem pro xxiii d ob et omnes venient ad visum franciplegii ipsius prioris.

Galfridus filius Ade tenet x acras terre de eodem priore pro xviii d faciens iii arruras et i bederipam cum i homine et i metebene cum i homine et sectam curie.

Rogerus Patingham[7] tenet quartam partem i virgate terre de predicto Galfrido pro xii d et faciet i bederipam cum i homine et i metebene cum i homine (et sectam ut supra).[8]

Willelmus Prikemor[9] tenet de eodem medietatem quarte partis i virgate terre pro v d ob.

Idem Willelmus tenet i messuagium et ii acras terre de dicto priore pro v s ad voluntatem domini et faciet i bederipam cum i homine et i metebene cum i homine.

Cristiana de Gynes tenet i acram terre et dimidiam de Galfrido filio Ade pro ob.

Thomas Wythergeyn tenet i acram terre de eodem pro i d.

Simon Wythergeyn tenet dimidiam acram terre de eodem pro i d.

Thomas filius Nicholai tenet i acram terre de eodem pro ii d.[10]


Fol 77–lxxviii (MiO 14 fol 89b–90; Leigh MS fol 119b–120)

Nicholaus Martyn tenet dimidiam acram terre de eodem pro i d.

Ricardus Martyn tenet ii acras terre de eodem pro ii d.

Thomas Aynard tenet dimidiam acram terre de eodem pro ob.

Ricardus le Bedel[1] tenet dimidiam acram terre pro ob.

Johannes de Staunton tenet dimidiam virgatam terre de Ricardo de

---

[5] MiO 14 'Marsshall; Leigh MS 'Marshal'.
[6] Leigh MS 'et servicia que Rogerus Crips facit'.       [7] MiO 14 and Leigh MS 'Patyngham'.
[8] As n. 3.        [9] MiO 14 'Prikemore'.
[10] In Leigh MS this entry comes between the two Wythergeyns immediately preceding it in E.164/15 and MiO 14.

---

[1] MiO 14 'Bedell' and subsequently.

Stauntone pro xiiii s et Ricardus tenet de priore et prior de rege et faciet sectam ad curiam prioris bis per annum.

Felicia la Veve tenet quartam partem i virgate terre de eodem ad voluntatem suam pro xii d.

Thomas Short tenet de Willelmo Fraunkeleyn[2] i messuagium et ii acras terre pro iii s ii d.

Magister Henricus Gulberd tenet de priore i messuagium et iiii acras terre et dimidiam de dicto priore[3] pro ob.

Hugo de Capes tenet i messuagium et i acram terre et i acram prati pro (ob)[4] de eodem Henrico.

Ricardus filius Henrici tenet de eodem i messuagium et ii acras terre pro ob.

Agnes la Veve tenet i messsuagium de eodem pro i d.

Nicholaus Martyn tenet i acram terre de eodem pro ob.

Radulphus Frere[5] tenet i messuagium de Ricardo filio Henrici pro ii s.

Nicholaus Martyn tenet i messuagium et v acras terre de priore pro i d.[6]

Idem Nicholaus tenet de eodem ad voluntatem suam i messuagium et vii acras terre pro i marca.

Radulphus filius Radulphi tenet i acram terre de priore pro uno garlando.

Thomas Wythergeyn tenet dimidiam acram terre de eodem pro ob.

Reginaldus[7] Crips tenet v acras terre et dimidiam de eodem pro ob. Et omnes predicti tenentes debent sectam ad curiam prioris.

Thomas Wythergeyn tenet i acram terre et dimidiam de priore pro ob.

Thomas filius Emme tenet i acram et dimidiam de eodem pro i clavo gariophili.

Willelmus Wythergeyn tenet ii acras terre de eodem pro i d.

Nicholaus Martyn tenet i acram terre et dimidiam de eodem pro ob.

Rogerus Ricun[8] tenet i acram terre de Hugone Fortin pro ob.

Galfridus Adam tenet i acram terre et dimidiam de eodem pro clavo gariophili.

Thomas Martin[9] tenet ii acras terre de predicto priore pro i d.

Ricardus Martin tenet de Matilla Fortin i messuagium et ii acras terre pro xii d.

Reginaldus[10] Crips tenet ii acras prati de dicto priore pro qª.

Ricardus le Bedel tenet i virgatam terre de eodem pro balliva sua habenda.

---

[2] Leigh MS 'Frankleyn'.    [3] 'de dicto priore' omitted from Leigh MS.
[4] Sum omitted from E.164/15 ; a blank in MiO 14; added from Leigh MS only.
[5] Leigh MS 'Frer''.    [6] Leigh MS 'pro ob'.    [7] Leigh MS 'Rogerus' as before.
[8] Leigh MS 'Dicun'?    [9] MiO 14 and Leigh MS 'Martyn' and in following entry.
[10] 'Reginaldus' in Leigh MS as well.

Fol 77b–lxxviiib (MiO 14 fol 90–91 ; Leigh MS fol 120)

Idem Ricardus tenet v acras terre de eodem pro xii d.
Idem Ricardus tenet xx (acras)[1] terre de eodem pro ob. Et ad luminarium Beate Marie de Coventr' xii d.
Idem Ricardus tenet vi acras terre de Roberto[2] Ḥaudayn pro i d.
Idem Ricardus tenet de magistro Henrico Gulberd i acram prati pro ob.
Idem Ricardus tenet x acras terre de Ricardo de Stauntone[3] pro i d.
Rogerus[4] Richun tenet i messuagium et i acram terre de Roberto Heudyn[5] reddendo inde priori de Coventr' ii s.
Johannes Godwyne solvit ad luminarium Beate Marie de Merstone[6] ob pro i acra terre (et) dimidia et dicto Roberto ob.
Thomas Wythgyn[7] tenet ii acras terre et dimidiam de dicto Roberto pro ob.
Thomas filius Emme tenet i acram terre de dicto Roberto pro i clavo gariophili.
Thomas Short tenet ii acras terre (et) dimidiam de eodem pro ob.
Johannes Kyng tenet de dicto Roberto ii acras terre et dimidiam et i rodam prati pro ob.
Galfridus Urry tenet ii acras terre (et) dimidiam de eodem pro ob.
Thomas le Veyr tenet i acram terre de eodem pro ii clavis gariophili.
Omnes predicti tenent de dicto Roberto et Robertus de priore et prior de rege.
Radulphus Urry tenet i acram terre et dimidiam de altari Sancti Nicholai de Merstone pro ob.
Hugo le Kyng[8] tenet de dicto Roberto dimidiam acram terre pro i flore rose.

### Wylmelechtone
Johannes Peche est dominus de Wylmelechtone et tenet de Theobaldo de Neyvile[9] per servicium feodi i militis et Theobaldus tenet de Ricardo de Harecourt et Ricardus de comite Warr' et comes de rege in capite quo servicio nescitur.
Idem Johannes habet ibidem in dominico ii carucatas terre.
Idem Johannes habet ibidem xiii servos tenentes vii virgatas terre et dimidiam.
Unde Henricus filius Hugonis tenet i virgatam terre pro xvi s.
Willelmus le Pledur tenet tantum per idem servicium.

---

[1] Not in E.164/15 but in other two MSS.    [2] MiO 14 'de Haudayn'.
[3] MiO 14 and Leigh MS 'Staunton'.    [4] Leigh MS 'Reginaldus'.    [5] Leigh MS 'Haudin'.
[6] Leigh MS 'Merston' and subsequently.    [7] Leigh MS 'Wythergeyn'.
[8] Leigh MS 'Gyng'.    [9] MiO 14 'Nevyle'.

Willelmus le Pleydour[10] et Hugo Thurgyl[11] tenent tantum per idem servicium.

Willelmus filius Hugonis et Willelmus filius Is' tenent tantum per idem servicium.

Agnes atte Putte[12] et Ricardus le Chapmon[13] tenent tantum per idem servicium.

Hawys atte Hulle et Thomas atte Hulle[14] tenent tantum per idem servicium.

Radulphus by Niccheton[15] et Henricus Faucus tenent tantum per idem servicium.


Fol 78–lxxix (MiO 14 fol 91–91b)

Idem Johannes habet ibidem iii libere tenentes.

Unde Nicholaus de Kygehon' est unus et habet sub se iii servos.

Unde Ricardus le Kertere tenet i virgatam terre pro xvi s.

Simon le Carectere[1] tenet tantum per idem servicium.

Henricus Mahn tenet tantum per idem servicium.

Henricus filius Radulphi tenet de eodem dimidiam virgatam terre libere pro xl d.[2]

Radulphus filius Philipi tenet tantum de eodem libere pro vi s.

Ricardus de Graftone tenet tantum ad terminum vite sue pro ii sectis.

Willelmus filius Radulphi tenet tantum de eodem pro vi s.

Ricardus le Priour tenet tantum de eodem pro v s.

Henricus filius Ade tenet quartam partem i virgate terre de priore de Clatercote pro iiii s et ii adventibus ad curiam suam et dant scutagium.

Idem Johannes habet ibidem visum franciplegii quo waranto nescitur.

Johannes Passelewe tenet ii carucatas[3] terre in dominico de Johanne Peche per servicium medietatis i feodi militis et Johannes (tenet) de Theobaldo et Theobaldus de Ricardo Harecourt[4] et Ricardus de comite Warr' et comes de rege.

Idem Johannes habet ibidem xiiii servos.

Unde Simon Shyrlok[5] tenet i virgatam terre pro xvi s.

Alicia la Veve tenet tantum per idem servicium.

Ricardus le Harpur[6] tenet tantum per idem servicium.

Johannes Druery et Felicia de Lodbroc[7] tenent tantum per idem servicium.

---

[10] MiO 14 'Pleydur'.    [11] MiO 14 'Thurgyll'.    [12] MiO 14 'at Putt'.
[13] MiO 14 'Chapman'.    [14] MiO 14 'at Hull'.    [15] MiO 14 'Nicheton'.

---

[1] MiO 14 'Carecter".    [2] MiO 14 'iii s. iiii d'.    [3] MiO 14 incorrectly 'carectas'.
[4] MiO 14 'Harcourt'.    [5] MiO 14 'Shirlok' and subsequently.    [6] MiO 14 'Harper'.
[7] MiO 124 'Lodebroke'.

Willelmus Shyrloc et Willelmus de Cestretone[8] tenent tantum per idem servicium.

Gilbertus le Irreys et Galfridus Albod[9] tenent tantum per idem servicium.

Adam Peys et Robertus Gerbanc[10] tenent tantum per idem servicium.

Willelmus Harpour[11] et Scolastica Rolbard tenent tantum per idem servicium.

Hugo in le Herne[12] et Willelmus Toly tenent tantum per idem servicium.

Agnes de Cestretone et Johannes Ennersy tenent tantum per idem servicium.

Willelmus Manser et Rogerus le Mouner tenent tantum per idem servicium.

Willelmus Toly tenet quartam partem i virgate terre per servicium pertinens ad tantam terram.

Johannes Bacon tenet dimidiam virgatam terre ad terminum vite sue pro viii s.

Simon atte Welle[13] tenet i messuagium et i acram terre pro iii s de Johanne de Passelewe

Fol 78b–lxxixb (MiO 14 fol 91b–92)

et inveniet i hominem ad fenum faciendum per i diem et i hominem ad tassandum fenum et faciet sectam ad curiam suam quandocumque vocatus fuerit.

Adam Joye tenet i messuagium et i acram terre pro iii s et per predictum servicium.

Johannes Hode[1] tenet i messuagium pro xviii d et per predictum servicium.

Henricus filius Radulphi tenet dimidiam virgatam terre de hospitale de Graftone[2] pro xii d.

Johanna filia Henrici et Dionisia soror eius tenent dimidiam virgatam terre de eodem pro xii d.

### Shockeberghe

Thomas Oliver[3] tenet vii virgatas terre videlicet iii virgatas terre dimidiam de Henrico de Berchestone per servicium quarte partis feodi i militis et Henricus de priore de Coventre et prior de rege ut supra.

Idem Thomas tenet ibidem de Jordano[4] de Say per servicium quarte partis feodi i militis et Jordanus tenet de priore et prior de rege.

---

[8] MiO 14 'Cestertone'.   [9] MiO 14 'Albode'.   [10] MiO 14 'Gerbanke'.
[11] MiO 14 'Herpour'.   [12] MiO 14 'Hyrne'.   [13] MiO 14 'at Well'.

---

[1] MiO 14 'Hede'.   [2] MiO 14 'Grafton'.   [3] MiO 14 'Olyver', and subsequently.
[4] MiO 14 'Jordane'.

Idem Thomas (habet ibidem) ii virgatas terre in dominico.

Idem Thomas habet ibidem ii servos.

Unde Robertus Shecok tenet i virgatam terre et faciet ii arruras et ii herciaturas et falcabit per i diem et levabit fenum et dat xx s.

Juliana la Veve tenet quartam partem i virgate terre pro v s et pro predicto servicio.

Willelmus de Beburchingebury tenet i messuagium et quartam partem i virgate terre pro iiii s de Thoma Olyver.

Henricus filius Henrici tenet tantum pro iii s de eodem.

Juliana filia Thome tenet quartam partem i virgate terre de predicto Henrico pro xii d.

Willelmus Chatere tenet dimidiam virgatam terre de Thoma Olyver pro i lb cimini.

Johannes Chattere[5] tenet tantum de eodem pro xii d.

Thomas filius Radulphi tenet quartam partem i virgate terre pro xii d de eodem.

Willelmus de Wyleby tenet dimidiam virgatam terre de eodem pro ob.

Ricardus de Lalleford tenet tantum de heredibus Willelmi de Shockebergh[6] pro ii lb cimini.

Willelmus de Burchingel[7] tenet i cotagium de Ricardo de Lalleforde[8] pro i d.

Adam filius Radulphi tenet de dicto Thoma i messuagium et quartam partem i virgate terre pro iii d.

Willelmus de Benethe[9] tenet dimidiam virgatam terre de Thoma Oliver pro i clavo gariophili.

Magister Guido tenet tantum de eodem pro ob.

Idem Guido tenet quartam partem i virgate terre de eodem pro i clavo gariophili.


Fol 79 – lxxx (MiO 14 fol 92–92b)


Ricardus Scotte[1] tenet i cotagium et dimidiam virgatam terre de magistro Guidone pro x s.

Willelmus filius Mabille tenet i cotagium et i acram terre de predicto Thoma pro vii d.

Ricardus de Caldecote tenet i cotagium et i acram terre de eodem pro vi d.

Alicia la Veve tenet i cotagium de predicto Thoma pro iii d.

---

[5] MiO 14 'Chatter'.     [6] MiO 14 'Shockeberghe'.     [7] MiO 14 'Berchingel'.
[8] MiO 14 'Lalleford'.     [9] MiO 14 'Beneth'.

---

[1] MiO 14 'Scot' or 'Stot'.

Juliana Ravel tenet i cotagium de dicto Thoma pro ii d.

Willelmus Chatere tenet viii virgatas terre de priore de Coventre per servicium medietatis feodi i militis et prior tenet de rege in capite.

Idem Willelmus habet ibidem iii partes i virgate in dominico.

Idem Willelmus habet ibidem liberos tenentes scilicet

Robertus Whybe[2] qui tenet dimidiam virgatam terre de eodem Willelmo pro homagio et servicio.

Idem Robertus tenet tantum de Ricardo de Geydone pro iii s.

Johannes Wybe[3] tenet tantum de Thoma de Derset pro ii s vi d.

Ricardus Cleyre tenet tantum de eodem pro iii s.

Rogerus Clere tenet tantum pro ii s vi d de Johanne de Shockeb'.[4]

Willelmus Rodbryrt[5] tenet tantum de Willelmo de Chatere pro iii s.

Ricardus Clere tenet quartam partem i virgate terre de Willelmo de Benethe[6] pro xvi d.

Rogerus Clere tenet tantum de eodem pro xv d.

Thomas Flemyng tenet dimidiam virgatam terre de Willelmo Chatere pro i pare (sic) cirotecarum.

Ricardus Store (?)[7] tenet quartam partem i virgate terre de Jul' Flemyng pro xii d.

Jul' Flemyng tenet tantum de Willelmo Chatere pro xii d.

Thomas Oliver tenet tantum de eodem pro iii s.

Adam filius Radulphi tenet tantum de eodem pro vi d.[8]

Thomas Olyver tenet dimidiam virgatam terre de abbate de Leyc' pro ix s qui tenet in puram et perpetuam elemosinam ut dicit.

Thomas Aster Henricus filius Walteri et Johannes Bele tenent dimidiam virgatam terre de Willelmo Chatere pro ii s vi d.

Ricardus Trusse et Thomas filius eius tenent dimidiam virgatam terre de Johanne de Somerville[9] pro x s et omnes faciunt visum franciplegii ad curiam ipsius prioris quo waranto nescitur.

## Brailes[10]

Comes Warr' est dominus de Brailles set dimisit illud manerium cum pertinentiis Ricardo de Mundeville[11] et uxori eius ad vitam ipsorum et idem comes tenet de rege.

Idem comes habet ibidem v carucatas terre in dominico.

---

[2] MiO 14 'Whyler' – a misreading?     [3] MiO 14 'Whybe' or 'Whyle'.
[4] MiO 14 'Shockebergh'.     [5] MiO 14 'Rodbright'.     [6] MiO 14 'Beneth'.
[7] Possibly 'Scote' – cf first line of this folio. MiO 14 'Storti''.     [8] MiO 14 'vi s.'.
[9] MiO 14 'Somervile'.
[10] MiO 14 'Brayles' and subsequently. 'Brayles' is written in a later hand as the top of this folio in E.164/15.     [11] MiO 14 'Mundevile'.

Idem comes habet ibidem quendam parcum qui continet in se xxx acras terre et warennam et alias libertates quo waranto nescitur.
Idem comes habet ibidem lx virgatas terre in servagio.

## Fol 79b – lxxxb (MiO 14 fol 93–93 b)

Unde Adam Underwode tenet i virgatam terre pro xxvii d[1] de eodem comite dans vii buscellos avenarum per annum et i gallinam et operabit a festo Sancti Michaelis usque advincula Sancti Petri secunda die extra diebus Sabbati et falcabit quamdiu dominus habet ad falcandum et habebit tantum herbagium quantum levare potest cum falce sua et idem Adam et omnes socii sui habebunt post falcacionem meliorem multonem de ovili domini extra uno vel xvi d. Item habebunt unum caseum meliorem preter unum vel vi d et habebit (sic) illud vas plenum salis in quo caseus perficitur et a festo Sancti Petri advincula usque festum Sancti Michaelis operabit Adam predictus in ebdomada per ii dies et veniet ad bederepam cum tota familia sua extra uxore sua et becario suo et metet unum (sic) sellionem et erit quietus illo die ab aliis operibus et cariabit ii carectas feni et dimidiam et cariabit lapides scilicet vii carectas per iii dies et colliget nuces per iii dies et si dominus perhendinaverit ad Natale Domini apud Brailles inveniet iii equis foragium per iii noctes et arabit ter in anno scilicet vi selliones et faciet averagium usque ad xx leucas et faciet iii quaterios brasei et dabit pro porco superannato i d et pro porco non superannato ob et ipse et socii sui dant ad festum Sancti Michaelis ad auxilium domini xii marcas nec potest maritare filiam suam nec filium suum coronare[2] sine licencia domini.
Idem Adam tenet aliam virgatam terre de eodem per idem servicium.
Matilla[3] Underwode[4] tenet tantum per idem servicium.
Cecil' Underwode tenet tantum per idem servicium.
Jordanus Doke tenet tantum per idem servicium.
Adam atte Welle tenet tantum per idem servicium.
Robertus Frend[5] tenet tantum per idem servicium.
Margeria Coggere[6] tenet tantum per idem servicium.
Ricardus Gorwy[7] tenet ii virgatas terre per duplex predictum servicium.
Johannes Herdman tenet i virgatam terre per predictum servicium.
Johannes Coleman tenet tantum per idem servicium.

---

[1] MiO 14 'ii s iii d'.    [2] Space left where this word occurs in MiO 14, yet legible in E.164/15.
[3] MiO 14 'Matilda', and subsequently.    [4] MiO 14 'Underwood' and subsequently.
[5] MiO 14 'Freynde.    [6] MiO 14 'Cogger'.    [7] MiO 14 'Gorwye'.

**Fol 80 – lxxxi (MiO 14 fol 93b–94)**

Felicia atte Welle[1] tenet tantum per idem servicium.
Robertus Cyte[2] tenet ii virgatas terre per servicium duplex predictum.
Walterus Cyte[3] tenet i virgatam terre per predictum servicium.
Nicholaus Brun[4] tenet ii virgatas terre pro duplici tanto servicio.
Jordanus Coupere tenet i virgatam terre per predictum servicium.
Walterus Cule tenet tantum per idem servicium.
Johannes Ravenng' tenet ii virgatas terre per duplex servicium.
Willelmus Stub[5] tenet i virgatam terre per predictum servicium.
Alius Willelmus Stub[6] tenet tantum per idem servicium.
Johannes Brut tenet tantum per idem servicium.
Willelmus Bovere tenet tantum per idem servicium.
Galfridus Brun[7] tenet tantum per idem servicium.
Johannes Kyrye tenet tantum per idem servicium.
Robertus Hykke tenet ii virgatas terre pro dupplici[8] servicio.
Galfridus Doget tenet i virgatam terre per predictum servicium.
Petronella[9] Duke tenet tantum per idem servicium.
Johannes Baldewyne[10] tenet tantum per idem servicium.
Matilla la Veve tenet ii virgatas terre pro duplici tanto servicio.
Ricardus Gerlaund[11] tenet tantum per idem servicium.
Emma Walse tenet tantum per idem servicium.
Thomas Dune tenet tantum per idem servicium.
Johannes le Swon tenet tantum per idem servicium.
Philipus atte Welle tenet tantum per idem servicium.
Thomas Bernard[12] tenet ii virgatas terre pro duplici tanto servicio.
Thomas Ravenyng' tenet i virgatam terre per predictum servicium.
Henricus le Provost tenet ii virgatas terre pro duplici servicio predicto.
Galfridus Balle[13] tenet i virgatam terre per predictum servicium.
Ricardus le Bere tenet i virgatam terre dimidiam per predictum servicium.
Johannes le Swon tenet tantum cum pertinentiis pro xii d et per predictum servicium.

---

[1] MiO 14 'at Well'   [2] MiO 14 'Cytie'.   [3] MiO 14 'Citie'.   [4] MiO 14 'Broune'.
[5] MiO 14 'Stubbe'.   [6] MiO 14 'Stube'.   [7] MiO 14 'Brune'.   [8] MiO 14 'duplici'.
[9] MiO 14 'Petronilla'.   [10] MiO 14 'Baldwyn'.   [11] MiO 14 'Garlande'.
[12] MiO 14 'Bernerd'.   [13] MiO 14 'Walle'.

Fol 80b – lxxxib (MiO 14 fol 94–94b)

Thomas Herde[1] tenet tantum per idem servicium.

Johannes atte Hull tenet tantum per idem servicium.

Johannes le Menek tenet tantum per idem servicium.

Robertus Stub[2] tenet i virgatam terre per idem servicium.

Robertus le Monek[3] et Cristiana la Veve tenent i virgatam terre de dicto comite Warr' per predictum servicium.

Iidem Robertus et Cristiana reddunt eidem per annum pro ii cotagiis iiii s.

Adam Taillard[4] tenet i virgatam terre pro ix s et debet tallagium et ii bederipas arruras et takcum sicut et ceteri.

Johannes Thursteyn et Editha atte Gate[5] tenent i virgatam terre per predictum servicium.

Henricus Duke et Henricus Clarice tenent tantum per idem servicium.

Willelmus Stake et Willelmus atte Yate[6] tenent tantum per idem servicium.

Thurstanus at Yate tenet dimidiam virgatam terre per medietatem predicti servici.

Thomas le Feuere[7] tenet dimidiam virgatam terre per reparacionem ferrurarum caruce domini et habebit i jumentum cum bobus domini et i vaccam cum vacciis domini et i bovettum cum bovettis domini.

Ricardus atte Dich[8] tenet i cotagium pro viii d et veniet ad iii bederepas et levabit fenum domini per totam fenacionem.

Felicia la Chapman tenet i cotagium pro vi d et iii bedereppas (sic) et juvare ad fenum domini per totam fenacionem.

Reginaldus le Marchaund[9] tenet ii cotagia pro iii s et secta curie et amerciabitur pro assisa cervisie fracte pro voluntate domini.

Rogerus le Marchaund tenet ii cotagia pro v s iii d.

Rogerus Lavender tenet i cotagium pro xv d.

Johannes Burgeys tenet i cotagium pro xv d.

Rogerus le Bere tenet i cotagium et v acras terre pro ix s.

Johannes Bony tenet i cotagium pro x d.

Robertus Cyte[10] tenet i cotagium pro xx d.

Robertus Sa(unce)saille[11] tenet i cotagium pro xviii d.

Robertus Heryng tenet ii cotagia pro ii s vi d.

Matilla Kere tenet i cotagium pro xvi d.

Robertus Godwyne[12] tenet ii cotagia pro ii s viii d.

---

[1] MiO 14 'Herdy'.    [2] MiO 14 'Stubbe.    [3] MiO 14 'Menek'.    [4] MiO 14 'Tailliard'.
[5] MiO 14 'atte Bate'.    [6] MiO 14 'atyate', and subsequently.    [7] MiO 14 'Feure'.
[8] MiO 14 'at Kich'?    [9] MiO 14 'Merchaunde', and subsequently.    [10] MiO 14 'Cytye'.
[11] MiO 14 'Sauncesayle'.    [12] MiO 14 'Goodewyne'.

Fol 81 – lxxxii (MiO 14 fol 94b–95)

Willelmus Skinnere tenet i cotagium pro xvi d.
Ricardus Susanne tenet i cotagium pro xvi d.
Willelmus Perceval[1] tenet i cotagium pro xvi d.
Leticia la Daye tenet i cotagium pro xvi d.
Relicta Roberti Dune tenet i cotagium pro xv d.
Martinus le Taillour tenet ii cotagia pro ii s ii d.
Ricardus Bernard[2] tenet ii cotagia pro ii s ii d.
Henricus Senge tenet ii cotagia pro ii s viii d.
Willelmus Pentrich tenet i cotagium pro xiiii d.
Johannes filius Susanne tenet i cotagium pro ii s.
Galfridus Sergaunt[3] tenet i cotagium pro xiiii d.
Galfridus Balle tenet i cotagium pro xvi d.
Johannes le Berker tenet i cotagium et iiii acras terre pro iiii s x d et secta curie.
Johannes Arkyl[4] tenet i cotagium et ii acras terre pro vi d ob et secta curie.
Willelmus le Lung tenet i cotagium pro xvi d et iii bedereppis cum i homine propriis sumptibus et juvabit ad fenum per totam fenacionem.
Nicholaus Sparwe[5] tenet i cotagium pro xvi d et pro predicto servicio.
Johannes Skinnere[6] tenet i cotagium per eundem redditum et per predictum servicium.
Agnes Deye tenet i cotagium pro iiii d.
Johannes Coupere[7] tenet iiii virgatas terre pro viii s et iii bederippis et iii arruris.

(This folio ends well short of full length. Folio 81b – lxxxiib is a blank except for a scribble. Folio 82 – lxxxiii is badly faded as is 82b – lxxxiiib, but on line 9 of the latter the entry for Burton Dassett begins. The entry for Brailes is continued on folio 90 – lxxxxiii, and this follows here. It is difficult to ascertain how much of the Brailes entry has been lost on fols 82 and the top of 82b.)

---

[1] MiO 14 'Percyvall'.     [2] MiO 14 'Bernerd'.     [3] MiO 14 'Sergeaunt'.
[4] MiO 14 'Arkyll'.     [5] MiO 14 'Sparowe'.     [6] MiO 14 'Skynner'.
[7] MiO 14 'Cowpere'.

Fol 90 – lxxxxiii (MiO 14 fol 95–95b)

(Brayles Comitatus Warr')[1]

Matilla Mareschal[2] tenet i virgatam terre de eodem comite (Warr') per i par calcarium deauratorum vel vi d.

Johannes Ward[3] tenet dimidiam virgatam terre pro ii s et iii bidripis.

Johannes Balle tenet i messuagium et ii virgatas terre et pasturam viii boum cum bobus domini pro xxxiiii s viii d.

Thomas Tryvet tenet iii virgatas terre pro i pari cirotecarum pretii vi d et secta curie.

Johannes Spenser tenet i virgatam terre de predicto Thoma pro viii s et metet et arabit sicut predicti custumarii.

Editha la Veve tenet tantum de eodem pro x s vi d et metet et arrabit sicut Ada Underwode.[4]

Johannes Beavel[5] tenet tantum per idem servicium de eodem.

Priorissa de Wroxale tenet i virgatam terre de dono comitis Walerandi in perpetuam elemosinam.

Dion'[6] Herberd tenet predictam virgatam de eadem priorissa pro viii s per annum et metet et arrabit et reddet inde domino iiii capones et faciet sectam.

Rogerus de Hudicot tenet i virgatam terre de domino pro i lb piperis et secta curie.

Johannes de Winderton tenet ii virgatas terre de eodem pro viii s et per antiquam tenuram et veniet bis ad visum franciplegii.

Galfridus Seriaunt tenet ii virgatas terre de eodem pro viii s viii d.

Prior de Kenilleworthe[7] tenet iiii virgatas terre pertinentes ad ecclesiam de Brayles.

Nicholaus de Segrave tenet viii virgatas terre de eodem comite per servicium sextes partis feodi i militis.

Thomas atte Brok tenet i virgatam terre de predicto Nicholao pro xvi s.

Walterus Pokeler tenet tantum per idem servicium.

Johannes Adam tenet tantum per idem servicium.

Walterus de Supeston tenet tantum per idem servicium.

Idem Walterus tenet i cotagium pro xvi d.

Johannes Wych[8] tenet i virgatam terre pro xv s xi d.

Thomas Chapelyn tenet ii virgatas terre pro xxxi s x d.

Johannes Abovestret tenet i cotagium pro xii d.

---

[1] 'Brayles Com' Warr'' written in later hand at the top of this folio.
[2] MiO 14 'Matilda Marsshale'.     [3] MiO 14 'Warde'.     [4] MiO 14 'Underwodd'.
[5] MiO 14 'Beavyll'.     [6] MiO 14 'Dionisia'.     [7] MiO 14 'Kenilworth'.
[8] MiO 14 'Wyche'.

Theobaldus de Seinte Neyvile et Robertus Hastang[9] tenent de comite viii virgatas terre pro uno pari calcarium deauratorum.

Henricus Clerk tenet illas viii virgatas in feodo de eisdem pro xxix s vi d.

Jordanus Tileman tenet i virgatam terre de eodem tenemento de dicto Henrico iiii s vi d.

Robertus le Blund[10] tenet tantum de eodem per idem servicium.

Johannes Abovestrete tenet tantum de eodem pro iiii s.

Johannes Wykford[11] tenet tantum de eodem pro ix s.

Johannes le Clerk tenet i cotagium de eodem pro ii s.

Johannes le Wyche tenet i cotagium de eodem pro ii s.

Galfridus Songe tenet i cotagium de eodem pro ii s.

Willelmus Burgeys tenet i cotagium de eodem pro viii d.


Fol 90b – lxxxxiiib (MiO 14 fol 96–96b)

Brayles

Petrus de Monte Forti tenet in Brayles xvi virgatas terre de comite Warr' per servicium quarte partis feodi i militis.

Idem Petrus dedit totum redditum predicti tenementi Ricardo de Wroxhull pro homagio et servicio suo retinendo tunc penes seipsum homagii wardi relevii et heryetti[1] de tenentibus et idem Ricardus postmodo dedit totum illum redditum Roberto atte Tonesende[2] in libero maritagio cum quadam filia sua et eorum heredibus de se exeuntibus quorum tenentium (?)

Johannes Alysindr'[3] tenet iii virgatas terre et dimidiam de dicto Roberto pro iii s v d.

Galfridus Seriaunt[4] tenet x acras terre et dimidiam et i rodam prati de eodem pro v d.

Galfridus Colkebuke tenet i virgatam terre de eodem pro ii s ix d.

Radulphus Bernard tenet dimidiam virgatam terre de predicto Roberto pro iii d ob q[a] et dicto comiti xii d et Johanni de Wynderton xii d et Galfrido le Seriaunt ob et Johanni Alysaundr' ob pro eodem.

Willelmus Burgeys tenet iiii acras terre et i rodam terre de dicto Roberto pro ii d.

Alicia que fuit uxor Henrici atte Tounesende tenet viii acras terre et dimidiam virgatam prati de eodem pro iiii d ob et Johanni Coupere vi d.

Henricus filius Cristiane tenet v acras terre de eodem pro x d ob.

---

[9] MiO 14 'Theobaldus de Nevyle et Robertus Hasting'. 'Hasting' is also written in the left hand margin.    [10] MiO 14 'Blunde'.    [11] MiO 14 'Wykforde'.

---

[1] MiO 14 'herietti'.    [2] MiO 14 'at Townesende' and subsequently.
[3] MiO 14 'Alexander'.    [4] MiO 14 'Sergeaunt', and subsequently.

Johannes Syebely[5] tenet ii acras terre de eodem pro vii d.

Margeria la Mouner tenet i cotagium de eodem pro xii d.

Galfridus Scut tenet dimidiam virgatam terre de eodem pro v s.

Galfridus Evesing tenet i cotagium de eodem pro ii s ii d.

Willelmus Bernard[6] tenet i virgatam terre et dimidiam pro xix d q$^a$ de eodem et Johanni Alisaundr' ob et Galfrido Scut ob.

Ricardus Weste tenet iii acras terre de eodem pro ii d.

Johannes Wycht[7] tenet viii acras terre de eodem pro v d ob q$^a$ et Johanni Alysaundr'[8] ob.

<u>Robertus Wycht tenet i acram terre</u>[9] de eodem pro i d.

Robertus filius Johannis tenet dimidiam virgatam terre de eodem pro v s vi d et domino de Holewey xii d et Johanni Alisandr' i d.

Johannes de Holewey tenet iiii virgatas terre de comite pro vi s viii d.

Prior de Kenill' tenet i virgatam terre in perpetuam elemosinam de comite pro x s.

Idem Johannes de Holewey tenet ii virgatas terre de Johanne de Edrycheston[10] reddendo inde predicto Roberto x s.

Leticia la Daye tenet i curtilagium de ecclesia pro vi d.

Robertus Saunsayl[11] tenet i acram terre et dimidiam de eodem Roberto pro ob.

Johannes Bernard tenet i cotagium et x acras terre et dimidiam virgatam prati de eodem pro iii s ix d ob et Johanni de Wynderton xii d et predicto comiti xii d.

Reginaldus le Marchaund[12] tenet ix acras terre de eodem pro ii d ob q$^a$ et Johanni Alisandr' i d ob.

Rogerus le Bere[13] tenet ii acras terre de eodem pro i d ob.


Fol 91 – lxxxxiiii (MiO 14 fol 96b)

Henricus Songe tenet ii acras terre et dimidiam de eodem Roberto pro ii d.

Johannes Coupere tenet ii acras terre de eodem pro i d.

Robertus atte Tonesende[1] tenet i virgatam terre (de) priore de Kenill' pro iiii s.

---

[5] MiO 14 'Siebely'.    [6] MiO 14 'Bernerd' and subsequently.
[7] MiO 14 'White' and subsequently.    [8] MiO 14 'Alisaund'' and subsequently.
[9] Underlined in MS.    [10] MiO 14 'Edricheston'.    [11] MiO 14 'Saunsayll'.
[12] MiO 14 'Merchaunde'.    [13] MiO 14 'Bore'.

---

[1] As before.

Idem Robertus tenet aliam virgatam terre de Johanne Chaumberlayn[2] pro ob.

(The entry for Chelmscote continues on this folio.)

Fol 82b – lxxxiiib (MiO 14 fol 97–97b)

**Magna Dercet[1]:** feoda ii militum.

Johannes de Suthley est dominus de Magna Derset[2] quo (sic) est membrum de Suthley et tenet eam de rege in capite cum baronia sua per servicium duorum militum.

Idem Johannes habet ibidem v carucatas terre in dominico.

Servi

Idem Johannes habet ibidem liii servos tenentes xix virgatas terre et dimidiam.

Unde Ricardus ala Porte tenet quarterium i virgate terre de eodem pro v s.

Henricus Hervy tenet quartam partem i virgate terre de eodem per idem servicium.

Matilda Alayn tenet tantum de eodem per idem servicium.

Emma la Veve tenet tantum de eodem per idem servicium.

Isabella la Rode tenet tantum de eodem per idem servicium.

Elias le Aelur[3] tenet tantum de eodem per idem servicium.

Johannes Wigge[4] tenet tantum de eodem per idem servicium.

Radulphus Broun[5] tenet tantum de eodem per idem servicium.

Ricardus Mareschal[6] tenet tantum de eodem per idem servicium.

Johannes filius Radulphi tenet tantum de eodem per idem servicium.

Radulphus Wigge tenet tantum de eodem per idem servicium.

Ricardus filius Ade tenet tantum de eodem per idem servicium.

Radulphus Seman tenet tantum de eodem per idem servicium.

Rogerus le Carter tenet tantum de eodem per idem servicium.

Aleredus[7] le Carecter tenet tantum de eodem per idem servicium.

Alanus Seman tenet tantum de eodem per idem servicium.

Adam Cabet tenet tantum de eodem per idem servicium.

Johannes le Wise tenet dimidiam virgatam terre de eodem pro xv s.

Ricardus Dod tenet tantum de eodem per idem servicium.

Willelmus Tyrry tenet tantum de eodem per idem servicium.

---

[2] MiO 14 'Chaumberleyn.'

---

[1] The Burton Dassett entry begins on line 9 of fol 82b.      [2] MiO 14. 'Dorcet'.
[3] MiO 14 'Aelure'.      [4] MiO 14 'Wigg'.      [5] MiO 14 'Broune'.      [6] MiO 14 'Marsshall'.
[7] MiO 14 'Alredus'.

Henricus Terry tenet tantum et quartam partem i virgate pro xxi s.

Willelmus Mabely tenet tantum de eodem per idem servicium.

Willelmus le Bercher tenet quartam partem i virgate terre de eodem pro vii s vi d.

Hugo Passot tenet dimidiam virgatam terre de eodem pro xv s.

Fol 83 – lxxxiiii (MiO 14 fol 97b–98)

### Comitatus Warr'

Ricardus Cart tenet tantum de eodem per idem servicium.

Sarra la Veve tenet tantum de eodem per idem servicium.

Robertus Hereward[1] tenet tantum de eodem per idem servicium.

Thomas Hereward tenet tantum de eodem per idem servicium.

Thomas Mabely tenet tantum de eodem per idem servicium.

Walterus Askel[2] tenet tantum de eodem per idem servicium.

Johannes Terry tenet tantum de eodem per idem servicium.

Johannes de Hemfeld tenet tantum de eodem per idem servicium.

Simon filius Laurentii tenet tantum de eodem per idem servicium.

Johannes Broun[3] tenet tantum de eodem per idem servicium.

Rogerus Askel tenet tantum de eodem per idem servicium.

Johannes le Provost tenet tantum de eodem per idem servicium.

Andreas filius Garredi[4] tenet tantum de eodem per idem servicium.

Johannes Bissop[5] tenet tantum de eodem per idem servicium.

Hugo le Provost tenet tantum de eodem per idem servicium.

Philipus filius Andree tenet tantum de eodem per idem servicium.

Idem Philipus tenet i acram terre de eodem pro x d.

Ricardus filius Sarre tenet dimidiam virgatam terre pro xv s.

Galfridus Passok tenet tantum de eodem per idem servicium.

Radulphus Terry tenet tantum de eodem per idem servicium.

Johannes Edward[6] tenet tantum de eodem per idem servicium.

Elias Terry tenet tantum de eodem per idem servicium.

Thomas le Messer et Willelmus Balraven tenent tantum de eodem per idem servicium.

Libere tenentes

Idem Johannes habet ibidem xxiiii libere tenentes xxiiii virgatas terre et dimidiam.

---

[1] MiO 14 'Harewarde', and subsequently.　　[2] MiO 14 'Askell', and subesquently.
[3] MiO 14 'Broune'.　　[4] MiO 14 'Garrerd''.　　[5] MiO 14 'Bisshop'.
[6] MiO 14 'Edwarde'.

Unde Thomas de Ardene tenet iiii virgatas terre de eodem faciens forinsecum servicium.

Servi

Idem Thomas habet ibidem vi servos tenentes predictas iiii virgatas terre.

Unde Nigellus Tyroun[7] et Thomas Strech tenent i virgatam terre de eodem pro xxx s salvo forinseco servicio regi.

Rogerus Seman et Johannes Cetely tenent tantum de eodem per idem servicium.

Johannes Symound[8] tenet tantum de eodem per idem servicium.

Matilda Dod tenet tantum de eodem per idem servicium.

Medietas feodi i militis.

Symon de Knythtecote[9] habet ibidem ii virgatas terre et dimidiam et tenet de dicto Johanne per servicium medietatis feodi i militis.

Idem Simon habet ibidem v servos tenentes ii virgatas terre et dimidiam.

Fol 83b–lxxxivb (MiO 14 fol 98–99)

Comitatus Warr'

Unde Ricardus Edyth[1] tenet dimidiam virgatam terre de eodem pro xv s.

Galfridus Ketyl[2] tenet tantum de eodem per idem servicium.

Hugo Ketyl tenet tantum de eodem per idem servicium.

Johannes Ketyl tenet tantum de eodem per idem servicium.

Stephanus Edyth tenet tantum de eodem per idem servicium.

Adam le Taylour[3] tenet dimidiam virgatam terre ad terminum vite pro xv s.

Henricus filius Johannis tenet i virgatam terre pro ii s vi d.

Radulphus Ernaud[4] tenet tantum de eodem Simone pro ii s.

Henricus Roberd[5] tenet tantum de eodem pro ii s vi d.

David de Pakinton tenet i virgatam terre de eodem faciens forinsecum servicium.

Johannes le Clerk tenet quartam partem i virgate terre de eodem pro ob.

(Rogerus filius Philipi) tenet dimidiam virgatam terre de Johanne Suthley pro v s.

(Rogerus) Baret tenet i virgatam terre de eodem pro ii s vi d.

Philipus filius Ricardi et Thomas Goremund[6] tenent de eodem i virgatam terre et dimidiam pro iii s.

---

[7] MiO 14 'Tyroune'.     [8] MiO 14 'Symonde'.     [9] MiO 14 'Simon de Knyghtcote'.

[1] MiO 14 'Edith', and subsequently.     [2] MiO 14 'Ketill', and subsequently.
[3] MiO 14 'Tailliour'.     [4] MiO 14 'Ernaude'.     [5] MiO 14 'Pakington'.
[6] MiO 14 'Goremunde'.

Thomas Ketyl tenet dimidiam virgatam terre de eodem pro xv s.

Willelmus Man tenet tantum de eodem per eundem redditum.

(Thomas) le Mercer tenet ii virgatas terre et dimidiam et quartam partem i virgate terre de eodem pro x s et i lb cimini et i pari cirotecarum.

Henricus filius Willelmi tenet dimidiam virgatam terre de Thoma le Mercer pro v s.

Johannes Mareschal[7] tenet i virgatam terre de Johanne Suthley pro ii s.

Walterus le Marchaund[8] tenet dimidiam virgatam et dimidiam (sic) et quartam partem i virgate terre de eodem pro xvi s.

Willelmus Bastyn tenet dimidiam virgatam terre de Radulpho Bastyn pro i lb piperis et Radulphus de dicto Johanne de Suthley per idem servicium.

Stephanus le Marchaund tenet dimidiam virgatam terre et quartam partem i virgate terre de dicto Johanne pro xiiii s.

Henricus Osemund[9] tenet dimidiam virgatam terre de eodem pro xv s.

Cristiana Payn et Juliana soror[10] eius tenent i virgatam terre et dimidiam pro xi s.

Johannes le Venur[11] tenet dimidiam virgatam terre pro xii d de eodem.

Nicholaus le Venur tenet tantum de eodem per idem servicium.

Ricardus Lyon et Willelmus de Borton tenent de Nicholao le Venur quartam partem i virgate terre pro vi d et Nicholaus de dicto Johanne per idem servicium.

Reginaldus Broun[12] et Ricardus Schotiswell[13] tenent dimidiam virgatam terre pro xii d.

Johannes de Upton tenet quartam partem i virgate terre pro vi d.

Omnes predicti dant scutagium et faciunt forinsecum servicium et sunt geldabiles.

Willelmus de Staverton tenet i virgatam terre de dicto Johanne de Suthley faciens forinsecum servicium regi.

Ricardus de Hulle tenet dimidiam virgatam terre de eodem per idem servicium.

Hamo Shitehale[14] tenet tantum de eodem per idem servicium.

(Rogerus) Barret tenet tantum de eodem per idem servicium.

(Margeria Brotenig') tenet tantum de eodem per idem servicium.

(Stephanus Hugh) tenet tantum de eodem per idem servicium.

---

[7] MiO 14 'Marsshall'.   [8] MiO 14 'Merchaunde' and subesquently.
[9] MiO 14 'Osmunde'.   [10] MiO 14 has 'uxor'!   [11] MiO 14 'Venure' and subsequently.
[12] MiO 14 'Broune'.   [13] MiO 14 'Shoteswell'.   [14] MiO 14 'Shittehale'?

Fol 84–lxxxv (MiO 14 fol 99–99b)

## Comitatus Warr'

Ricardus de Derset tenet ii virgatas terre de Ricardo de Ardene[1] pro i lb piperis et i lb cimini et Ricardus tenet de dicto Johanne.

Idem Ricardus tenet i virgatam terre de eodem Johanne pro vii s.

Precentor de Lichef' tenet quartam partem i virgate terre de Ricardo filio Radulphi faciens forinsecum servicium.

Willelmus Bele tenet i virgatam terre de Ricardo de Ardene faciens forinsecum servicium.

Ricardus Bele tenet iiii acras terre de Willelmo Bele pro iii d.

Johannes Elys tenet viii acras terre de Johanne de Suthley pro ii s vi d.

Elyas[2] Loken tenet viii acras terre de eodem pro xii d.

Prior de Ordbury habet in Radewey[3] v servos tenentes ii virgatas terre.

Unde Willelmus le Boteler[4] tenet dimidiam virgatam terre de eodem pro x s et dabit priori ad Natale Domini i panem et ii gallinas.

Robertus Eberut tenet tantum de eodem per idem servicium.

Robertus de Stratton tenet tantum de eodem per idem servicium.

Simon Prophete et Johannes Ulger tenent tantum de eodem per idem servicium.

Johannes filius Ricardi tenet de eodem priore dimidiam virgatam terre pro xi s et i pane et ii gallinis.

Omnes predicti sunt geldabiles et faciunt forinsecum servicium regi.

Radulphus le Marchaund[5] tenet dimidiam virgatam terre de Johanne de Suthley pro vii s pro omni servicio.

Johannes Nel tenet i virgatam terre de eodem pro v s.

Galfridus Nel tenet de Johanne Nel iii acras terre pro i d.

Sweynus tenet vi acras terre de Johanne de Suthley pro v s.

Johannes Edyth et Agnes Gosse tenent quartam partem i virgate terre de predicto priore pro ii s vi d et viii gallinas ad Natale Domini.

Predictus prior habet in Dercet ii carucatas terre in dominico unde ecclesia dotata est de una et aliam habet in puram et perpetuam elemosinam de dono antecessorum Johannis de Suthley ut dicit. Et idem prior habet ecclesiam eiusdem ville in proprios usus.

Templarii de Baleshale[6] habent ibidem xi servos tenentes iiii virgatas terre. Unde Ricardus filius Galfridi tenet dimidiam virgatam terre de eisdem pro v s falcans per i diem cum i homine metens per iiii dies cum i homine et dominus pastet eum et dabit domino ad Natale i panem et ii gallinas.

Hamo filius Galfridi tenet tantum per idem servicium.

---

[1] MiO 14 'Ardern', and subsequently.　　[2] MiO 14 'Elias'.　　[3] MiO 14 'Radwey'.
[4] MiO 14 'Butler'.　　[5] MiO 14 'Merchaunde'.　　[6] MiO 14 'Balsalle'.

Johannes filius Ricardi tenet tantum de eisdem per idem servicium.

Johannes filius Thome tenet tantum de eisdem per idem servicium.

Alicia la Veve tenet tantum per idem servicium.

Johannes Gyst et Ricardus filius Hugonis tenent tantum de eisdem per idem servicium.

Thomas Gerard et Willelmus Thurkyl[7] tenent tantum per idem servicium.

Thomas Thurkyl et Nicholaus le Lokyer[8] tenent tantum per idem servicium.

Thomas Gerald tenet ii acras terre de Johanne (Maykeld) pro i d pro omni servicio.

Fol 84b–lxxxvb (MiO 14 fol 99b–100b)

### Comitatus Warr'

Willelmus Thurkil tenet iii acras terre de herede de Thoma Payn pro ix d. Predictus Johannes de Suthley habet ibidem mercatum per diem Veneris et feriam die Sancti Jacobi et (in vigilia) et furcas et assisam panis et cervisie habet ibidem etiam warennam tribuchettum et collistrigium et visum franciplegii quo waranto nescitur.

### (Walton Devyle)

Matilda filia Johannis de Wauton qui G Giffard[1] (de) Wygorn' habet in custodia est domina de Walton Devyle et tenet de comite Warr' per servicium feodi i militis et comes de rege in capite quo servicio nescitur.

Eadem Matilda habet ibidem iii carucatas terre in dominico et i molendinum aquaticum warennam et visum franciplegii et piscariam in aqua de Avene quo waranto nescitur.

Eadem Matilda habet ibidem ut patet inferius.

Galfridus Balle tenet i virgatam terre de dicta Matilda pro vi s per annum et i quarterio avene et arabit dimidiam acram ad semen yemale[2] et etiam illam herciabit et in tempore xl[a] arabit quantum potest per dietam cum caruca juncta cum vicino suo et debet lavare[3] et tondere bidentes cum i homine cum necesse fuerit et inveniet i hominem ad sarculandum bladum domine dum necesse fuerit et inveniet i hominem ad falcandum pratum domine de (Bere)ford et de Wauton et ad tassandum et <ad> levandum et inveniet dimidiam carectam cum socio ad cariandum fenum dum necesse fuerit. Ita quod ipse et socius eius habeant[4] carectam integram et inveniet

---

[7] MiO 14 'Thurkill', and subsequently.  [8] MiO 14 'Lokier'.

---

[1] MiO 14 'Gyfforde'.  [2] MiO 14 'semenymale'.  [3] MiO 14 'levare'.
[4] 'Habeant' omitted from MiO 14.

(iii) homines ad metendum dum necesse fuerit ad custum proprium per (totum autumpnum nec potest) filium neque filiam maritare sine licencia domine nec pullum masculum vendet sine licencia et faciet dighas domine. Adam a la Porte et Henricus de Hatton tenent i virgatam terre de eadam per idem servicium.

Willelmus de Wyndreton tenet i virgatam terre de eadem per idem servicium.

Walterus Jordan tenet tantum de eadem per idem servicium.

Henricus filius Ricardi tenet tantum de eadem per idem servicium.

Alicia la fyle[5] Balle tenet tantum de eadem per idem servicium.

Robertus al Furn'[6] tenet tantum de eadem per idem servicium.

Simon le Bercher tenet tantum de eadem per idem servicium.

Willelmus Gerald tenet tantum de eadem per idem servicium.

Willelmus Brun tenet tantum de eadem per idem servicium.

Galfridus filius Ricardi tenet tantum de eadem per idem servicium.

Gilbertus de Cumpton et Ricardus Knycht[7] tenent tantum per idem servicium.

Robertus le Byhedde tenet tantum de eadem per idem servicium.

Robertus Brun tenet dimidiam virgatam terre de eadem per medietatem predicti servicii.

Johannes atte Watere[8] tenet i virgatam terre de eadem per predictum servicium.

Robertus filius Ricardi tenet tantum de eadem per idem servicium.

Ricardus Febren tenet tantum de eadem per idem servicium.

Johannes Olyve tenet tantum de eadem per idem servicium.

(Willelmus) filius Johannis tenet tantum de eadem per idem servicium.

(Ricardus de Compton) tenet tantum de eadem per idem servicium.

(Johannes Aboveton) tenet tantum de eadem per idem servicium.

Fol 85–lxxxvi (MiO 14 fol 100b–101b)

### Comitatus Warr'

Cotarii

Mariota atte Hulle tenet i cotagium de eadem pro iii d et operabit quolibet die (Lune) a festo Sancti Michaelis usque ad festum Sancti Johannis Baptiste cum i homine et (extunc faciet) in omnibus sicut predictus Galfridus cum i homine usque ad festum Sancti (Michaelis et tenet) ad voluntatem domine.

Juliana Olyver tenet i cotagium de eadem per idem servicium sine redditu.

[5] MiO 14 'file'.  [6] MiO 14 'alfurn'.  [7] MiO 14 'Knyght'.  [8] MiO 14 'at Water'.

Isabella Duce tenet i cotagium per idem servicium.

Alicia Molden tenet i cotagium de eadem per idem servicium.

Juliana filia Eve tenet i cotagium de eadem per idem servicium.

Henricus Denge tenet i cotagium de eadem per idem servicium.

Walterus le Keu tenet i cotagium ad terminum vite sine redditu.

Libere (sic)

Alexander le Bercher tenet dimidiam virgatam terre de eadem pro xii d.

Willelmus Murdak tenet vii acras terre de eadem pro vi d.

Walterus de Bobenhull tenet ii virgatas terre et dimidiam de eadem pro vi d ob.

**Walton Maudut:** xx pars feodi i militis

Matilda filia Johannis de Wauton que est in custodia domini G Giffard[1] episcopi Wigorn' est domina de Walton Maudut et tenet de comite Warr' per servicium vicensime partis feodi i militis et comes de rege <per> quod servicium nescitur.

Eadem Matilda habet ibidem ii molendina aquatica et i ventriticum et ii carucatas terre in dominico et habet visum franciplegii et piscariam in aqua de Avene quo waranto nescitur.

Eadem Matilda habet servos subscriptos.

Unde Robertus Eynelf[2] tenet i virgatam terre de eadem pro xii s et inveniet i hominem ad sarculandum per i diem et falcabit per i hominem (sic) donec falcatio fuerit pratum (domine et qualibet) die falcacionis habebit i[3] fessellum herbe quantum levare poterit et inveniet i hominem ad tassandum pratum et levandum et inveniet dimidiam carectam ad (cariandum) fenum domine dum necesse fuerit et metet per i hominem sumptu proprio et metet ad custum domine cum uxore et tota familia sua cum vocati fuerint scilicet qualibet septimana per i diem et ligator garbarum habebit i garbam per dietam et si messierint ante prandium (et) ligaverint post ad huc ligatores habebunt garbam scilicet quilibet eorum unam nec <u>possuit maritare filium neque filiam extra manerium nec infra sine licencia nec vendere pullum masculum sine licencia et dabit auxilium ad voluntatem domine.</u>[4]

Johannes Brunyng tenet tantum de eadem per idem servicium.

Margeria la Veve tenet tantum de eadem per idem servicium.

Willelmus de Combrok[5] tenet tantum de eadem per idem servicium.

Robertus fys[6] le Provost tenet tantum de eadem per idem servicium.

Willelmus Gerneys[7] tenet tantum de eadem per idem servicium.

---

[1] MiO 14 'Gyfford'.    [2] MiO 14 'Eynelff'.    [3] Omitted MiO 14.
[4] Underlining in E.164/15 only.    [5] MiO 14 'Combroke'.    [6] MiO 14 'Fitz'.
[7] MiO 14 'Gernays'.

Willelmus in the Lane tenet tantum de eadem per idem servicium.
Robertus le Chapmon[8] tenet tantum de eadem per idem servicium.
Galfridus le Kyng tenet tantum de eadem per idem servicium.
Rogerus le Sweyn tenet tantum de eadem per idem servicium.


Fol 85b–lxxxvib (MiO 14 fol 101b–102)

## Comitatus Warr'

(Johannes Bryde) tenet tantum de eadem per idem servicium.
Willelmus filius Rogeri tenet tantum de eadem per idem servicium.
Adam filius Simonis tenet tantum de eadem per idem servicium.
Hugo filius Simonis tenet tantum de eadem per idem servicium.
Robertus le Newemon[1] tenet tantum de eadem per idem servicium.
Gilbertus le Chapmon tenet tantum de eadem per idem servicium.
Johannes filius Ricardi et Simon filius eius tenent tantum de eadem per
idem servicium.
Willelmus le Provost et Ricardus atte Forde tenent tantum de eadem per
idem servicium.
Gilbertus de Cumpton et Johannes Gileberd[2] tenent tantum de eadem per
idem servicium.
Galfridus la Herde et Agnes la Veve tenent tantum de eadem per idem
servicium.
Simon filius Rogeri et Ricardus filius Willelmi tenent tantum de eadem per
idem servicium.
Robertus le Gardener[3] tenet dimidiam virgatam terre de eadem per idem
servicium.
Et omnes predicti habebunt tempore falcacionis lii lagenas cervisie et iiii
s viii d pro consuetudine.
Johannes de Bury tenet i virgatam terre de eadem pro xx s.
Willelmus le Porter tenet dimidiam virgatam de eadem pro vi s.
Robertus Fraunceys tenet i virgatam et iii acras terre pro ii s.
Johannes Eynolf[4] tenet i virgatam terre de eadem pro xx s et metet per i
diem cum vi hominibus ad custum domine.
Cotarii
Ricardus Brun tenet i cotagium de eadem pro ii s i d et metet sicut ceteri
custumarii.

---

[8] MiO 14 'Chapman', and subsequently.

---

[1] MiO 14 'Newman'.     [2] MiO 14 'Gilberd'.     [3] MiO 14 'Gardyner' and subsequently.
[4] MiO 14 'Eynolff'.

Cristiana Isabel[5] tenet i cotagium de eadem per idem servicium.

(Sibella) Newmon[6] tenet i cotagium de eadem per idem servicium.

Matheus le Gardiner tenet ii cotagia de eadem pro iiii s et per predictum servicium.

Alicia la Lavender tenet i cotagium de eadem pro ii s et per predictum servicium.

Agnes le Newemon tenet i cotagium de eadem pro ii s iiii d et per predictum servicium.

## Wellesburn[7]

G. Gifford[8] episcopus Wygorn'[9] tenet in Wellesborne[10] dimidiam virgatam terre de Willelmo Pacy pro iii d ob et Willelmus tenet de Roberto (de) Hastyng[11] et Robertus de comite et comes de rege per quod servicium nescitur.

Servi

Mauricius le Bonde tenet i virgatam terre de dicto episcopo pro xi s et metet per i diem cum i homine ad custum domini et idem episcopus tenet de antecessoribus Fulconis de Lucy et antecessores sui de comite Warr' et comes de rege per quod servicium nescitur.

Adam Belle Petrus Mauger[12] et Nicholaus le Webbe tenent i virgatam terre pro xi s metens (sic) bladum domini ad custum domini cum ii hominibus.

Robertus Balet Walterus le Bret et Thomas le Mouner tenent tantum per predictum redditum metentes in autumpno cum iii hominibus per i diem ad custum domini.

Willelmus Hereng[13] et Agnes de Wachevale[14] tenent tantum per predictum redditum et metent per i diem cum ii hominibus ad custum domini.

Rogerus le Palmer tenet dimidiam virgatam terre pro v s vi d de eodem metens per i (diem cum i) homine ad custum domini.

(Folios lxxxvii and lxxxviii containing the entries for the remainder of Wellesbourne and Chesterton are missing from E164/15 here and had been displaced by the time the Arabic numerals were added, but MiO 14 has these entries in this place.)

---

[5] MiO 14 'Isabell".      [6] MiO 14 'Newman', and subsequently.
[7] MiO 14 'Wellesburne maior de hundredo etc'.      [8] MiO 14 'Gyfford'.
[9] MiO 14 'Wigorn".      [10] MiO 14 'Wellesburn'.      [11] MiO 14 'Hasting".
[12] MiO 14 'Maunger'.      [13] MiO 14 'Heryng'.      [14] MiO 14 'Wachevele'.

Fol lxxxvii (missing) (MiO 14 fol 102–103)

Johannes de Thediche tenet tantum de eodem pro vi s viii d.
Idem Johannes Matilda Goddyn Gilbertus Abbot Johannes de Clopton
Rogerus Payn Isabella la Veve et Johanna Heryng tenent dimidiam
virgatam terre de eodem pro xvi s et dabunt xiiii gallinas ad Natale Domini
et metent per ii dies in autumpno cum vii hominibus ad custum domini.
Agnes filia Hugonis tenet dimidiam virgatam et quartam partem i virgate
terre de eodem pro xvi s et iiii gallinas.
Libere tenentes
Robertus Godhyne tenet dimidiam virgatam terre de eodem pro vi s et
episcopus tenet de comite et comes de rege.
Robertus Brun tenet i virgatam terre de eodem pro x s.
Ricardus Love tenet tantum de eodem per idem servicium.
Rogerus Love tenet dimidiam virgatam terre de eodem pro iiii s.
Jordanus filius Mathei tenet tantum de eodem pro v s.
Henricus Heved tenet i virgatam terre de eodem pro x d.
Cotarii
Johannes filius Philipi tenet i cotagium de eodem pro xviii d.
Alicia le Peynter tenet tantum de eodem pro iii s.
Agnes la Webbe et Gilbertus le Mouner tenent i cotagium de eodem pro
xviii d.
Alicia[1] la Peyntur tenet i cotagium de eodem episcopo pro xviii d.
Matilda la Melewarde et Adam Belle tenent i cotagium de eodem per idem
servicium.
Johannes de Clopton tenet i cotagium de eodem per idem servicium.
Ricardus de Wauton tenet dimidium cotagium de eodem pro ix d.
Nicholaus le Webbe tenet ii cotagia de eodem pro iii s.
Henricus Cappe tenet i cotagium de eodem pro xviii d.
Alicia le Mouner tenet i cotagium de eodem pro ii s vi d.
Galfridus Berell tenet i cotagium de eodem pro xviii d.
Petrus Maunger tenet iii cotagia et dimidium de eodem pro v s iii d.
Willelmus le Mouner tenet i cotagium de eodem pro xviii d.
Robertus Godwyn tenet ii cotagia de eodem pro iii s.
Margeria Balvyng' tenet i cotagium de eodem pro xviii d.
Cecilia filia Simonis tenet i cotagium de eodem pro xviii d.
Johannes le Carecter tenet i cotagium de eodem pro xviii d.
Willelmus le Netmonger tenet i cotagium de eodem pro xviii d.

---

[1] Same abbreviated form as forename two lines above, but this one certainly feminine in
extension because 'la Peyntur'. Probably both refer to same person.

Radulphus le Mercer et Anna le Tasker tenent ii cotagia ad inveniendum ii homines in autumpno metendos[2] per i diem ad custum domini.

Margeria le Hore tenet i cotagium de eodem pro xx d et inveniet i hominem ad metendum per i diem et faciet ii adventus ad curiam ipsius episcopi bis per annum.

Idem episcopus habet visum franciplegii et assisam panis et cervisie quo waranto nescitur.

Fol lxxxvii – lxxxviib[1] (MiO 14 fol 103–103b)

## Cesterton Magna.

Ricardus de Loges est dominus de iii[bus] partibus de Magna Cestr' et tenet de rege in capite per servicium custodiendi forestam de Cannok quod quidam servicium valet per annum x marcas et illas rex tenet penes se propter forisfacturam quam Hugo pater predicti Ricardi fecit.

Idem Ricardus habet ibidem iii carucatas terre in dominico et unam gravam inclusam que continet xii acras terre et alias libertates quo waranto nescitur.

Idem Ricardus habet i servum qui vocatur Michel Broune.

Idem Michel tenet de dicto Ricardo i messuagium et dimidiam virgatam terre et quartam partem i virgate terre pro xv s et tenet ad voluntatem suam.

Thomas Plombe tenet i cotagium de eodem pro ii s.

Philipus filius Petri tenet i cotagium de eodem pro iii s.

Johannes Palfrey tenet i cotagium de eodem pro ii s vi d.

Willelmus le Mason tenet i cotagium de eodem pro ii s et habebit i bovem in pastura domini et faciet ii adventus ad curiam suam.

Bernerdus le Mason tenet i cotagium de eodem pro ii s et ii adventibus.

Willelmus le Leon tenet i cotagium et i acram terre de eodem pro ii s et ii adventibus.

Robertus le Brok tenet i messuagium et ii virgatas terre de eodem pro ii s et secta de iii septimanis in iii septimanas

Robertus le Graunte tenet ii virgatas terre de eodem pro iiii s et secta ut supra.

Ricardus le Feure tenet i messuagium et i virgatam terre de eodem pro xvi s et secta ut supra.

[2] Ungrammatical use of the gerundive?

[1] According to the index (fol 113 – cxvi) the entry for Chesterton begins on fol. lxxxvii. It is, of course, impossible to know exactly where the scribe turned the page.

Ricardus le Sowe tenet i messuagium et iii virgatas terre de eodem pro vi d et ii adventibus.

Ricardus Clarice tenet i messuagium et quartam partem i virgate terre de eodem pro vii s et ii adventibus ut supra.

Petrus le Bretun tenet dimidiam virgatam terre de eodem pro i sagitta barbata pro omni servicio.

Galfridus de Brok tenet i messuagium et dimidiam virgatam terre de eodem pro dimidia marca et secta de iii septimanis in iii septimanas.

Idem Galfridus tenet de eodem ii messuagia et dimidiam virgatam pro xi s pro omni servicio.

Idem Galfridus tenet i acram terre de Willelmo le Graunt pro ob et Willelmus tenet de dicto Ricardo et Ricardus de rege.

Idem Galfridus tenet i messuagium et quartam partem i virgate terre de Roberto de Brok pro vi d.

Idem Galfridus tenet i messuagium et dimidiam virgatam terre de abbate de Stonley pro i d libere et abbas de Alano le Clerk pro xii d et Alanus de dicto Ricardo et Ricardus de rege.

Thomas le Graunt tenet i messuagium et dimidiam virgatam terre de Johanne Aunrey pro vi s et iii caponibus et secta ad curiam ipsius Ricardi de iii septimanis in iii septimanas.

Idem Thomas tenet i acram terre de Willelmo le Graunt pro i d et Willelmus tenet de dicto Roberto le Graunt et Robertus de dicto Ricardo et Ricardus de rege.

Hugo de Knyghtcote tenet i messuagium et dimidiam virgatam terre de Thoma de Leghe pro dimidia marca et Thomas de dicto Ricardo pro xii d et Ricardus de rege.

Hugo de Loges tenet i messuagium et dimidiam virgatam terre de dicto Ricardo libere pro xi s et ii adventibus ad curiam suam per annum.

Willelmus le Graunt tenet i messuagium et dimidiam virgatam terre de eodem Ricardo pro vi d et ii gallinas et secta curie.


Fol lxxxviib – lxxxviii[1] (MiO 14 fol 104–104b)


Idem Willelmus tenet viii acras terre et dimidiam acram prati de Roberto le Graunt libere pro iii d.

Willelmus le Robber tenet i messuagium et quartam partem i virgate terre de eodem Ricardo ad terminum vite pro vi s vi d et ii adventibus curie.

Hugo le May tenet i messuagium et i virgatam et ii acras et quartam partem i virgate terre de eodem libere pro xxii s et ii caponibus et ii adventibus.

[1] As n. 1. to prevous folio.

Hugo filius Ricardi tenet i messuagium et i virgatam terre libere de eodem pro xii d et ii adventibus.

Rogerus le Harper tenet tantum de Gilberto le Herper pro xii d pro i lampade ardente coram altari Beate Marie.

Ricardus filius Jordani tenet quartam partem i virgate terre de dicto Ricardo pro iiii s.

Gilbertus de Botindon tenet i messuagium de Johanne Aunrey libere pro xviii d.

Idem Gilbertus tenet quartam partem i virgate terre de dicto Ricardo libere pro iiii s et ii adventibus.

Johannes Jordan tenet i messuagium et dimidiam virgatam terre ad terminum vite de eodem pro xi s et ii adventibus.

Alanus filius Roberti tenet i messuagium et ii virgatas terre de eodem libere pro iii s et secta curie de iii septimanis in iii septimanas.

Henricus Myle tenet de eodem i virgatam terre libere pro viii s pro omni servicio.

Johannes Michel tenet i messuagium et dimidiam virgatam terre de eodem pro dimidia marca et ii adventibus.

Robertus Fraunceys tenet i messuagium et i virgatam terre de eodem libere pro xii d et sectam de iii septimanis in iii septimanas.

Robertus filius Petri tenet i messuagium et dimidiam virgatam terre libere de eodem ad terminum vite pro xi s et ii adventibus.

Ricardus Edich tenet tantum de eodem pro dimidia marca pro omni servicio.

Idem Ricardus tenet dimidiam virgatam terre de eodem ad terminum vite pro iiii s pro omni servicio.

Idem Ricardus tenet tantum de Johanne Aunrey pro ii d pro omni servicio.

Ricardus filius Michaelis tenet tantum de predicto Ricardo libere pro viii s.

Ricardus Baldwyne tenet tantum de eodem pro dimidia marca pro omni servicio.

Cotarii

Hugo le May tenet i cotagium de Ricardo Michell pro viii d.

Agnes le Graunt tenet i cotagium de eodem pro xx d.

Gilbertus le Venur tenet i cotagium et i acram terre libere de Rogero Marmyoun pro vi d.

Willelmus[2] le Herper tenet ibidem ii carucatas terre in dominico et ii virgatas que sunt gildabiles et dant scutagium et tenet de Galfrido filio Odonis de Herberbury pro xx s et Galfridus tenet de Willelmo de Rytyllol et Willelmus de comite de Ferrar' et comes de rege in capite per quod servicium nescitur.

---

[2] A mistake for 'Gilbertus'.

Idem Gilbertus tenet i hydam terre de seriantia pertinentem ad custodiam le Hay de Tetdesley unde Templarii recipiunt[3] per manus dicti Gilberti xxviii s in liberam elemosinam quo waranto nescitur.

Idem Gilbertus habet ibidem ii servos.

Unde Johannes Baudewyne tenet i messuagium et dimidiam virgatam terre pro dimidia marca et falcabit per i diem cum i homine ad custum domini et habebit tantum herbam quantum levare poterit cum falce sua et sarculabit per i diem et levabit fenum cum i homine et cariabit fenum ad custum domini per i diem et metet per ii dies cum i homine ad custum domini et alios ii dies cum i homine sine comesto et herciabit per i diem cum i homine et i equo cum i prandio.

Johannes Sarcote tenet i messuagium et dimidiam virgatam terre de eodem per idem servicium.

Cotarii

Idem Gilbertus habet ibidem iiii cotarii.

Unde Robertus Wygge tenet i cotagium pro xviii d et sarculabit per i diem cum i homine et levabit fenum cum i homine et metet per iiii dies cum i homine et comedet per ii dies semel in die.

Thomas Balle tenet i cotagium et iiii acras terre et dimidiam de eodem pro ii d et per predictum servicium.

Willelmus le Porter tenet i cotagium de eodem pro ii s vi d.

Felicia le Porter tenet i cotagium de eodem pro ii s.


Fol lxxxviii – lxxxviiib (MiO 14 fol 105–105b)


Johannes Gylemyn tenet i messuagium et dimidiam virgatam terre de eodem ad terminum vite pro dimidia marca et facit omnia servicia que Johannes Baudewyn supradictus facit.

Willelmus Cady tenet tantum de eodem per idem servicium.

Willelmus le Venur tenet tantum de eodem per idem servicium.

Galfridus le Venur tenet tantum de eodem per idem servicium.

Ricardus Baldewyne tenet i messuagium et i virgatam terre de eodem libere pro i marca.

Willelmus le Jobbe tenet dimidiam virgatam terre ad terminum vite pro viii s pro omni servicio.

Henricus le Neucomene tenet tantum de eodem pro dimidia marca pro omni servicio.

Willelmus Kempe tenet i messuagium et quartam partem i virgate terre de eodem pro dimidia marca.

---

[3] 'recip' followed by three minims and t with an abbreviation mark.

Henricus Body tenet i cotagium de eodem et i acram terre pro vi d et Gilbertus tenet de Hospitale pro ii s vi d.

Idem Gilbertus tenet ii messuagia cum pertinentiis de dicto Hospitale pro iiii d.

Thomas Cady tenet i messuagium et dimidiam virgatam terre de dicto Gilberto pro x s.

Petrus Cady tenet tantum de eodem pro ix s ad voluntatem suam.

Eustacius de la Hecche habet ibidem i messuagium et iii virgatas terre et dimidiam in dominico et tenet de Roberto filio Ranulphi de Brok pro i d pro omni servicio.

Servi

Idem Eustachius habet ibidem iiii servos tenentes ii virgatas terre et i molendinum ad ventum.

Unde Johannes de la More tenet dimidiam virgatam terre de eodem pro xi s et falcabit per i diem cum i homine.

Willelmus Peion' tenet tantum de eodem per idem servicium.

Rogerus filius Roberti tenet tantum de eodem per idem servicium.

Humfridus de Cesterton tenet tantum de eodem per idem servicium.

Ricardus filius Jordani tenet i cotagium de eodem pro ii s et metet per i diem cum i homine.

Idem Eustachius habet ibidem ii acras bosci.

Idem Eustachius tenet ibidem i virgatam terre de Johanne Alayn pro i d pro omni servicio et Johannes tenet de Ricardo de Loges et Ricardus de rege in capite.

Ricardus Thedrych tenet i messuagium et v virgatas terre de dicto Templario pro v s et ii adventibus.

Idem Ricardus tenet ibidem de Johanne filio Widonis iii virgatas terre pro ii s et Johannes tenet de heredibus Willelmi de Ive et heredes de Hugone de Plecy et Hugo de rege in capite per quod servicium nescitur.

Willelmus le Seign' tenet i virgatam terre et dimidiam libere de Ricardo Thedryk pro vii s et Ricardus de predicto Johanne ut supra.

Galfridus de Ufforde tenet i messuagium et dimidiam virgatam tere de eodem pro ii paribus cirotecarum.

Fol 86 – lxxxix (MiO 14 fol 105b–106b)

Comitatus Warr'

(Ricardus) Fraunceys tenet i cotagium de Roberto Fraunceys et Robertus de predicto Ricardo (pro xii d).

Henricus le Neucomene tenet i cotagium et i acram terre de predicto (Ricardo pro vii d).

Ricardus Baldewyne[1] tenet ii acras terre libere de eodem pro (ob et pro homagio).

Willelmus le Seynmor[2] tenet i messuagium et i virgatam terre libere de Hospitale pro v s (pro omni servicio).

(——)[3] Simon le Seynmore tenet i messuagium et quartam partem i virgate terre de Willelmo (de Seygn' pro ii s iii d).

Robertus le Seygn' tenet iii acras terre de dicto Hospitale pro ii adventibus.

Petrus de Monte tenet i messuagium et i virgatam terre de Hospitale pro v s et ii adventibus.

Robertus le Graunte tenet i messuagium et dimidiam virgatam terre de dicto Hospitale pro ii s vi d et (ii adventibus).

Rogerus Marmyon[4] tenet tantum de eodem pro ii s.

Ricardus Thedreck[5] tenet i acram terre de Rogero Marmyun pro omni servicio et Rogerus de Hospitale et Hospitale in puram et perpetuam elemosinam de quo servicio nescitur.

Reginaldus le Keu tenet i cotagium de Ricardo Thedrik pro ii s.

Ricardus Elys tenet i messuagium et dimidiam virgatam terre de Margeria de Coventr' pro viii s et Margeria de ecclesia de Cesterton pro xii d.

Johannes Elys tenet tantum de ecclesia de Cestr'ton[6] iii s pro omni servicio.

Henricus Elys tenet i messuagium et quartam partem i virgate terre de Johanne Elys pro ii d.

Henricus Boldyn tenet i messuagium et i virgatam terre de Petro de Bretun[7] pro i d et Petrus de Roberto le Denenisse pro v s vi d et Robertus de Templariis.

Ricardus Elys tenet i messuagium et dimidiam virgatam terre de Roberto le Denenisse[8] pro ii s et ii (adventibus) et Robertus tenet de Templariis.

(Robertus) Denenisse tenet i messuagium et dimidiam virgatam terre de Templariis pro iii s vi d.

Gilbertus Doggeheved[9] tenet i messuagium et i virgatam terre de eisdem Templariis pro (vi s et ii adventibus).

Henricus Baldewyne tenet i messuagium et quartam partem i virgate terre de (Gilberto Doggehevede) libere pro xviii d ob.

Isolda filia Ricardi tenet i messuagium et quartam partem i virgate terre libere de eodem pro (xviii d ob).

Thomas de Pipe tenet i messuagium et vii acras terre et dimidiam acram prati de Ricardo (de Loges pro vi s).

---

[1] MiO 14 'Baldwyne' and later.    [2] MiO 14 'Seynmore'.
[3] Gap left in MiO 14 only, but there is an illegible marginal note in E.164/15.
[4] MiO 14 'Marmyoun' and later.    [5] MiO 14 'Thedryk', and later.    [6] MiO 14 'Cesterton'.
[7] MiO 14 'Breton'.    [8] MiO 14 'de Denynesse'.    [9] MiO 14 'Doggehevede'.

Idem Thomas tenet i virgatam terre et dimidiam de eodem pro xiiii s et i pari (calcarium deauratorm) pretii vi d et ii adventibus.

Galfridus de Offorde tenet iii acras terre de Willelmo le Seign' libere[10] pro i d.

Idem Galfridus tenet ii acras de Roberto Fraunceys libere pro ob.

Idem Galfridus tenet ii acras terre de Roberto de Brok libere pro i d.

Ricardus filius Michaelis tenet quartam partem i virgate terre de Roberto Fraunceys pro vi d (et) Robertus tenet de Roberto le Graunt et Robertus de Ricardo de Loges et Ricardus de rege per quod servicium nescitur.

## Weston

Johannes de Weston est dominus de Weston et habet ibidem ii carucatas terre (in dominico et) i molendinum aquaticum et tenet de Radulpho Pipard'[11] per servicium xiiii$^{me}$ partis feodi (i militis) et Radulphus tenet de heredibus comitis Maresc'[12] et ipsi heredes de comite Herefordie et comes (de)

Fol 86b – lxxxixb (MiO 14 fol 106b–107)

Comitatus Warr'

(rege per) quod servicium nescitur.

Idem Johannes habet ibidem servos tenentes viii virgatas terre.

(Unde Walterus filius) Ricardi tenet i virgatam terre de eodem Johanne pro v s et faciet iii bederipas in autumpno cum ii hominibus et dominus pastet eos semel i die et falcabit per iii dies et dominus dabit (ei) et sociis suis falcantibus vi d et herbagium quantum levare poterunt cum falce sua et arrabit bis per annum (et pro) illa arrura intrabit pasturam domini cum animalibus suis ad festum Sancti Petri advincula sine inpecamento et faciet ii quateria brasei bis per annum de blado domini et dominus inveniet foragium ad siccandum braseum predictum. Et id quod arrat ad semen yemale[1] herciabit si dominus velit (habere opera) et non v s tunc dictus Walterus operabitur qualibet die per annum exceptis diebus Sabbati (in quibus) nuncquam operabitur nisi cariaverit quia cariabit tam diebus festivis quam aliis ad voluntatem domini usque ad xxiiii leucas propriis sumptibus et si longius cariaverit sumptibus domini nec potest filium necque filiam maritare sine licencia domini et si vendiderit pullum masculum dabit domino ob et habuerit dentes omnes equinos dabit i d et

---

[10] 'libere' omitted from MiO 14.    [11] MiO 14 'Piparde'.    [12] MiO 14 'Marescall'.

---

[1] MiO 14 'Imale'.

dabit ad festum Sancti Martini pannagium pro porco superannato i d et
pro porco minoris etatis ob et dabit v ova ad Pascham et dominus talliabit
eum ad voluntatem suam et quando falcat habebit tantum herbagium
quantum levere poterit cum falce sua et dabit domino vi d qui vocatur
ruthersot et iiii d qui vocatur Shepossot.
Ranulphus de (Oxhulne) tenet tantum de eodem per idem servicium.
Robertus le Provost tenet tantum de eodem per idem servicium.
(Willelmus) de Marisco tenet tantum de eodem per idem servicium.
Johannes Bernard[2] tenet tantum de eodem per idem servicium.
Henricus Kyre[3] tenet tantum de eodem per idem servicium.
Johannes de (Watcote) tenet dimidiam virgatam terre de eodem per
predictum servicium.
Henricus (filius) Ricardi tenet tantum de eodem per idem servicium.
Galfridus atte Toneshende[4] tenet tantum de eodem per idem servicium.
Thomas atte Stret[5] tenet tantum de eodem per idem servicium.
Cecil' al Cimiterio tenet tantum de eodem per idem servicium et si
dominus voluerit tenebit carucam domini et arrabit cum caruca domini
terram suam die Sabbati et custodiet (porcos et) tunc habebit in pastura
domini duo animalia scilicet ii boves vel ii vaccas (a festo) Invencionis
Sancte Crucis usque ad festum Sancti Petri si autem tenuerit carucam
domini veniet quolibet die post prandium ad opera domini et si custodierit
oves domini tunc (custodiet) eos die nocte et habebit secundum meliorem
agnum et secundum melius vellus et habebit i caseum de maiore forma et
tassabit bladum domini et habebit ad vesperas i garbam de illo blado de
quo tassaverit et (lactabit) oves matrices.
Agnes filia le Provost tenet tantum de eodem per idem servicium.
Alicia la Veve tenet tantum de eodem per idem servicium.
Matilda la Veve tenet tantum de eodem per idem servicium.
Alicia Leverych[6] tenet i cotagium de eodem pro ii s et faciet ii bedrippas
in autumpno (et)


Fol 87 – lxxxx (MiO 14 fol 107–108)

                              Comitatus Warr'
levabit fenum et juvabit (ad tassandum fenum post iii bederipas et dominus
dabit ei i pastum).
Walterus at Hulle tenet i cotagium de eodem pro xii d et pro predicto
servicio.

---

[2] MiO 14 'Bernerd'.     [3] MiO 14 'Kyrye'.     [4] MiO 14 'at Townesende'.
[5] MiO 14 'at Strete'.     [6] MiO 14 'Leverich'.

Agnes la Veve tenet tantum de eodem per idem servicium.

Gilbertus le Feure tenet i cotagium pro ii s.

Johannes Knych tenet i cotagium et i acram terre pro iii s et (pro) predicto servicio.

Alicia la Veve tenet i cotagium de eodem pro predicto servicio sine redditu.

Idonea la Veve tenet i cotagium de eodem pro vi d et predictis serviciis.

Robertus Fraunkleyn tenet ii virgatas terre pro dimidia marca de eodem faciens (in autumpno iii) bederippas cum iiii hominibus et dominus pastet eos per tercium diem et arrabit bis per annum (et si non) habuerit animalia non arrabit et habebit animalia in Heya a festo Sancti Petri advincula usque ad (festum) Purificationis Beate Marie et semper uno anno falcabit et (alio anno) fenum levabit in prato de la Wemede et cariabit ii carectas fenum ad curiam domini et si voluerit filiam maritare dabit domino unam lanceam vel vi d et dabit domino ad Pascham v ova et iuvabit ad reparacionem stagni molendini cum i homine si necesse fuerit et veniet ad curiam domini de iii septimanis in iii septimanas.

Walterus le Taylur[1] tenet tantum de eodem per idem servicium.

Ricardus le Seder tenet dimidiam virgatam terre de eodem Waltere nihil inde faciens domino.

Idem Johannes de Weston et omnes homines sui predicti faciunt ii adventus ad curiam Radulphi Pypard scilicet ad visum franciplegii apud Magnam Cumpton et dabunt ei iii s[2] et ad festum Sancti Martini iii d ad warth.

### (Pylardyngton Superior etc.)[3]

Prior de Ware est dominus de Pilardinton Superior et habet ibidem ii carucatas terre in dominico et tenet in puram et perpetuam elemosinam de dono antecessorum Hugonis de Gratemeynil[4] et Hugo tenuit de comite Leyc' et comes de rege quo servicio nescitur.

Idem prior habet ibidem xxi servos subscriptos.

Unde Elias de Wylecote[5] tenet i virgatam terre de eodem pro iiii s et arrabit per i diem post festum Sancti Michaelis et dominus dabit ei i pastum et arrabit semel in estate et dominus dabit ei i iantaculum et falcabit per i diem cum i homine ad custum domini et levabit pratum domini cum i homine et dominus dabit ei i caseum et i panem et cariabit fenum domini per i diem et sarculabit per i diem cum i homine et herciabit per v dies ad summonitionem domini et metet per ii dies in qualibet septimanis per ii

---

[1] MiO 14 'Tailliour'.　　[2] 's' not absolutely clear in E.164/15.

[3] Probably in margin of E.164/15, but smudged. 'Pillerton Superior' added in later hand.

[4] MiO 14 'Gratemeynill'.　　[5] MiO 14 'Wilecote'.

homines donec bladum domini mecietur et talliabitur quolibet secundo anno aliquid plus et aliquid minus.

Ricardus Aboveton tenet i virgatam terre de eodem per idem servicium.

Johannes Aboveton tenet tantum de eodem per idem servicium.

Cristiana filia Willelmi tenet tantum de eodem per idem servicium.

Thomas le Provost tenet tantum de eodem per idem servicium.

Reginaldus le Bonde et Juliana la Veve tenent i virgatam terre de eodem (per idem servicium).

Radulphus le Carpenter tenet tantum de eodem per idem servicium.

Rogerus le Provost tenet tantum de eodem per idem servicium.


Fol 87b–lxxxxb (MiO 14 fol 108–109)

### Comitatus Warr'

Robertus le Newemon[1] tenet tantum de eodem per idem servicium.

Walterus de Brademor[2] et Alditha de Benhulle[3] tenent tantum de eodem per idem servicium.

Jordanus filius Elene tenet tantum de eodem per idem servicium.[4]

Philipus filius Elene tenet tantum de eodem per idem servicium.

Nicholaus fitz Bliste et Gilbertus Cut[5] tenent tantum de eodem per idem servicium.

Galfridus in the Hurne tenet tantum de eodem per idem servicium.

Willelmus Elbrych[6] tenet tantum de eodem per idem servicium.

Adam de Wylecote tenet tantum de eodem per idem servicium.

Idem Adam et Ricardus frater eius tenent tantum de eodem per idem servicium.

Willelmus le Carecter tenet tantum de eodem per idem servicium.

Cotarii

Idem prior habet ibidem ii cotarios ii cotagia tenentes.

Unde Philipus Boveton tenet i cotagium et iiii acras terre et dimidiam de eodem pro iiii s metens per i diem cum i homine ad custum domini.

Gilbertus de Wylecot'[7] tenet i cotagium et x acras terre de eodem pro dimidia marca.

Libere tenentes

Idem prior habet ibidem iiii libere tenentes.

Unde Henricus filius Eustachii tenet ii virgatas terre de eodem pro v s et arrabit bis per annum ad custum domini falcans per i diem cum i homine

---

[1] MiO 14 'Newmon'.    [2] MiO 14 'Brademore'.    [3] MiO 14 'Benehulle'.
[4] This line is omitted in MiO 14, an obvious scribal error.    [5] MiO 14 'Cute'.
[6] MiO 14 'Elbrich'.    [7] MiO 14 'Wylecote'.

et levabit fenum per i diem cum i homine et cariabit per i diem cum carecta sua et metet per ii dies cum iii hominibus ad custum suum proprium et metet per i diem cum iii hominibus et dominus dabit eis i pastum.

Willelmus Pylet tenet tantum de eodem per idem servicium.

Willelmus le Campyun[8] et Thomas Olyver tenent tantum de eodem per idem servicium.

Willelmus de Wylecote tenet tantum de eodem pro v s pro omni servicio et non dant scutagium.

Idem prior habet ibidem visum franciplegii quo waranto nescitur.

Omnes supradicti qui arrant domino arrabunt semel in xl$^a$ et habebunt i panem et iiii allecia si habeant carucam integram tunc habeant ii panes et viii allecia et omnes libere tenentes facient eandem aruram excepto Willelmo de Wylecote et habebunt sicut et (sic) <servi>.

Henricus de Campyun tenet i cotagium et ii acras terre de dicto priore pro vi d.

Stephanus le Feur'[9] tenet dimidiam virgatam terre de eodem faciens ferramentum ii carucis pro omni servicio.

Dominus G Gyfford Wigorn' episcopus habet ibidem libere tenentes.

Unde Johannes filius Hugonis tenet v virgatas terre de eodem pro l s.

Willelmus de Wylecote tenet i virgatam de predicto Johanne pro i lb piperis.

Gilbertus de Lung' tenet i cotagium de eodem Willelmo pro xii d.

Johannes filius Hugonis tenet ii virgatas terre de dicto episcopo pro i d et aliam de Johanne filio Hugonis pro vi d (sic).

Stephanus filius Thome tenet ii virgatas terre de dicto episcopo pro ii lb piperis.

Omnes predicti libere tenentes[10] dant auxilium vicecomitis et auxilium hundredi et sunt geldabiles et non dant scutagium.

**Pylardinton Inferior**

Johannes Hercy est domninus de Pylardinton[11] Inferior et tenet de comite Warr' per servicium feodi i militis et comes de rege per quod servicium nescitur.

Fol 88–lxxxxi (MiO 14 fol 109–110)

Comitatus Warr'

Idem Johannes habet ibidem ii carucatas terre in dominico.

Idem Johannes habet ibidem vii servos subscriptos.

---

[8] MiO 14 'Campyon', and subsequently.   [9] MiO 14 'Feure'.
[10] MiO 14 uses the form 'liberi tenentes'.   [11] MiO 14 'Pylardynton'.

Unde Henricus le Provost tenet i virgatam terre de eodem pro ii s viii d et (operabitur a festo) Pentecost' usque ad festum Sancti Petri advincula secundo die cum i homine et falcabit cum aliis custumariis et habebunt i multonem et i caseum et i festellum plenum (salis et) levabit fenum per dimidium[1] diem cum i homine et operabitur per iii dies cum ii hominibus et (quarto die) metet cum tota familia sua extra uxore sua et dominus dabit eis bis ad comedendum in die et quolibet die ligator habebit i garbam et cariabit bladum domini (quandocumque summonitus) fuerit et talliabitur ad festum Sancti Michaelis aliquid plus aliquid minus et quando falcabit habebit tantum herbagium quantum levare poterit cum falce sua et arrabit ter per annum scilicet per i diem in yeme et per i diem in xl[a] et dominus dabit ei i pastum utraque die et arrabit in estate per i diem et habebit suos[2] cum bobus domini in pastura sua et dabit domino ad Natale Domini iii gallinas et i panem et dominus dabit sibi (et) familie sue ad comedendum illo die.

Willelmus atte Hulle tenet i virgatam terre de eodem per idem servicium.

Robertus atte Bregge tenet tantum de eodem per idem servicium.

Robertus Toly tenet tantum de eodem per idem servicium.

Gilbertus Est tenet tantum de eodem per idem servicium.

Rogerus de Oxhulne tenet tantum de eodem per idem servicium.

Cecilia la Veve tenet tantum de eodem per idem servicium.

Johannes filius Johannis de Hercy et Leticia uxor eius tenent iiii virgatas terre de dono predicto Johannis pro ob et dant scutagium.

Lucas de Hercy tenet iii virgatas terre et ii culturas de dicto Johanne pro ob et dat scutagium.

Johannes filius Ricardi tenet v virgatas terre de eodem pro ii s et secta comitatus et hundredi.

Robertus Hobbe tenet i virgatam terre de eodem pro i lb piperis et dat scutagium.

Willelmus Godfrende[3] tenet ii virgatas terre de eodem pro viii s.

Simon filius Simonis tenet i virgatam terre de predictis ii virgatis terre de predicto Willelmo pro iiii (s).

Idem Simon tenet iii virgatas terre de dicto Johanne de Hercy pro ii lb piperis et dat scutagium.

Idem Simon tenet i virgatam terre ad terminum vite de eodem pro ob et dat scutagium.

Hugo de Wylecote tenet i virgatam terre ad terminum vite de eodem pro i marca.

---

[1] Not clear in MiO 14: could be 'unum'.    [2] A mistake in both MSS: 'boves' omitted?
[3] MiO 14 'Godfreynde'.

Simon Brayn tenet i virgatam terre de eodem pro iiii s et secta curie et dat scutagium.

Idem Simon tenet iiii virgatas terre de eodem pro viii s[4] et secta curie pro omni servicio..

Johannes de Galeway tenet i cotagium et xii acras terre de eodem Simone pro (v d ob et) dat scutagium.

Ricardus Myle tenet dimidiam virgatam terre de eodem pro i flore rose et dat scutagium.

Johannes filius Rogeri tenet i virgatam terre et dimidiam de predicto Johanne pro iiii d et dat (scutagium).

Willelmus le Taylur[5] tenet dimidiam virgatam terre de eodem pro iiii d et dat (scutagium).

Willelmus filius Roberti tenet i cotagium et xii acras terre de eodem pro iiii d.


Fol 88b–lxxxxib (MiO 14 fol 110–110b)

### Comitatus Warr'

(Robertus) Mile tenet (ii) virgatas terre de eodem pro (viii s).

Robertus Hobbe tenet (i) virgatam terre de eodem Roberto pro iiii s et dat scutagium.

Johannes filius Willelmi tenet i virgatam terre de predicto Johanne de Hercy et dat scutagium.

Nicholaus atte More tenet i virgatam terre de eodem pro iiii s et dat scutagium.

Idem Nicholaus tenet i virgatam terre de Johanne Mile pro ii s v d et dat scutagium.

Johannes Mile tenet i molendinum aquaticum de Johanne de Hercy pro v s vi d pro omni servicio.

Persona ecclesie de Pilardynton[1] tenet v virgatas terre de eodem pro scutagio dando et forinseco servicio faciendo.

Willelmus Hamelyn tenet ii virgatas terre de eodem pro ob et dat scutagium.

Idem Johannes est patronus ecclesie eiusdem ville et habet visum franciplegii quo waranto nescitur.

Stephanus le Hayward[2] tenet i cotagium de Willelmo Hamelyn pro iii s.

Lynota tenet i cotagium de eodem pro iii s.

---

[4] MiO 14 'd', possibly so in E.164/15.    [5] MiO 14 'Tailliour'.

[1] MiO 14 'Pylardynton' and later.    [2] MiO 14 'Haywarde'.

Isabella de Etyndon tenet dimidiam virgatam terre de Willelmo filio Radulphi pro ob et dat scutagium.

Alicia de Etyndon et Alicia de Pilardinton tenent dimidiam virgatam terre de (Johanne) filio Ricardi pro ob.

Agnes de Pilardinton tenet tantum de eodem per idem servicium et tota predicta (villa est) geldabilis et facit forinsecum servicium domino[3] rege.

## Cumpton Murdak

Dominus Willelmus Murdac est dominus ville de Cumpton Murdac et tenet (de comite) Warr' per servicium feodi i militis et comes de rege quo servicio nescitur.

Idem Willelmus habet ibidem ii carucatas terre in dominico et (xviii) servos.

Unde Henricus le Provost tenet i virgatam terre pro vi s et iii d et arrabit bis in yeme et bis in xl[a] et in estate semel et operabitur a festo Sanctorum Petri et Pauli usque ad festum Sancti Michaelis quolibet die cum i homine extra diebus festivis et dum dominus (habuerit ad) metendum et inveniet domino ii homines ad metendum qualibet septimana per i diem et falcabit pratum domini cum sociis suis et in sero habebit tantum herbagium quantum levare poterit cum falce sua et levabit pratum domini et cariabit illud cum aliis vicinis suis et cum totum cariaverint habebunt i multonem vel xii d et i caseum et i vas plenum salis quod dictur chesewat et sarculabit bladum domini cum aliis et domino dabit per annum iii bussellos avene et iii gallinas et i gallum et i panem et talliabitur per annum ad voluntatem domini.

(Johannes) Milysant[4] tenet tantum de eodem per idem servicium.

(Henricus Banok) tenet tantum de eodem per idem servicium.

(Felicia la Veve) tenet tantum de eodem per idem servicium.

(Emma la Veve) tenet tantum de eodem per idem servicium.


Fol 89–lxxxxii (MiO 14 fol 110b–111b)

### Comitatus Warr'

Willelmus Adam tenet tantum de eodem per idem servicium.

Matilda Brunes tenet tantum de eodem per idem servicium.

Henricus Eynolf[1] tenet tantum de eodem per idem servicium.

Agnes atte Welle[2] tenet tantum de eodem per idem servicium.

---

[3] 'domino' omitted in MiO 14.    [4] MiO 14 'Mylesaunt'.

---

[1] MiO 14 'Eynolff'.    [2] MiO 14 'at Well'.

Willelmus Bole tenet tantum de eodem per idem servicium.

Willelmus filius le Provost tenet tantum de eodem per idem servicium.

Gilbertus le Grys tenet tantum de eodem per idem servicium.

Rogerus de la Grene tenet tantum de eodem per idem servicium.

Alicia Page tenet tantum de eodem per idem servicium.

Gilbertus filius Henrici tenet tantum de eodem per idem servicium.

Johannes Page tenet tantum de eodem per idem servicium.

Robertus Toly tenet tantum de eodem per idem servicium.

Libere tenentes

Idem Willelmus habet ibidem iii libere tenentes.

Unde Robertus Durvassal[3] tenet iiii virgatas terre de eodem pro homagio et servicio et secta curie et inde non dat scutagium.

Idem Willelmus tenet de eodem Roberto i virgatam terre et dimidiam pro ix estrecis frumenti.

Idem Willelmus tenet de (eodem) Roberto xxx acras terre de feodo Walton Devyle pro i pari cirotectarum.

Robertus Durvassal tenet de predicto Willelmo vi virgatas terre quo servicio nescitur et dat scutagium.

Eva Murdac tenet i virgatam terre de predicto Roberto pro ix estrecis frumenti et dat scutagium.

Thomas Aunger tenet i virgatam terre de Willelmo de Stodley[4] pro xxi s et iii gallinis et i gallo.

Johannes de la Croyx[5] tenet tantum de predicto Roberto ad terminum vite pro x d et dat scutagium.

Alicia la Veve tenet tantum pro xx s de eodem et dat scutagium.

Asserus tenet i cotagium de eodem pro i d.

Henricus Lucas et Johannes Lucas tenent i virgatam terre de Willelmo Murdac pro ii lb cimini et homagio et servicio et dant scutagium.

Idem Willelmus Murdac habet in eadem villa xvi cotarios.

Unde Leticia atte Tonesende[6] tenet i cotagium de eodem pro xii d et metet qualibet septimana per i diem cum i homine dum dominus habuerit ad metendum.

Rogerus Tropynel[7] tenet i cotagium de eodem per idem servicium.

Thomas Wymark[8] tenet i cotagium de eodem per idem servicium.

Isabella la Veve tenet tantum de eodem per idem servicium.

Alicia Trotters tenet tantum de eodem per idem servicium.

Agnes filia Athelme tenet i cotagium de eodem per idem servicium.

Nicholaus Colemon[9] tenet i cotagium de eodem per idem servicium.

---

[3] MiO 14 'Curvassal', and later.    [4] MiO 14 'Stodeley'.    [5] MiO 14 'Croyz'.
[6] MiO 14 'attownesende'. In E.164/15 it is written as one word too.    [7] MiO 14 'Tropynell'.
[8] MiO 14 'Wymarke'.    [9] MiO 14 'Coleman'.

Fol 89b–lxxxxiib (MiO 14 fol 111b)

Comitatus Warr'

Robertus Carecter tenet i cotagium de eodem per idem servicium.
(Margeria) a la (Porte) tenet i cotagium de eodem per idem servicium.
(Alicia la Veve) tenet i cotagium de eodem per idem servicium.
(Editha Rynall) tenet i cotagium de eodem per idem servicium.
(Matilda la Veve) tenet i cotagium de eodem per idem servicium.
(Juliana) Hamonde tenet i cotagium de eodem per idem servicium.
(Leticia) atte Bregge tenet i cotagium de eodem per idem servicium.
Willelmus le Hunte tenet i cotagium de eodem per idem servicium.
Johannes le Feure tenet i cotagium de eodem per idem servicium.
Agnes le Bysene tenet i cotagium de eodem per idem servicium.
Persona ecclesie eiusdem ville habet ibidem ii virgatas terre.
Henricus Aunger tenet i virgatam terre de predicta persona pro v s et secta
ad curiam de Warr' et arrabit domino quando alii arrant et metet in
autumpno sicut ceteri servi eiusdem ville.
(Robertus) Wymarke et Robertus filius Gilberti tenent i virgatam terre de
eadem persona per idem servicium.
Idem Willelmus Murdak habet ibidem warennam quo waranto nescitur.
Tota predicta villa est geldabilis et facit forinsecum servicium rege et facit
ii adventus ad hundredum regis (de Kynton) et dat warth et auxilium
vicecomitis.


—— est dominus de Kyngston et tenet de abbas de Abindon per servicium
i militis et abbas de rege per baronia ut dicit.[1]
Idem Thomas habet ibidem i carucatam terre in dominico et i virgatam
terre . . . . .
(The remaining seventeen lines of this folio are virtually illegible except
for the odd word here and there. Fols 90, 90b, and the first four lines of
fol 91 contain the remainder of the entry for Brailes, and have been placed
to follow on from fol 81.)


---

[1] Nothing of the Kingston entry appears in MiO 14. Presumably the scribe of this MS found
it already illegible. He placed the information on Brailes with the first entry (MiO 14 fol
92b–96b) and then continued with the Chelmscote entry.

Fol 91–lxxxxiiii (MiO 14 fol 112–112b)

## Chaumondescot[1]

Henricus Hubaud[2] est dominus de Chelmundescote et tenet de comite Warr' per servicium quarte partis feodi i militis et comes de rege quo servicio nescitur.

Idem Henricus habet ibidem v virgatas terre et dimidiam de dono comitis Willelmi Warr'.

Idem Henricus habet ibidem iiii virgatas terre cum pertinentiis in villenagio.

Unde Willelmus West tenet i virgatam terre de eodem Henrico pro xiiii s dans ad (festum) Natale Domini i panem et iii gallinas.

Walterus filius Rogeri tenet i virgatam terre de eodem per idem servicium.

Ricardus Perice[3] tenet tantum de eodem per idem servicium.

Willelmus atte Welle tenet tantum de eodem per idem servicium.

Johannes atte Welle tenet dimidiam virgatam terre pro vii s et per predictum servicium.

Agnes Joh' tenet quartam partem i virgate terre pro iii s vi d.

Dionysia Mace tenet ibidem iiii virgatas terre cum pertinentiis in villenagio de dono predicti Willelmi Comitis et respondet pro parte sua cum dicto Henrico.

Agnes John tenet i virgatam terre de dicta Dionysia pro xiiii s et pro i pane et iii gallinis.

Adam Botte tenet tantum de eadem per idem servicium.

Ricardus Longespeye tenet tantum de eadem per idem servicium.

Ricardus Botte[4] tenet i virgatam terre de eadem per idem servicium.

Thomas atte Forde tenet dimidiam virgatam terre pro vii s de eadem et i pane et ii gallinis.

Agnes Jones tenet quartam partem i virgate terre de eadem pro iii s vi d et i gallina.

Ricardus le Clerc[5] tenet iiii virgatas terre et dimidiam de Henrico Hubaud pro xiiii s iiii d.[6]

Johannes Adam tenet i virgatam terre de eodem Ricardo pro xiiii s dans i panem et iii gallinas et iii precaria in autumpno cum iiii hominibus.

Ricardus filius Galfridi tenet tantum de eodem pro xiiii s viii d.

Walterus Coly tenet tantum de Henrico Hubaud pro v s.[7]

Johannes Mon tenet tantum de Henrico de Paylutton[8] pro xiiii s et i pane et iii gallinis et iii precariis in autumpno per iiii homines med' feodi i militis

---

[1] MiO 14 'Chelmundescote etc'.
[2] This is the beginning of line 5 on fol 91. MiO 14 'Hubaude' and later.     [3] MiO 14 'Price'.
[4] MiO 14 'Wotte'.     [5] MiO 14 'Clerke'.     [6] Underlined in E.164/15 only.     [7] As n6.
[8] MiO 14 'Palinton'.

(sic)[9] et arrabit per annum i selionem domino de Breyles[10] et tota villa dat scutagium scilicet quartam partem scuti.

## Wynderton

Rogerus de Clifford est dominus de Wynderton et tenet de comite Warr' per servicium medietatis[11] feodi i militis et comes tenet de rege quo servicio nescitur.

Idem Rogerus habet ibidem i carucatam terre in dominico.

Idem Rogerus habet ibidem xix virgatas terre in villenagio.

Unde Galfridus Storard (?)[12] tenet i virgatam terre de eodem Rogero pro xii s.

Fol 91b–lxxxxivb (MiO 14 fol 112b–113)

Willelmus Mungwell tenet tantum de eodem per idem servicium.
Willelmus Neweman[1] tenet tantum de eodem per idem servicium.
Cristiana Graunger tenet tantum de eodem per idem servicium.
Alicia la Veve tenet i virgatam terre de eodem per idem servicium.
Johannes le Mazun[2] tenet tantum de eodem per idem servicium.
Agnes la Veve tenet i virgatam terre de eodem per idem servicium.
Johannes atte Brok tenet tantum de eodem per idem servicium.
Robertus atte Brok tenet tantum de eodem per idem servicium.
Agnes West tenet tantum per idem servicium.
Robertus atte Welle tenet tantum de eodem per idem servicium.
Henricus Duke tenet tantum de eodem per idem servicium.
Johannes filius Mabelle tenet tantum de eodem per idem servicium.
Margeria Duke tenet tantum de eodem per idem servicium.
Henricus filius Alicie tenet tantum de eodem per idem servicium.
Willelmus filius Matille[3] tenet tantum de eodem per idem servicium.
Oliva la Veve tenet tantum de eodem per idem servicium.
Ricardus filius Ade tenet tantum de eodem per idem servicium.
Johannes filius Roberti tenet tantum de eodem per idem servicium.
Margeria filia Henrici tenet i cotagium de eodem pro iiii s.
Henricus le Chapelayn[4] tenet i cotagium et vi acras terre ad voluntatem domini pro iiii s vi d.

---

[9] A marginal heading, probably referring to Winderton below, seems to have crept into the body of the text of both MSS.     [10] MiO 14 'Brayles'.
[11] 'medietatis' omitted from MiO 14.
[12] Difficult to read in both MSS; MiO 14 probably 'Storarde'.

---

[1] MiO 14 'Newman'.     [2] MiO 14 'Mason'.     [3] MiO 14 'Matilde', and later.
[4] MiO 14 'Chapelyn'.

Matilla Aboveton tenet i cotagium de eodem pro iii s.
Mayde tenet i cotagium pro xviii d.
Agnes Kembestre[5] tenet i cotagium pro xviii d.
Galfridus Tubbe tenet i cotagium per idem servicium.
Alicia filia Felicie tenet i cotagium per idem servicium.
Johannes de Wynderton tenet de dicto Rogero iiii virgatas terre pro x s
pro omni servicio.

## Rotle

Thomas de Arderne est dominus de Rotle et tenet de comite de Warr' per
servicium feodi i militis et comes de rege in capite quo servicio nescitur.
Idem Thomas habet ibidem in dominico ii carucatas terre et i parvum
clausum continens ii acras terre et est patronus ecclesie eiusdem ville et
habet ibidem warennam quo waranto nescitur.
Idem Thomas habet ibidem xviii servos tenentes xi virgatas terre.
Unde Willelmus le Blake tenet dimidiam virgatam terre pro v s faciens
auxilium ad festum Sancti Michaelis et arrabit domino[6] per i diem et
warectabit per alium diem rebinabit per tercium diem et averabit per iii
vices per annum cum i equo scilicet dimidium quarterium mervagii ita quod
possit ire et redire i die et sarculabit per i diem cum i homine ad proprium
(custum) et falcabit per v dies cum i homine et levabit fenum et cariabit
fenum scilicet totum cum vicinis

Fol 92–lxxxxv (MiO 14 fol 113–114)

suis et idem Willelmus habebit cum vicinis suis xii d et i caseum pretii iiii
d et habebunt festellum plenum salis et dominus pastet eos per i diem
quando falcant et metet per iiii dies cum ii hominibus et dominus pastet
eum per i diem et faciet unam lovebene per i diem et cariabit bladum
domini per ii dies et dominus pastet eum per i diem et dabit domino ad
Natale i panem et i gallum et i gallinam et cum fecerit exennium comedet
cum domino et uxor eius et si non habeat uxorem ducat secum familium
suum.
Nicholaus filius Thome tenet dimidiam virgatam terre per predictum
servicium.
Robertus Thurgoud[1] tenet tantum per idem servicium.
Philipus de Dercet tenet tantum per idem servicium.

---

[5] MiO 14 'Kembestr'.       [6] Abbreviation is 'dno': perhaps 'dominico' is intended.

---

[1] MiO 14 'Thurgoude'.

Adam atte Hull tenet tantum per idem servicium.

Galfridus Huppehull[2] tenet tantum per idem servicium.

Robertus Michel[3] tenet tantum per idem servicium.

Robertus filius Simonis tenet tantum per idem servicium.

Thomas filius Simonis tenet tantum per idem servicium.

Reginaldus Blanke tenet tantum per idem servicium.

Hugo Orin tenet tantum per idem servicium.

Ricardus filius Elye tenet i virgatam terre per predictum servicium duplicum.

Galfridus atte Welle tenet tantum per idem servicium.

Matheus filius Thome tenet tantum per idem servicium.

Matilla[4] atte Pole tenet tantum per idem servicium.

Idem Thomas habet ibidem cotarios subsciptos.

Willelmus Ceynter tenet i cotagium et iii acras terre pro iiii s.

Agnes la Chapelayne[5] tenet i cotagium et ii acras terre pro iiii s.

Ricardus le Mouner tenet i cotagiumn pro ii s.

Matilla Scot tenet i cotagium pro xvi d.

Nicholaus filius Edithe tenet i cotagium de Johanne de Upton pro ii s.

Sarra de Upton tenet i cotagium de eodem pro xii d.

Agnes de Upton tenet i cotagium de eodem pro xii d.

Galfridus de Brynkelowe tenet i cotagium de Adam (sic) de Brug' pro ii s.

Alicia de Hanewell tenet dimidiam virgatam terre pro vi s viii d de Hugone de Upton.

Matilla uppe Hull[6] tenet tantum de eodem pro xv s.

Idem Thomas habet ibidem vii liberos tenentes vi virgatas terre et dimidiam.

Unde Johannes le Chapelayn tenet dimidiam virgatam et iii acras terre pro xv s et (ii sectis et veniet) ad visum franciplegii de Kynton'.

Robertus filius Mathei tenet dimidiam virgatam terre pro dimidia lb (piperis).


Fol 92b–lxxxxvb (MiO 14 fol 114–114b)

Idem Robertus tenet dimidiam virgatam terre in Opton[1] de eodem pro xii d et secta ut supra.

Rogerus de Upton tenet iii virgatas terre per servicium x^me partis feodi i militis faciens sectam curie.

---

[2] MiO 14 'Happehull'.   [3] MiO 14 'Michell'.   [4] MiO 14 'Matilda' and later.
[5] MiO 14 'Chapleyn', and subsequently.   [6] MiO 14 'Uphull'.

---

[1] MiO 14 'Upton'.

Hugo de Upton tenet ibidem x$^{mam}$ partem feodi i militis reddens ad Pascham i par cirotecarum pro tenemento suo quod tenet de feodo de Rottle[2] faciendo sectam ad curiam domini de iii septimanis in iii septimanas.

Simon de Camera tenet ii virgatas terre de Johanne del Estr' pro i sagitta barbata et idem Johannes tenet de Willelmo Simili per liberum maritagium et Willelmus tenet de Thoma de Arderne per liberum maritagium totum illud est geldabile et dat scutagium et forinsecum servicium.

Johannes de Sokereswelle[3] tenet dimidiam virgatam terre ad terminum vite pro i pari cirotecarum et non dat scutagium.

Johannes de Upton tenet tantum de priore Sancti Sepulcri Warr' pro ii s et vi caponibus et prior tenet de Thoma de Arderne in perpetuam elemosinam ut dicit et Thomas tenet de comite Warr' et comes de rege.

Adam de Brug' tenet dimidiam virgatam terre de priore de Clatercote pro vi s et prior tenet de Thoma de Arderne et Thomas ut supra.

Abbas de Stanle[4] habet ibidem iiii carucatas terre in dominico et tenet in puram et perpetuam elemosinam de antecessoribus predicti Thome ut dicit.

## Radeway[5]

Abbas de Stanle[6] est dominus cuiusdem partis de villa de Radeway et tenet de honore Leyc' per servicium quarte partis feodi i militis.

Idem abbas habet ibidem iiii carucatas terre in puram et perpetuam elemosinam ut dicit.

Idem abbas habet ibidem ii carucatas terre in dominico set nescitur de quo nec per quod servicium.

Idem abbas habet ibidem v servic' (sic).[7]

Unde Robertus le Provost tenet dimidiam virgatam terre pro ii s vi d metens per iii dies cum i homine ad i pastum falcans cum vicinis v acras prati et habebunt i multonem pretii xii d et i caseum pretii iiii d et festellum plenum salis. Et ipsi cum vicinis suis dabit auxilium ad festum Sancti Michaelis ad voluntatem domini.

Johannes Scot tenet dimidiam virgatam terre per idem servicium.

Willelmus de la Lake tenet tantum per idem servicium.

Thomas de la Lake tenet quartam partem i virgate terre per servicium pertinentem ad tantam terram.

Agnes la Veve tenet tantum per idem servicium.

Walterus de Stratton tenet dimidiam virgatam terre de abbate de Stanle pro vi d et secta ad curiam Leyc' bis in anno.

---

[2] MiO 14 'Rotle'.     [3] MiO 14 'Stokereswelle'.     [4] MiO 14 'Stoneley'.
[5] MiO 14 'Radway', and later.     [6] MiO 14 'Stonley', and later.
[7] In both MSS: a mistake for 'servos'.

Stephanus Stratton tenet i virgatam terre de eodem pro viii s vi d et secta ut supra.

Johannes de Upton tenet dimidiam virgatam terre de eodem pro iii s vi d et secta ut supra.

Fol 93 – lxxxxvi (MiO 14 fol 114b–115b)

Nicholaus de Bleys tenet vi acras terre de Waltero Stratton pro i d pro (omni servicio et secta ut supra).

Idem Walterus tenet de ipso abbate et abbas de comite Warr' et comes de rege.

Isolda de Westcote tenet dimidiam virgatam terre de eodem abbate pro iii d pro omni servicio et secta ut supra.

Ricardus Wade tenet i messuagium et i acram terre de eodem pro dimidia marca pro omni servicio et secta ut supra et dant (sic)[1] scutagium abbati et abbas domino regi.

Vivianus le Copere tenet i acram terre de predicto abbate pro iii s falcans cum i homine per i diem et levabit fenum per i diem et metet per i diem cum i homine ad custum proprium faciens sectam ad curiam[2] Leyc' bis in anno.

Johannes Fryday tenet i cotagium de eodem et i acram terre per idem servicium.

Ricardus le Carecter tenet i cotagium et i acram terre de eodem pro iii s pro omni servicio.

Alicia filia Edriht[3] tenet i cotagium et dimidiam acram terre de eodem pro iii s pro omni servicio.

Willelmus le Coupere tenet i cotagium de eodem pro ii s vi d falcans cum i homine per i diem ad custum domini pro omni servicio.

Johannes de Morcote[4] est dominus tercie partis de Radewey.

Idem Johannes habet ibidem viii servos tenentes vii virgatas terre et dimidiam quas dictus Johannes tenet de Ricardo de Loges pro vi s viii d et idem Johannes faciet sectam ad ii (magna hundreda) regis de Kinton[5] et ibi veniet idem Ricardus exigens curiam suam et habet et tenet inde visum franciplegii de hominibus suis quo waranto nescitur.

Idem Ricardus de Loges tenet de rege in capite per quod servicium nescitur.

Philipus de Combrok tenet i virgatam terre de predicto Johanne pro (v) s vi d et idem tenet dimidiam virgatam terre pro ii s ix d et dat pro omni

---

[1] MiO 14 correctly 'dat'.     [2] MiO 14 'ad curiam' omitted.     [3] MiO 14 'Edrich''.
[4] MiO 14 'Morecote'.     [5] MiO 14 'Kynton'.

opere pertinens (sic) ad i virgatam terre viii d et ad festum Sancti Michaelis
ii aucas et ad Natale Domini i panem et ii gallinas et xx ova ad Pascha et
dat auxilium domino ad festum Sancti Michaelis ad voluntatem suam.
Johannes filius Julian' tenet i virgatam terre per predictum servicium.
Hugo Wade tenet tantum per idem servicium.
Hugo Flighetz[6] tenet tantum per idem servicium.
Johannes de Frenne tenet tantum per idem servicium.
Willelmus Wakeleyn[7] tenet tantum per idem servicium.
Thomas Stretche tenet dimidiam virgatam terre pro medietate predicti
servicii.
Willelmus Kunte tenet tantum per idem servicium.
Abbas de Stanle[8] tenet libere de eodem pro iiii s pro omni servicio et idem
Johannes tenet de Ricardo de Loges et Ricardus de rege quo servicio
nescitur.

## Feni Cumpton[9]

Johannes Pecche est dominus de Fennicumpton et tenet de priore de
Trentham per servicium medietatis feodi i militis et prior tenet de Thoma
de Arderne et Thomas de comite Warr' et comes de rege quo servicio
nescitur.
Idem Johannes habet ibidem i carucatam terre et dimidiam in dominico.
Idem Johannes habet ibidem v villanos tenentes iii virgatas terre.

Fol 93b – lxxxxvib (MiO 14 fol 115b–116b)

Unde Robertus le Faber[1] tenet i virgatam terre pro v s et secta curie salvo
forinseco servicio regi.
Hugo le Ireys tenet dimidiam virgatam terre pro dimidia marca et facit
forinsecum ut supra.
Felicia Clement tenet tantum per predictum servicium.
Johannes le Bam' tenet tantum per idem servicium.
Adam Tenerey tenet tantum pro v s.
Idem Johannes habet ibidem ix libere tenentes.
Unde Walterus de Paunton tenet i virgatam terre de eodem pro v s et facit
ii visus et forinsecum.
Willelmus le Jenene[2] tenet ii virgatas terre pro ix s et secta et forinseco.

---

[6] MiO 14 'Flyghtez'.    [7] MiO 14 'Bakelyn' – misreading?    [8] MiO 14 'Stoneley'.
[9] In both left and right hand margins of E.164/15. MiO 14 'Fenycompton', and subsequently.

---

[1] MiO 14 'Fader'.    [2] MiO 14 'Jenyn'.

Johannes le Carecter tenet i virgatam terre pro v s et secta curie et forinseco.

Willelmus le Bym' tenet i virgatam terre per predictum servicium.

Ricardus le Spenser tenet tantum pro x s et secta ut supra.

Prior de Clatercote tenet i virgatam terre in puram et perpetuam elemosinam de Johanne Pecche ut dicit.

Robertus le Beyn' tenet i virgatam terre pro v s et facit sectam et forinsecum.

Nicholaus Pecche tenet tantum pro xviii d et i lb piperis et secta et forinseco.

Rogerus de Upton tenet tantum pro v s et secta et forinseco.

Prior de Clatercote habet ibidem i carucatam terre in dominico et tenet de Thoma de Arderne per servicium iiii[te] partis feodi i militis et Thomas tenet de comite Warr' et comes de rege quo servicio nescitur.

Idem prior habet ibidem iiii libere tenentes.

Unde Nicholaus de Plaunton tenet ii virgatas terre de eodem priore pro viii s et facit forinsecum.

Idem Nicholaus tenet dimidiam virgatam terre de Willelmo Giffard[3] pro xii d et i lb piperis.

Maria la Veve tenet i virgatam terre de dicto priore pro iiii s et secta et forinseco.

Hugo le Irreys[4] tenet dimidiam virgatam terre pro iii s et secta et forinseco.

Isolda filia Willelmi tenet i carucatam terre de Radulpho Basset pro i d et homagio et Radulphus tenet de comite Warr' et comes de rege et dat xvi d ad scutagium pro i virgata terre.

Robertus Bygod tenet ibidem de Radulpho de Boteler per servicium feodi i militis et Radulphus tenet de comite Leyc' et comes de rege quo servicio nescitur.

Idem Robertus habet ibidem i carucatam terre in dominico.

Idem Robertus habet ibidem xii libere tenentes.

Unde Henricus Mile tenet iii virgatas terre pro iiii s et facit sectam et forinsecum.

Henricus Bigod[5] tenet i virgatam pro xii d et secta et forinseco.

Ricardus Fraunceys tenet i virgatam terre pro iii s et ii caponibus et secta et forinseco.

Walterus de Blakewelle tenet i virgatam terre et dimidiam pro iii s et secta et forinseco.

Ricardus Beaustz[6] tenet dimidiam virgatam terre pro xviii d et secta et forinseco.

---

[3] MiO 14 'Gyfford'.    [4] MiO 14 'Ireys'.    [5] MiO 14 'Bygod'.    [6] Sic. 'Beaufitz'?

Robertus Flaxman tenet terciam partem i virgate terre pro xii d (et) facit sectam et forinsecum.


Fol 94 – lxxxxvii (MiO 14 fol 116b–117)

Letita (?)[1] filia Rogeri tenet tantum per idem servicium.
Juliana filia le Clerc[2] tenet tantum per idem servicium.
Johannes filius Alexandri tenet iii acras terre pro dimidia lb cimini.
Thomas filius Johannis tenet tantum per idem servicium.
Ricardus filius Walteri tenet i messuagium et dimidiam virgatam terre pro i d pro omni servicio.
Simon de Policote[3] tenet i virgatam terre per idem servicium.
Henricus Mile tenet i messuagium et i virgatam terre de Roberto Bygod pro vii s et secta et forinseco.
Walterus de Paunton tenet i virgatam terre de Ricardo de Potilicote pro i clavo gariophili.
Persona ecclesie eiusdem ville tenet iiii virgatas terre et facit forinsecum servicium regi.
Willelmus Dod tenet i virgatam terre de Simone de Policote pro iii s faciens sectam et forinsecum.
Prior de Clatercote tenet de Roberto Bygod ii carucatas terre in puram et perpetuam elemosinam unde non dat scutagium nisi pro i dimidia virgata terre.
* Idem Robertus et omnes supradicti veniunt ad franciplegii ad curiam comitis Leyc' quo warranto nescitur.
Ricardus de Merton tenet dimidiam virgatam terre de Henrico Mile pro ii s et facit sectam et forinsecum.
Hugo Arkyl[4] tenet tantum de eodem pro xviii d et facit sectam et forinsecum.
Prior de Kenill' habet advocacionem ecclesie eiusdem ville nescitur quo warranto.
Henricus Mile tenet dimidiam virgatam terre de eodem pro v s.
Willelmus Boyn' tenet iii acras terre de priore de Asseby pro iii s et idem prior tenet de prior (de) Clatercote pro i d ob.

### Avonderset[5]
Margeria de Cantilupe[6] est domina de Avenedercet et patrona ecclesie eiusdem ville et tenet de Theobaldo de Verdun per servicium feodi i militis

---

[1] MiO 14 'Leticia'.  [2] MiO 14 'Clerke'.  [3] MiO 14 'Polycote'.  [4] MiO 14 'Arkyll'.
[5] MiO 14 'Avendorcet'. In right hand margin E.164/15.  [6] MiO 14 'Cantelupo'.

et dimidii et Theobaldus tenet de comite Warr' et comes de rege quo
servicio nescitur.

Eadem Margeria habet ibidem i virgatam terre et dimidiam in dominico
et nullum <facit inde forinsecum servicium.>

Eadem (Margeria) habet ibidem v virgatas terre et facit inde forinsecum
servicium.

Eadem Margeria habet ibidem servos subscriptos.

Unde Ricardus filius Johannis tenet de eadem i virgatam terre pro i marca
sarculans per i diem et falcabit per i diem et levabit fenum per i diem
qualibet die cum i homine et metet per iiii dies cum ii hominibus et quarta
die cum i homine et operarii facientes predicta opera comedent cum
domina qualibet die semel dum operantur et dabit domine ad Natale i
magnum panem et i gallum et ii gallinas et comedet illa die semel cum
domina et veniet ad halimotum quotiens fuerit mandatus.

Gilbertus le Marchaund[7] tenet i cotagium de eadem ad voluntatem suam
pro iiii s pro omni servicio.


## Fol 94b – lxxxxviib (MiO 14 fol 117–118)

Johannes Ennoc[1] tenet i cotagium de eadem et dimidiam virgatam terre
ad voluntatem ipsius domine pro x s et secta ad curiam suam de iii
septimanis in iii septimanas et facit forinsecum servicium.

Hugo le Feur' tenet i cotagium et dimidiam virgatam terre de eadem ad
voluntatem suam pro vii s vi d et secta ut supra et forinseco.

Johannes Cachefreyns tenet i cotagium et iiii acras terre pro i rosa.

Johannes de Bere tenet vi virgatas terre de eadem pro dimidia lb piperis
et facit sectam bis per annum et debet forinsecum.

Idem Johannes tenet de Hospitale Sancti Johannis Jerlm' ii virgatas terre
pro viii s et i lb piperis piperis (sic) pro omni servicio.

Edda que fuit uxor Petri de Byfeld tenet de Johanne de la Bere i virgatam
terre pro i marca et sarculabit per i diem et falcabit per i diem et dimidium
et levabit fenum per i diem cum i homine et metet per iii dies scilicet per
iii dies per ii homines et per quartum diem cum i homine et comedent cum
domino qualibet die extra dimidio die in falcacione qua ipsa Edda et
conservi sui capient vi denarios tantum et dabit domino ad Natale Domini
i magnum panem et i gallum et ii gallinas et debet forinsecum et veniet ad
halemot' quotiens fuerit mandatus.

---

[7] MiO 14 'Merchaunde'.

---

[1] Mio 14 'Ennok'.

Juliana que fuit uxor Johannis Osegod tenet tantum de eodem pro consimili servicio.

Henricus filius Galfridi et Edda que fuit uxor Johannis Clement tenent tantum de eodem per idem servicium et viii d ultra.

Henricus filius Gilberti tenet dimidiam virgatam terre de eodem pro dimidia marca et sarculabit et falcabit et levabit fenum sicut predictam Edda que fuit uxor Petri de Byfeld et metet per iiii dies cum i homine die (sic)[2] et comedet cum domino semel in die et dabit domino i panem et i gallum et i gallinam et veniet ad halimot' ut supra et dat forinsecum.

Hugo le Berker[3] tenet de eodem Johanne i cotagium pro iiii s.

Johannes Enoc[4] tenet i cotagium de eodem pro xii d.

Alisia[5] tenet i cotagium de eodem pro xii d et sarculabit per i diem et levabit fenum per i diem et metet per iiii dies scilicet qualibet die cum i homine et comedet cum domino qualibet die semel.

Henricus filius Philipi tenet i cotagium de eodem et ii acras terre pro ii s et sarculabit per i diem et falcabit per i diem et dimidium et levabit fenum per i diem et metet per iiii dies cum i homine et comedet cum domino semel.

Ricardus Godfrey tenet i cotagium et ii acras terre per idem servicium.

Margeria filia Philipi tenet i cotagium de eodem pro xii d et metet per i diem cum i homine et comedet semel cum domino.

Edda filia Cristiane tenet i cotagium de eodem pro consimili servicio.

Willelmus Bygod tenet ii virgatas terre pro ii s de eodem et secta ad curiam suam de iii septimanis in iii septimanas et debet forinsecum.


Fol 95 – lxxxxviii (MiO 14 fol 118–118b)

Ricardus de Schenindon[1] tenet de Willelmo de Stafford iii virgatas terre per quod servicium nescitur.

Henricus Tropinel[2] tenet i cotagium de predicto Ricardo pro iii s.

Ingelramus de Amelecote tenet i virgatam terre de eodem pro i lb cimini et debet forinsecum.

Hugo le Noreys tenet de predicta Margeria de Cantilupo[3] iii virgatas terre pro vii s et secta ad curiam suam de iii septimanis in iii septimanas et debet forinsecum.

Adam le Fraunceys tenet iii virgatas terre de eodem[4] et facit inde servicium

---

[2] MiO 14 'die' omitted.    [3] MiO 14 'Borker'.    [4] MiO 14 'Enok'.    [5] MiO 14 'Alicia'.

[1] MiO 14 'Shenyndon'.    [2] MiO 14 'Tropynell' and later.
[3] MiO 14 'Cantelupo' and later.    [4] Should be 'eadem'?

de Rodman pro tota villa ad comitatum et hundredum et sectam ad curiam suam de iii septimanis in iii septimanas et debet forinsecum servicium pro tota terra sua.

Thomas de Eppewelle et Juliana uxor eius tenent de predicto Ada i cotagium pro xviii d.

Sarra que fuit uxor Philipi le Feure tenet i cotagium de eodem pro xii d et metet per i diem.

Johannes Tropinel tenet i cotagium de eodem pro xx d.

Margeria filia Ricardi le Noreys et Alicia soror eius tenent de predicta Margeria iii virgatas (terre) et quartam partem i virgate terre pro xvi s et i lb cimini et facit sectam de iii septimanis in iii septimanas et facit forinsecum.

Galfridus Eliot[5] tenet de eisdem Margeria et Alicia dimidiam virgatam terre pro x s et sarculabit per i diem et falcabit per i diem et levabit fenum per i diem et metet per iii dies cum i homine et comedet cum Alicia cotidie semel et veniet ad halimot' quotiens fuerit mandatus.

Avicia filia Margerie tenet i cotagium de eisdem pro xviii d.

Alexander de Sturton[6] tenet dimidiam virgatam terre de eisdem pro iiii s et facit forinsecum (servicium).

Ricardus filius Roberti tenet iii virgatas et quartam partem i virgate terre de Johanne de Cantilupo pro xx s et secta ad curiam suam de iii septimanis in iii septimanas et facit forinsecum servicium pro ii virgatis terre supradictis.

Leticia la Veve tenet i cotagium de eodem pro xii d.

Agnes Alger tenet i cotagium de eodem pro xii d.

* Robertus Ilger[7] tenet i virgatam terre de Hospitale Sancti Johannis Jerlm' pro vii s et faciet ii adventus ad curiam eiusdem apud Warr'.

Walterus le Bedel[8] tenet de Hospitale Sancti Michaelis Warr' dimidiam virgatam terre pro iii s iiii d et facit forinsecum (servicium).

Alina que fuit uxor Roberti filii Henrici tenet tantum de eodem per idem servicium set predictus Walterus acquietat ipsam Alinam de forinseco.

Persona ecclesie de Avene Derset[9] tenet ii virgatas terre pertinentes ad ecclesiam et sunt geldabiles et facit inde forinsecum.

Johannes filius Walteri tenet i cotagium de persona predicto pro ii s ix d.

Galfridus le Neucomen tenet i cotagium de persona pro ii s iii d.

---

[5] MiO 14 'Elyote'.    [6] MiO 14 'Stirton'.
[7] No pointing hand against this entry in E.164/15, but a 'Nota' in right hand margin.
[8] MiO 14 'Bedell'.    [9] MiO 14 'Avendorcet'.

Fol 95b – lxxxxviiib (MiO 14 fol 118b–119b)

Maria le Chapman tenet i cotagium de eodem pro vi d.
Nota: de feodo Margerie de Cantilupo.[1]
Ricardus le Coverur' tenet i cotagium de eodem pro ii s vi d et tota villa
est geldabilis preter iii virgatas terre quas idem Johannes de la Bere tenet
de feodo Margerie de Cantilupo.

## Tisho[2]

Nicholaus Baro de Stafford est dominus de Tisho et tenet de rege in capite
per servicium feodi i militis pertinentis ad baroniam de Stafford et habet
ibidem ii carucatas terre in dominico.
Idem Nicholaus habet in eadem villa xiii servos.
Unde Johannes Wymarc tenet i virgatam per servicium operandi a festo
Sancti Michaelis usque ad (festum) Nativitatis Sancti Johannis Baptiste
qualibet septimana per iiii dies scilicet per ii dies cum i homine et per alios
ii dies cum ii hominibus et arrabit per i diem et triturabit ii estrictas bladi
et seminabit illud bladum eo die super terram quam prius arravit et
herciabit illam et a festo Nativitatis Sancti Johannis Baptiste usque ad
festum Sancti Petri advincula operabitur qualibet septimana per iiii dies
cum ii hominibus et falcabit cum aliis custumariis et habebunt in communi
i acram prati et xii d et a festo Sancti Petri advincula usque festum Sancti
Michaelis operabitur per iiii dies qualibet septimana videlicet per ii dies
cum ii hominibus et per alios ii dies cum i homine averabit qualibet
septimana per i diem set non ultra xii leucas et talliabitur ad festum Sancti
Michaelis ad voluntatem domini.
Item Alicia la Veve tenet i virgatam terre per idem servicium.
Robertus Pese tenet tantum per idem servicium.
Walterus atte Bregge[3] tenet tantum per idem servicium.
Simon filius le Provost tenet tantum pro eodem servicio.
Thomas Alysaunder tenet tantum per idem servicium.
Robertus in Thehurne[4] tenet tantum per idem servicium.
Ricardus Wymund[5] tenet tantum per idem servicium.
Nicholaus le Provost tenet tantum per idem servicium.
Ricardus Bole tenet dimidiam virgatam terre per medietatem tanti servicii
predicti et si dominus velit tenebit carucam domini per annum et tunc
habebit i acram terre ad seminandum et i acram prati.
Johannes de Enneston tenet tantum per idem servicium.

---

[1] In a later hand in E.164/15.
[2] Also in a later hand in E.164/15; MiO 14 'Tishoo', and subsequently.
[3] MiO 14 'at Bregg'.    [4] MiO 14 'the Hurne'.    [5] MiO 14 'Wymunde'.

Reginaldus Hort tenet tantum per idem servicium.

Hugo Godecherl[6] tenet tantum per idem servicium.

Ricardus le Beste[7] tenet tantum per idem servicium.

Abbas de Bordesle[8] tenet iii virgatas terre et dimidiam de predicto barone pro vii s.

Philipus de Cumpton tenet iiii acras prati de eodem pro ii s et secta.

Simon Waleys tenet i virgatam terre de eodem pro xx d.

Johannes Russel[9] tenet de eodem Simone i virgatam terre pro xviii d.


### Fol 96 – lxxxxix (MiO 14 fol 119b–120)

Ricardus de Bosco tenet i virgatam terre et dimidiam de predicto barone pro xii d et i lb piperis et alia lb cimini et secta.

Willelmus Hervy tenet dimidiam virgatam terre de eodem pro xii d et secta.

Ricardus de Bleys tenet i virgatam terre de eodem pro i lb cimini et secta.

Nullus istorum liberorum tenentium dabit scutagium set facient sectam ad curiam domini et sunt geldabiles et debent ii adventus ad hundredum regis de Kynton.

Robertus de Stafford tenet ibidem i carucatam terre in dominico de dono baronis patris sui pro homagio pro omni servicio.

Idem Robertus (habet) ibidem vi servos subscriptos.

Unde Ricardus Osebern[1] tenet i virgatam terre per servicium quod predictus Johannes Wymark[2] facit baroni de Stafford.

Adam le Bere tenet i virgatam terre de predicto Roberto per idem servicium.

Walterus de Walton tenet tantum de eodem per idem servicium.

Johannes Dovy tenet tantum de eodem per idem servicium.

Willelmus[3] Daby et Thomas fitz le Vicary tenent tantum per idem servicium.

Willilmus Mile tenet i cotagium et i (virgatam)[4] acram terre de predicto barone pro ii s pro omni servicio.

Gilbertus Notere tenet i cotagium et ii acras terre pro xviii d de eodem.

Petron' tenet i cotagium de eodem pro xii d.

Haghemldi (?)[5] tenet i cotagium de eodem et ii acras terre pro xii d.

---

[6] MiO 14 'Godecherle'.     [7] MiO 14 'Weste' – a frequent mistake of the scribe.
[8] MiO 14 'Bordesley'.     [9] MiO 14 'Russell'.

[1] MiO 14 'Osburn'.     [2] MiO 14 'Wymarke'.
[3] Not absolutely clear in E.164/15; MiO 14 has 'Walterus'.
[4] This deletion is omitted in MiO 14.     [5] MiO 14 'Haghembe'?

Laurencius le Suur' tenet i (cotagium) de eodem pro xii d.

Egidius et Johannes de[6] Watcote tenent ii virgatas terre de Roberto de Stafford pro xvi d pro omni servicio.

Johannes de Honitone[7] tenet dimidiam virgatam terre de eodem pro i lb piperis.

Thomas de Stoke et Jordanus Cathelewe tenent dimidiam virgatam terre pertitam per colos pro i lb piperis.

Cristiana de Fossato[8] tenet tantum de eodem pro vi s.

Johannes de Westone tenet i placeam prati de eodem pro xvi d.

Willelmus Serych tenet i virgatam terre de eodem per i lb piperis.

Ricardus de Bleys tenet tantum de eodem pro vi d.

Johannes Russel[9] tenet iii virgatas terre reddendo inde (Roberto Peverell) i d et Willelmo Serych iii s.


Fol 96b – lxxxxixb (MiO 14 fol 120–120b)

Johannes de Sokerswelle tenet ii virgatas terre de Willelmo Serich pro xiii d.[1]

Omnes predicti tenent de Roberto de Stafford et Robertus de barone et baro de rege.

Adam de Shyrburne[2] tenet ibidem ii virgatas terre de feodo baronis de Stafford reddendo Johanni de Suthleye iiii s.

Priorissa de Brewode tenet ii virgatas terre de dono antecessorum baronis de Stafford in liberam et perpetuam elemosinam.

Et Willelmus Serych tenet eas[3] in perpetuum de dicta priorissa pro viii s pro omni servicio.

Willelmus Hervy tenet i virgatam terre de Willelmo Serych pro xx d.

Episcopus Wygornie[4] tenet ii virgatas terre de Ricardo de Bleys pro ii d et facit sectam ad comitatum et hundredum per dimidium annum et dictus Ricardus sequitur pro alio dimidio anno.

Idem episcopus tenet ii virgatas terre de feodo baronis et dat warth et omnes sunt geldabiles.

Prior de Stanes habet ecclesiam eiusdem ville in proprios usus.

Idem prior habet ibidem iii virgatas terre in dominico servos (sic)[5].

Unde Walterus le Clerc[6] tenet i virgatam terre de eodem priore pro ix s

---

[6] 'de' omitted in MiO 14.      [7] MiO 14 'Honytone'.      [8] MiO 14 'Fossat".
[9] MiO 14 'Russell'.

---

[1] MiO 14 'xiiii d'.      [2] MiO 14 'Shirburn'.      [3] MiO 14 'illas'.      [4] MiO 14 'Wigorn".
[5] So in both MSS; the scribe's eye has jumped to end of the following line?
[6] MiO 14 'Clerke'.

et falcabit per i diem cum i homine et levabit fenum per alium diem et cariabit cum biga sua per i diem ad pastum domini et cariabit decimas de Cumpton et Herdwyk apud Tisehoo cum biga sua et queret cibum domini ubicumque inventus fuerit et tunc habebit i pastum.

Johannes le Provost tenet tantum de eodem per idem servicium.

Ricardus de Herdewyk[7] tenet tantum de eodem per idem servicium.

Claricia la Veve tenet tantum de eodem pro x s et per idem servicium.

Willelmus de Rottele[8] tenet i virgatam terre de eodem per predictum servicium.

Willelmus le Broune tenet tantum de eodem per idem servicium.

Wilnetus tenet tantum de eodem per idem servicium.

Nicholaus le Feure tenet tantum per idem servicium.

Nigellus le Broune tenet tantum de eodem per idem servicium.

Johannes Godhyne tenet i virgatam terre pro ix s et per predictum servicium.

Ricardus de Bleys tenet i cotagium de priore de Stanes pro vi d pro omni servicio.

Thomas de Stok' et Jordanus Cathelewe tenent iii virgatas terre de eodem pertitas per colos pro ii s iiii d.

Ricardus Florye[9] tenet i virgatam terre de eisdem Thoma et Jordano pro xii d pro omni servicio.

Johannes filius Hugone tenet tantum de eidsdem per idem servicium.


## Fol 97–c (MiO 14 fol 120b–121b)

Willelmus Colevile tenet tantum libere de eisdem pro x s.

Johannes filius Willelmi tenet de Ricardo de Castello i virgatam terre pro v s.

Willelmus de Wylicote[1] tenet i virgatam terre de Thoma de Stok' per i flore rose pro omni servicio.

Predictus prior de Stanes habet ibidem visum franciplegii quo warranto nescitur et prior tenet de barone et baro de rege quo servicio nescitur.

Omnes predicti debent sectam ad curiam ipsius prioris et non dant scutagium.

Constantinus tenet i cotagium de priore de Stanes pro ii s vi d.

Willelmus Hering[2] tenet i cotagium pro ii s ix d pro omni servicio.

---

[7] MiO 14 'Herdwik'.    [8] MiO 14 'Rotley'.    [9] MiO 14 'Flory'.

[1] MiO 14 'Wylycote'.    [2] MiO 14 'Heryng'.

Prior de Kenill'[3] habet ibidem v virgatas terre de dono antecessorum baronis Stafford et habet servos qui tenent predictam terram

Quorum Johannes filius Walteri tenet i virgatam terre pro iiii s et metet per v dies quolibet die cum i homine et talliabitur ad festum Sancti Michaelis ad voluntatem domini.

Cristina la Veve tenet i virgatam terre de eodem per idem servicium.

Thomas Gladiere[4] tenet tantum per idem servicium.

Matilla[5] la Veve tenet tantum de eodem per idem servicium.

Johannes de Uttlicote[6] tenet tantum per idem servicium.

Idem prior tenet visum franciplegii apud Kynton et omnes predicti faciunt adventum ibi extra feodum baronis de Stafford set quo waranto nescitur.

Robertus filius Radulphi tenet i virgatam terre de Alano de Bercheston' pro vi s pro omni servicio et Alanus tenet de priore et prior de barone et baro de rege.

Prior de Ordbur'[7] habet in eadem villa ii carucatas terre in dominico de dono antecessorum baronis de Stafford in liberam et perpetuam elemosinam ut dicit et habet servos subscriptos.

Unde Johannes de Wynderton tenet i virgatam terre de predicto priore pro x s et metet per i diem cum i homine et dabit ei i pastum et dabit domino ad Natale Domini i panem de frumento et ii gallinas et dominus dabit ei et familie sue ad comedendum.

Thomas le Botiler[8] tenet i virgatam terre per idem servicium de eodem priore.

Margeria la Veve tenet i virgatam terre de eodem pro viii s et per servicium predictum et est geldabilis et faciunt visum franciplegii ad hundredum regis de Kinton.[9]

Comendator Templi de Baleshale[10] tenet i carucatam terre in dominico de dono antecessorum baronis de Stafford in liberam et perpetuam elemosinam ut dicit et habet servos ibidem quorum

Robertus le Provost tenet i virgatam terre de eodem pro iiii s et operabitur a festo Nativitatis Sancti Johannis Baptiste usque festum Sancti Michaelis videlicet sarculabit falcabit levabit metet et cariabit fenum et bladum ad custum proprium ad voluntatem domini et dabit domino ad Natale Domini i panem de frumento et ii gallinas et arrabit in yeme per ii dies ad semenandum.

---

[3] A feint 'nota' in margin MiO 14 against this entry.  [4] MiO 14 'Gladyere'.
[5] MiO 14 'Matilda'.  [6] MiO 14 'Utlicote'.  [7] MiO 14 'Ordbury'.  [8] MiO 14 'Boteler'.
[9] MiO 14 'Kynton'.  [10] MiO 14 'Balsale'.

Fol 97b–cb (MiO 14 fol 12lb–122)

Adam le Seriaunt tenet i virgatam terre per idem servicium.
Thomas filius Galfridi tenet tantum de eodem per idem servicium.
Galfridus Alayn tenet tantum de eodem per idem servicium.
Nicholaus Aylrych[1] tenet tantum de eodem per idem servicium.
Willelmus filius Gunnild[2] tenet tantum de eodem per idem servicium.
Alicia la Veve tenet tantum de eodem per idem servicium.
Simon Gunnild tenet tantum de eodem per idem servicium.
Galfridus de Verdele tenet i virgatam terre de eodem per predictum servicium.
Johannes filius Matille[3] et Godfridus filius Johannis tenent i virgatam terre per idem servicium.
Ricardus filius Johannis et Thomas filius Johannis tenent i virgatam terre per idem servicium.
Thomas le Bonde et Johannes de Lake tenent de eodem comendatore i virgatam terre per idem servicium.
Agnes Botte et Reginaldus Dingald tenent ii virgatas terre per idem servicium duplicatum.
Walterus de Sibbeford[4] tenet i virgatam terre per predictum servicium.
Robertus le Hayward tenet i cotagium de eodem pro xii d et metet per iii dies cum i homine pro omni servicio.
Idem comendator habet ibidem visum franciplegii quo waranto nescitur.
Thomas de Stoke habet ibidem liberos tenentes videlicet
Thomas Heyrun[5] qui tenet i virgatam terre de eodem Thoma pro i d et dat scutagium.
Juliana et Alicia de Cumpton tenent i virgatam terre pertitam per colos de Nicholao Pinime[6] pro iii s et idem Nicholaus tenet de predicto Thoma pro homagio et Thomas de barone et baro de rege quo servicio nescitur et dant scutagium.
Willelmus de Cumpton tenet ii virgatas terre de Thoma de Stoke per quod servicium nescitur et est geldabilis et dant scutagium.

### (Westcote)[7]
Prior de Kenilleworthe[8] est dominus de Westcote et tenet de barone de Stafford per servicium medietatis feodi i militis et baro tenet de rege quo servicio nescitur.

---

[1] MiO 14 'Alrych', and later.   [2] MiO 14 'Gunneld'.   [3] MiO 14 'Matilde'.
[4] MiO 14 'Sybbeford'.   [5] MiO 14 'Herun'.   [6] MiO 14 'Pinnym' (?).
[7] In margin in later hand in E.164/15?   [8] MiO 14 'Kenilworth'.

Idem prior habet i servum tenentem iii partes i virgate terre pro x s et dat auxilium ad festum Sancti Michaelis ad voluntatem domini.

Willelmus de Wroxhulle et Willelmus Blauncfrunt habent in eadam villa iii servos pertitas per colos.

Unde Galfridus Brigge et Adam de Cumpton et Rogerus de Radewey[9] tenent ii virgatas terre de eisdem pro xx s et sunt geldabiles et dant scutagium.

Magister hospitalis Sancti Johannis Oxon' habet ibidem i carucatam terre in liberam elemosinam et habet servos quorum

Grecia la Veve tenet i virgatam terre pro x s.

Thomas Alyrych tenet tantum de eodem per idem servicium.

Ricardus filius Emme et Nicholaus de Blakenhale tenent i virgatam (terre) de eodem per idem servicium.


Fol 98–ci (MiO 14 fol 122b–123)

Nicholaus le Faukener et Ricardus West tenent i virgatam terre pro xiii s et per predictum servicium.

Margeria la Veve tenet dimidiam virgatam terre de eodem pro v s.

Robertus filius Gilberti tenet i virgatam terre de eodem pro xi s et omnes isti predicti servi talliabuntur ad festum Sancti Michaelis ad voluntatem domini.

Clemens Blaunch tenet i virgatam terre de eodem magistro pro iiii s et i lb piperis.

Willelmus le Clerk[1] tenet i virgatam terre de eodem pro dimidia marca et secta pro omni servicio.

Rogerus Agate tenet vi acras terre de eodem pro xxviii d[2] pro omni servicio salvis ii adventibus per annum ad visum.

Idem Rogerus tenet de priore de Chaucumbe[3] ii acras terre pro iii d ob pro omni servicio.

Agnes filia Rogeri tenet tantum de eodem per idem servicium.

Robertus filius Johannis tenet de eodem i messuagium et vi acras terre et dimidiam pro ii s ob. et i flore rose pro omni servicio salvis ii adventibus ad visum.

Idem Robertus tenet x acras terre et dimidiam de Clemente Blaunche[4] pro uno q^a pro omni servicio.

[9] MiO 14 'Radway'.

[1] MiO 14 'Clerke'.    [2] MiO 14 'ii s iiii d.'    [3] MiO 14 'Chacombe'.
[4] MiO 14 'Clemento Blaunch'.

Robertus Blaunche tenet de predicto magistro i acram terre pro v s et secta curie.

Clemens Jordan tenet dimidiam virgatam terre de priore de Kenill' et magistro hospitalis Sancti Johannis Oxon' et de Willelmo de Broxhull[5] et de Willelmo de Blauncfrount pro vii s v d pro omni servicio et est geldabilis.

Oliva filia Roberti tenet i cotagium et i acram terre de eisdem pro xvi d ob pro omni servicio.

Abbas de Stanle[6] tenet i virgatam terre de quo nescitur.

Ista pars magistri hospitalis solebet esse geldabilis et subtrahitur in libertatem per quem nescitur iam decem annis elapsis quo waranto nescitur.

## Herdwyk[7]

Ricardus de Bleys est dominus de Herdewyk[8] et tenet de barone de Stafford per servicium ii$^{arum}$ partium medietatis feodi i militis et pro homagio et est geldabilis et dat scutagium.

Johannes de Upton tenet iii virgatas terre de predicto Ricardo libere pro ii s iiii d et i lb cimini et dat scutagium.

Nicholaus filius Nigelli tenet dimidiam virgatam terre pro ii s de eodem libere.

Ricardus filius Elye[9] tenet i virgatam terre de eodem libere pro xxxiii d[10] et dat scutagium.

Magister Johannes de Kynton' tenet i virgatam terre de eodem libere pro vi d et homagio et dat scutagium.

Simon Brayn tenet i virgatam terre libere de eodem pro dimidia lb cimini pro omni servicio et dat scutagium.

Johannes de Cantilupe est dominus cuiusdem partis ville de Herdewyk[11] et tenet de barone de Stafford per servicium tercie partis feodi i militis et pro i lb cimini.

Johannes de Upton tenet ii virgatas terre de predicto Johanne pro homagio et dat scutagium.

Johannes Levesone tenet i virgatam terre de Johanne de Upton pro x s dans domino auxilium ad festum Sancti Michaelis ad voluntatem domini.

Fol 98b–cib (MiO 14 fol 123–123b)

(Johannes) de Gudeford tenet i virgatam terre de eodem per predictum servicium.

---

[5] Should be 'Wroxhull'.   [6] MiO 14 'Stonley'.   [7] MiO 14 'Herdewik'.
[8] MiO 14 'Herdwik'.   [9] MiO 14 'Elie'.   [10] MiO 14 'ii s. ix d'.
[11] MiO 14 'Herdwik': 'Herdewyk' in margin E.164/15 in later hand?

Walterus atte Lake tenet i virgatam terre de eodem per idem servicium.
Nicholaus Mut tenet tantum de eodem per idem servicium.
Johannes filius Nicholai tenet tantum per idem servicium et sunt geldabiles et dant scutagium.
Johannes filius Ales'(?)[1] tenet dimidiam virgatam terre de eodem pro medietate tanti servicii.
Nicholaus Beamund[2] tenet tantum per idem servicium.
Ricardus Beaumund tenet tantum per idem servicium.
Abbas de Stanle[3] habet ibidem i denaratam[4] redditus de eodem per quod servicium nescitur.

## Watecote[5]

Johannes le Lo et Philipus filius eius sunt domini de Watcote et patroni ecclesie eiusdem ville et participant dictam villam per colos et tenent dictam villam de abbate de Westm' pro dimidia marca.
Unde Johannes et Philipus habent ibidem ii carucatas terre in dominico et habent visum franciplegii et omnes alias libertates quas predictus abbas habet ut dicit quo waranto nescitur et predictus abbas tenet de rege per quod servicium nescitur.
Iidem Johannes et Philipus habent ibidem viii servos.
Unde Robertus le Provost tenet i virgatam terre de eisdem pro x s ad festum Sancti Martini qui vocatur Wodeselver[6] quando non vadunt ad boscum et quando querunt nichil dabunt et ad Natale Domini dabit i panem et i gallum et (iii) gallinas et dominus dabit eis qui hoc deserunt i pastum et arrabit in yeme per i diem ad custum domini et arrabit in xl$^{ma}$ per i diem et dominus dabit ei et omnibus eodem die arrantibus vi d et arrabit in estate per i diem ad custum domini et herciabit per ii dies ad custum domini et operabitur a festo Sancti Johannis Baptiste usque ad festum Sancti Petri advincula qualibet altera die cum i homine et falcabit cum aliis vicinis suis pratum domini et dominus dabit eis xii d et habebit quolibet die falcacionis tantum herbam quantam levare potest cum baculo falcis sue et metet a festo Sancti Petri advincula dum autumpnus durat quolibet die cum i homine extra die Sabbati ad proprios suos sumptus et metet ad magnam bederipam cum tota familia sua extra uxore sua ad custum domini et ad aliam bederipam cum ii hominibus ad custum domini et ad alias iii bederipas cum ii hominibus ad custum suum proprium et cariabit fenum domini per i diem et per alium diem bladum domini ad custum domini bis per diem.

---

[1] MiO 14 'Alicia'.    [2] MiO 14 'Beamonde'.    [3] MiO 14 'Stonley'.
[4] MiO 14 'denariatum'.    [5] MiO 14 'Watcote'. In later hand in margin E.164/15?
[6] MiO 14 'Woodesylver'.

Philipus Danyel[7] tenet tantum de eisdem per idem servicium.

Philipus filius Galfridi tenet tantum de eisdem per idem servicium.

Cecilia la Veve tenet tantum de eisdem per idem servicium.

### Fol 99–cii (MiO 14 fol 123b–124b)

Galfridus ala Porte et Alicia Alwe[1] tenent tantum de eisdem per idem servicium.

Johannes ala Porte et Hugo filius Mathei tenent tantum de eisdem per idem servicium.

Iidem habent iii cotarios iii cotagia tenentes.

Unde Walterus Stonhard[2] tenet i cotagium et i acram terre de eisdem pro xii d et operabitur in autumpno ad v bedripas cum i homine videlicet ad ii bedripas ad custum domini et ad alias bedripas ad custum proprium et levabit fenum domini cum aliis vicinis suis tempore fenacionis.

Willelmus Love tenet i cotagium et i acram terre de eisdem Johanne et Philipo per predictum servicium.

Letica Betriz[3] tenet tantum de eisdem per idem servicium.

Willelmus le Clerc[4] tenet i cotagium et ii acras terre de predicto Johanne le Lo pro vi s pro omni servicio et facit i bedripam cum i homine ad custum domini.

Willelmus de Fraxino habet ibidem ii villanos tenentes i virgatam terre.

Unde Hugo Troteman tenet dimidiam virgatam terre pro dimidia marca et i pane et i gallo et i gallina pro omni servicio.

Margeria Troteman tenet tantum de eodem per predictum servicium.

Hugo le Fraunkelayn[5] tenet i virgatam terre de eodem libere pro iiii s pro omni servicio.

Isabella de Tachebrok[6] tenet i messuagium et ii acras terre et dimidiam de predicto Hugone pro i d ob pro omni servicio

Petrus le Fraunkelayn tenet i messuagium et i acram terre de eodem pro viii d pro omni servicio.

Idem Petrus tenet i acram terre de Johanne le Lo pro iii d pro omni servicio.

Agnes file (sic) la Persone tenet dimidiam virgatam terre de predicto Willelmo Fraxino pro ii s pro omni servicio.

Johannes Fannel[7] tenet tantum de eodem per predictum servicium.

[7] MiO 14 'Danyell'.

---

[1] MiO 14 'Alewe'.    [2] MiO 14 'Stonehard'.    [3] MiO 14 'Leticia Betrice'.
[4] MiO 14 'Clerke'.    [5] MiO 14 'Fraunkleyn' and later.    [6] MiO 14 'Tachebroke'.
[7] MiO 14 'Faunell'.

Johannes le Lo tenet de eodem i virgatam terre pro iiii s pro omni servicio.

Ricardus le Clerc[8] tenet dimidiam virgatam terre de eodem pro vii s ii d pro omni servicio.

Et idem Willelmus tenet (de) Johanne le Lo et Johannes de abbate de Westm' et abbas de rege per quod servicium nescitur.

Johannes de Weston et Radulphus de Bagepuz habent ibidem unum servum videlicet Johannem filium Ade qui tenet i virgatam pro x s et inveniet i hominem ad opus domini a nativitate Sancti Johannis Baptiste usque ad festum Sancti Michaelis quolibet die excepto die Sabbati et inveniet ii homines ad iii bedripas ad proprium custum et cariabit fenum per i diem et dabit i panem et i gallum et iii gallinas et non comedet cum domino et falcabit pratum domini cum vicinis suis et habebit herbam secundum consuetudinem ville.

Priorissa de Pinnele[9] habet ibidem ii servos tenentes i virgatam terre et dimidiam.

Unde Pacy tenet i virgatam terre pro xvi s iiii d pro omni servicio.

## Fol 99b–ciib (MiO 14 fol 124b–125)

Matilla[1] le Blakestr' tenet dimidiam virgatam terre de eadem pro viii s ii d pro omni servicio et priorissa tenet de Johanne le Lo et Johannes de abbate de Westm' et abbas de rege per quod servicium nescitur.

Ricardus de Chelmudescote[2] habet ibidem ii servos videlicet Robertum Pany qui tenet dimidiam virgatam terre pro dimidia marca et inveniet i hominem ad bedripam per i diem ad custum domini et dabit domino i panem et ii gallinas et comedet cum domino.

Athelina la Veve tenet de eodem Ricardo dimidiam virgatam terre per predictum servicium.

Johannes le Wyse[3] tenet libere quartam partem i virgate terre de predicto Ricardo pro ii s pro omni servicio.

Sarra la Veve tenet libere tantum de eodem per idem servicium et Ricardus tenet de Johanne de Weston et Johannes de Johanne le Lo et Johannes de abbate de Westm' et abbas de rege ut supra.

Rogerus de Oxsulne[4] habet ibidem i virgatam terre unde Henricus Stalun' tenet medietatem dicte virgate terre de dicto Rogero pro dimidia marca et metet per i diem ad custum domini et dabit ad Natale Domini i panem et

---

[8] MiO 14 'Clerk'.  [9] MiO 14 'Pynley'.

---

[1] MiO 14 'Matilda'.  [2] MiO 14 'Chelmundescote'.  [3] MiO 14 'Wise'.
[4] MiO 14 'Oxhulne'.

ii gallinas et cum fecerit exhenium[5] suum comedet cum domino et idem Rogerus tenet de Radulpho de Bagepuz et Radulphus de Johanne de Weston et Johannes de Johanne le Lo et Johannes de abbate et abbas de rege.

Ecclesia eiusdem ville est dotata de dimidia virgata terre.

### Compton Shorefen

Robertus filius Petri[6] est dominus de Cumpton Shorefen et tenet de Thoma de Stoke Jordano Cathelewe et Felicia uxore eius per servicium medietatis feodi i militis de parvo feodo Stafford et dictus Thomas Jordanus et Felicia tenent de Willelmo Poer et Willelmus de Johanne de Bosco et Johannes de barone de Staff'[7] et baro de rege quo servicio nescitur.

Idem Robertus facit visum franciplegii ad hundredum regis apud Kynton et dat auxilium vicecomitis et warth et scutagium.

Idem Robertus habet ibidem iii virgatas terre in dominico.

Willelmus Hamelin[8] tenet i virgatam terre de predicto Roberto libere pro vi d.

Radulphus de Ilmindon tenet de eodem iii virgatas et dimidiam et terciam partem i virgate terre pro i d pro omni servicio.

Thomas de Etindon[9] et Isabella uxor eius tenent ibidem de predicto Roberto Thoma Jordano et Felicia per servicium quarte partis feodi i militis et ipsi tenent de Willelmo le Poer ut supra.

Iidem Thomas et Isabella habent ibidem i carucatam terre in dominico.

Iidem habent ibidem iii servos scilicet Nicholaum de Longedon[10] qui tenet i virgatam terre de eisdem pro viii s et falcabit per iiii dies per i diem (sic)[11] et comedet ultimo bis cum domino et levabit fenum per i hominem et sarculabit per i diem cum i homine et metet per iiii dies cum ii hominibus et ultimo die comedet bis ad custum domini et cariabit per i diem et arrabit bis in xl[a] et illud herciabit et dabit domino ad Natale Domini i panem i gallum et iii gallinas et comedet cum domino eo die cum tota familia sua de corpore suo exeunte.


Fol 100–ciii (MiO 14 fol 125–125b)

Willemus le Kyng tenet i virgatam terre de eisdem per idem servicium.

Stephanus filius Ade tenet tantum de eisdem per idem servicium.

Iidem habent ibidem iiii liberos tenentes.

---

[5] MiO 14 'exennium'.     [6] MiO 14 'Compton'.     [7] MiO 14 'Stafford'.
[8] MiO 14 'Hamelyn'.     [9] MiO 14 'Etyndon'.     [10] MiO 14 'Longdon'.
[11] Presumably a mistake for 'hominem' in both MSS.

Unde Rogerus filius Roberti tenet i virgatam terre et dimidiam de eisdem pro i rosa.

Willelmus Bagod tenet dimidiam virgatam terre de eisdem pro ob.

Ricardus de Chelmundescote tenet i virgatam terre de eisdem pro viii s et falcabit per i diem cum i homine ad custum domini.

**Merston Boteler**

Willelmus le Botiler[1] est dominus de Merston et tenet de comite Leyc' per servicium feodi ii militum et comes tenet de rege in capite quo servicio nescitur.

Idem Willelmus habet ibidem i molendinum aquaticum et iiii carucatas terre in dominico.

Idem Willelmus habet ibidem xxx servos tenentes xli virgatas terre et dimidiam.

Unde Rogerus de Kynton tenet ii virgatas pro xx s et arrabit ter per annum et falcabit totum pratum domini cum vicinis suis et dominus dabit ei et sociis suis i multonem vel xii d et habebit herbagium quantum levare potest cum falce sua et metet per ii dies cum ii hominibus et quando ligat garbas habebit i garbam et cariabit bladum domini per i diem et eo die habebit garbam et veniet ad magnam syam cum tota familia preter uxore per ii dies et dominus pastet eos et faciet i lovebene cum i homine.

Willelmus le Kyng tenet tantum de eodem per predictum servicium.

Willelmus le Provost tenet tantum de eodem per idem servicium.

Adam de Chadeleshunte tenet tantum per idem servicium.

Simon de Pilardinton[2] tenet tantum de eodem per idem servicium.

Nicholaus fitz Ive tenet tantum de eodem per idem servicium.

Godfridus Est tenet i virgatam terre de eodem per medietatem tanti servicii.

Henricus filius Radulphi tenet i virgatam terre et dimidiam per idem servicium.

Thomas Godefrey[3] tenet tantum de eodem per idem servicium.

Johannes Gascoyne tenet tantum de eodem per idem servicium.

Willelmus Ernald tenet tantum de eodem per idem servicium.

Willelmus Godefrey tenet tantum de eodem per idem servicium.

Johannes Geraud[4] tenet tantum de eodem per idem servicium.

Nicholaus de Operton tenet tantum de eodem per idem servicium.

Willelmus Gascoyne tenet tantum de eodem per idem servicium.

[1] MiO 14 'Boteler'.    [2] MiO 14 'Pylardynton'.    [3] MiO 14 'Godfrey'.
[4] MiO 14 'Geraude'.

Fol 100b–ciiib (MiO 14 fol 125b–126b)

Alanus Outhred[1] tenet tantum de eodem per idem servicium.
Robertus Gascoyne tenet tantum per idem servicium de eodem.
Henricus de Pebbeworthe[2] tenet tantum per idem servicium.
Willelmus filius Rogeri tenet tantum de eodem per idem servicium.
Willelmus West tenet tantum de eodem per idem servicium.
Johannes West tenet tantum de eodem per idem servicium.
Robertus de Tyssho[3] tenet i virgatam terre de eodem pro x s et pro predictis consuetudinibus.
Hugo filius Johannis tenet tantum de eodem per idem servicium.
Michael le Carecter tenet tantum de eodem per idem servicium.
Adam atte Yate tenet tantum de eodem per idem servicium.
Emma la Veve tenet tantum de eodem per idem servicium.
Johannes le Carecter tenet dimidiam virgatam terre pro v s et consuetudinibus predictis pertinentibus ad tantam terram.
Hugo Bardolf[4] tenet dimidiam virgatam terre de eodem per predictum servicium.
Agnes la Veve tenet tantum per idem servicium.
Ricardus Outhred tenet tantum de eodem per idem servicium.
Johannes le Marchaund[5] tenet i virgatam terre de eodem pro xii s viii d.
Idem Johannes tenet ii cotagia et ii acras terre de eodem pro vi s et levabit fenum domini et faciet tassum feni qualibet[6] per ii homines et metet pro vi dies cum i homine.
Predictus Willelmus le Botiler[7] habet ibidem x cotarios x cotagia tenentes.
Unde Alicia de Herdewyk[8] tenet i cotagium de eodem pro xviii d et levabit fenum et tassabit fenum et metet per iii dies cum i homine.
Radulphus le Clerc[9] tenet i cotagium de eodem pro xii d et pro predictis consuetudinibus.
Thomas filius Hugonis tenet i cotagium de eodem pro ix d et pro predictis consuetudinibus.
Scolastica la Veve tenet i cotagium et i acram terre pro xviii d et serviciis predictis.
Isolda la Veve tenet i cotagium de eodem pro xii d et serviciis predictis.
Alicia la Veve tenet i cotagium de eodem per predictum servicium.
Leticia le Feure et Leticia Kyng tenet i cotagium pro xviii d et serviciis predictis.

---

[1] MiO 14 'Outhrede; and later.   [2] MiO 14 'Pebbeworth'.   [3] MiO 14 'Tisehoo'.
[4] MiO 14 'Bardolff'.   [5] MiO 14 'Merchaunde'.   [6] 'die' omitted in both MSS.
[7] MiO 14 'Boteler'.   [8] MiO 14 'Herdwik'.   [9] MiO 14 'Clerke'.

Matilla[10] le Sing' tenet i cotagium de eodem per idem servicium.

Johannes filius Radulphi tenet i cotagium de eodem per idem servicium.

Juliana filia Elye tenet i cotagium de eodem pro xii d et consuetudinibus predictis.

Henricus Elys tenet i cotagium de eodem pro xviii d et serviciis predictis.

Radulphus de Ardern tenet in eadem villam vii virgatas terre et tenet de Johanne Mallore[11]

## Fol 101–ciiii (MiO 14 fol 126b)

pro quarta parte feodi i militis et Johannes tenet de Willelmo le Botiler[1] et Willelmus de comite Warr' et comes de rege.

Henricus le Marchal[2] tenet ii virgatas terre de dicto Willelmo pro x s et dat scutagium.

Predictus Radulphus habet sub se v villanos tenentes vii virgatas terre.

Unde Gilbertus Alayn[3] tenet i virgatam terre de eodem pro iiii s.

Willelmus de Horninton[4] tenet ii virgatas terre de eodem pro viii s.

Johanna la Veve tenet i virgatam terre de eodem pro x s.

Ricardus Godewyne[5] tenet ii virgatas terre de eodem pro xx s.

Johannes atte Hulle tenet i virgatam terre de eodem pro x s.

Gilbertus Alayn tenet i virgatam terre de eodem pro xvi s pro omni servicio set dat scutagium.

Thomas le Fisser[6] tenet i cotagium de eodem pro ii s ii d et operabitur per i diem in autumpno.

Alanus filius Willelmi tenet i virgatam terre de eodem pro xi s et debet iii arruras et ii metebene et i lovebene.

Idem Alanus habet sub se ii cotarios tenentes ii cotagia.

Unde Petrus filius Johannis tenet i cotagium de eodem pro ii s.

Cristiana filia Avicie tenet i cotagium de eodem pro xii d.

Robertus de Kynton Thomas de Eccleshale Willelmus de Horninton Henricus le Marchal[7] et Johannes filius Alani tenent ii virgatas terre et dimidiam per colos de eodem pro vi d et i lb cimini et facient iii arruras et ii syas.

(There are only twenty lines on this folio. Fol 101b–ciiiib is either blank or impossibly faded. Fol 102–cv continues the entry for Kineton.)

[10] MiO 14 'Matilda'.    [11] MiO 14 'Malore'.

---

[1] MiO 14 'Boteler'.    [2] MiO 14 'Mersshall'.    [3] MiO 14 'Aleyn' and later.
[4] MiO 14 'Hornynton'.    [5] MiO 14 'Godewyn'.    [6] MiO 14 'Fissher'.
[7] MiO 14 'Marsshall'.

Fol 102–cv (MiO 14 fol 139b)[1]

Margeria Bisshope tenet dimidiam virgatam terre per predictum servicium.
(Dulcia) Bedel[2] tenet tantum per idem servicium.
(Gunild') Bissop[3] tenet tantum per idem servicium.
Radulphus Bedel tenet dimidiam virgatam et quartam partem i virgate
terre pro (xii d ob et ii adventibus ad curiam domini.)
(Willelmus) Colle tenet dimidiam virgatam terre per predictum servicium
quod faciunt (predicti sokemanni).

**Brokehampton**
Radulphus Cobbe tenet i virgatam terre per predictum (servicium
integrum).
Symon le Furn'[4] tenet tantum per idem servicium.
Willelmus Tywe tenet tantum per idem servicium.
Willelmus Clarice tenet tantum per idem servicium.
Henricus le Syng' tenet tantum per idem servicium.
Simon le Furn' tenet dimidiam virgatam terre pro medietate (dicti servicii).

**Cumbroke**
In Cumbroke et Brochampton[5] sunt xxxiii villani (scilicet tenentes xxvi
virgatas terre)
Unde Henricus Be tenet i virgatam terre per predictum servicium
(integrum ut predicti sokemanni).
Philipus filius Willelmi tenet tantum per idem servicium.
Symon Wygod'[6] tenet tantum per idem servicium.
Radulphus Gery tenet tantum per idem servicium.
Henricus Bonde tenet tantum per idem servicium.
(Radulphus Martyn) tenet tantum per idem servicium.
(The following lines appear in E.164/15 only)

Willemus Beverech tenet tantum per idem servicium.
Hugo —— tenet tantum per idem servicium.
Willelmus —— tenet tantum per idem servicium.
Radulphus Lesyng' tenet tantum per idem servicium.
Willelmus A—— tenet tantum per idem servicium.
—— —— tenet tantum per idem servicium.

---

[1] A very faded folio in E.164/15. In MiO 14 headed: 'Ad huc Kynton in hundredo de Kynton
in comitatu Warr''. The scribe of MiO 14 consulted the index of E.164/15 and saw that he
had missed part of the Kineton entry?    [2] MiO 14 'Bedell' and later.
[3] MiO 14 'Bisshop'.    [4] MiO 14 'Furner' in full, and later.    [5] MiO 14 'Brokehampton'.
[6] MiO 14 'Simon Wigod'.

Henricus le —— tenet tantum per idem servicium.

—— de Brayles tenet tantum per idem servicium.

—— de Cymiterio tenet tantum per idem servicium.

—— Tywe et Ricardus le —— tenent tantum per idem servicium.

—— atte Well tenet dimidiam virgatam terre et medietatem ——

—— —— et Nicholaus Gery tenent unam virgatam terre per predictum servicium.

(There are eight more illegible lines on this folio. MiO 14 completes the Combrook entry on fol 141. There is no MiO 14 fol 140.)

(Cumbroke de hundredo de Kynton' etc.

Margeria Page tenet dimidiam shopam pro viii d.

Agnes Mace tenet i shopam pro viii d.

Benedictus le Clerke tenet tantum pro xviii d.

Idem Benedictus tenet i cotagium pro ii d.

Ricardus Mile tenet i virgatam terre et iii acras de predicto Nicholao de Segrave pro xv s.

—— tenet iiii virgatas terre de eodem Ricardo (sic) pro xii s.

—— de Kynton' tenet i messuagium et dimidium de predicto N. pro iii s ix d.

Omnes de predicto manerio sunt sokemannii et debent talliari quando dominus rex talliat alios huius homines.)

Fol 103 – cvi (MiO 14 fol 141, 127–127b)[1]

### Comitatus Warr'

Prior de Kenill' habet ii servos scilicet Walterum de Lionus[2] et Johannem Fayrheved[3] (tenentes ii) virgatas terre in Parva Kynton. pro iii s et operabuntur a festo Sancti Johannis Baptiste usque (ad Natale Domini) semper secunda die extra diebus festivis et diebus Sabbatis et dabunt auxilium ad voluntatem domini (sui).

Robertus Joce tenet i virgatam terre de predicto priore operando semper alio die per annum.

Idem prior tenet i carucatam terre in dominico et aliam carucatam terre pertinentem ad ecclesiam suam de (Kynton) quam Henricus rex vetus sibi dedit in perpetuam elemosinam.

---

[1] MiO 14 has heading for this section: 'Ad huc Kynton Parva, etc'.    [2] MiO 14 'Lyonus'.
[3] MiO 14 'Fayreheved'.

Thomas de Etyndon[4] tenet i hydam terre de predicto priore pro x s.
Et sciendum est quod totum manerium dat predicto Nicholao warth.
Est ibi quidam boscus qui vocatur Kyngeswode[5] qui continet xviii acras et
pertinet ad manerium de Kinton[6] supradictum.

### Etyngdon Inferior: feodum ii militum

Radulphus de Shyreley[7] est dominus de Etyndon et tenet de Edmundo
fratre regis per servicium feodi ii militum et Edmundus tenet de rege quo
servicio nescitur.
Idem Radulphus habet ibidem iii carucatas terre in dominico.
Idem Radulphus habet ibidem xii servos.
Unde Willelmus Sweyteglad et Thomas Selot tenent i virgatam tere pro
xx s pro omni servicio.
Ricardus Bald[8] et Ricardus Brayn tenent tantum per idem servicium.
Willelmus Galian[9] et Willelmus Modrison tenent tantum per idem
servicium.
Ricardus filius Johannis et Adam Soully tenent tantum per idem servicium.
Galfridus Short[10] et Philipus le Mazun[11] tenent tantum per idem servicium.
Johannes de Dersyt[12] et Humfridus de Etyndon tenent tantum per idem
servicium.
Alicia filia Willelmi tenet quartam partem i virgate terre pro v s pro omni
servicio.
Libere tenentes
Nicholaus le Taylur[13] tenet i virgatam terre libere pro viii s et ii adventibus
ad hundredum regis <de Kynton>.
Humfridus de Etindon[14] (tenet) dimidiam virgatam terre et iii acras terre
pro x s ii d et habet pasturam ad (ii boves cum bobus domini).
Nicholaus le Feure et Editha uxor eius tenent quartam partem i virgate
terre libere pro iii s.
Sibilla filia Henrici tenet dimidiam virgatam terre ad reparandum ferrum
trium carucarum domini et inveniet i affrum et ligabit equum suum in
pastura domini post boves domini.
(See also fol 114 for Nether Ettington.)

### Etyndon Superior
Servi
Magister Henricus de Braundeston habet in Etindon Superior xix servos.

---

[4] MiO 14 'Etyngdon'.    [5] MIO 14 'Kyngeswodd'.
[6] MiO 14 'Kynton'. MiO 14 fol 141 ends after the following word.    [7] MiO 14 'Shirley'.
[8] MiO 14 'Balds'.    [9] MiO 14 'Galyon'.    [10] MiO 14 'Shoyt'.    [11] MiO 14 'Mason'.
[12] MiO 14 'Derset'.    [13] MiO 14 'Taillour'.    [14] MiO 14 'Etyndon' and later.

Unde Thomas Barat tenet i virgatam terre pro x s et dabit ad auxilium vicecomitis vi d et ad auxilium ballivi hundredi i d et <similiter dat warth>.

Johannes Bascat tenet tantum per idem servicium.

Henricus filius Willelmi tenet tantum per idem servicium.

Willelmus Tenaunt tenet tantum per idem servicium.

Johannes God tenet tantum per idem servicium.

Johannes filius Ade tenet tantum per idem servicium.

Henricus de Grafton tenet tantum per idem servicium.

Nicholaus Leulin[15] tenet tantum per idem servicium.

Stephanus Mangard tenet tantum per idem servicium.

Walterus le Mouner tenet tantum per idem servicium.

Matilda la Veve tenet tantum per idem servicium.

Rogerus le Neym[16] tenet tantum per idem servicium.

Johannes Torney tenet tantum per idem servicium.

Ricardus Loveday tenet tantum per idem servicium.

Thomas at Welle tenet tantum per idem servicium.

Galfridus Pope tenet tantum per idem servicium.


Fol 103b – cvib (MiO 14 fol 127b–128b)


### Comitatus Warr'

(Hugo) le Cheppare tenet tantum per idem servicium.

(Margeria) atte Hulle tenet tantum per idem servicium.

(Cibilla) atte Hulle tenet tantum per idem servicium.

Willelmus Fraunceys tenet i virgatam terre per idem servicium.

Shyreley tenet tantum pro i lb piperis et facit regale servicium.

Thomas Fraunceys tenet tantum pro xii d et facit regale servicium et omnes dant scutagium et tota villa est geldabilis.

Thomas filius Thome de Etindon[1] tenet de Radulpho de Shyrle[2] per servicium septime partis feodi i militis et Radulphus tenet de fratre regis et Edmundus de rege.

Idem Thomas habet ibidem ii virgatas terre et dimidiam in dominico.

Idem Thomas habet ibidem i servum scilicet Henricum le Bercher qui tenet i virgatam terre pro xvi s.

Henricus le Rus tenet tantum per idem servicium.

Nicholaus filius Willelmi tenet dimidiam virgatam terre libere pro xii d. Et

---

[15] MiO 14 'Leulyn'.  [16] MIO 14 'Neyme'.

---

[1] MiO 14 'Etyndon'.  [2] MiO 14 'Shyrley'.

isti predicti faciunt servicium regale ut supra et dant scutagium et sunt geldabiles.

Henricus le Sleman tenet i cotagium et dimidiam acram terre pro iii s vi d et dabit i panem et ii gallinas.

Henricus filius Gilberti tenet i cotagium pro iii s et iii gallinis et i pane.

**Fulrythy:** medietas feodi militis

Johannes de Weston est dominus de Fulrythy et tenet de Radulpho de Syreley[3] per servicium medietatis feodi i militis et Radulpho tenet de Edmundo fratre regis et Edmundus de rege.

Idem Johannes habet ibidem dimidiam carucatam terre in dominico.

Servi

Idem Johannes habet ibidem ii servos.

Unde Johannes Scalun' et Johannes atte Well tenent i virgatam terre pro ix s iiii d ob et operabuntur a festo Sancti Johannis Baptiste usque festum Sancti Michaelis qualibet die in septimana preter diem Sabbati cum i homine et metent per iii dies cum i homine et dabunt ad Natale Domini i panem et iiii gallinas.

Idem Johannes habet ibidem i cotarium qui vocatur Alicia et tenet i cotagium et ii acras terre pro i d.

(Servi)

Idem Johannes habet in Superior Etindon[4] ii servos.

Unde Johannes le Teler tenet i virgatam terre pro ix s iiii d ob et operabitur a festo Sancti Johannis Baptiste usque festum Sancti Michaelis qualibet die in septimana per annum preter diem Sabbati cum i homine et metet per iii dies cum i homine dans ad Natale (Domini) i panem et iiii gallinas.

(Matheus) Unrude tenet tantum per idem servicium.

Robertus filius Mathei tenet i virgatam terre de eodem Johanne pro i marca pro omni servicio salvo forinseco servicio regis.

Radulphus de Bagepuz tenet ibidem de Johanne de Weston dimidiam carucatam terre per servicium quarte partis feodi i militis et Johannes tenet de Radulpho de Etindon[5] Radulphus de Edmundo fratre regis et Edmundus de rege.

Idem Radulphus habet ibidem i servum scilicet Thomam Agace qui tenet i virgatam terre pro ix s iiii d ob facit per (omnia servicia) ut predictus Johannes le Teler.

(Rogerus) Shaghyer tenet dimidiam virgatam terre de predicto Radulpho pro vii s faciens forinsecum servicium.

Willelmus Newbanno tenet tantum per idem servicium.

(Thomas filius) Henrici tenet tantum per idem servicium.

---

[3] MiO 14 'Shirley'.     [4] MiO 14 'Etyndon Superior'.     [5] MiO 14 'Etyndon'.

(Robertus filius) Reginaldi tenet i cotagium de eodem Johanne de Weston et Henrico de Bagepuz pro ii s.

(Christiana) la Veve tenet i cotagium pro ii s.

(Willelmus le) Mazun[6] tenet i cotagium et ii acras terre pro ii s.

(Rogerus Bardolff) habet ibidem i carucatam terre et tenet de Willelmo de Simily pro x s pro omni servicio et Willelmus tenet (de Simone) Basset et Simon de comite Warr' et comes de rege

(Idem Rogerus habet ibidem vi) liberos tenentes iiii virgatas terre.

(Thomas de Foulry tenet iii) virgatas terre pro x s.

Idem Thomas habet ii liberos tenentes.

Fol 104 – cvii (MiO 14 fol 128b–129b)

Comitatus Warr'

Unde Robertus de Foulry tenet dimidiam virgatam terre pro xii d et i pari cirotecarum.

Robertus filius Willelmi tenet tantum de eodem per idem servicium.

Predictus Thomas tenet de dicto Rogero dimidiam acram terre pro i d ob.

Willelmus Frauncys[1] tenet iiii acras terre et dimidiam de Rogero de Bardolf[2] pro xii d.

Thomas de Cumpton tenet i acram terre pro iii d.

Robertus de Foulry tenet ii acras terre pro vi d.

Jordanus de Pilardynton[3] tenet vi acras terre pro xviii d.

Walterus le Mouner tenet ii acras terre pro vi d de eodem Rogero.

Idem Rogerus tenet i hidam terre de Willelmo de Bissopesdon et idem Willelmus tenet de Ricardo de Loges per seriantiam et idem Ricardus tenet de rege per idem servicium.

Idem Rogerus tenet ii virgatas terre de dicto Willelmo de Bissopesdon[4] et Willelmus de Radulpho de Etindon[5] et Radulphus de comite de Ferar' et comes de rege quo servicio nescitur.

Idem Rogerus habet ibidem ii servos tenentes ii virgatas terre.

Unde Robertus Crompe tenet i virgatam terre pro xiii s.

Matheus filius Roberti tenet i virgatam terre pro xii s ii d.

Idem Rogerus habet ibidem iiii tenentes ii virgatarum terre et dimidie ad voluntatem suam.

Unde Alditha la Veve tenet i virgatam terre pro xi s.

---

[6] MiO 14 'Mason'.

---

[1] MiO 14 'Fraunceys'.   [2] MiO 14 'Bardolff'.   [3] Mio 14 'Pylardynton'.
[4] MiO 14 'Bisshopesdon', and later.   [5] MiO 14 'Etyndon', and later.

Willelmus Fraunceys tenet dimidiam virgatam terre pro v s vi d.

Thomas le Chaunceler tenet tantum per idem servicium.

Willelmus Cambell' tenet tantum pro vii s vi d.

Willelmus filius Galfridi tenet i virgatam terre et dimidiam et iii acras pro xx s pro omni servicio.

Galfridus le Fraunkeleyn tenet i cotagium pro xii d et i pane et iii gallinis. viª pars feodi i militis

Johannes Camg' tenet iii virgatas terre de Johanne de Weston pro servicio sexte partis feodi i militis et Johannes tenet de Radulpho de Etindon (et) Radulphus tenet de Edmundo fratre regis et Edmundus de rege quo servicio nescitur.

Idem Johannes habet sub se v liberos tenentes.

Unde Ricardus de Cestreton[6] tenet dimidiam virgatam terre et ii acras pro i d ob.

Thomas de Neubanc'[7] tenet dimidiam virgatam terre et i acram terre pro i pari cirotecarum.

Henricus le Carter tenet iiii acras terre pro i d.

Willelmus le Marescal[8] tenet iii acras terre pro ob.

Jordanus le Bret tenet dimidiam virgatam terre pro i d et omnes dant scutagium.

Idem Johannes de Camg' tenet i virgatam terre de hospitale de Jerlm' pro xii d.

Willelmus de Bissopesdon habet ibidem iii cotarios.

Unde Margeria ad Capellam tenet i cotagium pro ii s iiii d.

Willelmus le Carecter tenet i cotagium pro ii s.

Idem Willelmus habet ibidem iiii liberos tenentes iii virgatas terre et dimidiam.

Unde Robertus a la Porte tenet i virgatam terre pro iii s vi d dans scutagium.

Willelmus Fraunceys tenet dimidiam virgatam terre pro xii d et dat scutagium.

Thomas de Neubanc' tenet tantum pro xii d et dat scutagium.

Robertus filius Reginaldi tenet i virgatam terre et dimidiam de eodem Willelmo pro vi s et dat scutagium.

Idem Robertus habet iii liberos tenentes qui tenent de dicta virgata terre.

Unde Cecil' Godhyne[9] tenet iii acras terre pro xi d.

Julian' Godhyne tenet tantum de eodem.

Galfridus filius Philipi tenet iii acras terre pro xii d et dant scutagium (et sunt gildabiles et faciunt)

---

[6] MiO 14 'Cesterton'.    [7] MiO 14 'Neubaunc' and later.    [8] MiO 14 'Marsshall'.
[9] MiO 14 'Godehyne'.

Fol 104b – cviib (MiO 14 fol 129b–130: Leigh MS fol 115–115b)

Comitatus Warr'

(omne forinsecum servicium regi.)

**(Thordon de hundredo etc.:** medietas feodi i militis)
Willelmus de Bissopesdon[1] est dominus de Thordon et tenet de Radulpho de Etindon[2] per (servicium medietatis) feodi i militis et Radulphus tenet de Edmundo fratre regis de feodo de Tutebyri[3] et Edmundus (de rege) quo servicio nescitur.
(Idem Willelmus) habet ibidem ii carucatas terre in dominico.
(Idem Willelmus) habet ibidem xv servos tenentes vii virgatas terre et dimidiam.
(Simon) Boveton tenet dimidiam virgatam terre pro xxi d sarculans per iii dies per i hominem (falcans) pratum levans et carians illud cum auxilium domini et habebit de domino cum vicinis suis xii d tempore falcacionis et faciet iiii bedripas cum ii hominibus et ii metebenes cum ii hominibus et colliget stipulam per iii dies cum i homine et faciet iii aruras in anno et herciabit per ii dies et faciet dighas domini et habebit cum vicinis suis de domino vi panes et i caseum et dabit domino i aucam et i panem et gall' et gall' per annum et dominus pastet eum et uxorem eius et averabit semel per annum braseum domini apud Bissopesdon et dominus pastet eum et habebit tempore falcacionis tantum herbagium quantum potest levare cum falce sua et habebit i garbam quando ligat et talliabitur ad voluntatem domini.
Willelmus Jordan tenet tantum per idem servicium.
Johannes filius Philipi tenet tantum per idem servicium.
Nicholaus Hulle tenet tantum per idem servicium.
Robertus le White tenet tantum per idem servicium.
Johannes de Bissopesdon tenet tantum per idem servicium.
Thomas le Coc tenet tantum per idem servicium.
Robertus le Provost tenet tantum per idem servicium.
Henricus filius Alicie tenet tantum per idem servicium.
Batholomeus de Newbold tenet tantum pro ii s et per predictum servicium.
Willelmus Wyryng et Robertus le Provost tenent tantum per idem servicium.
Henricus Coc tenet tantum per idem servicium.
Thomas filius Lenote tenet tantum pro xix d et per predictum servicium.
Galfridus Coc tenet tantum pro xxii d ob et per predictum servicium.
Matheus filius Willelmi tenet tantum per idem servicium.

---

[1] MiO 14 'Bisshopesdon' and later.        [2] MiO 14 'Etyndon'.        [3] MiO 14 'Tutbery'.

Cotarii

Matilda Smalchaf[4] tenet i cotagium et i acram terre pro xii d sarculans per iii dies cum i homine falclans (sic)[5] per i diem cum i homine metens per vi dies cum i homine et habebit i garbam et colliget stipulam per iii dies cum i homine et faciet dighas cum certeris hominibus et cotidie quando operatur habebit i panem ad cenam.

Lenota filia Philipi tenet i cotagium et i acram terre per idem servicium.

(Leticia) la Veve tenet tantum per idem servicium.

(Ricardus) le Carecter tenet tantum per idem servicium.

(Idem Ricardus tenet) ii acras terre pro ii s pro omni servicio.

(Libere tenentes)

(Thomas) Fraunceys tenet de eodem Willelmo ii virgatas terre pro vi d pro omni servicio et non dat (scutagium et habet) communem pasturam ubique cum averiis domini et est geldabilis et facit omne forinsecum servicium regis.

**(Honyton[6] de hundredo etc.)**

(Prior de) Coventr' est dominus de Honyton et tenet in puram et perpetuam (elimosinam pertinentem[7] ad) baroniam de Coventr'

(Idem prior habet ibidem iiii carucatas terre in dominico.)[8]

(Idem prior habet ibidem) servos subscriptos.

(Idem Johannes Horne[9] tenet) i virgatam terre pro ii s iii d et operans a festo Sancti

(Fol 105 – cviii, 105b – cviiib are blank except for "Rex dominus immaculata . . ." on fol 105.)

Fol 106 – cix (MiO 14 fol 130–131; Leigh MS fol 115b–116)

Comitatus Warr'

Johannis Baptiste usque festum Sancti Michaelis semper secundo die cum i homine et si dominus voluerit falcabit ante festum Sancti Johannis Baptiste et allocabitur ei pro operacione post idem festum. Et idem Johannes et socii sui habebunt i multonem vel viii d et viii panes et i caseum vel iv d et cariabunt pratum domini et metet per i diem et dimidium cum i homine et veniet ad magnam precariam cum tota familia sua preter uxorem eius et metet ii seliones et cariabit eos et nullum alium servicium

---

[4] MiO 14 'Smalchaff'.     [5] MiO 14 correctly 'falcans'     [6] Leigh MS 'Honyngton' and later.
[7] 'pertinentem' in Leigh MS only.     [8] This whole line in Leigh MS only.
[9] Final letter in all MSS looks like 't' though 'Horne' is the more likely reading.

faciet eo die et faciet iiii aruras per annum arrans ii seliones querens semen ad granarium domini ad seminandos eos et illos herciabit et preterea herciabit per ii dies et dabit x ova et i d pro qualibet bracina venali et reparabit stagnum domini cum sociis quando opus fuerit.

Leticia[1] filia Nicholai tenet ii virgatas terre et utraque virgata terre facit predictum servicium.

Emma Boveton tenet i virgatum terre per predictum servicium.

Simon le Wynche[2] tenet tantum per idem servicium.

(Henricus Kaym tenet tantum per idem servicium.

Thomas le Wenche tenet tantum per idem servicium.[3])

Simon Horne[4] tenet tantum per idem servicium.

Johannes Broun[5] tenet ii virgatas terre per duplex servicium predictum.

Nicholaus filius Osberti tenet i virgatam terre per predictum servicium.

Thomas le Bonde tenet ii virgatas terre per duplex servicium predictum.

Thomas Bron[6] tenet tantum per idem servicium.

Edith[7] filia Thome tenet i virgatam terre per predictum servicium.

Willelmus le Whyte[8] tenet tantum per idem servicium.

Johannes Bovetton[9] tenet tantum per idem servicium.

Hawys[10] la Veve tenet duplex tantum per idem servicium.

Johannes de Brademor[11] tenet iii virgatas terre pro tanto triplici servicio.

Simon Leman tenet i virgatam terre per predictum servicium.

Margeria le Keu tenet tantum per idem servicium.

Willelmus Attestappe tenet tantum per idem servicium.

Adam le Bedel[12] tenet tantum per idem servicium.

Robertus Bernard tenet ii virgatas terre pro dupplici tali servicio.

Matilda filia Elie[13] tenet i virgatam terre per predictum servicium.

Omnes isti predicti cum servis de Brademor dabunt domino xvii s iiii d pro veteri auxilio preterea dabunt pro cariagio pist'[14] iii s iii d per annum preterea dabunt ad sustinendum corncart[15] vi s vi d per annum preterea ii virgatis terre cariabunt i carectatam bosci de Pacwood[16] apud Honyton et pro illo cariagio quieti erunt de (omni tempore[17]) per illam septimanam et pullum masculum non vendent sine licencia (domini et talliabuntur).

Cotarii

Idem prior habet ibidem xvi cotarios.

---

[1] Leigh MS 'Ivetta'.  [2] Leigh MS 'Wenche'.
[3] These two lines appear in Leigh MS only.  [4] As note 9 to previous folio.
[5] MiO 14 and Leigh MS 'Broune'.  [6] MiO 14 'Broun'; Leigh MS; 'Broyn'.
[7] Leigh MS 'Editha'.  [8] MiO 14 and Leigh MS 'White'.
[9] MiO 14 and Leigh MS 'Boveton'.  [10] Leigh MS 'Hawicia'.
[11] MiO 14 and Leigh MS 'Brademore' and later.  [12] MiO 14 'Bedell'.
[13] Leigh MS 'Matillis filia Elye'.  [14] Not in Leigh MS; should read 'piscis' or 'piscum'?
[15] MiO 14 'cornecart'.  [16] MiO 14 'Pakwod'.  [17] Leigh MS 'opere'.

Unde Johannes Renald[18] tenet i cotagium pro xiii d et operabitur qualibet septimana (per ii dies) scilicet die Lune et die Mercurii a festo Sancti Johannis (Baptiste usque fesum sancti Michaelis)

Fol 106b – cixb (MiO 14 fol 131–132; Leigh MS fol 116–116b)

Comitatus Warr'

et tassabit fenum et bladum et metet per iii dies cum i homine et veniet ad magnam precariam cum tota familia preter uxorem eius et faciet iiii aruras et dabit domino iiii gallinas et i gallum et v ova et ea cariabit usque Coventr' et non talliabitur.

Julian' Bolvyng[1] tenet i cotagium et xvi acras terre per idem servicium.

Reginaldus Roger tenet tantum per idem servicium.

Johannes le Noreys tenet tantum per idem servicium.

Julian' le Snot tenet tantum per idem servicium.

Matilda[2] le Bonde tenet tantum per idem servicium.

Willelmus le Whyte[3] tenet tantum per idem servicium.

Alexander le Bedel[4] tenet tantum per idem servicium.

Symon[5] le Waleys tenet tantum per idem servicium.

Maria le Palmer[6] tenet tantum per idem servicium.

Johannes Umfray[7] tenet tantum per idem servicium.

Johannes atte Smytthe[8] tenet tantum per idem servicium.

Simon Gregory[9] tenet tantum per idem servicium.

Johannes filius Thome tenet tantum per idem servicium.

Thomas filius Alicie tenet tantum per idem servicium.

Henricus Thurstan[10] tenet tantum per idem servicium.

Henricus le Feur'[11] tenet tantum pro factura ferrorum iiii carucatarum de ferro domini et ferrabit ii equos domini de suo proprio et metet iii dies per i hominem et faciet iiii aruras sicut vicini sui.

Libere tenentes[12]

Radulphus Bovetton tenet ii virgatas terre pro ii s pro omni servicio.

Johannes le Fraunkeleyn[13] tenet i virgatam terre pro iii s metens per iii dies cum i homine sine cibo et veniet ad magnam precariam cum tota

---

[18] MiO 14 'Reynald'.

[1] Leigh MS 'Belving'.     [2] Leigh MS 'Matillis'.     [3] MiO 14 'White'.     [4] MiO 14 'Bedell'.
[5] MiO 14 and Leigh MS 'Simon'.
[6] In Leigh MS only this entry precedes that of Symon le Waleys.     [7] MiO 14 'Umfrey'.
[8] MiO 14 'attesmyth'; Leigh MS 'Smythe'.     [9] Leigh MS 'Ordesty'.
[10] MiO 14 'Thurston'.     [11] MiO 14 'Feure'.     [12] No heading in Leigh MS.
[13] Leigh MS 'Frankeleyn'.

familia sua preter uxorem eius et faciet iiii aruras per annum cum vicinis suis.

Johannes de Forde tenet i virgatam terre pro iii s pro omni servicio.

Hugo filius Galfridi tenet dimidiam virgatam terre pro xviii d metens per iii dies cum i homine et faciet iiii aruras.

(Laurentius) de Forde tenet tantum pro viii s metens per iii dies cum i homine et faciet iiii aruras.

Nicholaus Trimenel[14] tenet vii virgatas terre per servicium decime partis feodi i militis de predicto priore et habebit in pastura domini v boves et dat scutagium.

(Cotarii)

Leticia Bestwyse[15] tenet i cotagium de priore de Coventr' pro xii d et i bedripa.

(Simon) filius Ade tenet i cotagium de eodem pro ii s vi d et iii bedripis.

(Thomas filius Ade) tenet i cotagium pro iii s et iii bedripis.

(Cristina[16] la Veve) tenet i cotagium pro xii d.

(Henricus le Bacheler[17]) tenet i cotagium de Eustachio de la Hetthe pro xxvi d.[18]

(Clercia de Kute[19]) tenet i cotagium de eodem Henrico pro xii d.

(Thomas le Keu tenet i cotagium) de eodem pro ii d.

(Laurentius del Wey[20] habet ibidem) ii cotarios ii cotagia tenentes.


Fol 107 – cx (MiO 14 fol 132–132b; Leigh MS fol 116b–117)

### Comitatus Warr'

Unde Margeria del Wey[1] tenet i cotagium pro ii d.

Et Willelmus Horn tenet i cotagium pro ii s.

Cristina Fraunkelayn[2] tenet i cotagium de Johanne Frankel[3] pro ob.

Johannes le Fraunc[4] habet ibidem ii cotarios.

Unde Johannes de Bovetton[5] tenet i cotagium pro xx d.

Et Walterus West tenet i cotagium pro x d.

Laurencius del Wey habet ibidem i cotarium scilicet Reginaldum de Brademore[6] (qui tenet i cotagium pro xii d).

---

[14] MiO 14 'Trymynell'.   [15] MiO 14 'Gestwise'.   [16] Leigh MS 'Cristiana'.
[17] Leigh MS 'Bachiler'.   [18] MiO 14 'ii s ii d'.   [19] Leigh MS 'Claricia de Critoe'.
[20] Leigh MS 'Weye'.

---

[1] Leigh MS 'Weye'.   [2] MiO 14 'Fraunkeleyn'; Leigh MS 'Frankleyn'.
[3] MiO 14 'Frankell'; Leigh MS 'Frankleyn'.   [4] MiO 14 'Fraunke'; Leigh MS 'Franc'.
[5] Leigh MS 'Boveton'.   [6] Leigh MS 'Bradmor' and later.

Isabella la Veve tenet i cotagium et ii acras terre de Eustachio de Hetthe et Johanne le Fraunc[7] (pro x d).

## Brademore membrum de Honyton' predicto[8]

Prior de Coventr' habet in Brademore vi servos x virgatas terre tenentes. Unde Willelmus Muryman[9] et Thomas le Mey tenent i virgatam terre pro ii s iii d et operabitur (sic)[10] a festo Sancti Johannis Baptiste usque festum Sancti Michaelis semper secundo die per i hominem et si dominus voluerit falcabunt ante idem festum et allocabitur eis pro operacione post idem festum. Et iidem Willelmus et Thomas habebunt i multonem vel viii d cum sociis suis et viii panes et i caseum vel iiii d et cariabunt pratum domini et metent per i diem et dimidium cum i hominem et venient ad magnam precariam cum tota familia preter uxores suas preterea metent ii seliones (et) eos cariabunt pro omnibus aliis operibus eo die et facient iiii aruras per annum et arrabunt ii seliones et querent semen ad granarium domini[11] ad seminandos illos preterea[12] herciabunt per ii dies et dabunt ad Pascham domino x ova et dabunt i d pro qualibet bracina venali et reparabunt stagnum cum ceteris custumariis cum opus fuerit.

Johannes atte Well tenet ii virgatas terre pro duplici servicio.

Reginaldus atte Well tenet tantum per idem servicium.

Willelmus Muryman[13] tenet i virgatam terre per predictum servicium.

Rogerus Ine tenet ii virgatas terre per idem servicium.

Alicia la Veve tenet tantum per idem servicium.

Libere tenentes

Johannes le Freman tenet iiii virgatas terre pro vi s et faciet iii bedripas cum i homine et erit ultra eos et dominus pastet eum et veniet ad magnam precariam cum tota familia preter uxorem et bercarium et arrabit per iiii dies.

Johannes filius Nicholai tenet i virgatam terre de predicto Johanne pro i d.

Ricardus filius Walteri tenet i virgatam terre pro iii s.

Radulphus Bovetton[14] et Ricardus Sybbeford[15] tenent ii virgatas terre pro x s et metent per iii[16] dies per i hominem et venient ad magnam precariam cum tota familia preter uxorem et bercarium suum et facient iiii aruras.

Predictus prior est patronus <ecclesie> eiusdem ville.[17]

---

[7] MiO 14 'Fraune'; Leigh MS 'Franc'.
[8] Leigh MS 'Bradmor membrum de Honyngton' in left hand margin.
[9] MiO 14 'Meryman'; Leigh MS 'Muriman'.      [10] Leigh MS has the correct plural form.
[11] 'domini' not in Leigh MS.
[12] Leigh MS has 'et illos herciabunt' instead of 'preterea herciabunt'.
[13] Leigh MS 'Muriman'.      [14] Leigh MS 'Boveton'.      [15] Leigh MS 'Sibbeford'.
[16] Leigh MS 'iiii'.
[17] In MiO 14 this line is placed immediately under the heading for Halford.

**Halford**[18]: feodum i militis

Margeria de Cantilupo[19] tenet i molendinum aquaticum ibidem de comite Warr' per servicium feodi i militis et comes de rege in capite quo servicio nescitur.

Eadem Margeria habet ibidem ii servos.

Eadem Margeria habet ibidem libere tenentes videlicet Thomam de Stok' et Jordanum Cathe(lewe) et Feliciam uxorem eius tenentes v virgatas terre partitas per colos de eadem pro vi s et i lb cumini et dant scutagium.

Ricardus de Castro tenet i virgatam terre de eadem pro dimidia marca et dat (scutagium).


Fol 107b–cxb (MiO 14 fol 132b–133b)


Comitatus Warr'

Nicholaus de Haleford[1] tenet ii partes i virgate terre cum pertinentiis pro x d et dat scutagium.

(Willelmus de) Dercet tenet i cotagium et terciam partem i virgate pro ob et dat scutagium.

Gilbertus le Veyn' tenet ii virgatas terre de eadem per servicium viii[e] partis feodi i militis et dat scutagium.

Nicholaus de Halford tenet inde dimidiam virgatam terre de eodem pro i rosa et iii s iiii d et dat scutagium.

Willelmus de Fossato[2] tenet dimidiam virgatam terre pro dimidia marca et dat scutagium.

Johannes de Shukkebur' tenet iiii virgatas terre de eadem reddendo scutagium pro omni servicio.

Nicholaus de Cuggeho habet ibidem iiii virgatas terre reddendo eidem (sic) Margerie scutagium pro omni servicio.

Quarum Thomas le Palmere[3] tenet ii ad terminum vite pro ii marcis.

Johannes de Fossato tenet i virgatam terre de eodem pro i marca.

Willelmus de Breyl' tenet i virgatam terre de predicto Nicholao de Cugeho[4] pro i marca.

Ricardus filius Jordani tenet i virgatam terre de Galfrido de Bretton pro x s.


[18] Also on right hand side in later hand.
[19] MiO 14 'Cantelupo'. The MS appears to be defective at this point.

[1] MiO 14 'Halleford'.　　[2] MiO 14 'Fossat'', and later.　　[3] MiO 14 'de Palmer'.
[4] MiO 14 'Cuggeho'.

Nicholaus de Haleford[5] tenet tantum de eodem per idem servicium et dat scutagium.

Nota: prior de Kenill' habet ibidem iiii servos tenentes iii virgatas terre.

Unde Robertus Skyl[6] tenet i virgatam terre pro v s metens per iiii dies cum ii hominibus et prior ei i pastum cotidie.

Robertus filius Henrici tenet tantum de eodem per idem servicium.

Johannes le Tyxtor[7] et Galfridus Betryz[8] tenent tantum de eodem per idem servicium.

Osbertus de Molendino tenet i virgatam terre libere pro xv s et dat scutagium.

Margeria et Alicia tenent de Thoma Stok' et Jordano Cathelewe[9] et Felicia uxore eius ii virgatas terre pro vi d et dant scutagium.

Parsona ecclesie eiusdem ville tenet ii virgatas terre et dat auxilium vicecomitis et warth.

Thomas de Stok' (et) Jordanus Cathelewe et Felicia uxor eius tenent iiii virgatas terre de Roberto Burdet et Robertus de comite Leyc' et comes de rege quo servicio nescitur et dant scutagium.

Episcopus Wygorn'[10] dat (sic) ecclesiam eiusdem ville quo waranto nescitur.

Nicholaus de Haleford tenet i virgatam terre de hospitale de Grafton pro vii s.

Cotarii

Erminiota tenet i cotagium de Alicia Mantel[11] pro xiiii d.

Rogerus Deynere tenet i cotagium de eadem pro ii s vi d.

Johannes le Messer tenet i cotagium de eadem pro iii s.

Isabella la Breustere[12] tenet i cotagium de eadem pro vi d.

Ricardus le Chepman[13] tenet i cotagium de Jordano Cathelewe pro ii s vi d.

Robertus le Godolde tenet i cotagium de eodem pro ii s.

Sibilla de la Chertheye tenet i cotagium de eodem pro viii d.

Walterus le Seriaunt tenet i cotagium et iiii acras terre pro iiii d.

Thomas Fot[14] tenet i cotagium de Thoma le Palmere pro xii d.

Eminota Row[15] tenet i cotagium de Rogero de Castro pro xii d.

Matilda Somer tenet i cotagium de Osberto de Molendino pro vi d.

Willelmus le Carecter tenet i cotagium de parsona ecclesie eiusdem ville pro ii s.

Nicholaus Bolloc tenet i cotagium de eodem pro xviii d.

---

[5] MiO 14 'Halford', and later.   [6] MiO 14 'Skill'.   [7] MiO 14 'Tixtor'.
[8] MiO 14 'Betrice'.   [9] MiO 14 'Cathlewe'.   [10] MiO 14 'Wigorn''.
[11] MiO 14 'Mantell'.   [12] MiO 14 'la Breuster'.   [13] MiO 14 'Chapman'.
[14] MiO 14 'Fote';.   [15] MiO 14 'Rowe'.

Thomas le Palmere tenet i cotagium de eodem pro ii s vi d.
(Robertus de) Breyles tenet i cotagium de Nicholao de Halford pro iii s.

Fol 108–cxi (MiO 14 fol 133b–134b)

Comitatus Warr'
Willelmus Golye tenet i cotagium de eodem pro ii s vi d.
Willelmus le Marescal[1] tenet i cotagium de eodem pro iiii s.
Simon le Clerc[2] tenet i cotagium de eodem pro i d.
Willelmus de Dercet tenet i cotagium de eodem pro l lb cumini.
Willelmus de Admundescote tenet i cotagium et i acram terre de eodem
pro v s.
Alicia Halyday tenet i cotagium de Hugone de Scadeshont pro viii d.
Radulphus de Edelmescote tenet i cotagium de Roberto Skyl[3] pro xii d.
Nota servicia: Johannes le Breggewrythte tenet de Nicholao de Haleford[4]
iii acras terre pro homagio et ad inveniendum xxxvi pauperibus die Natalis
Beate Marie cuilibet i panem et i allec et tribus semper unam lagenam
cervisie.
Nicholaus de Halford tenet ii cotagia de Willelmo Dercet pro i d ob.
Robertus Brown[5] tenet i cotagium et i acram terre de Alicia Mauntel pro
xii d et tota villa est geldabilis excepta i hyda[6] terre et i virgata terre et
facit visum franciplegii ad hundredum regis de Kinton[7] et dant warth.
Nicholaus de Haleford tenet i virgatam terre de magistro Guydone pro
i d et Guydo de Thoma de Stok[8] et Thomas de Margeria de Cantilupo et
Margeria de comite de Warr' et comes de rege.

**Wycheforde:** feodum i militis.
Johannes de Moun est dominus ville de Wycheford et tenet de rege in
capite cum membris per servicium feodi i militis.
Idem Johannes habet ibidem iii carucatas terre in dominico.
Idem Johannes habet ibidem xvii servos.
Unde Johannes de Fughelere tenet i virgatam terre et debet operari per
totam annum cum i homine excepto die Sabbati a festo Sancti Michaelis
usque festum Sancti Johannis Baptiste et si trituret frumentum tunc
triturabit xxiiii garbas si fabas vel ordeum tunc unam trabam et dimidiam
si avenam tunc triturabit ii trabas si querat boscum portabit ii fessos bosci
pro opere suo et arrabit ter per annum qualibet die i selionem et colliget

---

[1] MiO 14 'Marsshall'.    [2] MiO 14 'Clerk'.    [3] MiO 14 'Skyll'.
[4] MiO 14 'Halford', and later.    [5] MiO 14 'Broune'.    [6] MiO 14 'hida'.
[7] MiO 14 'Kynton'.    [8] MiO 14 'Stoke'.

nuces per i diem si dominus velit a vinculo Sancti Petri usque ad festum
Sancti Michaelis operabitur per totum diem cum i homine excepto die
Sabbati et operabitur per ii dies cum ii hominibus ad magnam precariam
metet cum ii hominibus et dominus dabit (ei)[9] et uxori eius et dictis ii
hominibus i pastum quando falcat habebit una cum sociis i multonem vel
ii s et i caseum vel vi d et si falcat ante advincula Sancti Petri transiet per
medium pratum faciens tres swathas cum falce sua si vero post adviculia
tunc transiet quinques et qualibet die habebit tantum herbagium quantum
potest levare cum falce sua et dabit domino ii s per annum et iiii gallinas
et i gallum.

Johannes Wodeward[10] tenet tantum per idem servicium.

Hugo Huberd tenet tantum per idem servicium.

Robertus atte Hull tenet tantum per idem servicium.

Editha Hardelond[11] tenet tantum per idem servicium.

Johannes Londone[12] tenet tantum per idem servicium.

Nicholaus le Carpenter tenet tantum per idem servicium.

Johannes le Jenene[13] tenet tantum per idem servicium.

Johannes Deresone et Rosa la Veve tenent tantum per idem servicium.


Fol 108b–cxib (MiO 14 134b–135)

### Comitatus Warr'

Adam Partrych et Johannes Ernald tenent tantum per idem servicium.

Gilbertus Leminore et Margeria Beneyt tenent tantum per idem servicium.

Walterus le Venur et Thomas Newman tenent tantum per idem servicium.

Robertus Wyvile[1] et Walterus Bereford tenent tantum per idem servicium.

Stephanus le Feure tenet dimidiam virgatam terre pro medietate tanti
servicii.

### Cotarii

Thomas le Flexman[2] tenet i cotagium de eodem Johanne et iiii acras terre
pro iii s viii d et operabitur per viii dies ad tassandum fenum et veniet ad
ii bedrippas per i hominem et dabit warth.

Robertus Horston tenet i virgatam terre de eodem Johanne pro vi s et
veniet ad ii bedrippas per ii homines et arrabit ter per annum qualibet vice
i selionem.

Johannes atte Hulle tenet tantum per idem servicium et isti duo coniunctim
cariabunt v carectas feni.

---

[9] Omitted in both MSS.   [10] MiO 14 'Wodewarde'.   [11] MiO 14 'Herdlonde'.
[12] MiO 14 'London'.   [13] MiO 14 'Jenyn'.

---

[1] MiO 14 'Wyde'.   [2] MiO 14 'Flaxman'.

Gilbertus Osemund[3] tenet i virgatam terre et iiii acras terre pro vii s de eodem et veniet ad ii bedrippas per ii homines et arrabit ter per annum qualibet vice i selionem carians fenum per i diem.

Johannes Kyng tenet tantum de eodem pro viii s et ii d et veniet ad ii bedrippas per i hominem et juvabit ad tassandum fenum per i diem cum i homine.

Scolastica le Whyte[4] tenet dimidiam virgatam terre de eodem pro iiii s et veniet ad ii bedrippas per i hominem.

Lenota tenet tantum de eodem pro v s et veniet ad ii bedrippas per ii homines et dabit iiii gallinas et i gallum et tassabit fenum per i diem cum i homine.

Willelmus Masoun[5] tenet i virgatam terre de predicto Johanne pro xiii s et tercia parte i lb piperis.

Ricardus Woderove tenet tantum de eodem pro xiiii s et arrabit ter qualibet vice i selionem et veniet ad ii bedrippas cum ii hominibus.

Walterus Woderove tenet tantum de eodem pro xiiii s x d et veniet ad ii bedrippas cum i homine.

Libere tenentes

Robertus de Repingale tenet iii virgatas terre de predicto Johanne pro iii s et i lb piperis et dabit domino ii capones et habebit cum avris domini salvo parco et clausura xvii averia.

Willelmus Wytberd[6] tenet i virgatam terre de eodem pro vi s.

Nicholaus Feynaunt tenet tantum de eodem pro i lb piperis.

Matilda Cres tenet dimidiam virgatam terre de eodem pro iiii s.

Alicia de Aldham tenet i virgatam terre de eodem pro vi d.

Willelmus le Clerk[7] tenet tantum pro v s et omnes debent sectam ad curiam domini.

Et prior de Bridlinton[8] est patronus ecclesie eiusdem ville.

## Ascote membrum de Wycheford

Predictus Johannes habet in Ascothe[9] xviii servos.

Unde Robertus Stevene tenet i virgatam terre pro iii s ix d arrans ter per annum scilicet ad warectam i selionem et ad semen yemale i selionem et ad semen xl[le] i selionem et herciabit ad semen yemale per i diem et ad semen xl[le] usque ad horam nonam et habebit unam (aven') ad averium suum et dominus tradet ei si voluerit iii dimidia quarteria bladi ad iii terminos et faciet braseum et si non fecerit dabit domino i d ob. Et a tercio die post Natale Sancti Johannis Baptiste operabitur usque ad festum Sancti Michaelis exceptis diebus Sabbati et quando falcat ante gulam Augusti ibit

---

[3] MiO 14 'Osmunde'.    [4] MiO 14 'White'.    [5] MiO 14 'Mason'.    [6] MiO 14 'Wytherd'.
[7] MiO 14 'Clerke'.    [8] MiO 14 'Bridlyngton'.    [9] MiO 14 'Ascoth'.

ter per medium pratum et quando falcat prius ibit quinquies per medium
et qualibet die habebit tantum herbagium quantum poterit levare cum falce
sua et metet bis cum ii hominibus et metet tercio cum ii hominibus et
habebit iiii panes et ii fercula carnis ad comedendum et quicquid

Fol 109–cxii (MiO 14 fol 135–136)

### Comitatus Warr'

inde remanserit portabit secum si voluerit et habebit i garbam cuiuscumque
bladi sit et dabit vi d et i d pro pannagio si porcus fuerit superannatus si
non ob.

Ricardus Ernald tenet tantum per idem servicium.

Thomas Loverych[1] tenet tantum per idem servicium.

Agnes en la Hurne tenet tantum per idem servicium.

Willelmus Knycht[2] tenet tantum per idem servicium.

Elena la Veve tenet tantum per idem servicium.

Martha la Veve tenet tantum per idem servicium.

Walterus Stevene tenet tantum per idem servicium.

Matilda Compton tenet tantum per idem servicium.

Maria la Veve tenet tantum per idem servicium.

Walterus Leverych[3] tenet tantum per idem servicium.

Walterus Proward[4] tenet tantum per idem servicium.

Nicholaus Watemon tenet tantum per idem servicium.

Alicia Woderove tenet tantum per idem servicium.

Rogerus Grey tenet tantum per idem servicium.

Walterus atte Grene tenet tantum per idem servicium.

Robertus Fughelere tenet tantum per idem servicium.

Editha la Veve tenet tantum per idem servicium.

Robertus Hardelond[5] tenet tantum pro i marca et omnes isti invenient iiii
homines et proprium in itinere justiciariorum et dum itinerant nullus
ipsorum operabitur.

Robertus Blaunpayn tenet de parsona ecclesie de Wicheford ii virgatas
terre pro i lb cimini et Thomas (sic) dat eandem libram Johanni de
Dicheford pro eodem et Johannes dat pro eadem terra Roberto de
Repinghale[6] i d et Robertus tenet de Johanne Moun et Johannes de rege
per servicium tercie partis feodi i militis et Ascoth[7] debet scutagium.

---

[1] MiO 14 'Loverich'.     [2] MiO 14 'Knyght'.     [3] MiO 14 'Leverich'.
[4] MiO 14 'Prowarde'.     [5] MiO 14 'Hardelonde'.     [6] MiO 14 'Repyngale'.
[7] MiO 14 'Ascote'.

Idem Johannes de Moun habet in Wycheford[8] visum franciplegii warennam et furcas et boscum clausum quo waranto nescitur.

Dominus rex habebit in eodem bosco pannagium xl porcorum et unius apri a festo Sancti Michaelis usque ad festum Sancti Martinii pertinentes ad liberum tenementum suum in Magna Compton.

**Norton[9] membrum de Wichford:** ii partes feodi i militis

Margeria de Cantilupo est domina de Norton et tenet de Johanne de Moun per servicium ii$^{arum}$ partium feodi i militis et idem Johannes tenet de rege quo servicio nescitur.

Eadem Margeria habet ibidem ii carucatas terre in dominico.

Servi

Eadem Margeria habet ibidem xviii servos.

Unde Willelmus Chapman tenet i virgatam terre pro xviii s et falcabit pratum et domina dabit ei et sociis suis xii d et sarculabit per i diem et herciabit per annum bis per i diem et dimidium et metet per viii dies cum ii hominibus et octavo die metet (cum ii) hominibus et domina dabit ei i pastum cum tota familia sua et dabit domine[10] (i) gallum


Fol 109b–cxiib (MiO 14 fol 136–136b)

### Comitatus Warr'

et ii gallinas.

Johannes filius le Provost tenet tantum per idem servicium.

Willelmus Sped[1] tenet tantum per idem servicium.

Ricardus de Welneford tenet tantum per idem servicium.

Willelmus le Provost tenet tantum per idem servicium.

Nicholaus Swon tenet tantum per idem servicium.

Johannes filius Galfridi tenet tantum per idem servicium.

Nicholaus de Litleton[2] tenet tantum per idem servicium.

Willelmus de Mulecot'[3] tenet tantum per idem servicium.

Willelmus Broune tenet tantum per idem servicium.

Radulphus de Woleward[4] tenet tantum per idem servicium.

Walterus Wyth tenet tantum per idem servicium.

Thomas Aren' tenet tantum per idem servicium.

Thomas Lylye tenet tantum per idem servicium.

---

[8] MiO 14 'Wycheforde'.    [9] Should be 'Stourton'.    [10] MiO 14 'domino'.

---

[1] MiO 14 'Spede'.    [2] MiO 14 'Lytleton'.    [3] MiO 14 'Mulecote'.
[4] MiO 14 'Wolewarde'.

Isabella la Veve tenet tantum pro xvi s vi d.

Willelmus le Provost et Isabella la Veve tenent tantum per idem servicium.

Radulphus de Weston tenet tantum per idem servicium.

Galfridus filius Isabelle tenet tantum per idem servicium.

Libere tenentes

Eadem domina habet ibidem libere tenentes.

Unde Willelmus de Welneford[5] tenet ii virgatas terre pro xxiiii s.

Ricardus de la Lo tenet ii virgatas terre de eadem pro viii s metens per iiii dies cum iiii hominibus et prandebit cum domina per iii dies et quarto die cum tota familia.

Willelmus de Welneford tenet i virgatam terre de predicto Ricardo pro dimidia marca.

## Oxselne[6]

Robertus de Kaynes est dominus de Oxselne[7] et tenet de rege in capite per servicium feodi i militis.

Idem Robertus habet ibidem i carucatam terre in dominico.

Servi

Idem Robertus habet ibidem v servos.

Unde Ricardus atte Tonesende[8] tenet i virgatam terre de eodem pro ix s et operabitur a festo Sancti Johannis Baptiste usque ad festum Sancti Michaelis cum i homine quolibet die in septimana excepto die Sabbati et in autumpno metet cum ii hominibus per i diem in qualibet septimana et falcabit pratum domini cum ceteris sociis suis et dominus dabit eis vi d et cariabit pratum domini cum ceteris vicinis suis et averabit ad quodlibet forum ad voluntatem domini et dabit ad Natale Domini iiii gallinas.

Ricardus Mody tenet i virgatam terre per idem servicium.

Nicholaus Nel[9] tenet tantum per idem servicium.

Thomas filius Jordani tenet tantum per idem servicium.

Walterus filius Philipi tenet dimidiam virgatam pro medietate tanti servicii[10]

(Quarta pars feodi i militis)[11]

Idem Robertus habet ibidem libere tenentes.

Unde Johannes de Weston et Henricus de Bagepuz tenent i carucatam terre per servicium quarte partis feodi i militis de quo nescitur.

---

[5] MiO 14 'Welneforde', and later.    [6] MiO 14 'Oxholne'.    [7] MiO 14 'Oxsolne'.
[8] MiO 14 'at Townesende'.    [9] MiO 14 'Nell'.
[10] MiO 14 'tenet tantum per idem servicium' – a copying error?
[11] Probably in the margin of E.164/15 too, but very faded.

(Iidem) Johannes et Henricus habent ibidem i carucatam terre partitam per colos reddendo

(Fols 110–cxiii and 110b–cxiiib are blank.)

Fol 111–cxiiii (MiO 14 fol 136b–137b)

### Comitatus Warr'

inde i lb piperis cui nescitur et dant scutagium.

Galfridus filius Galfridi tenet ii virgatas terre de Radulpho de Bagepuz pro omni servicio (et dat scutagium).

Rogerus filius Willelmi tenet ii virgatas terre de predictis Johanne et Henrico pro ii d et dat scutagium.

Symon[1] Aylnoth tenet i virgatam terre de eisdem pro ii s.

Ricardus Scalun[2] tenet i virgatam terre de eisdem pro ix s et operabitur a festo Sancti Johannis Bapiste usque ad festum Sancti Michaelis per i diem in qualibet septimana et a festo Sancti Petri advincula usque ad festum Sancti Michaelis dum metet in qualibet septimana per i diem cum ii hominibus et dabit i panem et i gallum et ii gallinas ad Natale Domini.

Rogerus le Waleys tenet i virgatam terre de eisdem per idem servicium.

Radulphus Bretun tenet i carucatam terre de dono Roberti de Kaynes pro suo servicio.

Idem Randulphus habet v servos.

Unde Ricardus Attestone tenet i virgatam terre pro ix s et iiii gallinas et operabitur a festo Sancti Johannis Baptiste usque ad festum Sancti Michaelis quaque die excepto die Sabbati et dum metet bladum qualibet septimana per ii dies cum ii hominbus et quando falcat habebit cum sociis suis vi d et cariabit fenum cum aliis et fab' (?) ad custum domini.

Walterus Sibet[3] et Jacobus Attonville[4] tenent i virgatam (terre) per idem servicium.

Johannes le Way[5] tenet i virgatam terre per idem servicium.

Adam de Rotteleye[6] tenet tantum per idem servicium.

Philipus atte Bregge tenet dimidiam virgatam terre pro medietate tanti servicii.

Omnes isti predicti dant scutagium et sunt geldabiles et faciunt ii adventus.

Predictus Robertus de Kaines[7] est patronus ecclesie eiusdem ville.

Jordanus le Fraunkeleyn tenet i virgatam terre de priore de Ware pro iiii s et secta curie.

---

[1] MiO 14 'Simon'.   [2] MiO 14 'Skalun'.   [3] MiO 14 'Sybet'.   [4] MiO 14 'Actonville'.
[5] MiO 14 'Wey'.   [6] MiO 14 'Rotleye'.   [7] MiO 14 'Kaynes'.

Nota: Idem prior habet visum franciplegii quo waranto nescitur.

Ricardus filius Jordani tenet i messuagium et i acram terre ad sustinendum unum lampadem in ecclesie de Oxelne.[8]

Abbas de Bordesle[9] habet in Oxelne ii carucatas terre quarum tenet v virgatas terre de honore Leyc' de dono Galfrido de Boningwort' in puram et perpetuam elemosinam ut dicit.

Idem abbas habet ibidem vi virgatas terre de dono eiusdem Galfrido de feodo Roberti de Boningwort' in puram et perpetuam elemosinam ut dicit.

Idem abbas habet iii virgatas terre et dimidiam de dono Nicholai de Doninton de feodo Roberti de Keynes in puram et perpetuam elemosinam ut supra.

Idem abbas habet ibidem i virgatam terre de Ricardo Clerk[10] ut supra de eodem feodo.

Idem abbas habet ibidem i virgatam terre de dono Roberti Dunbard[11] in puram (et perpetuam elimosinam)[12] ut supra (de feodo predicto).[13]

Idem abbas habet ibidem ix servos.

Unde Johannes Nichole[14] tenet i virgatam terre de eodem abbate pro vii s iiii d et debet operari a festo Sancti Johannis Baptiste usque festum Sancti Michaelis cotidie excepto diebus Sabbati

Fol 111b–cxiiiib (MiO 14 fol 137b–138)

Comitatus Warr'

et metet qualibet die Lune tempore messurcii cum ii hominibus et metet ad magnam precariam cum (tota) familia sua excepta uxore eius ad custum domini et falcabit totum pratum domini cum sociis suis et habebit xii d et qualibet nocte tantum herbam habebit quantum levare poterit cum falce sua et talliabitur ad voluntatem domini.

Servi

Rogerus filius Alicia tenet tantum per idem servicium.

Galfridus filius Roberti tenet tantum per idem servicium.

Willelmus filius Rogeri tenet tantum per idem servicium.

Walterus Jebet et Hugo le Seriaunt tenent i virgatam terre per dictum servicium.

Robertus atte Mersse[1] tenet tantum per idem servicium.

Rogerus Dey tenet tantum per idem servicium.

---

[8] MiO 14 'Oxsolne', and subsequently.   [9] MiO 14 'Bordesley'.   [10] MiO 14 'Clerke'.
[11] MiO 14 'Dunbarde'.   [12] Phrase omitted from E.164/15.   [13] As n. 12.
[14] MiO 14 'Nichol''.

---

[1] MiO 14 'at Mershe'.

Ricardus Persun et Philipus atte Mersse[2] tenent tantum per idem servicium.

Thomas filius Hugonis tenet tantum per idem servicium.

Ricardus le Keu tenet tantum per idem servicium.

Felicia la Veve tenet tantum per idem servicium.

Thomas le Keu tenet tenet (sic)[3] pro xvi s et habebit pasturam iiii boum et i equi in pastura Roberti de Keynes.

Cotarii

Thomas Maen' tenet i cotagium et i acram terre pro ii s et metet per i diem et sarculabit per alium.

Johannes le Webbe tenet i cotagium per idem servicium.

Willelmus le Mercer tenet i acram terre et dimidiam pro ii s ix d et falcabit per i diem.

Galfridus de Watcote tenet i cotagium et dimidiam acram terre pro ii s sarculans per i diem et metet per i diem.

Johannes atte Melne tenet i cotagium de Roberto de Keynes pro xiiii d.

Cristiana la Carecter tenet tantum pro xii d.

Thomas atte Bregge tenet tantum pro vi d.

Cecilia Stepete tenet i cotagium de Galfrido de Oxelne[4] pro ii s.

Agnes la Veve tenet i cotagium pro xii d de abbate de Bordesle[5]

Robertus Huge tenet tantum de eodem per idem servicium.

Johannes Bonde tenet tantum de eodem per idem servicium.

Margeria Beneyt tenet tantum de Jordano le Fraunkeleyn pro ii s.

Nicholaus le Rede tenet tantum de eodem per idem servicium.

Alicia Walter tenet tantum pro xviii d.

Hugo de Geyton tenet tantum pro xii d.

(Robertus) Simon tenet tantum de Simone Alvent pro i d.

Rosa Simon tenet i cotagium de eodem pro ob.

(Libere tenentes)

Galfridus de Oxelne tenet i virgatam terre de predicto abbate pro i lb cimini.


Fol 112–cxv (MiO 14 fol 138–138b)


Comitatus Warr'

Jordanus de Oxelne[1] tenet i virgatam terre de honore Leyc' de priore de Ware pro iiii s.

---

[2] MiO 14 'at Mersshe'.     [3] 'tenet' only once in MiO 14.     [4] MiO 14 'Oxsolne' and later.
[5] MiO 14 'Bordesley'.

---

[1] MiO 14 'Oxsolne'.

Idem Jordanus tenet i cotagium et ii acras terre de predicto Galfrido pro xii d.

Predictus abbas habet ibidem visum franciplegii per cartam Henrici regis patris regis nunc ut dicit et non dat scutagium.

### Chyryton[2]: feodum i militis

Radulphus de Wylton est dominus de Chyryton[3] et patronus ecclesie eiusdem ville et tenet de comite Warr' per servicium feodi i militis et comes de rege quo servicio nescitur.

Idem Radulphus habet ibidem servos subscriptos.

Unde Galfridus Astel[4] tenet i virgatam terre de eodem pro xii s.

Thomas Pach[5] tenet tantum per idem servicium.

Robertus Adam tenet tantum per idem servicium.

Adam filius Galfridi tenet tantum per idem servicium.

Idem Adam (tenet) iii acras terre de eodem pro iii s.

Thomas de Homton tenet de eodem xv acras terre pro xv s.

Henricus Astel tenet i virgatam terre de eodem pro xii s.

Thomas Dekyn tenet i messuagium et i virgatam terre pro xi s.

Johannes le Feure tenet i virgatam terre et vi acras terre pro xviii s.

Willelmus Launce tenet i virgatam terre pro xii s.

Willelmus de Wollauniton tenet i virgatam terre et iiii acras terre pro xvi s vi d.

Johannes de Sale tenet i virgatam terre pro xii s.

Willelmus Barun tenet tantum per idem servicium.

Thomas filius Walteri tenet iii virgatas terre pro xxxiiii s vi d.

Agnes la Veve tenet i virgatam terre pro xii s.

Robertus a la Porte tenet iii virgatas terre pro xxxvi s.

Walterus filius Jul' tenet xl$^{ti}$ acras terre pro xl s vi d.

Cotarii

Thomas Attebure[6] tenet i cotagium pro ii s de predicto Radulpho.

Thomas atte Sprot tenet i cotagium pro ii s vi d.

Willelmus le Carpenter tenet i cotagium pro ii s.


Fol 112b – cxvb (MiO 14 fol 138b–139)

Comitatus Warr'

(Agnes) Launce tenet i cotagium pro xii d.

Hugo le Smyth tenet i (cotagium) pro iii s.

---

[2] MiO 14 'Cheryton membrum de Brayles, etc.'   [3] MiO 14 'Cheryton'.
[4] MiO 14 'Astell' and later.   [5] MiO 14 'Pache'.   [6] MiO 14 'Atbury'.

Matilda (Punchel) tenet i cotagium pro xxii d.

Julian' Swift tenet i cotagium pro iii s.

Katerina filia Gervasii[1] tenet i cotagium pro ii s.

Juliana la Veve tenet i cotagium pro xii d.

Agnes (Cockes) tenet i cotagium pro xii d.

Matilda filia Thurstani tenet i cotagium pro xx d.

(xii$^a$ pars feodi i militis)

Robertus le Clerc[2] tenet iiii virgatas terre de predicto Radulpho per servicium xii$^{me}$ partis feodi i militis.

Idem Robertus tenet ibidem i virgatam terre de Johanne de Wynderton pro xii s et Johannes tenet de dicto Radulpho per servicium feodi i militis.

Ricardus de Chyryton[3] tenet v virgatas terre per servicium viii$^e$ partis feodi i militis.

Johannes le Clerc tenet i virgatam terre de Thoma de Dundrop pro v d et Thomas tenet de Roberto le Clerc et Robertus tenet de predicto Radulpho.

Ricardus (Jukyn) tenet i virgatam terre de Thoma de Dundrop pro xii s et Thomas de predicto Roberto pro v d et Robertus tenet de predicto Radulpho.

Ricardus le Feure tenet i cotagium de predicto Ricardo pro iiii s.

Johannes Baylyf[4] tenet i cotagium de eodem pro xvi d.

Matilda de la Sale tenet i cotagium de eodem pro xiiii d et idem Ricardus tenet de predicto Radulpho per supradictum servicium et Radulphus tenet de comite Warr' et comes de rege et omnes predicti faciunt ii adventus ad visum franciplegii de Brayles quo waranto nescitur.


Fol 113 – cxvi

Warrewyk folio primo

Kenellworth fo vi°

Tenure prioris in Kenell' fo viii°

Blakwell membrum Kenell' fo x° a

Braundon x b

Bretford xi b

Badkynton xi b

Bruera xii b

Stonley xiii et xviii

Canley et Hull xiiii a

Fynham xv a

---

[1] MiO 14 'Gervas''.    [2] MiO 14 'Clerke' and later.    [3] MiO 14 'Cheryton'.
[4] MiO 14 'Baylyff'.

Allisley xviii a et xx b
Flechamsted xviii a
Crullfeld et al. xviii b
Staverton xviii a
Gybclyff xviii b et xxvi a
Heremitagium de Cloude xviii b
Ecclesia parochie de Stonley xviii b
Tenure prioris de Kenill' in Stonley xviii b
Ofchurch xix a
Wodcot Superior xx a
Wodcot Inferior xx a
Whytnash xxii a
Bobenhull xxiii a
Wotton Hull et xxv
Grangia de Cruce
Gybclyf myll xxvi a
Milverton xxvi a
Edelmescote xxvii a
Radford xxvii a
Ichynton Episcopi xxviii b
Burycot et xxx a
Lemynton xxx b
Asho xxxi a
Herbrebury xxxii et liii a
Wylnhale xxxvii et xlvi
Horwell xxxvii et xlvi
Waberley xxxvii et xlvii b
Condulme xxxviii et xlvii
Bylney xxxviii et xlviii
Ernford xxxix et l a
Radford xl et l a
Stoke xl et l b
Buggyng xli et li b
Arnhale xli b et lii a
Newbold xliii a
Sow xliiii a
Calewdon xlv a
Wyken xlv a

Pynele xlv b
Whytle xlvi a
Ruton liii b

Kyngeston q' solebat voc' lxxxxii b
Parva Chesterton
Chelmundescot lxxxxiiii a
Wynderton lxxxxiiii a
Rotley lxxxxiiii b
Fenycumpton lxxxxvi a
Avonderset lxxxxvii a
Tysho lxxxxviii b

Westcot c b
Herdwyk ci a
Whatcote ci
Cumpton Sherfen cii b
Merston Boteler ciii a
Brokhamton cv a
Cumbroke cv a
Etyndon Inferior cvi a
Etyndon Superior cvi a
Fulrythy cvi a
Thorndon cvii b
Honyton cvii b
Bradmore membrum Honyton cx a
Halford cx a
Whychford cxi a
Ascote membrum Whychford cxi b
Storton membrum Whychford cxii a
Oxsholme cxii b et cxiiii a
Chereyton membrum Brayles cxv
Cumpton Magna cxvii a
Wylmele membrum Cumpton Magna cxviiii b
Wolmynton cxx b
Wolford Parva cxxi a
Farnbergh cxxi b
Molynton cxxii a
Kylmyndon et cxxii b
Quynton
Foxcote cxxiii b
Whitchurch cxxiii b
Wylynton cxxiii b
Kennermercotye cxxiii b
Brocton cxxiiii b
Shotyswell cxxiiii b

Horlescote cxxiiii b
Warmynton cxxvi a et lxxx-

(fol 113b – cxvib is blank)
MiO 14 has a similar index on unnumbered folios at the end of the MS.
For purposes of comparison it follows here.

Warwickshire[1]                    Anno domini 1592
Liber                              ex dono Richi'
Sutton generosi[2]
The kalendour of the townes in the two hundrethes of Stoneley and
Kynton within the Shire of Warr' every town to be founde by the nownbr'
of the leves as it appereth written upon theym in the mergyn of every leeff
as foloweth

Warrwik fo prima
                    Ville in hundredo de Stonely            de Knightlo
Kelyngworth fol vii[3]             Radford fol xxxiiii
Blakwell fol xii                   Ichinton fol xxxvi
Braundon fol xiii                  Byrycote fol xxxvii
Bretford fol xiiii                 Lemyngton fol xxxviii
Bathekinton fol xv                 Asshoo fol xxxix
Stoneley fol xvi                   Herbrebury fol xli
Starton fol xxiii                  Ruton fol xlv
Offchurch fol xxv                  Cobyngton fol xlvi
Woodecote Superior fol xxvi        Olneweton fol xlvii
Wodecote Inferior fol xxvi         Lyllynton fol xlix
Allesley fol xxvii                 Weston fol l
Whitnassh fol xxix                 Styvecheshalle fol li
Bubenhulle[4] fol xxx              Wylnehale fol lii et lxv
Wutton et Hulle fol xxxi           Horwelle fol liii
Mylverton fol xxxii                Waberley fol liiii
Edelmescote fol xxxiii             Condulme for liiii
                                   Bylney fol lv et lxv
                                   Ernesford fol lvi

---

[1] Written in a later current hand.
[2] These other words at the top of the page are written in a later but formal hand. Only
'-erosi' is clear in Richard Sutton's title.
[3] The superscript 'a' for each numeral has been omitted from the transcript.
[4] Possibly 'Bobenhulle'.

Radford fol lvii
Stoke fol lviii
Arnehalle fol lix
Newbold Comyn fol lx
Sowe fol lxi
Callewedon fol lxii
Wyken fol lxiii
Pynley fol lxiiii
Whyteley fol lxiiii
Ville in hundredo de Kynton
Wellesburn fol lxvi
Newbold Pacy fol lxvii
Asshorn fol lxviii
Cherlecote fol lxix
Bereford fol lxxi
Wasperton fol lxxii
Pakwodd fol lxxiii
Salemoreton fol lxxiii
Merehull fol lxxiiii
Chadeleshunte fol lxxv
Geydon fol lxxvi
Tachebroke fol lxxvii

Chelmundescote fol cxii
Wynderton fol cxiii
Rotle fol cxiii
Radwey fol cxiiii
Fenycompton fol cxv
Aven Dorcet fol cxvii
Tysehoo fol cxix
Westcote fol cxxii
Herdwik fol cxxiii
Watcote fol cxxiiii
Compton Shorefen fol cxxv
Merston Butler fol cxxvi
Etyngdon Inferior fol cxli
cxxvii
Etyngdon Superior fol cxxvii
cxlii
Fulrythy fol cxxviii
Thordon fol cxxx
Honyton fol cxxxi

Kynton fol lxxviii cxxxix
Kynton Parva fol lxxix cxli
Compton Wynyate fol lxxx
Utlycote fol lxxxi
Lighthorn fol lxxxii
Hunstanesçote fol lxxxiii
Acheston fol lxxxiiii
Acheristone fol lxxxv
Herdwik fol lxxxvi
Merston fol lxxxvii
Wilmelacheton fol lxxxxi
Shockberegh fol lxxxxii
Brayles fol lxxxxiii
Magna Dorcet fol lxxxxvii
Walton Devyle fol c
Walton Mawdute fol ci
Wellesburn Maior fol cii
Cesterton Magna fol ciii
Weston fol cvi
Pylardyngton Superior fol cviii
Pylardyngton Inferior fol cix
Cumpton Murdak fol cx

Cheryton membrum de Brayles fol
cxxxviii
Brokehampton fol cxxxix
Cumbroke fol cxl
Compton Magna fol cxliii
Wylmel membrum de Compton
Magna fol cxlv
Wolmynton fol cxlvii
Wolwarde Parva fol cxlviii
Ferneborowe fol cl
Molynton fol cli
Kylmyndon et Quynton fol clii
Foxcote fol cliii
Whitchurch fol cliii
Wylynton et Kenermarcote fol
cliiii

Bradmore membrum de Honyton    Wycheford fol cxxxiiii
fol cxxxii                     Oxsolne fol cxxxvii
Halford fol cxxxiii


Fol 114 – cxvii (MiO 14 fol 141b–142)

## Comitatus Warr'

**(Ad huc Etyngdon Inferior de hundredo de Kynton in comitatu Warr')**

Claricia filia Ricardi tenet cotagium de Henrico le Marchal[1] (pro viii d).

Alanus de Pilardinton[2] tenet i virgatam terre de predicto Willelmo le (Boteler pro i) marca et debet iii arruras et ii metebene et i lovebene.

Hugo de Pilardinton tenet de eodem i virgatam et dimidiam pro xx s et iii arruras et ii metebene (et i lovebene).

Ricardus de Herc(y) tenet i virgatam terre de eodem pro xii d et facit visum ad (curiam) Leycestr'.

Robertus le Mouner tenet i molendinum aquaticum et dimidiam virgatam terre pro xx s de eodem et i metebene.

Johannes de Pilardinton tenet i virgatam terre de eodem de monialibus de Pinnele pro (ix s).

Idem Johannes tenet de Jordano de Pilardinton i virgatam terre pro i pari cirotecarum.

Ricardus West tenet i cotagium et iii acras terre de predicto Johanne pro vi d.

Omnes predicti faciunt visum franciplegii ad curiam comitis Leyc'[3] et dant scutagium.

Abbas de Alincestre[4] habet ibidem v virgatas in dominico de quibus ecclesia eiusdem (ville) est dotata et idem abbas habet ecclesiam eiusdem ville in proprios usus.

Cotarii

Idem abbas habet ibidem v cotarios tenentes (ibidem) v cotagia.

Unde Alanus le Draper[5] tenet i cotagium et i acram terre de ipso abbate pro ii s iiii d.

Johanna al Cymetere[6] tenet i cotagium de eodem pro xii d.

Rogerus de Forde tenet i cotagium pro ii s de eodem.

Willelmus filius Cristiane tenet i cotagium de eodem pro ii s.

Walterus le Feure tenet i cotagium de eodem et iiii acras terre pro reparatione ferri (iiii carucarum et de ferro domino proprio).

---

[1] MiO 14 'Marshall'.    [2] MiO 14 'Pilardynton' and subsequently.
[3] MiO 14 'Leycestr'' and later.    [4] MiO 14 'Alincestr'.    [5] MiO 14 'Drapour'.
[6] MiO 14 'Cymytere'.

(Jordanus) Frankeleyn[7] tenet i cotagium de eodem pro xiii d.

(Jordanus) de Pylardinton[8] tenet in superior' de Etindon[9] iiii virgatas (terre de Johanne) Warr' pro i pari cirotecarum et Johannes de W de (Botel') et Willelmus de comite Leycestr' (et comes de rege).

Idem Jordanus tenet vii acras ibidem in dominico.

Idem Jordanus[10] habet ibidem vii libere tenentes.

Unde Galfridus filius Philipi tenet i virgatam terre de eodem pro iii s.

Thomas filius le Feure tenet virgatam terre de eodem pro xl d.[11]

Robertus de Echtelyde tenet xii acras terre de eodem pro xvi d.

Willelmus le Chaunceler tenet ii acras terre pro ii d de eodem.

Omnes predicti dant scutagium et faciunt visum franciplegii ad curiam Leyc'.

Rogerus filius Reginaldi tenet iiii acras terre de eodem pro iiii d (et dat scutagium).

Galfridus de Warr' tenet iii acras terre et dimidiam pro ob et dat scutagium.

Thomas le Fraunceys tenet vi acras terre de eodem pro vi d et pro omni servicio.

### Compton Magna

Dominus Edwardus rex Anglie est dominus de Magna Compton' et habet (——[12] cum pertinentiis) de dono Johannis de Burgo et predecessores ipsius Johannis (hoc habuerunt) de dono comitisse de Hereford.

Idem rex habet ibidem ii carucatas terre in dominico.


Fol 114b – cxviib (MiO 14 fol 142–143)

### Comitatus Warr'

(Idem dominus) rex habet ibidem xlv servos.

(Unde Johannes) atte Hulle iunior tenet i virgatam terre dans inde v s per annum arrans (bis per annum cum vicinis) suis videlicet i arruram post festum Sancti Michaelis que (videlicet vocatur Gras)aker et aliam in xl$^a$ que vocatur Grasaker et herciabit ter in yeme et (herciabit) ad semen xl$^a$ usque veniat ad carucatum et falcabit pratum regis cum (aliis) et habebunt i multonem vel xvi d et i caseum vel viii d et i fesselum casei plenum salis et levabit magnum pratum regis cum i homine et habebit tantum herbagium quantum levare poterit cum falce sua et cariabit fenum cum i

---

[7] MiO 14 'Fraunkeleyn'.     [8] MiO 14 'Pylardynton'.     [9] MiO 14 'Etyngdon'.
[10] MiO 14 'Johannes' – a mistake.     [11] MiO 14 'iii s iv d.'
[12] Blank left in MiO 14; bottom right hand corner of this folio very faded in E.164/15.

homine et operabitur in autumpno (per ii) dies cum ii hominibus et tercio die metet cum ii hominibus et dominus dabit eis i pastum et asportabunt quicquid remanet fragmentorum et cariabit et cariabit (sic) bladum regis cum alio (cum i) carecta per i·diem videlicet iiii$^{or}$ virgatarii facient carectatam et dabit cum aliis ad festum Sancti Martini x s ab antiquo et dabit pannagium pro porco superannato i d et pro porco junioris etatis ob et i q$^a$ qui vocatur warth nec vendet pullum masculum superannatum sine licencia domini et si equum vel jumentum vendiderit dabit pro tolneto i d et pro pullo si habeat equi dentes ob et triturabit i bussellum frumenti et dimidium quando trituratur frumentum de fabis ii busselles et dimidium de ordeo siligine et de avena vii busselles et operabitur a festo Sancti Michaelis usque festum Sancti Thome Apostoli secundo die cum i homine excepto die Sabbati et ad diem festum dabit iiii d et vocabitur Rutherscot et a Natali Domini usque festum Sancti Michaelis operabitur secunda die excepto die Sabbati et dabit in festo Sancti Johannis Baptiste iiii d qui vocantur (sic) Schepshot[1] si sit ad operaciones domini et talliabitur ad festum Sancti Michaelis per voluntatem domini.

Henricus Benhale tenet ii virgatas terre de rege per predictum servicium duplicum.

Ricardus le Bercher tenet i virgatam terre de rege per idem servicium.

Rogerus Hervy et Johannes atte Hulle tenent i virgatam terre de eodem per idem servicium.

Idem[2] Johannes tenet i virgatam terre per se de eodem per idem servicium.

Aluredus atte Punde tenet i virgatam terre de eodem per idem servicium.

Johannes de Salford tenet tantum de eodem per idem servicium.

Johannes Corald[3] tenet tantum de eodem per idem servicium.

(Ricardus) Fitch et Cristiana Constable tenent tantum de eodem per idem servicium.

(Alicia Bedell) tenet tantum de eodem per idem servicium.

(Walterus Prior) tenet tantum de eodem per idem servicium.

(Robertus Forster) tenet tantum de eodem per idem servicium.

(Robertus Wyt)suere tenet tantum de eodem per idem servicium.

(Alrudus Wynter) tenet tantum de eodem per idem servicium.

Fol 115 – cxviii (MiO 14 fol 143–143b)

### Comitatus Warr'

Simon atte Hulle tenet tantum de eodem per idem servicium.

Robertus Oger tenet tantum de eodem per idem servicium.

---

[1] MiO 14 'Shopshot'.      [2] This and the following line are omitted from MiO 14.
[3] MiO 14 'Borald'.

Ricardus Hugun' tenet tantum de eodem per idem servicium.

Willelmus Adam tenet tantum de eodem per idem servicium.

Radulphus Hopper tenet tantum de eodem per idem servicium.

Radulphus Walleys[1] tenet tantum de eodem per idem servicium.

Johannes le Jenene[2] tenet tantum de eodem per idem servicium.

Ricardus le Schermon[3] tenet tantum de eodem per idem servicium.

Willelmus atte Stretende tenet tantum de eodem per idem servicium.

Hugo Noreys tenet tantum de eodem per idem servicium.

Johannes atte Greyne tenet tantum de eodem per idem servicium.

Walterus Bulkere tenet tantum de eodem per idem servicium.

Walterus atte Punde tenet tantum de eodem per idem servicium.

Idem Walterus et Johannes Wolsan tenent i virgatam terre de eodem per idem servicium.

Johannes Hopper tenet tantum de eodem per idem servicium.

Hugo Constable tenet tantum de eodem per idem servicium.

Hugo Reynald[4] tenet tantum de eodem per idem servicium.

Ricardus atte Mulle tenet tantum de eodem per idem servicium.

David le Fernere et Willelmus le Berker tenent i virgatam terre et erunt budelli tenentes carucam bercariam porcariam et si non habeant officium dabunt iiii s vi d per annum et arrabunt cum aliis in yeme scilicet i caruca i acram in xl\textsuperscript{a} aliam acram que vocatur Cresagre et falcabunt in magno prato regis per iii dies et levabunt fenum et cariabunt habebunt tantum herbagium in illo prato per iii noctes quantum levare possunt cum falcis suis et facient (i precariam)[5] in autumpno cum ii hominibus et terciam precariam cum ii hominibus et dominus dabit i pastum et cariabunt bladum in autumpno per i diem cum aliis et dabunt pannagium ut supra custodiunt homines incarceratos in curia regis ibidem nec possunt filium (clericum) facere nec filiam suam maritare sine licencia domini.

Henricus Whyswere et Johannes de Tackele tenent i virgatam terre de (eodem per idem servicium.).

Thomas atte Gate et Margeria la Veve tenent tantum de eodem per idem servicium.

Thomas Poget tenet dimidiam virgatam terre pro ii s vi d (per predictum servicium).

Johannes Bulker' et Johannes Couherd tenent i virgatam terre (pro iiii s et per predictum servicium).

Ricardus Wytswere et Johannes Wat'[6] tenent de (eodem) per idem (servicium).

---

[1] MiO 14 'Waleys'.    [2] MiO 14 'Jenyn'.    [3] MiO 14 'Sherman'.    [4] MiO 14 'Reynold'.
[5] Should be 'ii precarias'?    [6] MiO 14 'Wat(u)r' (?)

Fol 115b – cxviiib (MiO 14 fol 143b–144b)

Comitatus Warr'

(Galfridus Hobyn) tenet dimidiam virgatam terre de eodem pro ii s et per idem servicium.

(David le) Feure tenet carucam domini et (si teneat) non dabit redditum per annum et arrabit (per alium diem) Sabbati cum caruca domini et faciet carucam fractam altera vice sumptibus suis de (maeremio domini et) duo (carucarii habebunt ad) hockeday dimidium quarterium siliginis et dabunt domino (ad festum Sancti) Martini iiii gallinas et i gallum et habebunt in autumpno i rodam frumenti et (idem) David habebit ii boves in (Wynkechur) nec tenens operabitur in curia domini a festo Sancti Martini usque ad festum Purificacionis Beate Marie.

Idem David si sit becarius habet xv oves (matrices) de suis propriis cum ovibus domini ad (fenum) et lac de xv ovibus predictis et habebit secundum agnum meliorem et secundum vellus melius de domino et habebit lac de ovibus domini in vigilatione Pentecoste (cero) et mane et similiter die Pentecoste et habebit ii boves in Wynchechurn et custodiet oves domini cotidie per annum et respondebit pro ovibus furatis et habebit partem de meg' et ad ——abit[1] bladum domini in (oreo) cum aliis et cero habebit i garbam de huiusmodi blado quo tasset in oreo.

Si idem David sit vaccarius habebit ii vaccas vel ii boves in Wynkechurn et habebit lac omnium vaccarum die Pentecoste ad nonam et partem de meg'.

(Si idem) David sit messor seminabit semen domini et habebit sportam plenam seminis frumenti et de semine quadragesimali similiter et habebit ii boves in Wynkechurn et in magno prato feni scilicet Stachel[2] fenum tassabit in curia domini comedet a festo Sancti Petri advincula usque festum Sancti Michaelis Archangeli.

Si idem David sit porcarius habebit v porcos cum porcis domini et de xxx porcellis quando separantur i porcellum qui vocatur markynpig[3] si custodierit porcos domini alibi quam domi videlicet in pannagio habebit dimidium quarterium frumenti et siliginis a festo Sancti Michaelis usque festum Sancti Martini de secundo porco meliore habebit (interiora) et de omnibus aliis porcis caudam porcorum et vocatur taylpes[4] et colliget blada fracta cum suo rostello et habebit nocte de garbis domini garbam.

Si sit custos agnorum habebit ii agnos in pastura domini.

Si sit prepositus Johannes atte Hulle Junior habebit equum suum cum affris domini ad (herbam) et foragium et ii boves cum bobus domini ad herbam

---

[1] Four minims between d and a?   [2] Mio 14 'Stachell'.   [3] MiO 14 'markyngpygg'.
[4] MiO 14 'taylpeyse'.

et ii vaccas cum vaccis domini (extra boscis) et comedet in curia domini a festo Sancti Petri advincula usque festum Sancti Michaelis (et habebit in) negotiis domini faciendis per diem ii d.

(Rex habebit i d) redditum ibidem ad Pascham et ii d de quadam roda terre que Johannes (at Hulle tenet).

(Idem rex habet) ibidem visum franciplegii furcas et warrenam et alias libertates.

## Wylmel

(Willelmus Giffarde de Wylmel habet) iii virgatas terre ibidem de rege et decimam acram (de dominico in Wylmel) reddendo inde regi xx s et ii adventus ad curiam in Magna (Compton pro omni) servicio.

Fol 116–cxix (MiO 14 fol 144b–145b)

Comitatus Warr'

Nicholaus Giffard[1] tenet de predicto Willelmo iiii acras terre ad terminum vite pro (ii s pro omni servicio).

Henricus Giffard[2] tenet xii acras terre de eodem Willelmo pro xii d et Willelmus de rege.

Henricus filius Nicholai Giffard[3] tenet i messuagium de eodem pro xx d pro omni servicio.

Lenota tenet i cotagium de eodem pro xvi d pro omni servicio.

Willelmus Manyet tenet i cotagium de eodem pro xxviii d[4] pro omni servicio.

Symon[5] Collyng tenet i virgatam terre de rege pro dimidia marca (et ii adventibus) ad curiam de Compton pro omni servicio.

Symon Colling[6] tenet i messuagium vii acras terre et quartam partem i virgate prati de rege pro dimidia marca (pro omni servicio).

David le Flexmongere[7] tenet iii acras terre de dicto Symone pro ii d et regi pro eodem (i d).

Thomas de Farneberegh[8] tenet iii acras terre de eodem Symone pro i clavo gariophili (et regi i d).

Henricus de Burton tenet ii acras terre de eodem pro unum[9] ob pro omni servicio.

Nicholaus Giffard[10] tenet i acram terre de eodem pro ob pro omni servicio.

---

[1] MiO 14 'Gyfford'.      [2] MiO 14 'Gifford'.      [3] As n. 1.      [4] MiO 14 'ii s iiii d.'
[5] MiO 14 'Simon' and subsequently.      [6] MiO 14 'Collyng'.      [7] MiO 14 'Flexmonger'.
[8] MiO 14 'Fernberegh'.      [9] Omitted in MiO 14.      [10] As n. 2.

Nicholaus Phelipp[11] tenet i messuagium et quartam partem i virgate terre de rege pro xx (d) et ii adventibus ad curiam de Compton pro omni servicio.

Ricardus de Burton tenet tantum de rege per idem servicium.

Willelmus Giffard[12] tenet xxxii acras terre de dicto Simone pro i clavo gariophili et (Simon de rege).

Radulphus Pilard[13] habet ibidem i virgatam terre et dimidiam de comite Hertford' (et) comes de rege.

Idem Radulphus habet ibidem xxxi servos.

Unde Henricus Vincent[14] tenet i virgatam terre de eodem Radulpho pro v s et si dominus voluerit operabitur secundo die per annum excepto die Sabbati et faciet i averagium per diem sumptibus suis. Hec est per i dietam et si ultra perrexerit sumptibus domini et erit prepositus granetarius et venditor bosci et arrabit ad semen yemale cum sociis suis cum i caruca i acram et herciabit ter in yeme et arrabit ad semen xl[e] cum aliis (cum) i caruca i acram que vocatur grasacre[15] et herciabit donec veniat ad (carucam) et operabitur a festo Sancti Michaelis usque festum Natale Domini scilicet secunda die excepto die Sabbati et dabit iiii d ad Natale et vocatur Ruschescot[16] et ammercia (commune dominica) usque festum Sancti Johannis Baptiste dabit iiii d qui vocatur Shepscot[17] et triturabit de avena[18] per dietam ii buscellos et dimidium fabarum similiter et de ordeo ——[19] vii buscellos et faciet sibi braseum in anno videlicet iii quarteria et siccabit et habebit fessum (straminis) et triturabit i buscellum frumenti et dimidium per dietam similiter et de siligine et falcabit in magno prato per iii dies et habebit tantum herbagium quantum levare poterit cum falce (sua) quando nocte et dominus dabit falcatoribus omnibus vi d que vocatur macshipe et levabit pratum et cariabit illud et faciet ii precarias in autumpno cum ii hominibus per ii dies sumptibus suis et terciam precariam cum ii hominibus et dominus dabit ei i pastum et si quid remanserit de fragmentis asportabit secum et cariabit bladum cum aliis in autumpno per i diem (et dabit) auxilium domino pro voluntate sua et dabit domino ad festum Sancti Martini cum aliis x s

Fol 116b–cxixb (MiO 14 fol 145b–146)

## Comitatus Warr'

(et dabit pannagium ad idem festum) pro porco superannato i d et pro porco minoris etatis ob et dabit ad (idem festum) i q[a] ad warth et si

---

[11] MiO 14 'Phelypp'.    [12] As n. 2.    [13] MiO 14 'Pylarde'.    [14]. MiO 14 'Vyncent'.
[15] MiO 14 'graseacre'.    [16] MiO 14 'Rushescot'.    [17] MiO 14 'Shepescot'.
[18] Line missed in MiO 14 following this word.    [19] Illegible.

vendiderit equum vel equam dabit i d nec potest (vendere pullum) masculum sine licencia domini et si idem Henricus fuerit prepositus habebit equum suum (ad herbam et) ad foragium cum affris domini extra boscis et comedet in curia domini a festo (Sancti Petri advincula) usque festum Sancti Michaelis et in negotiis domini faciendis per i diem (habet ii d).

(Agnes la Veve) tenet i virgatam terre per idem servicium.

(Johannes) Indelaunde tenet tantum de eodem per idem servicium.

Johannes Scot tenet tantum per idem servicium.

Hugo in le Hurne[1] tenet tantum de eodem per idem servicium.

Alicia Nichole[2] tenet tantum de eodem per idem servicium.

(Cristiana) la Veve tenet tantum de eodem per idem servicium.

Walterus filius Henrici tenet tantum de eodem per idem servicium.

Hugo Archeland[3] tenet tantum de eodem per idem servicium.

Willelmus Gilamour et Johannes (sic) la Veve tenent tantum per idem servicium.

Walterus Mannyng tenet tantum de eodem per idem servicium.

Petrus Austin[4] tenet tantum de eodem per idem servicium.

Walterus filius Nicholai tenet tantum de eodem per idem servicium.

Juliana la Veve tenet tantum de eodem per idem servicium.

Ricardus Reymund[5] tenet tantum de eodem per idem servicium.

Johannes Draper tenet tantum de eodem per idem servicium.

(Ricardus) le Cartere tenet tantum de eodem per idem servicium.

(Hugo le) Large tenet tantum de eodem per idem servicium.

(Hugo) Jurdan tenet tantum de eodem per idem servicium.

(Willelmus) atte Welle[6] tenet tantum de eodem per idem servicium.

(Alicia Love) tenet tantum de eodem per idem servicium.

(Johannes) Colin tenet tantum de eodem per idem servicium.

(Johannes) atte Grene tenet tantum de eodem per idem servicium.

(Henricus de) Woleward[7] et Matilla atte Welle tenent i virgatam terre de rege pro iiii s et (tenebunt) carucam domini et erint bercarii vaccarii porcarii messores et custodii agnorum et si (habeant aliquod) officium predictorum officiorum non dabunt predictos iiii s et arrabunt cum aliis in yeme (cum i caruca) i acram similiter in $xl^a$ falcent in magno prato per iii dies et habebunt quando nocte (tantum) herbagium quantum levare poterunt cum falcis suis et levabunt fenum et tassabunt et facient (in autumpno ii) precarias cum ii hominibus sumptibus suis et terciam precariam sumptibus domini ad i pastum (et cariabunt bladum) domini

---

[1] MiO 14 'Hurn'.     [2] MiO 14 'Nichol'.     [3] MiO 14 'Archelande'.     [4] MiO 14 'Austyn'.
[5] MiO 14 'Reymunde'.     [6] MiO 14 'at Well', and later.
[7] MiO 14 'Wodewarde'. Reading not easy in E.164/15.

cum aliis per i diem et dabunt auxilium domini ad festum Sancti Michaelis ad (voluntatem domini et) dabunt pannagium ad festum Sancti Martini pro porco superannato i d et pro porco (minoris etatis) ob et custodient homines incarceratos in curia domini.

Fol 117–cxx (MiO 14 fol 146–147)

### Comitatus Warr'

Symon[1] Indelaunde et Robertus atte Welle[2] tenent i virgatam terre per predictum (servicium).

Galfridus Coc[3] et Robertus de Heyrawe tenent tantum per idem servicium.

Aluredus Bonde et Henricus filius eius tenent tantum per idem servicium.

Johannes Austin[4] tenet viii acras terre pro iii s vi d et per idem servicium quod Henricus (Vyncent) supradictus facit domino regi.

Predictus Radulphus Pilard habet ibidem visum franciplegii furcas et warennam quo (waranto nescitur).

Priorissa de Stodle[5] habet ibidem i carucatam terre de dono Godfredi de Crancumbe in perpetuam elemosinam et idem Godfredus illam habuit de dono comitisse Herford'.[6]

Eadem priorissa habet ibidem ix servos.

Unde Johannes Bedel[7] tenet i virgatam terre de eadem priorissa per servicium quod Henricus Vyncent facit regi.

Henricus Godman[8] tenet tantum de eadem per idem servicium.

Johannes Short tenet tantum de eadem per idem servicium.

(Johannes) Prioresse[9] tenet tantum de eadem per idem servicium.

Emma de Rollandrych tenet tantum de eadem per idem servicium.

Walterus en le Hurne tenet tantum de eadem per idem servicium.

David Jordan et Matilla[10] Mannyng tenent i virgatam terre per idem servicium.

Priorissa de Stodle tenet iii acras terre in dominico de rege pro i d pro omni servicio et illas habet de dono Huberti de Burgo ad curiam suam ampliandam.

† Eadem[11] priorissa habet ibidem visum franciplegii et warennam quo warranto nescitur.

Prior de Wroxton habet ibidem vii virgatas terre in dominico de dono

---

[1] MiO 14 'Simon'.    [2] MiO 14 'at Well'.    [3] MiO 14 'Cok'.    [4] MiO 14 'Austyn'.
[5] MiO 14 'Stodeley' and later.    [6] MiO 14 'Herfford'.    [7] MiO 14 'Bedell'.
[8] MiO 14 'Goodeman'.    [9] MiO 14 'Priores'.    [10] MiO 14 'Matilda'.
[11] Signum in margin of E.164/15 only.

Galfredi de Langele[12] et idem Galfredus eas habuit de dono comitis Gilberti le Marchal[13] et (comes de) comite Herford et idem comes de rege per quod servicium nescitur.

Magister Johannes de Compton tenet ibidem ii virgatas terre de (dono Roberti) filii Nicholai reddendo inde Radulphus Pilard[14] ob pro omni servicio.

Idem Johannes tenet ibidem ii virgatas terre de hospitale Sancti Johannis Oxon' (quas emit) de fratribus eiusdem hospitalis que dati erant imperpetuam elemosinam per Willelmum (de Compton) capellanum et idem Willelmus eas habuit de dono Willelmi de Maundevilla (et idem) Johannes reddit inde per annum priorisse de Stodle vi s viii d.

Idem Johannes tenet dimidiam virgatam terre de priorissa de Hurnele[15] que dati (erat domui sue) imperpetuam elemosinam pro iii s et prior (sic) tenet de comite Hereford et comes de (rege).

Robertus de Boyl[16] tenet ii virgatas terre de Radulpho Pilard pro ii s et ii adventibus.

Abbas de Wydene est patronus ecclesie de Compton.

Johannes le Taylor[17] tenet i messuagium de Cristiana de Weston pro (v s).

Johannes Peche tenet i messuagium de priore de Wroxtone (pro v s).

Mely tenet i cotagium de rege pro vi d.

Robertus Cogare tenet i cotagium de rege pro vi d.

Galfridus Stedeman tenet cotagium de rege pro vi d.


Fol 117b–cxxb (MiO 14 fol 147–148)

### Comitatus Warr'

(Alicia Colin) tenet i cotagium de Radulpho Pilard pro vi d.

(Johannes de) Cornewell tenet i cotagium de eodem pro vi d.

(Radulphus) Someteryter[1] tenet i virgatam terre de eodem pro v s.

(Robertus Chapleyn) tenet i cotagium de magistro Johanne de Compton pro xvi d.

(Radulphus Pilard habet) ibidem i molendinum aquaticum et i boscum continentem xii acras.

(Predictus habet) ibidem quemdam boscum continentem xv acras.


---

[12] MiO 14 'Langley'.    [13] MiO 14 'Marsshall'.    [14] MiO 14 'Pylard'.
[15] MiO 14 'Hurnell'.    [16] MiO 14 'at Boyle'.    [17] MiO 14 'Taillour'.

---

[1] MiO 14 'Somet'.

**Wolmynton**

(Robertus de) Hume[2] tenet iiii virgatas terre in Wolmyntyn[3] in dominico de rege per servicium septime partis feodi i militis et facit ii adventus ad curiam regis.

(Thomas filius Simonis) tenet i virgatam terre de predicto Roberto pro xi s vi d et facit ii (adventus ad curiam regis) de Compton et dabit warth.

(Robertus de Talinton) tenet dimidiam virgatam terre de eodem pro vi s iiii d et facit sectam ut supra et warth.

(Symon) Bardolf[4] tenet tantum de eodem per idem servicium.

(Johannes) atte Grene tenet tantum de eodem pro v s ix d et ii adventibus ut supra et warth.

Johannes de Brayles tenet tantum de eodem per idem servicium.

Agnes la Veve tenet tantum de eodem per idem servicium.

Johannes Peyion[5] tenet tantum de eodem per idem servicium.

Galfridus de Oxsulne tenet dimidiam virgatam terre libere de Johanne de Burminton pro i d et Johannes reddit inde Roberto de Haume iii s ix d et Robertus tenet de rege et predictus Robertus dabit warth.

Thomas de Honyton tenet de priorissa de Sewardestl'[6] pro vi s et secta et warth.

Willelmus le Lung' tenet tantum de eadem per idem servicium et priorissa tenet de Roberto de Haume pro i lb piperis et debet ii adventus et warth ad dominum regem.

(Adam de) Balescote tenet in Wolmiton[7] ix virgatas terre de Hugone de Plecy per servicium quinte partis feodi i militis et Hugo de rege pro homagio et servicium et (pro servicio militari) ut supra pro scutagio.

(Idonia de Wolford tenet i) virgatam terre et dimidiam de dicto Adam (sic) de predictis ix virgatis terre (pro homagio) servicio et scutagio.

(Ricardus de Wolforde) tenet dimidiam virgatam terre et quartam partem i virgate de eodem per idem servicium.

(Isabella) Russel[8] tenet dimidiam virgatam terre et dimidiam (sic) de eodem per idem servicium.

(Robertus) Russel tenet dimidiam virgatam terre et quartam partem i virgate terre de eadem Isabella pro xii d.

(Alicia) Russel Margeria et Matilla[9] sorores eius tenent dimidiam virgatam et quartam partem i virgate (terre de Hugone) de Plecy pro ii caponibus et Hugo de rege.

---

[2] MiO 14 'Haume'; reading difficult in E.164/15.   [3] MiO 14 'Wolmynton'.
[4] MiO 14 'Bardelff'.   [5] MiO 14 'Peion''.   [6] MiO 14 'Sewardest'.
[7] MiO 14 'Wolmynton'.   [8] MiO 14 'Russell', and subsequently.   [9] MiO 14 'Matilda'.

(Johannes de Brademore) tenet dimidiam virgatam terre de predicto Ada[10] pro homagio et servicio et scutagio.

(Isabella Alionore tenet dimidiam) virgatam terre de eodem per idem servicium.

(Margeria Alianore tenet tantum) de eodem per idem servicium.

(Willelmus de Caldecote) tenet i virgatam terre de eodem per idem servicium.

(——)[11] de Bercheston tenet i virgatam terre de Johanne Weston pro i clavo gariophili.


Fol 118–cxxi (MiO 14 fol 148–148b)

### Comitatus Warr'

(Ricardus filius Walteri tenet) iiii acras terre de Willelmo de Caldecote pro i pari (cirotecarum).

(Robertus) Jordan tenet i virgatam terre et dimidiam de predicto Adam (sic) pro homagio et (servicio).

Johannes Jordan tenet i virgatam terre de predicto Roberto Jordan per idem servicium (et forinsecum).

Constanc' Crok[1] tenet dimidiam virgatam terre de predicto Johanne Jordan (pro iii d et i pari cirotecarum).

Willelmus la Wayte de Barton tenet de Henrico la Wayte et Henricus de (barone de Stafford et) baro de rege per servicium sexte partis feodi i militis.

Johannes Crok tenet i virgatam terre et dimidiam de eodem pro xii d (libere et i lb cimini).

Symon[2] Marior' tenet i virgatam terre et dimidiam de eodem pro i lb (cimini).

Johannes de Molend' tenet i messuagium et dimidiam virgatam terre de Johanne Crok pro dimidia lb cimini.

Johannes[3] Duraund[4] tenet iii acras terre de predicto pro i clavo gariophili.

Idem Robertus (sic) tenet ii virgatas terre de eodem Willelmo pro dimidia lb cimini.

Thomas de Honinton[5] et Symon Marior' tenent dimidiam virgatam terre de dicto Johanne Jordan (pro i d).

---

[10] MiO 14 incorrectly 'Adam'.        [11] Illegible in E.164/15; blank left in MiO 14.

---

[1] MiO 14 'Croke', and subsequently.        [2] MiO 14 'Simon' and later.
[3] A mistake for 'Robertus' in both MSS?        [4] MiO 14 'Duraunde' and later.
[5] MiO 14 'Honynton' and later.

Willelmus le Lung' tenet ii acras terre et dimidiam de Roberto Duraund pro i rosa.

Willelmus le Clerc[6] tenet i virgatam terre pro ob de eodem.

Robertus de Dorminton[7] tenet i acram terre de eodem pro uno ob.

Willelmus de Honinton tenet dimidiam virgatam terre de eodem pro i lb cimini.

Rogerus filius Walteri tenet i cotagium de Willelmo de Bircheston pro i d.

Claric' Lete tenet i cotagium de Willelmo de Oxsulne pro i d.

Alanus de Bercheston tenet i cotagium de Custancia le Clerc pro xii d.

Margeria Russel[8] tenet dimidiam virgatam terre de Roberto de Molend' pro ob.

Alanus le Moner[9] tenet i cotagium et iiii acras terre de Symone[10] Marior' pro iii s et debet ii adventus ad hundredum regis de Kynton.

## Woleward[11] Parva

Thomas de Parva Woleward est dominus eiusdem ville et tenet de Cecil' de Mutegros per servicium feodi i militis et Cecil' de Rege.

Idem Thomas habet ibidem ii virgatas terre (in) dominico et predict' Cecil'[12] tenet de J de Bosco et J tenet de Elena la Zusche[13] et Elena de rege <quo servicio nescitur>.

Idem Thomas habet ibidem liberos tenentes scilicet

Johannes de Weston qui tenet dimidiam virgatam terre de eodem per i lb cimini.

Symon Page tenet de eodem v virgatas terre pro vi d et facit ii adventus ad curiam suam.

Thomas filius Thome tenet ii virgatas terre de eodem et terciam partem i virgate de abbate de Bruer pro dimidia lb cimini et abbas tenet de predicto Thoma pro dimidia lb cimini.

Symon Jordan tenet ii partes i virgate terre de Alano de Bercheston pro ii s (vi d). Et idem Alanus tenet de predicto Thoma pro i d.

Ricardus de Difford[14] tenet i virgatam terre de Idonia la Veve pro iii d et dimidia lb piperis et ipsa Idonia tenet de predicto Thoma pro vi d et i lb piperis.

Thomas filius Ade tenet i virgatam terre de Ricardo filio Stephani pro i lb cimini.

(Et Ricardus) de predicto Thoma per idem servicium.

Robertus le Clerc tenet vi acras terre de Alicia Glay pro ob et eadem Alicia

---

[6] MiO 14 'Clerk' and later.     [7] MiO 14 'Dormynton'.     [8] MiO 14 'Russell'.
[9] MiO 14 'Mouner'.     [10] MiO 14 'Simone'.     [11] MiO 14 'Wolwarde', and later.
[12] MiO 14 'Cecill'.     [13] MiO 14 'Zushe'.     [14] MiO 14 'Difforde'.

tenet de (Willelmo Ingelram) pro i lb cimini et Willelmus de predicto
Thoma in liberum maritagium.

Willelmus filius Gilberti tenet dimidiam virgatam terre de Cristiana de
Hokenorton pro (iiii s. Et eadem) tenet de Johanne de Weston in liberum
maritagium et Johannes de predicto Thoma.

Robertus le Bercher tenet de ecclesia eiusdem ville iii acras et dimidiam
(pro xii d).

Johannes filius Ricardi tenet dimidiam virgatam terre de Symone Page pro
(ii d).

Willelmus Heyrowe tenet acra' (sic)[15] terre et dimidiam de Johanne filio
Ricardi pro i d.

Fol 118b–cxxib (MiO 14 fol 148b–150)

## Comitatus Warr'

(Robertus le Clerke tenet) iii acras terre de Thoma filio Thome pro iiii d.

(Willelmus Wenrich tenet vi) acras terre de eodem Thoma pro viii d.

(Stephanus Olyver tenet iiii) acras terre et dimidiam cum pertinentiis de
eodem pro i rosa.

(Ricardus de Cheryton tenet) ii virgatas et xii acras terre de eodem pro
iiii d.

(Idem Ricardus tenet iiii) acras terre pro i d de eodem.

(Willelmus le Keu tenet dimidiam) acram terre de eodem pro i rosa.

(Idem Thomas) habet visum franciplegii quo waranto nescitur nisi ab
antiquo.

(Ricardus) Chapmon[1] tenet i cotagium de Ricardo de Chirton[2] pro iii s.

Juliana Gureys tenet i cotagium de Thoma de Amtrop' pro ii s vi d.

(Juliana) que fuit uxor W Jordan[3] tenet i cotagium et i acram terre de
Symone Jordan pro ii d ob.

(Anabilia tenet) i cotagium de Willelmo Wynich[4] pro i d.

(Thomas) Dykere tenet i cotagium de Thoma filio Thome pro iiii s.

Robertus de (Dunthorp) tenet iii acras terre de Roberto le Clerc[5] pro i d.

Willelmus Leke tenet i cotagium de Ricardo de Chirinton[6] pro ob.

(Willelmus Ingelram) habet ibidem i virgatam terre et dimidiam quartam
partem i virgate in dominico de (barone) de Salford (sic) per servicium
medietatis (feodi) i militis. Et baro tenet de rege quo servicio nescitur.

---

[15] In both MSS.

[1] MiO 14 'Chapman'.    [2] MiO 14 'Cheryton'.    [3] MiO 14 'Jordayn', and later.
[4] MiO 14 'Wynrich'.    [5] MiO 14 'Clerk'.    [6] MiO 14 'Cherinton'.

Willelmus le Jenene[7] tenet i virgatam terre de N de Sacheverel[8] pro vi d. Et N de Willelmo Ingelram pro xii d.

Predictus Thomas tenet de Ricardo filio Stephani ii virgatas terre pro vi d. Et (quod) Ricardus tenet de predicto Willelmo pro i lb cimini.

Idem Thomas filius Ade tenet de Willelmo Ingelram ii virgatas terre et dimidiam pro i lb piperis et i lb cimini et iii d.

Robertus de Gardino[9] tenet i virgatam terre de eodem pro vi d.

Hugo le Venur tenet dimidiam virgatam terre de Agnete filia Ricardi pro xl d.[10]

Nicholaus de Dodewell tenet tantum de Symone[11] Lenelaunce pro iii s et iii bederipis.

Jordanus Brunge'[12] tenet dimidiam virgatam terre de Matilla[13] filia Johannis per idem servicium et (per i diem ad fenacionem). Et ipsa Matilla tenet de Willelmo Ingelram pro i d.

Johannes le Taylur[14] tenet dimidiam virgatam terre de Rogero le Eyr pro ob.

Anabella[15] de Burninton tenet virgatas ii terre[16] et dimidiam de Johanne de Weston pro xii d et Johannes (tenet) de Willelmo Ingelram pro xii d et i lb cimini et dimidia.

(Thomas de Gunthorp[17]) tenet virgatam terre de abbate de Bruere pro dimidia lb cimini et abbas de predicto Willelmo <pro i lb cimini>.

(Willelmus le) Keu tenet dimidiam virgatam et quartam partem i virgate terre de Ricardo de Cheryton pro vi d et Ricardus de Willelmo Ingelram pro xii d.

(Willelmus) le Damar' tenet i cotagium de Roberto de Gardino pro i pari cirotecarum.

(Dionis') Skil tenet i (cotagium) et i acram terre et dimidiam de Thoma de Duntrop[18] pro iii s et (ii) bederipis et falcabit per i diem.

(Alicia) filia Roberti tenet i cotagium et i acram terre et dimidiam de Anabella de Burninton pro iiii s.

Robertus de Duntrop tenet (i cotagium) et iiii acras terre de Thoma filio Ade pro iii d et iii bederipis.

(Idem Robertus tenet i acram) terre et dimidiam de Willelmo Ingelram pro ob.

(Idem Willelmus tenet) de barone de Stafford totam predictam terram per medietatem feodi i militis et est geldabilis (et faciet) ii adventus ad hundredum regis et dat scutagium et baro tenet de rege.

---

[7] MiO 14 'Jenyn'.     [8] MiO 14 'Sacheverell'.     [9] MiO 14 'Girdino'.
[10] MiO 14 'iii s iv d'.     [11] MiO 14 'Simone'.     [12] MiO 14 'Brunget'.
[13] MiO 14 'Matilda' and later.     [14] MiO 14 'Tailliour'.     [15] MiO 14 'Anabull' and later.
[16] MiO 14 does not have this unusual word order.     [17] Or 'Dunthorp' as earlier.
[18] MiO 14 'Dunthorp' and later.

(Thomas) filius Ade habet ibidem v virgatas terre et dimidiam in dominico quarum i de abbate de Bruera pro dimidia marca ———[19] tenet de W de Stafford pro i lb piperis et idem W de W de W (sic) de Ludinton[20] et W de (priore de Pontefract') et prior de comite Linc' et comes de rege et est de elimosina et libertate (de Pontefract'). Ecclesia eiusdem ville est dotata de i virgata terre in puram elemosinam de (utroque feodo).

(Magister Johannes de) Compton tenet x acras terre de Thoma filio Ade pro i rosa.

**(Ferneborowe etc.)**

(Jordanus le May est dominus de Franberegh et) tenet de Roberto Mortimer[21] de Castro (Bernardi per servicium feodi i militis et Robertus tenet de rege) quo servicio nescitur.

(Idem Jordanus habet ibidem ii carucatas terre in dominico) et habet ibidem i servum qui tenet

Fol 119–cxxii (MiO 14 fol 150–151)

Comitatus Warr'

dimidiam virgatam terre pro x s scilicet Nicholaum Plane.

Idem Jordanus habet ibidem (v liberos tenentes).

Unde Willelmus de Hampton tenet i virgatam terre de eodem pro i d (pro omni servicio).

Henricus le Mareschal[1] tenet ii virgatas terre et dimidiam pro i d et facit (forinsecum servicium).

Willelmus le Norable tenet i messuagium et i molendinum et x acras terre pro vi s (vi d).

Robertus Thome tenet i virgatam terre de eodem pro v s et facit forinsecum (servicium).

Willelmus Botild' tenet dimidiam virgatam terre pro x s de eodem salvo forinseco servicio.

Symon[2] Golias tenet ii virgatas terre et quartam partem i virgate terre pro ii d salvo forinseco servicio.

Prior de Clatercote tenet dimidiam virgatam terre de eodem pro ii s vi d salvo forinseco servicio.

Nicholaus Rodknyth[3] tenet i messuagium et x acras terre de eodem pro (i d).

---

[19] Illegible in E.164/15; blank in MiO 14.    [20] MiO 14 'Lodinton'.    [21] MiO 14 'Mortymer'.

[1] MiO 14 'Marsshall' and later.    [2] MiO 14 'Simon'.    [3] MiO 14 'Rodknyght'.

Hugo le Warde tenet tantum de eodem pro i d salvo forinseco servicio.

Henricus le Mareshal tenet ibidem i carucatam terre in dominico et (iiii virgatas terre) in villenagio.

Idem Johannes (sic) tenet de Jordano le May et Jordanus de Roberto le Morty(mer) et Robertus tenet (de rege et predictus Henricus dat scutagium).

Idem Henricus habet ibidem viii servos.

Unde Henricus Wysman[4] tenet dimidiam virgatam terre de eodem pro x s et talliabitur (ad voluntatem domini).

Johannes le Bedel[5] tenet tantum de eodem per idem servicium.

Johannes Wysman tenet tantum de eodem per idem servicium.

Laurencius atte Pleystre[6] tenet tantum de eodem per idem servicium.

David filius Agnetis tenet tantum de eodem per idem servicium.

Johannes filius Laurencii et Robertus filius Agnetis tenent tantum de eodem per idem servicium.

Alicia de Hughinton tenet de eodem tantum per idem servicium.

Robertus Chaunterel[7] tenet (tantum) de eodem per idem servicium.

Willelmus de Hampton tenet ibidem de W le Mosegros ii carucatas terre (in dominico per servicium quarte) partis feodi i militis et W tenet de Roberto le Merton et Robertus (de rege quo servicio nescitur).

Idem Willelmus habet ibidem iii liberos tenentes.

(Unde Walterus Norble tenet ii virgatas terre de eodem pro v s salvo forinseco servicio).

Willelmus le Porter tenet quartam partem i virgate terre de eodem pro ii s salvo forinseco servicio.

Willelmus Botild' tenet tantum de (eodem per idem servicium.).

Henricus Mareschal tenet terciam partem i virgate terre de W[8] de Shukke(borowe pro forinseco servicio).

Willelmus le Norable tenet virgatam terre pro xvi[a] parte feodi (i militis de Willelmo de Hokelinton) et Willelmus tenet de Roberto le (Mortymer et Robertus) de rege.

Idem Willelmus reddit Waltero de (Hokelinton) pro i virgata terre (i marcam).

Henricus le Mareschal tenet de eodem i virgatam terre pro (dimidia marca et dat scutagium).

Robertus le Mortimer est patronus ecclesie eiusdem ville et est (gildabilis eadem villa).

---

[4] MiO 14 'Wiseman', and subsequently.    [5] MiO 14 'Bedell'.    [6] MiO 14 'at Pleystrete'.
[7] MiO 14 'Chaunterell'.    [8] MiO 14 'Willelmo'.

**Molynton**

Prior de Kenilleworth[9] tenet in (Molynton) de Roberto le Mortymer (per servicium medietate feodi i militis) et Robertus tenet de rege quo servicio nescitur.

Idem prior habet ibidem i carucatam (terre in dominico).[10]

Unde Thomas a le Croys tenet dimidiam virgatam terre pro ii s vi d (et sarculabit per i diem cum i homine) et falcabit per i diem (cum i homine) et metet per vi dies cum i homine (——)[11] pastum in[12] cariabit bladum per i diem et dominus pastet eum (et arabit dimidiam acram et talliabitur) ad voluntatem domini.

Agnes atte Cruche tenet dimidiam virgatam terre per idem (servicium).

Philipus le Carecter tenet tantum de predicto priore per idem servicium.

Hugo filius (Gilberti) tenet tantum de eodem per idem servicium.

Robertus atte Welle tenet tantum de eodem pro i lb cimini (ad terminum vite).

Willelmus le Walys[13] tenet i virgatam terre pro quarta (parte i lb piperis et ii s ad sustinendum lampadam coram) altari Beate Marie.

(Johannes) filius Rogeri tenet dimidiam virgatam terre de Willelmo Waleys pro (iiii gallinis et ——).[14]


Fol 119b–cxxiib (MiO 14 fol 151–152)


### Comitatus Warr'

(Hugo ——[1] tenet) iiii virgatas terre de priore ad faciendum ii visus ad curiam prioris.

(Idem Hugo habet ibidem) vi servos.

Unde Thomas le Kyng tenet (dimidiam) virgatam terre pro ii s vi d (——[2] per i diem cum) i homine et falcabit per i diem cum i homine et metet per vi (dies cum i homine et habebit) cotidie i pastum et cariabit bladum per i diem et dominus pastet (eum et arabit dimidiam acram et talliabitur) ad voluntatem domini et dabit ad Natale Domini i panem et ii gallinas (et——[3])

(Johannes ——[4] tenet) tantum de eodem Hugone per idem servicium.


---

[9] MiO 14 'Kenelworth'.
[10] A following line giving the total number of serfs omitted from both MSS?
[11] Illegible E.164/15; blank left in MiO 14.     [12] ? Three minims in both MSS.
[13] MiO 14 'Wales'.     [14] As n. 11.

---

[1] Illegible E.164/15; blank left in MiO 14.     [2] As n. 1.     [3] As n. 1.     [4] As n. 1.

(——[5] at Pleystowe) tenet tantum de eodem per idem servicium.

(Henricus de Knyght) tenet tantum de eodem per idem servicium.

(Thomas Umfrey) tenet tantum de eodem per idem servicium.

Alicia Geffrey tenet i virgatam terre et dimidiam (de eodem) per idem servicium.

(Johannes Hamunde) tenet ii virgatas terre libere de eodem pro (iii s) et est geldabilis.

(Johannes Kacheleve) tenet ibidem de Thoma de Ardena i carucatam terre in dominico (per servicium medietate feodi) i militis et Thomas tenet de Roberto le Mortimer[6] et Robertus (de rege) pro baronia de Castr' Ricardi. Idem Johannes habet ibidem iiii servos.

(Unde) Thomas Sprays tenet dimidiam virgatam terre pro ii s vi d et sarculabit per i diem cum i (homine) et falcabit per i hominem ad sumptus domini et metet per vi dies cum (i homine ad) i pastum cotidie et cariabit bladum per i diem et dominus pastet eum (et arabit) dimidiam acram terre et talliabitur et dabit ad Natale Domini i (panem ii) gallinas et i gallum.

Willelmus Sprays tenet tantum de eodem per idem servicium.

(Willelmus filius Simonis) tenet tantum de eodem per idem servicium.

(Johannes de ——[7]) tenet tantum de eodem per idem servicium.

(Hugo Kenebelle tenet) ii virgatas terre de eodem libere pro iii s x d et sunt geldabiles.

### (Kylmyndon et Quynton etc.)

* (Petrus de Monte)forti est dominus de Kylmidon[8] et de Quinton[9] in comitatu Glouc' et tenet (easdem) villas pariter per servicium feodi i militis de comite de Leyc' et comes tenet de rege quo servicio nescitur.

(Idem Petrus) habet ibidem iiii carucatas terre in dominico et habet ibi warennam (visum franciplegii furcas et) alias libertates quo waranto nescitur.

(Idem Petrus) est patronus eiusdem ecclesie per quietam clamantiam factam inter ipsum et Edmundum (fratrem regis).

Idem Petrus habet ibidem xxxix servos tenentes xxvi virgatas terre.

(Unde Gal)fridus Symon' tenet i virgatam terre pro xi s viii d pro omni servicio.

(Willelmus filius) Willelmi tenet dimidiam virgatam terre pro medietate tanti servicii.

(Margeria) la Veve et Thomas Baker[10] tenent i virgatam terre per idem servicium.

(Ricardus Brune) tenet de eodem per idem servicium tantum.

---

[5] As n. 1.  [6] MiO 14 'Mortymer'.  [7] As n. 1.  [8] MiO 14 'Kylmyndon'.
[9] MiO 14 'Quynton'.  [10] MiO 14 'Berker'.

(——[11]) et Thomas Roulaund[12] tenent tantum de eodem per idem servicium.

(——[13]) tenet tantum de eodem per idem servicium.

(Willelmus) filius Roberti tenet i virgatam terre de eodem per idem servicium.

(Juliana la Veve) et Walterus le Notte tenent tantum de eodem per idem servicium.

(Galfridus) la Gate et Willelmus le Grome tenent tantum (de eodem) per idem servicium.

(Henricus le Feure tenet) i virgatam terre de eodem per idem servicium.

(Willelmus le Messagere) tenet tantum de eodem per idem servicium.

Fol 120–cxxiii (MiO 14 fol 152–153)

### Comitatus Warr'

Alicia la Veve et Willelmus de Huchinton tenent de eodem per idem sevicium.

Galfridus de Lyndesey tenet tantum de eodem per idem servicium.

Philipus filius Henrici tenet tantum de eodem per idem servicium.

Rosa le Pygges et Gilbertus le Cartere[1] tenent tantum de eodem per idem servicium.

Robertus Horgor tenet tantum de eodem per idem servicium.

Symon filius Symonis[2] tenet tantum de eodem per idem servicium.

Johannes filius Willelmi et Gilbertus Hervi[3] tenent tantum de eodem per idem servicium.

Lysata la Veve tenet tantum de eodem per idem servicium.

Isabella la Veve tenet dimidiam virgatam terre pro v s x d de eodem pro omni servicio.

Thomas Dolewyne tenet tantum de eodem per idem servicium.

Gilbertus filius Roberti tenet i virgatam terre pro xii d pro omni servicio.

Adam atte Mede tenet tantum de eodem per idem servicium.

Robertus atte Mede tenet tantum de eodem per idem servicium.[4]

Willelmus filius Roberti et Johannes Russel[5] tenent dimidiam virgatam terre de eodem (per idem servicium).

Ricardus Bernard tenet i virgatam terre de eodem pro xi s vi d pro omni servicio.

---

[11] As n. 1.    [12] MiO 14 'Roulaund'.    [13] As n. 1.

[1] MiO 14 'Carter'.    [2] MiO 14 'Simon filius Simonis'.    [3] MiO 14 'Hervy'.
[4] This line completely absent from MiO 14. The tenant having the same surname as previous line probably explains the scribal error.    [5] MiO 14 'Russell'.

Robertus Mody tenet dimidiam virgatam terre pro vii s x d.

Willelmus le Notte tenet tantum de eodem pro vi s x d.

Isabella Sabard[6] et Gilbertus le Wyte[7] tenent dimidiam virgatam terre pro ix s vi d.

Philipus filius Thome tenet tantum de eodem pro vii s pro omni servicio.

Idem Petrus habet ibidem viii cotarii et sunt servi.

Unde Robertus Trillon tenet i cotagium et iii acras terre pro ii s vii d.

Thomas le Flev'[8] tenet tantum de eodem pro iiii s iii d.

Johannes filius Gunulde tenet tantum de eodem pro iii s iiii d.

Johannes le Wyneter tenet i cotagium de eodem pro iii s iii d.

Margeria le Radeclive tenet i cotagium et vi acras terre pro iiii s.

Alicia Blouye tenet i cotagium et iii acras terre pro ii s vii d.

Walterus Bonasaunt tenet tantum de eodem pro ii s vi d.

* Robertus Huwayn tenet i carucatam[9] terre in dominico de predicto Petro per servicium medietatis feodi i militis. Et idem Petrus tenet de comite Leyc' et comes de rege quo servicio nescitur.

Idem Petrus habet ibidem iiii liberos tenentes i virgatam terre et (dimidiam).

Unde Imama tenet i virgatam terre pro i d et dat scutagium.

Simon Beleanube Galfridus Poddeg'[10] et Willelmus de Merston tenent (dimidiam virgatam) terre de predicto Roberto (sic) pro v s vi d et dant scutagium.

Idem Robertus Huwayn tenet i virgatam terre de Petro de Monte(forti) pro vii s (vi) caponibus et non dat scutagium pro illa terra.

Johannes Galfridi tenet dimidiam carucatam terre de Roberto Huwayn per servicium (quarte partis) feodi i militis et Robertus (tenet) de Petro de Monteforti (ut supra).

* Idem Johannes habet iii liberos tenentes ii virgatas terre et dimidiam (et dant scutagium).

(Videlicet) Robertus Utard[11] tenet i virgatam terre de eodem Johanne per servicium decime partis (feodi i militis pro omni servicio).


Fol 120b–cxxiiib (MiO 14 fol 153–154)

### Comitatus Warr'

(———[1] Benet) tenent (i virgatam terre et dimidiam de eodem) per predictum servicium.

---

[6] MiO 14 'Saberd'.  [7] MiO 14 'White'.  [8] MiO 14 'Fleve'.  [9] MiO 14 'acram'.
[10] MiO 14 'Pedeg'.  [11] MiO 14 'Utarde'.

---

[1] Illegible in E.164/15; blank left in MiO 14.

(——[2] ten' qui non dant scutagium videlicet Thomas Corbin qui tenet) i virgatam terre pro viii s (de predicto Petro) et facit sectam ad curiam suam.

(Johannes de Wycombe tenet dimidiam virgatam terre pro v s x d.)

(Robertus Carpenter tenet tantum) de eodem pro iiii s vi d.

(Rogerus Hutard tenet) i virgatam terre (pro v s pro omni servicio).

(Willelmus Purcell tenet tantum pro vi d pro omni servicio) et ii adventibus ad curiam ipsius Petri.

(Simon Engleys tenet tantum de eodem pro vi s iii) d et secta.

(Emma Alicia et Margeria sorores tenent i virgatam terre) de eodem pro vi s et ii caponibus.

(Herbertus tenet i cotagium et i acram terre et dimidiam de eodem) pro ob pro omni servicio et dat scutagium Roberto Huwayn.

### Foxcote

* Predictus Petrus (est dominus de Foxcote et tenet) eam per eandem tenuram sicut Kilmindon[3].

Idem Petrus (habet ibidem) ix servos tenentes viii virgatas terre.

(Unde Philipus Balle tenet) i virgatam terre pro xiii s.

(Isabella la Veve et Galfridus Ede) tenent tantum de eodem per idem servicium.

(Juliana) Balle tenet tantum de eodem per idem servicium.

Gilbertus filius le Provost tenet tantum de eodem per idem servicium.

Galfridus le Callehul[4] tenet tantum de eodem per idem servicium.

Gilbertus atte Brok[5] tenet tantum de eodem per idem servicium.

Matilla[6] la Veve tenet i cotagium et iii acras terre pro iiii s ix d de eodem Petro.

Galfridus le Mareschald[7] tenet i cotagium (deleted) virgatam terre et dimidiam de eodem pro xv s et secta (et) non dat scutagium.

Henricus Beneyt[8] tenet i virgatam terre de eodem pro x s et secta non dat scutagium.

* Et omnes faciunt ii adventus ad curiam domini Edmundi fratris regis[9] et est de honore Leyc'.

Predictus Petrus habet ibidem warrennam quo warento (sic) nescitur.

### (Whitchurch)[10]

Idem Petrus est dominus de Wythirch[11] et tenet eam de comite Warr' per servicium feodi i militis et comes (tenet) de rege.

---

[2] As n. 1.     [3] MiO 14 'Kylmyndon'.     [4] MiO 14 'Callehull'.     [5] MiO 14 'at Broke'.
[6] MiO 14 'Matilda'.     [7] MiO 14 'Marshald'.     [8] MiO 14 'Benet'.
[9] Omitted from MiO 14.     [10] In margin E.164/15 in later hand.     [11] MiO 14 'Whitchurch'.

Idem Petrus habet ibidem iiii carucatas terre in dominico.[12]

Unde Ricardus Morel[13] tenet i virgatam terre pro iiii s vi d et operabitur qualibet septimana a festo Sancti Johannis Baptiste usque ad festum Sancti Michaelis per iiii dies cum i homine excepto diebus ferriatis[14] et metet per iiii[or] dies cum i homine et metet ad magnam (syam cum tota) familia excepta uxore sua et tunc dominus pastet eos et talliabitur ad festum Sancti Michaelis ad iiii s.

Henricus Martyn tenet tantum de eodem per idem servicium.

(Ricardus de) Newham[15] et Johannes Porcher tenent i virgatam terre per idem servicium.

(Henricus Muk et Johannes) filius Walteri tenent tantum de eodem per idem servicium.

(Rogerus le Feure et Isabella la) Feueresse tenent tantum pro opere ferrorum caruce domini et[16] pro iii s.

(Idem Petrus habet ibidem visum) franciplegii et warrenam ab antiquo ut dicit (quo waranto nescitur).

(Idem Petrus) est patronus ecclesie (eiusdem) ville.

**(Wylynton et Kenermarcote)**

(Idem Petrus tenet in Wylynton) et Kenmarcote[17] per eandem tenuram quam (tenet in Whitchurch in) comitatu Warr'.

Fol 121–cxxiiii (MiO 14 fol 154–154b)

Comitatus Warr'

Idem Petrus (habet ibidem xxiiii servos tenentes xxiii virgatas terre).

Unde (Johannes Porter tenet i virgatam terre pro vii s ——[1])

usque (festum Sancti Petri advincula qualibet septimana per iiii dies cum i homine excepto) diebus ferriatis ad (voluntatem domini et a festo Sancti Petri advincula operabitur qualibet) septimana ut prius usque (ad festum Sancti Michaelis preter iiii syas et ad ——[2]) cum ii hominibus et metet (ad magnam syam cum tota famulia et erit) ultra operarios (et dominus pastet eos et habebit tempore falcacionis ——[3] cum) sociis suis xii d (ad ——[4] et quilibet falcarius habebit tantum herbam quantum) levare poterit cum (falce sua).

Johannes filius Andree (tenet tantum de eodem per idem servicium).

---

[12] A following line giving the status of the tenants omitted?     [13] MiO 14 'Morell'.
[14] MiO 14 'feriatis'.     [15] MiO 14 'Newnham'.     [16] As n. 9.     [17] MiO 14 'Kenermarcote'.

---

[1] Illegible E.164/15; blank left in MiO 14.     [2] As n. 1.     [3] As n. 1.     [4] As n. 1.

Willelmus Sampson tenet tantum (de eodem per idem servicium).

Johannes filius le Bedel[5] et (Alicia) le (Mey tenent i virgatam terre de eodem per idem servicium).

Athelena la Veve et Willelmus le Bedel[6] (tenent tantum de eodem per idem servicium).

Walterus atte Tonesende[7] tenet tantum de eodem per (idem servicium).

Henricus atte Melne[8] tenet tantum de eodem per (idem servicium).

Radulphus de Monte tenet tantum de eodem per idem servicium.

Henricus le Gardener[9] tenet dimidiam virgatam terre pro dimidia (tanti predicti servicii).

Robertus atte Forchepe[10] tenet i virgatam terre de eodem (per idem servicium).

Andreas Cole et Ricardus Rauf[11] tenent tantum de eodem per idem servicium.

Johannes Be(est)on tenet tantum de eodem per idem servicium.

Johannes Palmere tenet tantum de eodem per idem servicium.

Willelmus Ardren tenet tantum de eodem per idem servicium.

Robertus le Jenene[12] et Willelmus le Provost tenent tantum de eodem per idem servicium.

Ricardus de Hilmindon et Willelmus Sampson tenent tantum de eodem per idem servicium.

Johannes Pernel[13] tenet tantum de eodem per idem servicium.

Willelmus filius Willelmi tenet tantum de eodem per idem servicium.

Willelmus de Cantilupo et J en la Hale tenent tantum de eodem per idem servicium.

Ernaldus de Wilmindon[14] tenet tantum de eodem per idem servicium.

Johannes le Bedel tenet tantum de eodem per idem servicium.

Johannes filius Martini tenet tantum de eodem per idem servicium.

Andreas Michel[15] tenet tantum de eodem per idem servicium.

Willelmus Molling' tenet tantum de eodem per idem servicium.

Henricus de Monte tenet de eodem dimidiam virgatam terre pro v s et faciet (ii arruras) per annum cum socio suo et levabit (pratum) domini per iii dies (cum i homine et metet) per iiii dies cum i homine preter syam et (tunc metet cum) tota (famulia excepta) uxore et tunc dominus pastet eos.

Johannes le Taylour[16] tenet i cotagium de eodem pro xvi d (et levabit fenum per ——[17] dies et metet per vi ——[18])

---

[5] MiO 14 'filius le Bedell'.     [6] MiO 14 'Bedell', and later.     [7] MiO 14 'at Townesende'.
[8] MiO 14 'at Mylne'.     [9] MiO 14 'Gardyner'.     [10] MiO 14 'at Forshepe'.
[11] MiO 14 'Rauff'.     [12] MiO 14 'Jenyn'.     [13] MiO 14 'Pernell'.
[14] MiO 14 'Arnaldus de Wylmedon'.     [15] MiO 14 'Michell'.     [16] MiO 14 'Tailliour'.
[17] As n. 1.     [18] As n. 1.

# Index

References are to the folios of the Exchequer manuscript of the Hundred Rolls, P.R.O. E.164/15. Where a reference is given in Roman numerals the folio is now missing from E.164/15 and has been made good from the Nottingham University manuscript, MiO14.

There may be more than one reference on a folio to a person listed in the index, and if there are references under one name on several folios it does not necessarily mean that these are all to one individual.

333